新时代法律职业教育系列教材

SHENGTAI HUANJING
SUNHAI ANJIAN DE FALÜ SHIYONG

生态环境损害案件的法律适用

（活页式）

主　编◎冯兆蕙　刘鑫军　陈蕾伊
副主编◎李兴刚　王　蓬　李　斌
撰稿人◎（以撰写章节先后为序）
　　　　冯兆蕙　李士雷　刘鑫军　李兴刚
　　　　董思伟　张钰佳　李　斌　陈蕾伊
　　　　王　蓬

中国政法大学出版社
2025·北京

声 明		1. 版权所有，侵权必究。
		2. 如有缺页、倒装问题，由出版社负责退换。

图书在版编目（CIP）数据

生态环境损害案件的法律适用 / 冯兆蕙, 刘鑫军, 陈蕾伊主编. -- 北京：中国政法大学出版社, 2025.7.
ISBN 978-7-5764-2196-5

Ⅰ. D922.683.5

中国国家版本馆 CIP 数据核字第 2025L7R490 号

出 版 者	中国政法大学出版社
地　　址	北京市海淀区西土城路 25 号
邮　　箱	fadapress@163.com
网　　址	http://www.cuplpress.com（网络实名：中国政法大学出版社）
电　　话	010-58908435(第一编辑部) 58908334(邮购部)
承　　印	北京中科印刷有限公司
开　　本	787mm×1092mm　1/16
印　　张	19.5
字　　数	461 千字
版　　次	2025 年 7 月第 1 版
印　　次	2025 年 7 月第 1 次印刷
印　　数	1~3000 册
定　　价	76.00 元

总 序

为深入贯彻习近平新时代中国特色社会主义思想，特别是习近平法治思想、习近平总书记关于法律职业教育的重要论述，落实《关于加强新时代法学教育和法学理论研究的意见》提出的"扶持发展法律职业教育""构建中国特色法学教材体系"的战略部署，适应法律职业教育从内容到形式、从方法到生态的全方位变革，我们组织编写了"新时代法律职业教育系列教材"。

"新时代法律职业教育系列教材"强调实践导向，紧密围绕法律职业岗位能力要求，以"职业性、实践性、创新性"为核心理念，构建起覆盖法律实务全链条的知识体系，以解决传统法学教育模式偏重理论灌输，与法律实务需求存在一定程度的脱节问题。教材以法律实务岗位能力培养为核心，整合司法实践中的典型案例、行业规范与新兴领域法律问题，构建"理论—实务—技能"三位一体的教材编写模式，致力于推动法律职业教育与法治工作实践的深度融合，为推进全面依法治国培养"德法技兼修"的高质量复合型法务人才：以"德"为根基，筑牢理想信念，坚定政治立场；以"法"为内核，坚持"法律+"跨专业互融，培养复合型法务人才；以"技"为特色，聚焦法律职业教育人才培养面向，突出法务技术技能培养。

根据编写规划，"新时代法律职业教育系列教材"将陆续出版《刑法原理与实务》《刑事诉讼法原理与实务》《国际经济法实务》《企业法律服务》《电子商务法律实务》《生态环境损害案件的法律适用》《税法与办税实务》《法律文书写作》《法律基础》《公证实务》等教材。这些教材既充分反映了新时代中国特色社会主义法治建设的最新成果和实践经验，又紧密结合了法律职业岗位的实际需求，具有很强的针对性和实用性。同时，本系列教材充分体现了新时代法律职业教育的特点和要求。在内容编排上，打破传统学科体系的束缚，以工作任务和职业能力为导向，构建以项目驱动、案例教学为主的教材体例，让学生在实际案例和项目中学习法律知识和技能，提高解决实际问题的能力。在编写形式上，注重多样化和创新性，运用图表、案例、实训等多种形式，增强教材的可读性和趣味性，激发学生的学习积极性和主动性。

为了确保教材的质量，我们组建了一支由高校法学教师、法律实务工作者和职业教育教学专家组成的编写团队。他们既有深厚的法学理论功底，又有丰富的法律实务经验和职业教育教学经验，坚持理论与实践紧密结合，将最新的法律知识和实践经验融入教材内容，使教材更符合新时代法律职业教育的需求和学生的学习特点。在编写过程中，团队成员深入调研法律职业岗位需求，广泛汲取一线法律工作者的实践经验，确保教材契合法律职业教育教学要求。

"法者，治之端也。"新时代法律职业教育肩负着为法治中国建设输送高质量复合型法务人才的重任。我们相信，"新时代法律职业教育系列教材"的出版，将为新时代法律职业教育提供有力的教学支持，为培养适应新时代需求的高质量复合型法律人才发挥积极的作用。同时，我们也希望广大师生和法律实务工作者在使用本系列教材的过程中，能够提出宝贵的意见和建议，以便我们能不断完善教材内容，提高教材质量，共同为中国特色社会主义法治建设培养优秀法务人才，为加快构建中国特色、世界一流的法律职业教育体系贡献力量。

2025 年 5 月

前　言

21世纪以来，全球气候变化、生物多样性锐减、环境污染加剧等问题不断挑战人类生存与发展的底线。中国作为全球生态文明建设的倡导者和重要参与者，始终将"人与自然和谐共生"作为国家发展的核心命题。党的二十大报告明确提出"坚持山水林田湖草沙一体化保护和系统治理"，标志着生态文明建设已从理念探索进入制度深化的新阶段。在此背景下，法治成为平衡经济发展与生态保护的关键力量，而生态环境损害案件的法律适用问题，正是这一领域最具实践价值与理论深度的议题。

生态环境损害案件的特殊性在于，其不仅涉及传统法律关系中"人"与"人"的权利义务，更关乎"人"与"自然"的伦理责任。从工业污染导致的水体黑臭，到非法采矿引发的山体崩塌，从生物栖息地破坏到气候变化相关诉讼，此类案件往往具有损害后果不可逆、因果关系复杂、利益主体多元等特点。如何通过法律手段实现生态修复与公平救济，既考验司法智慧，也映射着一个国家的法治文明高度。

我国生态环境法律体系历经四十年发展，已形成以《中华人民共和国宪法》为根基、《中华人民共和国环境保护法》为统领、《中华人民共和国民法典》侵权责任编为支撑，并涵盖《中华人民共和国大气污染防治法》《中华人民共和国水污染防治法》《中华人民共和国土壤污染防治法》等单行法的立体框架。2017年《生态环境损害赔偿制度改革方案》的公布，以及2020年《最高人民法院关于审理生态环境损害赔偿案件的若干规定（试行）》的公布，进一步明确了"环境有价、损害担责"的司法原则。

然而，法律文本的完善并未完全消弭实践困境。在司法层面，生态环境损害案件的审理仍面临多重挑战。一是责任认定难题，污染行为与损害结果之间的科学归因、历史遗留污染的责任划分、企业改制后的责任承继等问题，亟须法律与技术的深度融合；二是修复标准争议，生态修复是恢复原状还是功能替代？修复成本如何量化？这些问题直接关系判决的可执行性；三是跨域管辖困境，大气污染、流域水污染等案件常涉及多地司法管辖，如何协调区域利益与整体生态安全，考验司法协作机制；四是公益诉讼衔接，检察机关、环保组织、政府部门的诉讼主体资格与程序衔接，仍需进一步厘清。这些问题的解决，不仅需要法律规则的精细化，更呼唤生态正义理念在司法实践中的落地生根。

本教材立足职业教育的核心定位，聚焦法律职业能力培养目标，以"职业导向、能力本位、实务贯通"为编写原则，以"理论—制度—实践"三维视角展开，着力构建理论与实践深度融合的内容体系，重点培养学生生态环境损害事实认定及生态环境法律法规的综合运用能力。本教材分为上下两编，上编 理论基石（第1章）：系统阐释环境法基础、生态环境损害基础知识以及生态环境损害案件纠纷解决机制，揭示生态环境损害不同于传统侵权行为的特殊法理；下编 实务精要（第2-11章）：按生态环境损害的环境要素进行划分，通过对"云南绿孔雀案""唐山沉船打捞案""国家公园司法保护案"等典型案例进行分析，提炼生态环境损害案件法律适用路径、不同纠纷解决机制的实操经验。

本教材由河北政法职业学院与河北中旭生态环境损害司法鉴定中心共同编写，冯兆蕙、刘鑫军、陈蕾伊任主编，李兴刚、王蓬、李斌任副主编。冯兆蕙、李士雷负责本书的统稿工作。

各章节的具体编写分工为：

第一章：李兴刚（河北政法职业学院）、董思伟（河北政法职业学院）、张钰佳（河北政法职业学院）

第二章：李斌（河北政法职业学院）

第三章：李斌（河北政法职业学院）

第四章：张钰佳（河北政法职业学院）

第五章：陈蕾伊（河北政法职业学院）

第六章：陈蕾伊（河北政法职业学院）

第七章：刘鑫军（河北政法职业学院）

第八章：王蓬（河北政法职业学院）

第九章：王蓬（河北政法职业学院）

第十章：李兴刚（河北政法职业学院）

第十一章：董思伟（河北政法职业学院）

在教材编写过程中，我们参考并引用了近年来一些学者、专家的最新研究成果，在此谨表谢意！

本教材为新时代法律职业教育系列教材，可作为职业本科及高职院校法律类、生态类、环境科学类专业教材，也可为法官、检察官、环境执法人员、律师提供实务参考。我们期待，通过本书的系统梳理，读者不仅能掌握法律条文的适用，更能领悟生态法治背后"代际公平""生态优先"的价值追求。由于编者水平有限，书中难免有不足之处，恳请各位专家学者不吝赐教。

当一片被污染的湿地通过司法程序重获生机，当一群濒危物种因法律干预得以延续，我们看到的不仅是个案正义的实现，更是法治文明对自然生命的庄严承诺。愿本书成为这条漫漫长路上的一盏微灯，照亮更多人以法律之名守护绿水青山的征程。

冯兆蕙

2025 年 3 月

目 录

上编 理论基石

第一章 生态环境损害概述 ... 3
- 第一节 环境法基础 ... 4
- 第二节 生态环境损害基础知识 ... 21
- 第三节 生态环境损害案件纠纷解决机制 ... 37

下编 实务精要

第二章 大气生态环境损害案件 ... 65
- 第一节 废气排放损害大气环境民事公益诉讼案件 ... 66
- 第二节 颗粒物污染损害大气环境赔偿磋商案件 ... 73
- 第三节 受控消耗臭氧层物质排放损害大气环境案件 ... 79
- 第四节 干扰自动监测致使空气污染物排放数据失真案件 ... 85
- 第五节 非法处置危险废物挥发导致损害大气环境案件 ... 91

第三章 水生态环境损害案件 ... 98
- 第一节 直接排放废水损害环境赔偿诉讼案件 ... 99
- 第二节 暗管偷排污水损害环境刑事附带民事公益诉讼案件 ... 104
- 第三节 渔业生产导致水污染民事公益诉讼案件 ... 108
- 第四节 水污染监督管理争议行政诉讼案件 ... 116
- 第五节 不作为类水资源保护行政公益诉讼案件 ... 121
- 第六节 突发水环境污染事件赔偿磋商案件 ... 127

第四章 土壤生态环境损害案件 ... 134
- 第一节 化工生产致土壤污染民事公益诉讼案件 ... 135

第二节　非法采砂致环境污染民事公益诉讼案件 …………………… 144
　　第三节　非法采矿致生态破坏民事公益诉讼案件 ………………… 150
　　第四节　危险废物致土壤污染民事公益诉讼案件 ………………… 155
　　第五节　土壤环境损害磋商案件 …………………………………… 162

第五章　森林生态环境损害案件 ………………………………………… 167
　　第一节　破坏森林资源犯罪典型案件 ……………………………… 168
　　第二节　森林失火典型案件 ………………………………………… 179

第六章　动植物生态环境损害案件 ……………………………………… 184
　　第一节　预防性环境民事公益诉讼案件 …………………………… 185
　　第二节　非法引入外来入侵物种案件 ……………………………… 191
　　第三节　生物多样性司法保护典型案件 …………………………… 195
　　第四节　人工繁育野生动物案件 …………………………………… 198

第七章　海洋生态环境损害案件 ………………………………………… 203
　　第一节　非法捕捞水产品刑事附带民事公益诉讼案件 …………… 204
　　第二节　海岸线生态系统破坏刑事附带民事公益诉讼案件 ……… 209
　　第三节　海洋生态环境破坏预防性民事公益诉讼案件 …………… 214
　　第四节　海洋生物多样性保护案件 ………………………………… 221

第八章　湿地生态环境损害案件 ………………………………………… 226
　　第一节　湿地污染类公益诉讼案件 ………………………………… 227
　　第二节　湿地生物多样性损害类公益诉讼案件 …………………… 232
　　第三节　非法占用开发破坏湿地生态类公益诉讼案件 …………… 236

第九章　草原生态环境损害案件 ………………………………………… 243
　　第一节　非法占用草原改变草原性质案件 ………………………… 244
　　第二节　非法开垦破坏草原环境行政公益诉讼案件 ……………… 251
　　第三节　非法破坏草原环境公益诉讼案件 ………………………… 255

第十章　其他类生态环境损害案件 ……………………………………… 260
　　第一节　危险废物环境污染案件 …………………………………… 261
　　第二节　噪声环境污染案件 ………………………………………… 268
　　第三节　放射性环境污染案件 ……………………………………… 273

第十一章　新型热点案件 …… 281
　　第一节　环境影响报告造假案件 …… 282
　　第二节　自动监测造假案件 …… 286
　　第三节　国家公园司法保护案件 …… 290
　　第四节　双碳司法案件 …… 294

附录　生态环境法律法规 …… 298

附表　国家名录 …… 299

上编　理论基石

第一章 生态环境损害概述

 学习目标

1. **知识目标**：知悉环境法的概念、体系、基本原则、基本制度和相关环境法律责任。掌握生态环境损害的概念、标准、类型及赔偿，了解环境刑事案件入罪标准和环境民事案件证明标准。了解环境民事公益诉讼、环境行政公益诉讼、环境刑事附带民事公益诉讼及生态环境损害赔偿诉讼四种纠纷解决机制的运行情况。

2. **能力目标**：牢固掌握并运用环境法的基本概念、基本原则、基本制度和法律责任，形成环境法整体性知识结构。能够判断生态环境损害的标准及类型。具备将多种生态环境损害纠纷解决机制运用到实际案件中的专业能力和实践能力。

3. **素质目标**：具备将上述知识融会贯通并灵活运用于相关社会问题和案例分析的基本技能。在实践中秉持科学严谨的态度，关注环境司法前沿动态。

4. **养成目标**：培养学生的环保意识、法治观念和社会责任感，践行生态文明理念，为美丽中国建设和高质量发展做出贡献。

 思维导图

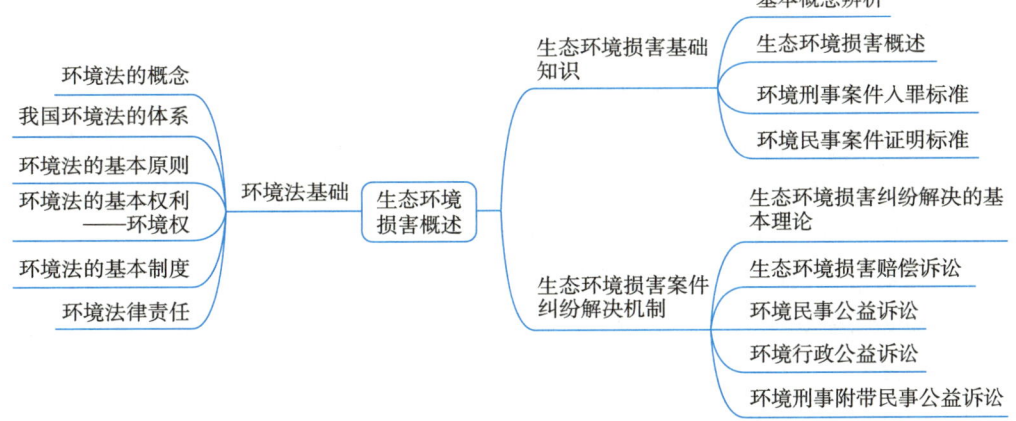

 内容提要

环境法作为保护环境和自然资源、防治污染和其他公害的法律规范的总称，旨在

3

通过法律手段保护环境、自然资源和人类健康，实现可持续发展的目标。环境法基础涉及环境法的概念、我国环境法体系、环境法的基本原则、环境法的基本权利-环境权、环境法的基本制度、环境法律责任等内容。

本章生态环境损害基础知识包括四部分内容：自然资源、自然环境、环境资源、生态环境、环境污染及生态破坏等基础概念辨析；生态环境损害的概念、标准、类型及生态环境损害赔偿；环境刑事案件中污染环境类犯罪、破坏生态类犯罪、破坏资源类犯罪及环境渎职类犯罪的入罪标准；环境民事案件中损害行为与损害后果之间因果关系的证明标准。

生态环境损害案件纠纷解决机制主要从诉讼角度展开，列举了环境民事公益诉讼、环境行政公益诉讼、环境刑事附带民事公益诉讼以及生态环境损害赔偿诉讼四种诉讼路径。从诉讼依据、适格主体及法律适用角度展开，旨在从学理上帮助学生厘清诉讼路径的学理对比与法律适用分析。未来应构建"诉讼类型化、程序精细化、责任多元化"的生态司法体系，实现从"个案救济"向"系统治理"的范式转型。

第一节　环境法基础

一、环境法的概念

（一）环境的含义

当前各国对环境有不同的定义，主要有概括式、列举式、综合式（即将概括式和列举式结合起来），其中以综合式为主。同时，《联合国人类环境会议宣言》、美国《国家环境政策法》等法律和文件将环境分为天然环境和人为环境两方面。天然环境，又称为原生环境，是指在人类出现之前就已存在的、非人工培育的或未受和很少受到人的影响的自然因素，如大气、海洋、河流、高山、荒野等；人为环境，又称次生环境，是受到人类活动影响的或人类在天然环境的基础上加工、改造的自然因素，如名胜古迹、城市和村庄等。[1]

我国现行的《中华人民共和国环境保护法》（简称《环境保护法》）第2条规定："本法所称环境，是指影响人类生存和发展的各种天然的和经过人工改造的自然因素的总体，包括大气、水、海洋、土地、矿藏、森林、草原、湿地、野生生物、自然遗迹、人文遗迹、自然保护区、风景名胜区、城市和乡村等。"

（二）环境法的定义

环境法又称环境保护法，是指为了保护和改善环境，预防和治理人为环境侵害，保障公众健康，促进经济社会可持续发展，而由国家制定或认可，并由国家强制力保障实施，用以调整人类环境利用关系的法律规范的总称。它包括以下含义：一是环境法是法的一种，具有行为规范性、国家强制性等法律特征，不同于环境道德规范和企

---

[1] 蔡守秋主编：《环境资源法教程》，高等教育出版社2017年版，第1页。

事业单位内部的规章和其他非法律文件。二是环境法不是指某一法律规范、某项法律规定或者某部环境法规，而是指具有共同宗旨、性质相似、相互关系的某类法律规范、法律规定和其他有关法律表现形式的集合。三是环境法调整的是一种特定的社会关系，即调整因环境问题而产生的社会关系，包括调整人与环境的关系以及和环境有关的人与人的关系两个方面。

二、我国环境法的体系

环境法律体系是指一国现行的有关保护和改善环境、合理利用自然资源、防治污染和其他公害的各种法律规范所组成的相互联系、补充和协调一致的统一整体。环境法律体系可以按照不同标准进行不同分类。比如，按照法律渊源标准进行分类，也可按照法律规范的内容和功能进行分类。下面围绕上述两种标准就我国环境法的体系进行说明解释。

（一）环境法律渊源体系

环境法律渊源体系是指某个特定国家或者法域的全部环境法律渊源所构成的有机系统，它涵盖了多个层面和类型的法律文件，共同构成了环境法律的完整框架。中国现行环境法律渊源体系主要包括以下几个组成部分：《中华人民共和国宪法》（简称《宪法》）中有关环境保护的规定、环境法律、环境行政法规、地方环境法规、环境部门规章、地方政府环境规章、环境司法解释、其他部门法中的环境法律规范和国际环境条约等。

1.《宪法》中有关环境保护的规定。《宪法》是国家的根本大法，《宪法》中有关环境保护主要针对环境开发、利用、保护、改善及其管理方面的基本职责、基本政策以及单位和公民的环境权利等基本问题而进行规定的，它处于环境法律渊源体系的顶端，是其他环境法律规范创制的基础或基本依据。《宪法》中有关环境保护的条款主要如下：

《宪法》第9条第2款规定："国家保障自然资源的合理利用，保护珍贵的动物和植物。禁止任何组织或者个人用任何手段侵占或者破坏自然资源。"

《宪法》第10条第5款规定："一切使用土地的组织和个人必须合理地利用土地。"

《宪法》第26条第1款规定："国家保护和改善生活环境和生态环境，防治污染和其他公害。"

《宪法》第26条第2款规定："国家组织和鼓励植树造林，保护林木。"

《宪法》第89条第6项规定："国务院行使下列职权：……（六）领导和管理经济工作和城乡建设、生态文明建设；"

2. 环境法律。环境法律是指有关环境开发、利用、保护、改善及其管理的法律。它包括环境保护基本法和普通法律。全国人民代表大会制定的环境法律称为环境保护基本法，全国人民代表大会常务委员会制定的法律称为普通法律。

环境保护基本法和普通法律虽处于同一位阶，但是环境保护基本法起统领普通法律的作用。具体来说，环境法律主要有：

（1）环境保护基本法：《环境保护法》。

（2）环境污染防治类普通法律：《中华人民共和国大气污染防治法》（简称《大气污染防治法》）、《中华人民共和国水污染防治法》（简称《水污染防治法》）、《中华人民共和国放射性污染防治法》（简称《放射性污染防治法》）、《中华人民共和国土壤污染防治法》（简称《土壤污染防治法》）、《中华人民共和国固体废物污染环境防治法》（简称《固体废物污染环境防治法》）、《中华人民共和国噪声污染防治法》（简称《噪声污染防治法》）、《中华人民共和国海洋环境保护法》（简称《海洋环境保护法》）等。

（3）自然生态保护类普通法律：《中华人民共和国海域使用管理法》（简称《海域使用管理法》）、《中华人民共和国海岛保护法》（简称《海岛保护法》）、《中华人民共和国矿产资源法》（简称《矿产资源法》）、《中华人民共和国渔业法》（简称《渔业法》）、《中华人民共和国水法》（简称《水法》）、《中华人民共和国煤炭法》（简称《煤炭法》）、《中华人民共和国森林法》（简称《森林法》）、《中华人民共和国土地管理法》（简称《土地管理法》）、《中华人民共和国草原法》（简称《草原法》）、《中华人民共和国野生动物保护法》（简称《野生动物保护法》）、《中华人民共和国水土保持法》（简称《水土保持法》）、《中华人民共和国防沙治沙法》（简称《防沙治沙法》）、《中华人民共和国长江保护法》（简称《长江保护法》）、《中华人民共和国湿地保护法》（简称《湿地保护法》）、《中华人民共和国黄河保护法》（简称《黄河保护法》）、《中华人民共和国青藏高原生态保护法》（简称《青藏高原生态保护法》）等。

（4）绿色低碳发展类普通法律：《中华人民共和国可再生能源法》（简称《可再生能源法》）、《中华人民共和国清洁生产促进法》（简称《清洁生产促进法》）、《中华人民共和国节约能源法》（简称《节约能源法》）、《中华人民共和国循环经济促进法》（简称《循环经济促进法》）等。

（5）环境综合行政管理类普通法律：《中华人民共和国环境影响评价法》（简称《环境影响评价法》）、《中华人民共和国环境保护税法》（简称《环境保护税法》）等。

3. 环境行政法规。环境行政法规是指国务院制定的有关环境资源开发、利用、保护、改善及其管理的法规。目前，国务院已经制定了若干防治环境污染和环境破坏、保护环境和自然资源方面的行政法规，如《碳排放权交易管理暂行条例》、《节约用水条例》、《危险废物经营许可证管理办法》、《医疗废物管理条例》、《中华人民共和国自然保护区条例》（简称《自然保护区条例》）、《规划环境影响评价条例》等。

4. 地方环境法规。地方环境法规是指由各省、自治区、直辖市和其他依法有地方法规制定权的地方人民代表大会及其常务委员会制定的有关环境资源开发、利用、保护、改善及其管理的地方法规，包括地方性法规、自治条例和单行条例。如《河北省生态环境保护条例》《内蒙古自治区环境保护条例》《内蒙古自治区大青山国家级自然保护区条例》等。

5. 环境部门规章。环境部门规章是指国务院所属各部委和其他依法有行政规章制定权的国家行政部门制定的有关环境资源开发、利用、保护、改善及其管理的行政规章。如《生态环境部行政复议办法》《排污许可管理办法》《生态环境行政处罚办法》等。

6. 地方人民政府环境规章。地方人民政府环境规章是指由各省、自治区、直辖市人民政府和其他依法有地方行政规章制定权的地方人民政府制定的有关环境资源开发、利用、保护、改善及其管理的地方行政规章。如《河北省城市市容和环境卫生条例》等。

7. 环境司法解释。环境司法解释是指最高人民法院或最高人民检察院就环境与资源保护案件的司法适用规则作出的规定。我国立法规定较为抽象，在具体司法实践中，需由司法机关对有关法律条文做进一步的解释。近些年来，最高人民法院、最高人民检察院单独或联合制定了一些环境司法解释，对法律的适用起到了积极作用。现行环境司法解释主要有：《最高人民法院关于审理破坏土地资源刑事案件具体应用法律若干问题的解释》《最高人民法院关于审理破坏草原资源刑事案件应用法律若干问题的解释》《最高人民法院、最高人民检察院关于办理非法采矿、破坏性采矿刑事案件适用法律若干问题的解释》《最高人民法院关于审理海洋自然资源与生态环境损害赔偿纠纷案件若干问题的规定》《最高人民法院关于审理船舶油污损害赔偿纠纷案件若干问题的规定》《最高人民法院、最高人民检察院关于检察公益诉讼案件适用法律若干问题的解释》《最高人民法院关于审理生态环境损害赔偿案件的若干规定（试行）》《最高人民法院关于审理环境民事公益诉讼案件适用法律若干问题的解释》《最高人民法院关于生态环境侵权案件适用禁止令保全措施的若干规定》《最高人民法院关于审理生态环境侵权纠纷案件适用惩罚性赔偿的解释》《最高人民法院、最高人民检察院关于办理破坏野生动物资源刑事案件适用法律若干问题的解释》《最高人民法院、最高人民检察院关于办理海洋自然资源与生态环境公益诉讼案件若干问题的规定》《最高人民法院关于生态环境侵权民事诉讼证据的若干规定》《最高人民法院关于审理生态环境侵权责任纠纷案件适用法律若干问题的解释》《最高人民法院关于审理破坏森林资源刑事案件适用法律若干问题的解释》《最高人民法院、最高人民检察院关于办理环境污染刑事案件适用法律若干问题的解释》等。

8. 其他部门法中的环境法律规范。比如，《中华人民共和国刑法》（简称《刑法》）第6章"妨害社会管理秩序罪"中以专节的形式，对涉及"破坏环境资源保护罪"的环境法律规范作了集中表述。另外，在《中华人民共和国行政处罚法》（简称《行政处罚法》）、《中华人民共和国治安管理处罚法》（简称《治安管理处罚法》）等行政法律、法规中都有不少的环境法律规范。它们是构成我国环境法律体系不可缺少的部分。

9. 国际环境条约。我国所批准的国际环境条约也构成了我国环境法律渊源体系的一部分。我国很多新颁布的环境法律都将有关的国际义务写入国内法之中，并采取具体的措施。例如，《野生动物保护法》第37条第1款规定："中华人民共和国缔结或者参加的国际公约禁止或者限制贸易的野生动物或者其制品名录，由国家濒危物种进出口管理机构制定、调整并公布。"

以上是我国现行环境法律渊源体系的主要内容。因制定机关不同，效力级别也各不相同，具体如下：《宪法》是我国环境法规体系的基础，在整个环境法规体系中具有最高的法律效力，其他层次都不得同《宪法》相抵触；环境法律具有仅次于《宪法》的法律效力，除《宪法》以外的其他层次不得与法律相抵触；环境行政法规必须根据《宪法》和法律制定；地方环境法规不得同《宪法》、法律和行政法规相抵触；环境部门规章必须根据法律和行政法规制定；地方人民政府环境规章根据法律、行政法规、地方法规和部门规章制定。同时，在具体适用法律时，除法律明确规定外，一般按照上位法优于下位法、后法优于前法（又称新法优于旧法）、特殊法优于普通法、国际法优于国内法（除我国宣布保留的条款外）"的原则处理。

(二) 环境法的内容体系

环境法的内容体系是指由具有不同法律规范内容和功能的环境立法所构成的有机系统。依据法律规范内容和功能的不同，我国现行环境立法可以分为环境基本法、污染防治法、自然生态保护法（包括自然资源法和生态保护法）、绿色低碳发展法以及环境综合行政管理法。

1. 环境基本法。环境基本法是指由国家最高立法机关制定的，就一国环境法的宗旨、基本政策、基本原则、基本行政管理体制、重要法律制度、主要法律责任等作出整体性、综合性规定的法律。我国现行的环境基本法是2014年修订的《环境保护法》。

2. 污染防治法。我国目前已经制定了相当数量的污染防治单行法律，具体有：《大气污染防治法》《水污染防治法》《海洋环境保护法》《固体废物污染环境防治法》《土壤污染防治法》《噪声污染防治法》《放射性污染防治法》等。

除了上述法律之外，我国还围绕这些污染防治领域制定了大量的行政法规、部门规章，如《危险废物经营许可证管理办法》《危险化学品安全管理条例》等。

3. 自然生态保护法。①自然资源法。我国目前已制定的自然资源法律主要包括《土地管理法》《水法》《森林法》《野生动物保护法》《渔业法》《矿产资源法》《煤炭法》等。除了上述单行法律以外，我国还围绕上述领域制定了一些行政法规、部门规章，如《中华人民共和国濒危野生动植物进出口管理条例》《取水许可和水资源费征收管理条例》《退耕还林条例》《中华人民共和国森林法实施条例》等。②生态保护法。生态保护法主要包括《防沙治沙法》和《水土保持法》等。我国还制定了特定区域或流域的保护法，如《长江保护法》《中华人民共和国黑土地保护法》《黄河保护法》《青藏高原生态保护法》等。同时，还制定了《自然保护区条例》等行政法规。除此之外，还围绕生态保护制定了一些部门规章，如《国家级自然保护区监督检查办法》《地质遗迹保护管理规定》等。

4. 绿色低碳发展法。我国目前制定的绿色低碳发展法主要有：《清洁生产促进法》《循环经济促进法》《节约能源法》《可再生能源法》等。同时，围绕上述法律，制定了一些相关部门规章，如《能源效率标识管理办法》《中央企业节约能源与生态环境保护监督管理办法》《能源计量监督管理办法》等。

5. 环境综合行政管理法。环境综合行政管理法是为了规范国家行政机关履行环境保护行政管理职责的行为而制定的各类法律的总称。在我国，环境综合行政管理法涉及的领域包括环境影响评价、环境标准、环境监测、环境行政许可、环境信息、排污收费、限期治理、环境监理、环境督察、环境科教、环境行政复议以及环境行政处罚等。典型的立法有《环境影响评价法》《环境保护税法》等；此外，还制定了一些部门规章，如《企业环境信息依法披露管理办法》《生态环境行政处罚办法》等。

三、环境法的基本原则

环境法的基本原则，是指"由环境法所确认并体现，贯穿于整个环境法体系，反映环境法的目的价值、基本特征及性质，对贯彻和实施环境法具有普遍指导作用的基本准则"。[1]环境法基本原则在环境法规范体系之中起着承上启下的作用，其上承环境法的理念、价值，下接环境法具体领域的具体法律原则以及具体制度。《环境保护法》第5条规定："环境保护坚持保护优先、预防为主、综合治理、公众参与、损害担责的原则。"这一规定首次对我国环境法的基本原则进行了立法明文确认。以该条规定为基础，结合我国环境法学界的理论研究成果，我国环境法基本原则可以概括为：预防原则、公众参与原则和损害担责原则。

（一）预防原则

环境法的预防原则是指在环境立法和执法过程中，应当采取预防措施，防止环境污染和生态破坏的发生，是一种旨在预测、避免或减轻人类活动对环境造成负面影响的指导性原则。该原则强调在环境问题发生之前，通过科学评估、合理规划和严格管理，来预防和控制环境损害的发生。

预防原则的核心思想在于"防患于未然"，即在环境损害发生之前就采取有效的措施予以预防。这要求人们在开发和利用环境资源时，必须充分考虑环境承载能力，避免过度开发和污染。同时，对于可能对环境造成不良影响的活动，应事先进行环境影响评价，制定并实施相应的预防和治理措施。

预防原则在环境法中具有重要地位，它是实现环境可持续发展的重要保障。通过预防原则的实施，可以有效减少环境问题的发生，降低环境治理的成本，保护生态系统的完整性和稳定性。同时，预防原则也体现了环境法中的风险预防理念，即在面对环境风险时，应采取积极的措施进行防范和应对，以防止环境损害的发生。

在环境法的实践中，预防原则得到了广泛的应用。例如，在建设项目审批过程中，必须进行环境影响评价，以评估项目对环境可能产生的影响，并制定相应的预防和治理措施。此外，政府还通过制定环保法规、推广环保技术、加强环境监管等手段，来推动预防原则的实施。

然而，预防原则的实施也面临着一些挑战和困难。例如，环境问题的复杂性和不确定性可能导致预防措施的效果有限；同时，一些企业和个人为了追求经济利益而忽

---

[1] 吕忠梅主编：《环境法学概要》，法律出版社2016年版，第73页。

视环境保护，也可能对预防原则的实施造成阻碍。因此，需要不断加强环境法的宣传和教育，提高公众的环境保护意识，同时加强环境监管和执法力度，确保预防原则得到有效实施。

总之，环境法的预防原则是保护环境、实现可持续发展的重要手段之一。通过加强预防原则的实施，可以有效地减少环境问题的发生，保护生态系统的健康和稳定，为人类创造更加美好的生活环境。

（二）公众参与原则

公众参与原则是当今世界各国较为普遍遵循的一项环境法基本原则。环境法的公众参与原则是指在制定和实施环境法律法规、政策及计划过程中，公众有权通过一定的程序或途径参与一切与环境公共利益维护相关的公共决策活动，履行法律规定的环境保护义务，并有权在环境保护的相关参与权利受到侵害时请求获得法律救济，以有助于实现可持续发展的目标，建成生态文明和美丽中国。[1] 这一原则的核心在于强调公众在环境保护中的主体地位，通过公众的参与来推动环境决策的科学性、公正性和合法性，进而实现环境保护的目标。

公众参与原则的实现需要遵循依法、有序、自愿、便利的原则。具体而言，它要求公众在参与环境保护活动时，必须遵守相关法律法规，按照规定的程序和要求有序参与。同时，公众参与应当是自愿的，而不是被强制的。此外，为了方便公众参与，相关部门应当提供必要的便利和支持。

公众参与原则的重要性体现在多个方面。一是，它有助于提升环境决策的科学性和公正性。通过广泛征求公众意见，可以充分考虑各种利益相关方的诉求和关切，从而制定出更加符合实际、更具可操作性的环境政策。二是，公众参与原则有助于增强公众的环境保护意识，提高公众对环境问题的关注度和参与度，进而形成全社会共同参与环境保护的良好氛围。

为了贯彻环境法的公众参与原则，需要采取一系列措施。首先，加强环境信息公开和透明度建设，确保公众能够及时获取环境信息，了解环境状况和政策动态。其次，建立健全公众参与渠道和平台，为公众提供参与环境保护的途径和机会。最后，还需要加强环保宣传教育，提高公众的环境保护意识和能力。

总之，环境法的公众参与原则是实现环境保护目标的重要保障。通过贯彻这一原则，可以充分发挥公众在环境保护中的积极作用，推动环境决策的科学化、民主化和法治化，进而促进人与自然的和谐共生。

（三）损害担责原则

损害担责又称损害者担责。环境法中的损害担责原则是一个核心原则，它要求对环境造成损害的行为人承担相应的法律责任。该责任是"谁开发谁保护、谁破坏谁恢复、谁利用谁补偿"的简化。这里的"谁"是指开发利用环境资源并造成环境破坏的

---

[1] 竺效主编：《中国环境法学》，中国人民大学出版社2023年版，第39页。

单位和个人。这一原则体现了对环境权益的尊重和保护，同时也促进了环境保护的意识和行动。在环境法中，损害担责原则通常涉及以下几个方面：

第一，损害担责原则要求行为人对其行为可能造成的环境损害有预见和防治的义务。这意味着行为人在进行可能对环境产生影响的活动时，应当采取必要的预防措施，避免或减轻对环境的损害。

第二，当环境损害已经发生时，损害担责原则要求行为人承担相应的法律责任。这包括但不限于赔偿受害者的损失、修复受损的环境以及支付相关的罚款等。通过这种责任承担，环境法旨在使行为人对其行为产生的后果负责，并促进环境保护的积极行动。

第三，损害担责原则还体现在环境法中的生态补偿制度上。生态补偿制度要求对环境造成破坏的行为人通过经济、技术等手段对受损的生态环境进行补偿，以恢复其生态功能。这一制度不仅体现了损害担责原则的精神，也提供了一种有效的机制来弥补环境损害带来的损失。

需要注意的是，环境法中的损害担责并非绝对。在某些情况下，行为人可能会因为存在法定免责事由而免于承担全部或部分责任。这些免责事由通常与行为人无法预见、无法避免或无法控制的情况相关。

总之，环境法中的损害担责原则是一个重要的法律原则，它要求行为人对其行为可能造成的环境损害负责，并采取相应的措施来预防、减轻和修复环境损害。这一原则的实施有助于促进环境保护的意识和行动，维护人类与环境的和谐共生。

四、环境法的基本权利——环境权

（一）环境权的概念和特征

关于环境权，目前法学界有不同的理解。有的学者认为环境权是各种环境法律权利的总和，认为该权利应包括适宜环境权、参与环境管理权、检举权、控告权、监督权、知情权、诉讼权等各种具体权利。有的学者认为，环境权仅指公民的环境权利，即公民享有在适宜的环境中生活工作的权利。根据相关国家法律规定和理论，将环境权界定为环境法律关系主体就其赖以生存、发展的环境所享有的基本权利和承担的基本义务，即环境法律关系主体既有享有适宜环境的权利，也有保护环境的义务。[1]

环境权反映的是人与人的关系以及人与环境的关系，它具有预防性、公益性、指导性和有限性。预防性是指环境权重在预防。公益性是指环境权建立在人们共享环境条件这一基础之上，强调公益，具有公众共用物使用权之性质。指导性包括以下内容：一是环境权仅从法律上确认和宣告基本环境法律权利和基本环境法律义务；二是环境权对确定、推导其他具体环境权利和义务具有指导作用；三是环境权具有繁衍其他环境权利、义务的功能和作用。有限性又称对称性，是指环境权中的基本权利和基本义务都有一个法律规定的、合理的限度。环境权的主体只能合理享有适宜的环境，合理保护适宜的环境；只能在符合法律规定的条件时，有限度地、适度地行使自己的权利

---

[1] 蔡守秋主编：《环境资源法教程》，高等教育出版社 2017 年版，第 125 页。

或承担合理的、适度的义务。"合理"与"适宜",实际上是对环境权的限制,它表明了环境权的相对性,表明环境权主体负有忍受法律允许的常规环境污染或轻微环境污染的义务。[1]

(二) 环境权的种类

环境权作为环境法的基本法律权利,既是环境法的一个核心问题,也是环境立法、环境执法和环境诉讼的基础。环境权理论经过多年的发展,目前,已经形成个人环境权、单位环境权、国家环境权、人类环境权等相关概念。

1. 个人环境权。个人环境权又称自然人环境权、公众环境权,它不是排他性私权,而是作为公众的每一个人所享有的非排他性权利,也是作为公众中的一切个人所共享的权利。

2. 单位环境权。单位环境权又称法人环境权,是指单位既有享用适宜环境的权利,也有保护环境的义务。这里的单位,包括法人组织、非法人组织、营利性企业组织和非政府非营利性组织,其范围大于民法、经济法中的法人。

3. 国家环境权。国家环境权是指国家既有享用适宜环境的权利,也有保护环境的义务,它的主体是国家。该权利的确立不仅为加强国家环境管理和国际环境合作提供了法律依据,而且也是国家机关依法提起环境公益诉讼的依据。

4. 人类环境权。人类环境权是指人类作为整体既有享用适宜环境的权利,也有保护环境的义务。它的主体是整个人类,反映了世界各国和人类全体的共同利益和共识。该权利的基本意义是强调兼顾世界各国和人类各代的环境权益,为全人类及其子孙后代保护环境。

五、环境法的基本制度

环境法的基本制度随着社会和环境的发展变化而进行调整和完善。现阶段,我国环境法正在逐渐实现从以污染防治领域为中心,向污染防治、自然生态保护和绿色低碳发展三大领域全覆盖的转变。基于此,我们将环境法基本制度界定为,为贯彻落实环境法立法目的和基本原则,由立法确立的普遍适用于污染防治、自然生态保护、绿色低碳发展等领域,调整与生态环境利用行为相关的、社会关系法律规范总称。[2]它们在我国环境法律体系中占主导地位,起重要作用,是贯彻环境法的基本原则,是实现环境法的目的和任务的基本保证,主要包括生态环境规划制度、生态环境标准制度、环境影响评价制度、"三同时"制度和突发环境事件应急管理制度。

(一) 生态环境规划制度

生态环境规划制度是指为防治污染,改善生态环境质量,保护和修复自然生态,促进绿色低碳可持续发展,推动生态文明建设,调整县级以上人民政府及其相关主管部门根据各地区的环境条件、自然资源状况和社会经济发展的需要,实施的与前期勘

---

[1] 蔡守秋主编:《环境资源法教程》,高等教育出版社2017年版,第130页。
[2] 竺效主编:《中国环境法学》,中国人民大学出版社2023年版,第149页。

察、规划制定、规划审批、规划实施、规范修改、规划监督评估等行为相关的社会关系的法律规范的总称。

目前我国生态环境规划包括综合性规划中的生态环境篇章、生态环境保护规划两大类型。其中，综合性规划中的生态环境篇章包括国民经济和社会发展五年规划中的生态环境篇章与区域、流域综合性规划中的生态环境篇章。前者如《中华人民共和国国民经济和社会发展第十四个五年规划和2035年远景目标纲要》第11篇，后者如《成渝地区双城经济圈建设规划纲要》第8章。

而生态环境保护规划主要包括生态环境保护综合规划和生态环境保护专项规划。前者如《"十三五"生态环境保护规划》《广东省环境保护规划纲要（2006—2020年）》；后者则可按照污染防治、自然生态保护和绿色低碳发展三大领域进行细分，如《重点区域大气污染防治"十二五"规划》《全国生态脆弱区保护规划纲要》《"十四五"全国清洁生产推行方案》。[1]

（二）生态环境标准制度

生态环境标准制度是指为加强生态环境标准管理工作，调整与生态环境标准制定、修改、实施、备案和评估等行为相关的社会关系的法律规范的总称。其功能在于明确各类主体在生态环境标准制定、修改、实施、备案和评估中的权利及义务，确保生态环境标准管理工作的有效展开，进而保护生态环境，保障公众健康，促进经济社会可持续发展，维护生态环境安全。

根据生态、环境标准的内容不同，《生态环境标准管理办法》将生态环境标准分为生态环境质量标准、生态环境风险管控标准、污染物排放标准、生态环境监测标准、生态环境基础标准和生态环境管理技术规范六类。

根据生态环境标准制定主体的层级和适用范围，生态环境标准可以分为以下三类：一是以GB或者GB/T为编号的国家生态环境标准；二是以HJ为编号的行业生态环境标准；三是以DB或者DB/T为编号的地方生态环境标准。

根据是否应当被强制执行，生态环境标准可分为强制性生态环境标准和推荐性生态环境标准。强制性标准必须执行，推荐性标准不具有强制执行的效力。生态环境质量标准、生态环境风险管控标准、污染物排放标准和法律法规规定强制执行的其他生态环境标准属于强制性标准，其他标准（如生态环境监测标准、生态环境基础标准、生态环境管理技术规范等）原则上属于推荐性标准。《生态环境标准管理办法》第5条第3款规定："推荐性生态环境标准被强制性生态环境标准或者规章、行政规范性文件引用并赋予其强制执行效力的，被引用的内容必须执行，推荐性生态环境标准本身的法律效力不变。"

（三）环境影响评价制度

环境影响评价又称环境质量预断评价，是指在实施某项人为活动之前，对实施该

---

[1] 竺效主编：《中国环境法学》，中国人民大学出版社2023年版，第50—51页。

活动可能造成的环境影响进行分析、预测和评估，在此基础上比较各种替代方案，并提出相应的预防或者减轻不良环境影响的措施和对策，把对环境的不良影响减少到最低程度。《环境影响评价法》第 2 条规定："本法所称环境影响评价，是指对规划和建设项目实施后可能造成的环境影响进行分析、预测和评估，提出预防或者减轻不良环境影响的对策和措施，进行跟踪监测的方法与制度。"我国环境影响评价制度的适用范围包括规划环境影响评价和建设项目环境影响评价两个方面。

环境影响评价制度，是指为了实施可持续发展战略，预防因规划和建设项目实施后对环境造成不良影响，促进经济、社会和环境的协调发展，调整各类主体在规划和建设项目环境影响评价过程中实施环境影响评价文件的编制、报批、审批与监督行为所形成的社会关系的法律规范的总称。

（四）"三同时"制度

"三同时"制度，是指为了防止建设项目产生新的污染、破坏生态环境，建设项目需要配套建设的环境保护设施，必须与主体工程同时设计、同时施工、同时投产使用的法律制度。"三同时"制度是我国独创的重要的一项法律制度，多年来在环境管理中发挥了巨大的作用。它是贯彻预防为主原则、防止新污染和生态破坏产生的有效措施。该制度主要适用于污染防治领域。在建设项目的环境管理中，"三同时"制度与环境影响评价制度相辅相成。落实开发建设活动对环境产生影响的防治措施，是治理固定污染源的配套监督措施之一，能够有效防止新污染和生态破坏的产生。

"三同时"制度适用于对环境有影响的建设项目，主要根据建设项目环境影响评价的结论加以确定。从项目涉及的行业看，主要包括工业、交通、水利、农林、商业、卫生、文教、科研、旅游、市政等；从项目的类型看，主要包括基本建设项目、技术改造项目、区域开发建设项目、引进的建设项目、确有经济效益的综合利用项目、环境保护集中处理设施建设项目等；从项目建设类别看，主要包括新建项目、改建项目、扩建项目、技术改造项目等。"三同时"制度中的环境保护设施包括防治环境污染设施、防治环境破坏设施和放射工作场所的放射防护设施。

《环境保护法》第 41 条规定："建设项目中防治污染的设施，应当与主体工程同时设计、同时施工、同时投产使用。防治污染的设施应当符合经批准的环境影响评价文件的要求，不得擅自拆除或者闲置。"

（五）突发环境事件应急管理制度

突发环境事件的概念是进入 21 世纪以后逐步为我国立法和国家规范性文件所确立的。在我国突发环境事件应急管理实践中，对于突发环境事件概念内涵的界定分为广义和狭义两种。广义概念认为，突发环境事件是指突然发生，造成或者可能造成重大人员伤亡、重大财产损失和对全国或者某一地区的经济社会稳定、政治安定构成重大威胁和损害，有重大社会影响的涉及公共安全的环境事件。[1]根据《突发环境事件应

---

[1] 全国人大常委会法制工作委员会编：《中华人民共和国环境保护法释义》，法律出版社 2014 年版，第 163 页。

急管理办法》《国家突发环境事件应急预案》等法律法规以及相关规范性文件，狭义概念认为，突发环境事件是指由于污染物排放或自然灾害、生产安全事故等因素，导致污染物或放射性物质等有毒有害物质进入大气、水体、土壤等环境介质，突然造成或可能造成环境质量下降，危及公众身体健康和财产安全，或造成生态环境破坏，或造成重大社会影响，需要采取紧急措施予以应对的事件，主要包括大气污染、水体污染、土壤污染等突发性环境污染事件和辐射污染事件。本教材在概念界定时采用狭义说。《突发环境事件应急管理办法》第2条第3款规定："突发环境事件按照事件严重程度，分为特别重大、重大、较大和一般四个级别。"

突发环境事件应急管理制度是指为预防和减少突发环境事件的发生，控制、减轻和消除突发环境事件引起的危害，保障公众生命安全、环境安全和财产安全，调整开展突发环境事件预防与应急准备、监测与预警、应急处置与救援、事后恢复与重建等管理行为所形成的社会关系的规范的总称。该制度的核心环节包括：突发环境事件风险控制、突发环境事件应急准备、突发环境事件应急处置、突发环境事件事后恢复等。

六、环境法律责任

环境法律责任是指环境法主体因违反其法律义务，造成或可能造成生态环境污染或破坏，而应当依法承担的具有强制性、否定性的法律后果。这一概念的核心在于强调环境法主体（包括个人、组织或国家）必须对其在环境保护方面的行为负责，若其行为违反了法律规定，则必须承担相应的法律后果。

根据我国现行立法体系，环境法律责任主要有两种分类方法。第一种是以环境法律责任的主体不同，可将环境法律责任分为公民环境法律责任、单位环境法律责任、国家环境法律责任。第二种则是以环境法律责任的属性不同，可将环境法律责任细分为环境民事法律责任、环境行政法律责任、生态环境损害责任、环境刑事法律责任。下面我们就第二种分类进行详细阐释。

（一）环境民事法律责任

1. 概念。环境民事法律责任是指单位或个人因污染环境或破坏生态导致他人人身、财产、人格以及环境损害而引发的民事法律责任，包括了物权责任、合同责任和侵权责任。[1]

根据《中华人民共和国民法典》（简称《民法典》）第1229条的规定，因污染环境、破坏生态造成他人损害的，侵权人应当承担侵权责任。以及根据第1230条的规定，因污染环境、破坏生态发生纠纷，行为人应当就法律规定的不承担责任或者减轻责任的情形及其行为与损害之间不存在因果关系承担举证责任，可以看出环境侵权责任相较于普通的民事侵权责任，具有明显的特殊性。

2. 环境民事法律责任的归责原则。环境民事法律责任的归责原则，是指在人为原因导致环境污染和生态破坏，并致他人权益受到危害时，确定行为人的侵权民事责任

---

[1] 吕忠梅主编：《环境法学概要》，法律出版社2016年版，第199页。

应采用的标准和原则。环境民事责任归责原则的历史演进经历了结果责任原则阶段、过错责任原则阶段、过错推定原则阶段和现在确立的无过错责任原则阶段。无过错责任，是指无论行为人有无过错，法律规定应当承担民事责任的，行为人应当对其行为所造成的损害承担民事责任。

《民法典》规定了一般侵权采用的是过错责任原则。但环境民事法律责任实行的是无过错责任原则。该原则主要体现在《民法典》第1166条和《最高人民法院关于审理生态环境侵权责任纠纷案件适用法律若干问题的解释》第4条第1款规定："污染环境、破坏生态造成他人损害，行为人不论有无过错，都应当承担侵权责任。"

3. 环境民事法律责任的构成要件。因我国环境民事法律责任采用的是无过错责任归责原则，因此，环境民事法律责任的构成要件包括以下三个方面。

（1）存在环境侵权行为。即环境民事法律责任的构成，须以行为人实施了污染环境、破坏生态的行为为基本要件。

（2）存在环境损害后果。环境民事法律责任的构成，须以行为人导致了环境损害后果，即污染环境、破坏生态为基本要件。损害后果包括财产损害、人身损害、生态环境损害等。

（3）环境侵权行为与环境损害后果之间存在因果关系。《民法典》第1230条规定："因污染环境、破坏生态发生纠纷，行为人应当就法律规定的不承担责任或者减轻责任的情形及其行为与损害之间不存在因果关系承担举证责任。"

4. 环境民事法律责任的免责事由。环境民事法律责任的免责事由有战争、不可抗拒的自然灾害、不可抗力、受害人过错、正当防卫、紧急避险，而不包括行政合法与第三人过错。

（1）战争。《海洋环境保护法》第116条第1项规定了战争行为是海洋环境污染造成损害的免责事由。

（2）不可抗拒的自然灾害。这里要注意的是，不可抗拒的自然灾害成为免责事由是有前提条件的，即不可抗拒的自然灾害是造成环境损害的唯一原因，并且加害人采取了合理措施仍不能避免环境损害发生的。

（3）不可抗力。即不能预见、不能避免且不能克服的客观情况。不可抗力是造成环境损害的唯一原因，才可免责。《民法典》第180条第1款规定："因不可抗力不能履行民事义务的，不承担民事责任。法律另有规定的，依照其规定。"

（4）正当防卫与紧急避险。《民法典》第181条规定："因正当防卫造成损害的，不承担民事责任。正当防卫超过必要的限度，造成不应有的损害的，正当防卫人应当承担适当的民事责任。"《民法典》第182条规定："因紧急避险造成损害的，由引起险情发生的人承担民事责任。危险由自然原因引起的，紧急避险人不承担民事责任，可以给予适当补偿。紧急避险采取措施不当或者超过必要的限度，造成不应有的损害的，紧急避险人应当承担适当的民事责任。"

（5）受害人过错。《民法典》第1174条规定："损害是因受害人故意造成的，行为人不承担责任。"《民法典》第 1233 条规定："因第三人的过错污染环境、破坏生态的，被侵权人可以向侵权人请求赔偿，也可以向第三人请求赔偿。侵权人赔偿后，有权向第三人追偿。"

5. 环境侵权责任的承担方式。《民法典》第 179 条规定了民事责任承担方式，但未明确哪些责任承担方式属于侵权责任承担方式。环境侵权是特殊侵权类型，不适用返还财产、消除影响和恢复名誉等责任承担方式。故应根据被侵权人的诉讼请求以及具体情况，要求侵权人承担停止侵害、排除妨碍、消除危险、修复生态环境、赔礼道歉、赔偿损失等民事责任。

生态环境损害责任终身追究制是指对违背科学发展要求、造成生态环境和资源严重破坏的责任人不论是否已调离、提拔或者退休，都必须为其行为负责，进行严格追责。这包括了对直接损害行为的追责，也涵盖了对那些可能在未来对生态环境产生负面影响的行为的追责。这种追责制度不仅关注损害发生后的责任追究，还重视预防性的责任追究，即对于那些违背中央有关生态环境政策和法律法规的行为也要进行追责。

（二）环境行政法律责任

环境行政法律责任又称环境行政责任，是指环境行政法律关系的主体违反环境行政法律规范或不履行环境行政法律义务所应承担的行政方面的法律责任即否定性法律后果。环境行政责任的追究旨在纠正违法行为，防止环境污染和破坏的继续发生。

按照责任承担主体的不同，环境行政责任可以分为环境行政相对人的环境行政责任、环境行政主体的环境行政责任和环境行政公务员的环境行政责任。

1. 环境行政相对人的环境行政责任。环境行政相对人是指在环境行政管理法律关系中与环境行政主体对应的另一方主体或者当事人，即权益受环境行政主体所作环境行政行为影响的公民、法人或者其他组织。

环境行政相对人作为环境法律关系中的一方，应当遵守环境保护的法律法规，履行相应的义务。环境行政相对人的主要责任形式有环境行政处罚、行政处分。

（1）环境行政处罚。环境行政处罚是指环境保护行政机关依据环境保护法规，对违反环境法规但未构成犯罪的公民、法人或其他组织所采取的行政制裁措施。根据《环境保护法》《行政处罚法》《生态环境行政处罚办法》等规定，环境行政处罚的种类有：警告、通报批评，罚款、没收违法所得、没收非法财物，暂扣许可证件、降低资质等级、吊销许可证件、一定时期内不得申请行政许可，限制开展生产经营活动、责令停产整治、责令停产停业、责令关闭、限制从业、禁止从业，责令限期拆除，行政拘留，法律、行政法规规定的其他行政处罚种类。

（2）环境行政处分。行政处分也包括对国有企事业单位的负责人实施的法律制裁。若国有企事业单位作为行政相对人实施了某些违法行为，国有企事业单位的负责人也有可能承担警告、记过、记大过、降级、撤职、开除等行政处分和制裁。

2. 环境行政主体及公务员的环境行政责任。根据法律法规有关规定，环境行政主体承担的环境行政责任主要是环境行政赔偿，实施环境行政行为的公务员所承担的环境行政责任主要是环境行政处分。

（1）环境行政赔偿。环境行政赔偿是指环境行政机关及其工作人员在行使环境监督管理职权的过程中，因违法行为导致公民、法人或其他组织的合法权益受到损害时，依法应当承担的赔偿责任。这种赔偿制度体现了法治政府、责任政府的原则，旨在保护公民、法人和其他组织的合法权益，维护环境秩序和社会公正。

环境行政赔偿的构成要件如下：一是环境行政机关或其工作人员存在违法行为；二是该违法行为导致了公民、法人或其他组织的合法权益受到损害；三是损害结果与违法行为之间存在因果关系。只有同时满足这些要件，环境行政机关才需要承担赔偿责任。

在赔偿程序上，环境行政赔偿可分为申请、受理、审理和决定四个阶段。首先，受害人需要向环境行政机关提出赔偿申请，并提供相关证据材料；其次，环境行政机关对申请进行审查，并决定是否受理；再次，如受理申请，环境行政机关将进行调查核实，并确定赔偿金额；最后，环境行政机关将依法作出赔偿决定，并履行赔偿义务。

（2）环境行政处分。环境行政处分又称为环境纪律处分，是指环境行政公务人员的任免机关和行政监察机关根据有关法律对犯有违法失职行为但尚未构成犯罪的环境行政公务人员实施的一种行政制裁措施。

根据《中华人民共和国公务员法》（简称《公务员法》）、《环境保护法》、《行政处罚法》等规定，环境行政处分的种类多种多样，主要包括：警告、记过、记大过、降级、撤职、开除、引咎辞职等。

环境行政处分按照以下程序办理：①初步调查；②立案；③调查；④申辩；⑤决定；⑥通知；⑦归档；⑧复核与申诉。

党政同责环保问责制是一个综合性的制度体系，旨在通过明确各级党委和政府在环境保护工作中的责任和义务，推动环境保护工作的有效实施。这一制度的核心在于实行党政同管、同抓、同责，确保无论是党委还是政府部门，在环境保护管理和监管方面都承担同等的职责。《党政领导干部生态环境损害责任追究办法（试行）》第3条规定："地方各级党委和政府对本地区生态环境和资源保护负总责，党委和政府主要领导成员承担主要责任，其他有关领导成员在职责范围内承担相应责任。中央和国家机关有关工作部门、地方各级党委和政府的有关工作部门及其有关机构领导人员按照职责分别承担相应责任。"终身追责原则要求对党政领导干部生态环境损害责任追究坚持"终身追究"的原则。这种问责机制有助于确保各级党委和政府更好地履行环保职责，有助于确保环保政策的有效执行，防止权力滥用和失职行为的发生。

（三）生态环境损害责任

1. 生态环境损害责任的概念。生态环境损害责任是指因污染环境、破坏生态造成大气、地表水、地下水、土壤、森林等环境要素和植物、动物、微生物等生物要素的不利改变，以及上述要素构成的生态系统功能退化后，相关责任主体依法所应承担的法律后果。这种责任主要包括生态环境损害修复责任和生态环境损害赔偿责任。

2. 生态环境损害责任和一般环境侵权责任的区别。

（1）维护的利益不同。生态环境损害责任与一般环境侵权责任的本质不同。生态环境损害责任针对的是因污染环境或破坏生态行为而造成的环境、生态本身的损害，这与传统的私益性的环境侵权责任之间形成了严格的区别。一般环境侵权中被侵害的对象是自然人的人身权利或者自然人、法人或非法人组织的财产权利。因而一般环境侵权责任是对私主体的救济，保护的是私人利益。而生态环境损害责任中生态系统服务功能的损害是一种社会公共利益的丧失，所有享受生态系统服务功能的不特定的人都可能成为生态环境损害责任的被侵害人，因而生态环境损害责任是对公共利益的维护。

（2）救济方式的侧重不同。追究生态环境损害责任的重点，在于使受到损害的生态、环境恢复到原有的状态与功能。因而在生态、环境具有可修复性的前提下，生态环境损害责任以履行生态环境修复责任为第一选择，即使以金钱赔偿责任的方式承担生态环境损害责任，也应该将赔偿金用于生态、环境状态与功能的恢复。与之相对的，一般环境侵权责任也往往以金钱赔偿为第一选择，而对于赔偿金的使用则可由受偿人自行决定。

（3）责任构成不同。与一般环境侵权责任要求的无过错责任原则不同，生态环境损害责任视情况采用过错责任原则或无过错责任原则。

3. 生态环境损害修复责任。生态环境损害责任的追究最终是为了预防和修复生态环境损害，并对潜在的危害行为人起到震慑作用，促使他们及时采取必要的措施预防生态、环境本身损害的发生。[1]

生态环境损害修复责任是指对于因污染、破坏等行为导致的生态和环境的损害，相关责任主体需要承担修复受损环境的责任。它与生态环境损害金钱赔偿责任相比，生态环境损害修复责任具有适用上的优先性，目的是尽快恢复受损的生态、环境，使之恢复到受损之前的状态和功能。生态环境损害修复责任的承担，除了要满足生态环境损害责任构成要件以外，还需要以受损生态、环境"能够修复"为前提。"能够修复"的判断应以技术可行性为客观标准。

这里要注意"环境修复"与"生态环境恢复"之间的区别。生态环境修复是指生态环境损害发生后，为防止污染物扩散迁移、降低环境中污染物浓度，将环境污染导致的人体健康风险或生态风险降至可接受风险水平而开展的必要的、合理的行为或措施。生态环境修复目的是将环境污染导致的人体健康风险或生态风险降至可接受风险水平；而生态环境恢复的目的是将生态、环境及其生态系统服务功能恢复至环境污染或生态破坏发生之前的水平，同时采用补偿性恢复措施补偿期间损害。

4. 生态环境损害金钱赔偿责任。生态环境损害金钱赔偿责任主要指的是在计算或估算生态环境损害程度后，以货币支付的形式，对受损的生态环境进行一定额度的金

---

[1] 竺效：《论生态损害综合预防与救济的立法路径——以法国民法典侵权责任条款修改法案为借鉴》，载《比较法研究》2016年第3期。

钱赔偿。这种赔偿方式旨在通过经济补偿来修复或恢复受损的生态环境，并确保责任一方为其造成的损害承担经济后果。

在生态环境损害赔偿中，金钱赔偿责任的确定需要考虑诸多因素，包括损害的范围、程度、持续时间以及恢复或修复的成本等。此外，责任一方的经济能力、过错程度以及是否已经采取了必要的补救措施等因素也可能会对金钱赔偿责任的确定产生影响。

根据《民法典》第1235条之规定，违反国家规定造成生态环境损害的，国家规定的机关或者法律规定的组织有权请求侵权人赔偿下列损失和费用：①生态环境受到损害至修复完成期间服务功能丧失导致的损失；②生态环境功能永久性损害造成的损失；③生态环境损害调查、鉴定评估等费用；④清除污染、修复生态环境费用；⑤防止损害的发生和扩大所支出的合理费用。

5. 生态环境损害的惩罚性赔偿。生态环境损害的惩罚性赔偿作为一种特殊的民事责任形式，是指当侵权人故意违反法律规定，污染环境或破坏生态，并因此造成严重后果时，除了需要承担常规的损害赔偿责任外，还需支付超出实际损害数额的赔偿。这种赔偿方式的目的是在弥补侵权行为造成的损失之外，对侵权人进行处罚，以预防其未来再次发生此类行为，并起到震慑和警示其他潜在侵权行为人的作用。

生态环境损害惩罚性赔偿与一般环境侵权惩罚性赔偿在适用方面存在一定区别，即在赔偿金额的确定方面，二者的基数与倍数确定并不一致。其中，基数是生态环境遭受的实际损失，倍数则是在实际损害的基础上惩罚的倍数，倍数的确定应确保针对生态环境损害的惩罚性赔偿是过罚相当、合乎比例的。

在惩罚性赔偿的基数确定方面，《最高人民法院关于审理生态环境侵权纠纷案件适用惩罚性赔偿的解释》认为，一般环境侵权惩罚性赔偿的基数需要综合考虑侵权人的恶意程度、侵权后果的严重程度、侵权人因污染环境、破坏生态行为所获得的利益或者侵权人所采取的修复措施及其效果等因素。而生态环境损害惩罚性赔偿基数的确定，同样以结果为导向，受损生态环境可以修复的，应以期间损害造成的损失数额为计算基数；而受损生态环境无法修复的，以永久性损害造成的损失数额为计算基数。

在惩罚性赔偿的倍数确定方面，《最高人民法院关于审理生态环境侵权纠纷案件适用惩罚性赔偿的解释》第10条规定："人民法院确定惩罚性赔偿金数额，应当综合考虑侵权人的恶意程度、侵权后果的严重程度、侵权人因污染环境、破坏生态行为所获得的利益或者侵权人所采取的修复措施及其效果等因素，但一般不超过人身损害赔偿金、财产损失数额的二倍。"但对于生态环境损害惩罚性赔偿的倍数，上述司法解释未明确规定，有待未来立法或进一步司法解释的明确规定。

（四）环境刑事法律责任

环境刑事法律责任，通常被称为环境刑事责任，是指行为人因故意或过失实施了污染环境、破坏生态的行为，且这些行为造成重大后果或情节严重，构成犯罪时，行为人应依法承担相应刑事制裁的法律责任。它是环境法律责任体系中最严厉的一种责任形式，具有强大的威慑力和制裁力。

环境刑事责任的构成要件主要包括：

1. 环境犯罪的主体既可以是个人，也可以是单位。

2. 环境犯罪的主观方面既可以是故意，也可以是过失。其中，故意包括直接故意与间接故意；过失包括过于自信的过失与疏忽大意的过失。

3. 环境犯罪的客体是刑法和环境法所保护的、为危害行为所侵害的社会关系或管理秩序。

4. 环境犯罪的客观方面则表现为有危害环境或破坏自然资源的行为发生，并且这种行为具有社会危害性。

《刑法》中有关环境犯罪的主要罪名有：污染环境罪，非法处置进口的固体废物罪，擅自进口固体废物罪，非法捕捞水产品罪，危害珍贵、濒危野生动物罪，非法狩猎罪，非法猎捕、收购、运输、出售陆生野生动物罪，非法占用农用地罪，破坏自然保护地罪，非法采矿罪，破坏性采矿罪，危害国家重点保护植物罪，非法引进、释放、丢弃外来入侵物种罪，盗伐林木罪，滥伐林木罪，非法收购、运输盗伐、滥伐林木罪。除此之外，还有其他一些与环境相关的罪名，如走私废物罪，非法转让、倒卖土地使用权罪，违法发放林木采伐许可证罪，环境监管失职罪，非法批准征用、占用土地罪，非法低价出让国有土地使用权罪。

第二节　生态环境损害基础知识

一、基础概念辨析

（一）自然资源

《宪法》第 9 条规定："矿藏、水流、森林、山岭、草原、荒地、滩涂等自然资源，都属于国家所有，即全民所有；由法律规定属于集体所有的森林和山岭、草原、荒地、滩涂除外。国家保障自然资源的合理利用，保护珍贵的动物和植物。禁止任何组织或者个人用任何手段侵占或者破坏自然资源。"传统法律上"自然资源"的基本含义是资财的来源。联合国自然规划署将"自然资源"定义为"所谓资源，特别是自然资源，是指在一定时间、地点的条件下能够产生经济价值的、以提高人类当前和将来福利的自然环境因素和条件。"作为法律保护对象的自然资源必须具备有效性、多样性和稀缺性。法律意义上的自然资源既具有物理属性，也具有法律属性。当其为人类所认识与控制而带来经济价值并得到法律认可时，即成为法律关系主体支配和需要的客观实体。

（二）自然环境

《环境保护法》第 2 条规定："本法所称环境，是指影响人类生存和发展的各种天然的和经过人工改造的自然因素的总体，包括大气、水、海洋、土地、矿藏、森林、草原、湿地、野生生物、自然遗迹、人文遗迹、自然保护区、风景名胜区、城市和乡村等。"

(三) 环境资源

自然既是作为人类生存条件的"环境",又是供人类获取或排放物质和能量并享受优美环境的"资源",可以通过"环境资源化"或者"环境与资源趋同化"的方式进行组合,于是产生了"环境资源"的概念。环境资源既具有自然资源的基本特征,也具有自然资源的根本特征。

(四) 生态环境

《宪法》第26条规定:"国家保护和改善生活环境和生态环境,防治污染和其他公害。国家组织和鼓励植树造林,保护林木。"《宪法》创造并使用了"生态环境"的概念表达,而在很长时间内环境与资源相关立法分别使用了"环境"和"资源"的概念。党的十八大以后制定或修改的相关法律,均使用"生态环境"概念替换"环境",并加大了生态保护性立法的力度。"生态环境"概念兼具狭义的"环境""资源""生态"三大面向,注体现可持续发展内部"环境持续是基础,经济持续是条件,社会持续是目的"的结构层次和逻辑关系,按照解决环境污染、生态功能丧失、自然资源枯竭三大问题的逻辑展开提供类型化的概念基础。

(五) 环境污染

《土壤污染防治法》第2条第2款规定:"本法所称土壤污染,是指因人为因素导致某种物质进入陆地表层土壤,引起土壤化学、物理、生物等方面特性的改变,影响土壤功能和有效利用,危害公众健康或者破坏生态环境的现象。"

《海洋环境保护法》第120条第1项规定:"(一)海洋环境污染损害,是指直接或者间接地把物质或者能量引入海洋环境,产生损害海洋生物资源、危害人体健康、妨害渔业和海上其他合法活动、损害海水使用素质和减损环境质量等有害影响。"

《最高人民法院、最高人民检察院关于办理环境污染刑事案件适用法律若干问题的解释》第1条规定:"实施刑法第三百三十八条规定的行为,具有下列情形之一的,应当认定为'严重污染环境':(一)在饮用水水源保护区、自然保护地核心保护区等依法确定的重点保护区域排放、倾倒、处置有放射性的废物、含传染病病原体的废物、有毒物质的;(二)非法排放、倾倒、处置危险废物三吨以上的;(三)排放、倾倒、处置含铅、汞、镉、铬、砷、铊、锑的污染物,超过国家或者地方污染物排放标准三倍以上的;(四)排放、倾倒、处置含镍、铜、锌、银、钒、锰、钴的污染物,超过国家或者地方污染物排放标准十倍以上的;(五)通过暗管、渗井、渗坑、裂隙、溶洞、灌注、非紧急情况下开启大气应急排放通道等逃避监管的方式排放、倾倒、处置有放射性的废物、含传染病病原体的废物、有毒物质的;(六)二年内曾因在重污染天气预警期间,违反国家规定,超标排放二氧化硫、氮氧化物等实行排放总量控制的大气污染物受过二次以上行政处罚,又实施此类行为的;(七)重点排污单位、实行排污许可重点管理的单位篡改、伪造自动监测数据或者干扰自动监测设施,排放化学需氧量、氨氮、二氧化硫、氮氧化物等污染物的;(八)二年内曾因违反国家规定,排放、倾倒、处置有放射性的废物、含传染病病原体的废物、有毒物质受过二次以上行政处罚，又实施此类行为的；（九）违法所得或者致使公私财产损失三十万元以上的；（十）致使乡镇集中式饮用水水源取水中断十二小时以上的；（十一）其他严重污染环境的情形。"

第2条规定："实施刑法第三百三十八条规定的行为，具有下列情形之一的，应当认定为'情节严重'：（一）在饮用水水源保护区、自然保护地核心保护区等依法确定的重点保护区域排放、倾倒、处置有放射性的废物、含传染病病原体的废物、有毒物质，造成相关区域的生态功能退化或者野生生物资源严重破坏的；（二）向国家确定的重要江河、湖泊水域排放、倾倒、处置有放射性的废物、含传染病病原体的废物、有毒物质，造成相关水域的生态功能退化或者水生生物资源严重破坏的；（三）非法排放、倾倒、处置危险废物一百吨以上的；（四）违法所得或者致使公私财产损失一百万元以上的；（五）致使县级城区集中式饮用水水源取水中断十二小时以上的；（六）致使永久基本农田、公益林地十亩以上，其他农用地二十亩以上，其他土地五十亩以上基本功能丧失或者遭受永久性破坏的；（七）致使森林或者其他林木死亡五十立方米以上，或者幼树死亡二千五百株以上的；（八）致使疏散、转移群众五千人以上的；（九）致使三十人以上中毒的；（十）致使一人以上重伤、严重疾病或者三人以上轻伤的；（十一）其他情节严重的情形。"

第3条规定："实施刑法第三百三十八条规定的行为，具有下列情形之一的，应当处七年以上有期徒刑，并处罚金：（一）在饮用水水源保护区、自然保护地核心保护区等依法确定的重点保护区域排放、倾倒、处置有放射性的废物、含传染病病原体的废物、有毒物质，具有下列情形之一的：1. 致使设区的市级城区集中式饮用水水源取水中断十二小时以上的；2. 造成自然保护地主要保护的生态系统严重退化，或者主要保护的自然景观损毁的；3. 造成国家重点保护的野生动植物资源或者国家重点保护物种栖息地、生长环境严重破坏的；4. 其他情节特别严重的情形。（二）向国家确定的重要江河、湖泊水域排放、倾倒、处置有放射性的废物、含传染病病原体的废物、有毒物质，具有下列情形之一的：1. 造成国家确定的重要江河、湖泊水域生态系统严重退化的；2. 造成国家重点保护的野生动植物资源严重破坏的；3. 其他情节特别严重的情形。（三）致使永久基本农田五十亩以上基本功能丧失或者遭受永久性破坏的；（四）致使三人以上重伤、严重疾病，或者一人以上严重残疾、死亡的。"

第4条规定："实施刑法第三百三十九条第一款规定的行为，具有下列情形之一的，应当认定为'致使公私财产遭受重大损失或者严重危害人体健康'：（一）致使公私财产损失一百万元以上的；（二）具有本解释第二条第五项至第十项规定情形之一的；（三）其他致使公私财产遭受重大损失或者严重危害人体健康的情形。"

第5条规定："实施刑法第三百三十八条、第三百三十九条规定的犯罪行为，具有下列情形之一的，应当从重处罚：（一）阻挠环境监督检查或者突发环境事件调查，尚不构成妨害公务等犯罪的；（二）在医院、学校、居民区等人口集中地区及其附近，违反国家规定排放、倾倒、处置有放射性的废物、含传染病病原体的废物、有毒物质或者其他有害物质的;(三)在突发环境事件处置期间或者被责令限期整改期间,违反国家规定排放、倾倒、处置有放射性的废物、含传染病病原体的废物、有毒物质或者其他有害物质的;(四)具有危险废物经营许可证的企业违反国家规定排放、倾倒、处置有放射性的废物、含传染病病原体的废物、有毒物质或者其他有害物质的;(五)实行排污许可重点管理的企业事业单位和其他生产经营者未依法取得排污许可证,排放、倾倒、处置有放射性的废物、含传染病病原体的废物、有毒物质或者其他有害物质的。"

第6条规定:"实施刑法第三百三十八条规定的行为,行为人认罪认罚,积极修复生态环境,有效合规整改的,可以从宽处罚;犯罪情节轻微的,可以不起诉或者免予刑事处罚;情节显著轻微危害不大的,不作为犯罪处理。"

第7条规定:"无危险废物经营许可证从事收集、贮存、利用、处置危险废物经营活动,严重污染环境的,按照污染环境罪定罪处罚;同时构成非法经营罪的,依照处罚较重的规定定罪处罚。实施前款规定的行为,不具有超标排放污染物、非法倾倒污染物或者其他违法造成环境污染的情形的,可以认定为非法经营情节显著轻微危害不大,不认为是犯罪;构成生产、销售伪劣产品等其他犯罪的,以其他犯罪论处。"

第8条规定:"明知他人无危险废物经营许可证,向其提供或者委托其收集、贮存、利用、处置危险废物,严重污染环境的,以共同犯罪论处。"

第9条规定:"违反国家规定,排放、倾倒、处置含有毒害性、放射性、传染病病原体等物质的污染物,同时构成污染环境罪、非法处置进口的固体废物罪、投放危险物质罪等犯罪的,依照处罚较重的规定定罪处罚。"

第10条规定:"承担环境影响评价、环境监测、温室气体排放检验检测、排放报告编制或者核查等职责的中介组织的人员故意提供虚假证明文件,具有下列情形之一的,应当认定为刑法第二百二十九条第一款规定的'情节严重':(一)违法所得三十万元以上的;(二)二年内曾因提供虚假证明文件受过二次以上行政处罚,又提供虚假证明文件的;(三)其他情节严重的情形。实施前款规定的行为,在涉及公共安全的重大工程、项目中提供虚假的环境影响评价等证明文件,致使公共财产、国家和人民利益遭受特别重大损失的,应当依照刑法第二百二十九条第一款的规定,处五年以上十年以下有期徒刑,并处罚金。实施前两款规定的行为,同时索取他人财物或者非法收受他人财物构成犯罪的,依照处罚较重的规定定罪处罚。"

第11条规定:"违反国家规定,针对环境质量监测系统实施下列行为,或者强令、指使、授意他人实施下列行为,后果严重的,应当依照刑法第二百八十六条的规定,以破坏计算机信息系统罪定罪处罚:(一)修改系统参数或者系统中存储、处理、传输的监测数据的;(二)干扰系统采样,致使监测数据因系统不能正常运行而严重失真的;(三)其他破坏环境质量监测系统的行为。重点排污单位、实行排污许可重点管理的单位篡改、伪造自动监测数据或者干扰自动监测设施,排放化学需氧量、氨氮、二氧化硫、氮氧化物等污染物,同时构成污染环境罪和破坏计算机信息系统罪的,依照处罚较重的规定定罪处罚。从事环境监测设施维护、运营的人员实施或者参与实施篡改、伪造自动监测数据、干扰自动监测设施、破坏环境质量监测系统等行为的，依法从重处罚。"

第12条规定："对于实施本解释规定的相关行为被不起诉或者免予刑事处罚的行为人，需要给予行政处罚、政务处分或者其他处分的，依法移送有关主管机关处理。有关主管机关应当将处理结果及时通知人民检察院、人民法院。"

第13条规定："单位实施本解释规定的犯罪的，依照本解释规定的定罪量刑标准，对直接负责的主管人员和其他直接责任人员定罪处罚，并对单位判处罚金。"

第14条规定："环境保护主管部门及其所属监测机构在行政执法过程中收集的监测数据，在刑事诉讼中可以作为证据使用。公安机关单独或者会同环境保护主管部门，提取污染物样品进行检测获取的数据，在刑事诉讼中可以作为证据使用。"

第15条规定："对国家危险废物名录所列的废物，可以依据涉案物质的来源、产生过程、被告人供述、证人证言以及经批准或者备案的环境影响评价文件、排污许可证、排污登记表等证据，结合环境保护主管部门、公安机关等出具的书面意见作出认定。对于危险废物的数量，依据案件事实，综合被告人供述，涉案企业的生产工艺、物耗、能耗情况，以及经批准或者备案的环境影响评价文件等证据作出认定。"

第16条规定："对案件所涉的环境污染专门性问题难以确定的，依据鉴定机构出具的鉴定意见，或者国务院环境保护主管部门、公安部门指定的机构出具的报告，结合其他证据作出认定。"

第17条规定："下列物质应当认定为刑法第三百三十八条规定的'有毒物质'：（一）危险废物，是指列入国家危险废物名录，或者根据国家规定的危险废物鉴别标准和鉴别方法认定的，具有危险特性的固体废物；（二）《关于持久性有机污染物的斯德哥尔摩公约》附件所列物质；（三）重金属含量超过国家或者地方污染物排放标准的污染物；（四）其他具有毒性，可能污染环境的物质。"

第18条规定："无危险废物经营许可证，以营利为目的，从危险废物中提取物质作为原材料或者燃料，并具有超标排放污染物、非法倾倒污染物或者其他违法造成环境污染的情形的行为，应当认定为'非法处置危险废物'。"

第19条规定："本解释所称'二年内'，以第一次违法行为受到行政处罚的生效之日与又实施相应行为之日的时间间隔计算确定。本解释所称'重点排污单位'，是指设区的市级以上人民政府环境保护主管部门依法确定的应当安装、使用污染物排放自动监测设备的重点监控企业及其他单位。本解释所称'违法所得'，是指实施刑法第二百二十九条、第三百三十八条、第三百三十九条规定的行为所得和可得的全部违法收入。本解释所称'公私财产损失'，包括实施刑法第三百三十八条、第三百三十九条规定的行为直接造成财产损毁、减少的实际价值，为防止污染扩大、消除污染而采取必要合理措施所产生的费用，以及处置突发环境事件的应急监测费用。本解释所称'无危险废物经营许可证'，是指未取得危险废物经营许可证，或者超出危险废物经营许可证的经营范围。"

（六）生态破坏

生态破坏，是指因污染环境的行为或者其他行为而对生态造成的破坏，如水土流失、沙漠化、荒漠化、森林锐减、生物多样性的减少、湖泊的富营养化、地面下沉等。

二、生态环境损害概述

（一）生态环境损害的概念

《生态环境损害赔偿管理规定》给出了"生态环境损害"的定义并采取列举加排除的方法，对适用范围做了规定。

1.《生态环境损害鉴定评估技术指南 总纲和关键环节 第1部分：总纲》中的规定。

（1）生态环境损害（Environmental Damage）。因污染环境、破坏生态造成环境空气、地表水、沉积物、土壤、地下水、海水等环境要素和植物、动物、微生物等生物要素的不利改变，及上述要素构成的生态系统的功能退化和服务减少。

（2）生态服务功能（Ecological Functions）。生态系统在维持生命的物质循环和能量转换过程中，为人类与生物提供的各种惠益，通常包括供给服务、调节服务、文化服务和支持功能。

（3）调查区（Survey Area）。为确定生态环境损害的类型、范围和程度，需要开展勘察、监测、观测、观察、调查、测量的区域，包括污染环境或破坏生态行为的发生区域、可能的影响区域、损害发生区域和对照区域等。

（4）评估区（Assessment Area）。经调查发现发生环境质量不利改变、生态服务功能退化等，需要开展生态环境损害识别、分析和确认的区域。

（5）基线（Baseline）。污染环境或破坏生态未发生时评估区生态环境及其服务功能的状态。

（6）期间损害（Interim Damage）。自生态环境损害发生到恢复至基线期间，生态系统提供服务功能的丧失或减少。

（7）污染清除（Pollution Clean-up）。采用工程和技术手段，将生态环境中的污染物阻断、控制、移除、转移、固定和处置的过程。

（8）环境修复（Environmental Remediation）。污染清除完成后，为进一步降低环境中的污染物浓度，采用工程和管理手段将环境污染导致的人体健康或生态风险降至可接受风险水平的过程。

（9）生态环境恢复（Ecological Restoration）。采取必要、合理的措施将受损生态环境及其服务功能恢复至基线并补偿期间损害的过程，包括环境修复和生态服务功能的恢复。按照恢复目标和阶段不同，生态环境恢复可分为基本恢复、补偿性恢复和补充性恢复。

（10）基本恢复（Primary Restoration）。采取必要、合理的自然或人工措施将受损的生态环境及其服务功能恢复至基线的过程。

（11）补偿性恢复（Compensatory Restoration）。采取必要、合理的措施补偿生态环境期间损害的过程。

（12）补充性恢复（Complementary Restoration）。基本恢复无法完全恢复受损的生态环境及其服务功能，或补偿性恢复无法补偿期间损害时，采取额外的、弥补性的措施进一步恢复受损的生态环境及其服务功能并补偿期间损害的过程。

（13）永久损害（Permanent Damage）。受损生态环境及其生态服务功能难以恢复，其向人类或其他生态系统提供服务的能力完全丧失。

（14）生态环境损害鉴定评估（Identification and Assessment of Environmental Damage）。按照规定的程序和方法，综合运用科学技术和专业知识，调查污染环境、破坏生态行为与生态环境损害情况，分析污染环境或破坏生态行为与生态环境损害间的因果关系，评估污染环境或破坏生态行为所致生态环境损害的范围和程度，确定生态环境恢复至基线并补偿期间损害的恢复措施，量化生态环境损害数额的过程。

2.《生态环境损害鉴定评估技术指南 总纲和关键环节 第2部分：损害调查》中的规定。

生态环境损害调查（Environmental Damage Investigation）。采用科学、系统的现场踏勘、监测、观测、访谈、航拍、资料查阅等方法，搜集信息和数据，为生态环境损害鉴定评估提供支持的过程。

3.《生态环境损害鉴定评估技术指南 环境要素 第2部分：地表水和沉积物》中的规定。

（1）地表水生态环境损害（Surface Water Environmental Damage）。因污染环境、破坏生态造成地表水、沉积物等环境要素和水生生物等生物要素的不利改变，及上述要素构成的水生态功能退化和服务减少。

（2）地表水生态环境事件（Surface Water Environmental Incidents）。指由于人类活动或各类突发事件引起污染物进入水环境，或由于非法捕捞、非法采砂、违规工程建设、侵占围垦、物种入侵等生态破坏，造成地表水和沉积物环境质量下降、水生态服务功能减弱甚至丧失的事件。根据事件原因的不同分为水环境污染事件和水生态破坏事件。

4.《生态环境损害鉴定评估技术指南 森林（试行）》中的规定。

（1）森林生态环境损害（Forest Environmental Damage）。由于破坏生态、污染环境行为造成森林生态系统结构、功能与演替等过程的不利改变，以及森林生态系统服务的降低或丧失。

（2）森林生态环境损害事件（Forest Environmental Damage Incidents）。由于乱砍滥伐、毁林开垦、非法采矿及采砂采土、违规工程建设、违法采挖移植、有害生物损害、人为火灾、违规旅游开发等生态破坏行为或污染物排放倾倒等环境污染行为，造成森林立地条件或生境质量下降、物种数量减少、结构受损、生态服务功能降低甚至丧失的事件。

（二）生态环境损害的标准

《最高人民法院、最高人民检察院、公安部、司法部、生态环境部印发〈关于办理环境污染刑事案件有关问题座谈会纪要〉的通知》中关于生态环境损害标准的认定："会议针对如何适用《环境解释》第一条、第三条规定的，造成生态环境严重损害的"造成生态环境特别严重损害的，定罪量刑标准进行了讨论。会议指出，生态环境损害赔偿制度是生态文明制度体系的重要组成部分。党中央、国务院高度重视生态环境损害赔偿工作，党的十八届三中全会明确提出对造成生态环境损害的责任者严格实行赔偿制度。2015年，中央办公厅、国务院办公厅印发《生态环境损害赔偿制度改革试点方案》（中办发〔2015〕57号），在吉林等7个省市部署开展改革试点，取得明显成效。2017年，中央办公厅、国务院办公厅印发《生态环境损害赔偿制度改革方案》（中办发〔2017〕68号），在全国范围内试行生态环境损害赔偿制度。

会议指出，《环境解释》将造成生态环境损害规定为污染环境罪的定罪量刑标准之一，是为了与生态环境损害赔偿制度实现衔接配套，考虑到该制度尚在试行过程中，《环境解释》作了较原则的规定。司法实践中，一些省市结合本地区工作实际制定了具体标准。会议认为，在生态环境损害赔偿制度试行阶段，全国各省（自治区、直辖市）可以结合本地实际情况，因地制宜，因时制宜，根据案件具体情况准确认定'造成生态环境严重损害'和'造成生态环境特别严重损害'"

（三）生态环境损害的类型

按照生态环境损害的概念，生态环境损害类型可以分为环境污染和生态破坏两类。

按照《环境损害司法鉴定执业分类规定》，生态环境损害类型可以分为以下7个方面：

表1-1 环境损害司法鉴定执业分类目录

序号	领域	分领域及项目
01	污染物性质鉴定	0101 固体废物鉴定
		0102 危险废物鉴定
		0103 有毒物质（不包括危险废物）鉴定
		0104 放射性废物鉴定
		0105 含传染病病原体的废物（不包括医疗废物）鉴定
		0106 污染物筛查及理化性质鉴定
		0107 有毒物质、放射性废物致植物损害鉴定
		0108 有毒物质、放射性废物致动物损害鉴定
02	地表水与沉积物环境损害鉴定	0201 污染环境行为致地表水与沉积物环境损害鉴定
		0202 污染环境行为致水生态系统损害鉴定
		0203 地表水和沉积物污染致植物损害鉴定
		0204 地表水和沉积物污染致动物损害鉴定

续表

序号	领域	分领域及项目
03	空气污染环境损害鉴定	0301 污染环境行为致环境空气损害鉴定
		0302 环境空气污染致植物损害鉴定
		0303 环境空气污染致动物损害鉴定
		0304 室内空气污染损害鉴定
		0305 室内空气污染致人体健康损害鉴定
04	土壤与地下水环境损害鉴定	0401 污染环境行为致土壤环境损害鉴定
		0402 污染环境行为致地下水环境损害鉴定
		0403 污染环境行为致土壤生态系统损害鉴定
		0404 土壤污染致植物损害鉴定
		0405 地下水污染致植物损害鉴定
		0406 土壤污染致动物损害鉴定
		0407 地下水污染致动物损害鉴定
05	近岸海洋与海岸带环境损害鉴定	0501 污染环境行为致近岸海洋与海岸带环境损害鉴定
		0502 污染环境行为致近岸海洋与海岸带生态系统损害鉴定
		0503 近岸海洋与海岸带环境污染致海洋植物损害鉴定
		0504 近岸海洋与海岸带环境污染致海洋动物损害鉴定
06	生态系统环境损害鉴定	0601 生态破坏行为致植物损害鉴定
		0602 生态破坏行为致动物损害鉴定
		0603 生态破坏行为致微生物损害鉴定
		0604 生态破坏行为致森林生态系统损害鉴定
		0605 生态破坏行为致草原生态系统损害鉴定
		0606 生态破坏行为致湿地生态系统损害鉴定
		0607 生态破坏行为致荒漠生态系统损害鉴定
		0608 生态破坏行为致海洋生态系统损害鉴定
		0609 生态破坏行为致河流、湖泊生态系统损害鉴定
		0610 生态破坏行为致冻原生态系统损害鉴定
		0611 生态破坏行为致农田生态系统损害鉴定
		0612 生态破坏行为致城市生态系统损害鉴定
		0613 矿产资源开采行为致矿山地质环境破坏、土地损毁及生态功能损害鉴定

续表

序号	领域	分领域及项目
07	其他环境损害鉴定	0701 噪声损害鉴定
		0702 振动损害鉴定
		0703 光损害鉴定
		0704 热损害鉴定
		0705 电磁辐射损害鉴定
		0706 电离辐射损害鉴定

（四）生态环境损害赔偿

《生态环境损害赔偿管理规定》第5条规定："生态环境损害赔偿范围包括：（一）生态环境受到损害至修复完成期间服务功能丧失导致的损失；（二）生态环境功能永久性损害造成的损失；（三）生态环境损害调查、鉴定评估等费用；（四）清除污染、修复生态环境费用；（五）防止损害的发生和扩大所支出的合理费用。"

违反国家规定，造成生态环境损害的单位或者个人，应当按照国家规定的要求和范围，承担生态环境损害赔偿责任，做到应赔尽赔。民事法律和资源环境保护等法律有相关免除或者减轻生态环境损害赔偿责任规定的，按相应规定执行。赔偿义务人应当依法积极配合生态环境损害赔偿调查、鉴定评估等工作，参与索赔磋商，实施修复，全面履行赔偿义务。

赔偿权利人及其指定的部门或机构，有权请求赔偿义务人在合理期限内承担生态环境损害赔偿责任。生态环境损害可以修复的，应当修复至生态环境受损前的基线水平或者生态环境风险可接受水平。赔偿义务人根据赔偿协议或者生效判决要求，自行或者委托开展修复的，应当依法赔偿生态环境受到损害至修复完成期间服务功能丧失导致的损失和生态环境损害赔偿范围内的相关费用。生态环境损害无法修复的，赔偿义务人应当依法赔偿相关损失和生态环境损害赔偿范围内的相关费用，或者在符合有关生态环境修复法规政策和规划的前提下，开展替代修复，实现生态环境及其服务功能等量恢复。

赔偿义务人因同一生态环境损害行为需要承担行政责任或者刑事责任的，不影响其依法承担生态环境损害赔偿责任。赔偿义务人的财产不足以同时承担生态环境损害赔偿责任和缴纳罚款、罚金时，优先用于承担生态环境损害赔偿责任。

三、环境刑事案件入罪标准

（一）污染环境类犯罪

《刑法》第338条规定："违反国家规定，排放、倾倒或者处置有放射性的废物、含传染病病原体的废物、有毒物质或者其他有害物质，严重污染环境的，处三年以下有期徒刑或者拘役，并处或者单处罚金；情节严重的，处三年以上七年以下有期徒刑，并处罚金；有下列情形之一的，处七年以上有期徒刑，并处罚金：（一）在饮用水水源保护区、自然保护地核心保护区等依法确定的重点保护区域排放、倾倒、处置有放射性的废物、含传染病病原体的废物、有毒物质，情节特别严重的；（二）向国家确定的重要江河、湖泊水域排放、倾倒、处置有放射性的废物、含传染病病原体的废物、有毒物质，情节特别严重的；（三）致使大量永久基本农田基本功能丧失或者遭受永久性破坏的；（四）致使多人重伤、严重疾病，或者致人严重残疾、死亡的。有前款行为，同时构成其他犯罪的，依照处罚较重的规定定罪处罚。"

释义： ①违反国家规定的范围。在司法实践中"国家规定"存在扩大适用的情形。2011年最高人民法院公布的《最高人民法院关于准确理解和适用刑法中"国家规定"的有关问题的通知》，将符合条件的国务院办公厅制发的文件规定也视为"国家规定"。②其他有害物质。常见的有害物质主要有：工业危险废物以外的其他工业固体废物；未经处理的生活垃圾；有害大气污染物、受控消耗臭氧层物质和有害水污染物；在利用和处置过程中必然产生的有毒有害物质的其他物质；国务院生态环境保护主管部门会同国务院卫生主管部门公布的有毒有害污染物名录中的有关物质等。③处置与利用行为。采取符合规定的方法或措施，使已产生的受管控的有毒有害物质减少数量、缩小体积或降低浓度、减少或者消除其危险或有害成分的活动，或者将受管控的有毒有害物质最终置于符合环境保护规定要求的场所的活动。④危害不大可不入罪。行为人无危险废物经营许可证而从事收集、贮存、利用、处置危险废物经营活动，不具有超标排放污染物、非法倾倒污染物或者其他违法造成环境污染的情形的，可以认定为情节显著轻微危害不大，不认为是犯罪。

《刑法》第339条规定："违反国家规定，将境外的固体废物进境倾倒、堆放、处置的，处五年以下有期徒刑或者拘役，并处罚金；造成重大环境污染事故，致使公私财产遭受重大损失或者严重危害人体健康的，处五年以上十年以下有期徒刑，并处罚金；后果特别严重的，处十年以上有期徒刑，并处罚金。未经国务院有关主管部门许可，擅自进口固体废物用作原料，造成重大环境污染事故，致使公私财产遭受重大损失或者严重危害人体健康的，处五年以下有期徒刑或者拘役，并处罚金；后果特别严重的，处五年以上十年以下有期徒刑，并处罚金。以原料利用为名，进口不能用作原料的固体废物、液态废物和气态废物的，依照本法第一百五十二条第二款、第三款的规定定罪处罚。"

释义： 进口的固体废物。本罪中进口的固体废物应作广义理解，包括经过合法渠道（海关）进口的固体废物，也包括经非法渠道（走私）进境的固体废物。

（二）破坏生态类犯罪

《刑法》第340条规定："违反保护水产资源法规，在禁渔区、禁渔期或者使用禁用的工具、方法捕捞水产品，情节严重的，处三年以下有期徒刑、拘役、管制或者罚金。"

释义： ①经批准的捕捞为合法行为不构成犯罪。②违反捕捞"六禁"条件指相关渔业法律法规禁止违反捕捞渔业水产品的数量、种类、区域、期限、方法、工具等。③本罪属于情节犯，情节严重才构成本罪。最高人民法院2016年公布的《最高人民法院关于审理发生在我国管辖海域相关案件若干问题的规定（二）》第 4 条规定："违反保护水产资源法规，在海洋水域，在禁渔区、禁渔期或者使用禁用的工具、方法捕捞水产品，具有下列情形之一的，应当认定为刑法第三百四十条规定的'情节严重'：（一）非法捕捞水产品一万公斤以上或者价值十万元以上的；（二）非法捕捞有重要经济价值的水生动物苗种、怀卵亲体二千公斤以上或者价值二万元以上的；（三）在水产种质资源保护区内捕捞水产品二千公斤以上或者价值二万元以上的；（四）在禁渔区内使用禁用的工具或者方法捕捞的；（五）在禁渔期内使用禁用的工具或者方法捕捞的；（六）在公海使用禁用渔具从事捕捞作业，造成严重影响的；（七）其他情节严重的情形。"

《刑法》第 341 条规定："非法猎捕、杀害国家重点保护的珍贵、濒危野生动物的，或者非法收购、运输、出售国家重点保护的珍贵、濒危野生动物及其制品的，处五年以下有期徒刑或者拘役，并处罚金；情节严重的，处五年以上十年以下有期徒刑，并处罚金；情节特别严重的，处十年以上有期徒刑，并处罚金或者没收财产。违反狩猎法规，在禁猎区、禁猎期或者使用禁用的工具、方法进行狩猎，破坏野生动物资源，情节严重的，处三年以下有期徒刑、拘役、管制或者罚金。违反野生动物保护管理法规，以食用为目的非法猎捕、收购、运输、出售第一款规定以外的在野外环境自然生长繁殖的陆生野生动物，情节严重的，依照前款的规定处罚。"

释义：①国家重点保护的珍贵、濒危野生动物的范围包括：列入《国家重点保护野生动物名录》的野生动物；经国务院野生动物保护主管部门核准按照国家重点保护的野生动物管理的野生动物。②收购、运输、出售行为范围。"收购"包括以营利、自用等为目的的购买行为；"运输"包括采用携带、邮寄、利用他人、使用交通工具等方法进行运送的行为；"出售"包括出卖和以营利为目的的加工利用行为。③在认定是否构成本罪时，应当考虑涉案动物是否属《国家重点保护野生动物名录》，行为手段、对野生动物资源的损害程度以及对野生动物及其制品的认知程度等情节，综合评估社会危害性，准确认定是否构成犯罪。涉案动物系人工繁育，具有下列情形之一的，对所涉案件一般不作为犯罪处理，需要追究刑事责任的，应当依法从宽处理：列入人工繁育国家重点保护野生动物名录的；人工繁育技术成熟、已成规模，作为宠物买卖、运输的。案涉珍贵、濒危野生动物及其制品价值在 2 万元不满 20 万元以上，情节显著轻微危害不大的，不作为犯罪处理。

《刑法》第 342 条之一规定："违反自然保护地管理法规，在国家公园、国家级自然保护区进行开垦、开发活动或者修建建筑物，造成严重后果或者有其他恶劣情节的，处五年以下有期徒刑或者拘役，并处或者单处罚金。有前款行为，同时构成其他犯罪的，依照处罚较重的规定定罪处罚。"

释义：①自然保护地管理法规的范围。本罪中自然保护地管理法规包括《自然保护区条例》《风景名胜区条例》以及国家提出的主体功能区规划、国土空间管控规划等相关法规规定。②国家公园与国家级自然保护区的范围。当前，我国《国家公园法》

尚未正式出台，由国家政府部门主管的类似于国家公园的概念被分属于国家森林公园、国家地质公园、国家矿山公园、国家湿地公园、国家城市湿地公园、国家级自然保护区、国家级风景名胜区、国家考古遗址公园、国家海洋公园等方面，属于不同的管理系统，但这些提法并不等同于本罪中的"国家公园"的概念。③开垦、开发活动，修建建筑物的行为。"开垦"是指对林地、农地等土地的开荒、种植、砍伐、放牧等活动；"开发"是指经济工程项目建设，如水电项目、矿山项目、挖沙等；"修建建筑物"包括开发房产项目等。在国家公园和国家级自然保护区内，严格禁止从事非法开垦、开发或者修建建筑物等活动。本罪仅限于"开垦、开发或者修建建筑物"三种非法行为，实施上述三种行为之外其他破坏性行为的，不能构成破坏自然保护地罪。

《刑法》第344条规定："违反国家规定，非法采伐、毁坏珍贵树木或者国家重点保护的其他植物的，或者非法收购、运输、加工、出售珍贵树木或者国家重点保护的其他植物及其制品的，处三年以下有期徒刑、拘役或者管制，并处罚金；情节严重的，处三年以上七年以下有期徒刑，并处罚金。"

《刑法》第344条之一规定："违反国家规定，非法引进、释放或者丢弃外来入侵物种，情节严重的，处三年以下有期徒刑或者拘役，并处或者单处罚金。"

释义：①外来入侵物种的范围。国务院农业农村主管部门会同国务院其他有关部门制定外来入侵物种名录和管理办法。②非法引进、释放、丢弃。非法"引进"主要是指从国外非法携带、运输、邮寄、走私进境等行为；非法"释放""丢弃"是指非法处置外来入侵物种的行为，包括经过批准引进的物种，在进行实验研究等之后予以非法野外放养或者随意丢弃的情况。"

《刑法》第345条规定："盗伐森林或者其他林木，数量较大的，处三年以下有期徒刑、拘役或者管制，并处或者单处罚金；数量巨大的，处三年以上七年以下有期徒刑，并处罚金；数量特别巨大的，处七年以上有期徒刑，并处罚金。违反森林法的规定，滥伐森林或者其他林木，数量较大的，处三年以下有期徒刑、拘役或者管制，并处或者单处罚金；数量巨大的，处三年以上七年以下有期徒刑，并处罚金。非法收购、运输明知是盗伐、滥伐的林木，情节严重的，处三年以下有期徒刑、拘役或者管制，并处或者单处罚金；情节特别严重的，处三年以上七年以下有期徒刑，并处罚金。盗伐、滥伐国家级自然保护区内的森林或者其他林木的，从重处罚。"

释义：①滥伐林木。指无节制、无计划和不合理的采伐林木的行为。违反《森林法》的规定，滥伐数量较大的林木，有下列行为之一，可构成滥伐林木罪：未经林业行政主管部门及法律规定的其他主管部门批准并核发林木采伐许可证，或者虽持有林木采伐许可证，但违反林木采伐许可证规定的时间、数量、树种或者方式，任意采伐本单位所有或者本人所有的森林或者其他林木；超过林木采伐许可证规定的数量采伐他人所有的森林或者其他林木；林木权属争议一方在林木权属确权之前，擅自砍伐森林或者其他林木。②滥伐林木"数量较大"，以10至20立方米或者幼树500至1000株为起点。

（三）破坏资源类犯罪

《刑法》第342条规定："违反土地管理法规，非法占用耕地、林地等农用地，改变被占用土地用途，数量较大，造成耕地、林地等农用地大量毁坏的，处五年以下有期徒刑或者拘役，并处或者单处罚金。"

释义：①非法占用农用地的行为范围。包括占用耕地建窑、建坟或者擅自在耕地上建房、挖砂、采石、采矿、取土等，破坏种植条件的，或者因开发土地造成土地荒漠化、盐渍化；占用永久基本农田发展林果业和挖塘养鱼；未经批准或者采取欺骗手段骗取批准，非法占用土地建住宅；违反土地利用总体规划擅自将农用地改为建设用地；超过批准的数量占用土地，多占土地等情形。②非法占用耕地"数量较大"，其标准为非法占用基本农田五亩以上或者非法占用基本农田以外的耕地10亩以上；而对于"造成耕地大量毁坏"界定为行为人非法占用耕地建窑、建坟、建房、挖沙、采石、采矿、取土、堆放固体废弃物或者进行其他非农业建设，造成基本农田五亩以上或者基本农田以外的耕地10亩以上种植条件严重毁坏或者严重污染。

《刑法》第343条规定："违反矿产资源法的规定，未取得采矿许可证擅自采矿，擅自进入国家规划矿区、对国民经济具有重要价值的矿区和他人矿区范围采矿，或者擅自开采国家规定实行保护性开采的特定矿种，情节严重的，处三年以下有期徒刑、拘役或者管制，并处或者单处罚金；情节特别严重的，处三年以上七年以下有期徒刑，并处罚金。违反矿产资源法的规定，采取破坏性的开采方法开采矿产资源，造成矿产资源严重破坏的，处五年以下有期徒刑或者拘役，并处罚金。"

释义：①"违反矿产资源法的规定"。"违反矿产资源法的规定"涵盖违反《矿产资源法》《水法》等法律、行政法规有关矿产资源开发、利用、保护和管理的规定。②未取得采矿许可证。包括：无许可证；被注销、吊销、撤销许可证；超越许可证规定的矿区范围或者开采范围；超出许可证规定的矿种的（共生、伴生矿种除外）等情形。③一般依据非法开采的矿产品价值或者造成矿产资源破坏的价值；所开采矿区的级别属性、矿种属性；在禁采区、禁采期内采矿的矿产品价值或者造成矿产资源破坏的价值；一定期限内因非法采矿受到行政处罚的次数；造成生态环境损害程度等因素来判定。④非法开采河砂、海砂也可入罪。在河道管理范围内采砂，未办理相关许可证的，情节严重或严重影响河势稳定，危害防洪安全的；未取得海砂开采海域使用权证，且未取得采矿许可证，采挖海砂，情节严重或造成海岸线严重破坏的，也可构成本罪。

（四）环境渎职类犯罪

《刑法》第407条规定："林业主管部门的工作人员违反森林法的规定，超过批准的年采伐限额发放林木采伐许可证或者违反规定滥发林木采伐许可证，情节严重，致使森林遭受严重破坏的，处三年以下有期徒刑或者拘役。"

释义：①违法发放林木采伐许可证的类型。违法发放林木采伐许可证分两种类型：一类是超过批准的采伐限额发放林木采伐许可证；另一类是违反规定滥发林木采伐许可证。②违法发放林木采伐许可证与森林遭受严重破坏具有法律上的因果关系。实践中，违法发放林木采伐许可证出现下列情形之一，即属于"情节严重，致使森林遭受严重破坏"，应定罪处罚：发放林木采伐许可证允许采伐数量累计超过批准的年采伐限额，导致林木被滥伐数量超过 10 立方米；滥发林木采伐许可证，导致林木被滥伐 20 立方米以上；滥发林木采伐许可证，导致珍贵树木被滥伐；批准采伐国家禁止采伐的林木，情节恶劣等。

《刑法》第 408 条规定："负有环境保护监督管理职责的国家机关工作人员严重不负责任，导致发生重大环境污染事故，致使公私财产遭受重大损失或者造成人身伤亡的严重后果的，处三年以下有期徒刑或者拘役。"

释义：①严重不负责任。指环境监管工作人员违反《环境保护法》《水污染防治法》《大气污染防治法》《海洋环境保护法》《固体废物污染环境防治法》《土壤污染防治法》《噪声污染防治法》等法律法规的规定，敷衍职守，不能主动、认真、全面、正确履行职责，导致严重后果的行为。②严重不负责任行为与造成的重大损失结果之间具有刑法上的因果关系是本罪刑事责任存在的基础。如果环境监管工作人员涉嫌下列情形之一，应予立案：造成直接经济损失 30 万元以上的；造成人员死亡 2 人以上，或者重伤 3 人以上，或者轻伤 10 人以上的；使一定区域内的居民的身心健康受到严重危害的等。

四、环境民事案件证明标准

（一）损害行为

损害行为，又可称为危害行为、排污行为。《民法典》第 1229 条规定："因污染环境、破坏生态造成他人损害的，侵权人应当承担侵权责任。"损害行为即侵权人排放了污染物或者破坏了生态。《最高人民法院关于审理生态环境侵权责任纠纷案件适用法律若干问题的解释》第 1 条规定："侵权人因实施下列污染环境、破坏生态行为造成他人人身、财产损害，被侵权人请求侵权人承担生态环境侵权责任的，人民法院应予支持：（一）排放废气、废水、废渣、医疗废物、粉尘、恶臭气体、放射性物质等污染环境的；（二）排放噪声、振动、光辐射、电磁辐射等污染环境的；（三）不合理开发利用自然资源的；（四）违反国家规定，未经批准，擅自引进、释放、丢弃外来物种的；（五）其他污染环境、破坏生态的行为。"可知损害行为是指以上行为。《最高人民法院关于生态环境侵权民事诉讼证据的若干规定》第 2 条规定："环境污染责任纠纷案件、生态破坏责任纠纷案件的原告应当就以下事实承担举证责任：（一）被告实施了污染环境或者破坏生态的行为；（二）原告人身、财产受到损害或者有遭受损害的危险。"第 3 条规定："生态环境保护民事公益诉讼案件的原告应当就以下事实承担举证责任：（一）被告实施了污染环境或者破坏生态的行为，且该行为违反国家规定；（二）生态环境受到损害或者有遭受损害的重大风险。"

（二）损害后果

损害后果，又可称为危害后果。《最高人民法院关于生态环境侵权民事诉讼证据的若干规定》第 2 条规定："环境污染责任纠纷案件、生态破坏责任纠纷案件的原告应当就以下事实承担举证责任：（一）被告实施了污染环境或者破坏生态的行为；（二）原告人身、财产受到损害或者有遭受损害的危险。"第 3 条规定:"生态环境保护民事公益诉讼案件的原告应当就以下事实承担举证责任:(一)被告实施了污染环境或者破坏生态的行为,且该行为违反国家规定;(二)生态环境受到损害或者有遭受损害的重大风险。"可知损害后果是指原告人身、财产受到损害或者有遭受损害的危险,及生态环境受到损害或者有遭受损害的重大风险。环境损害的范围包括人身损害、财产损害及生态环境损害。环境损害是指因污染环境或破坏生态行为导致人体健康、财产价值或生态环境及其生态系统服务的可观察的或可测量的不利改变。人身损害是指因污染环境行为导致人的生命、健康、身体遭受侵害,造成人体疾病、伤残、死亡或精神状态的可观察的或可测量的不利改变。财产损害指因污染环境或破坏生态行为直接造成的财产损毁或价值减少,以及为保护财产免受损失而支出的必要的、合理的费用。生态环境损害是指由于污染环境或破坏生态行为直接或间接地导致生态环境的物理、化学或生物特性的可观察的或可测量的不利改变,以及提供生态系统服务能力的破坏或损伤(环境法范畴的生态环境损害概念)。

(三) 因果关系

因果关系,即损害行为与损害后果之间存在引起与被引起(原因与结果)的客观联系。在民事诉讼中,因果关系的使用规则是"谁主张、谁举证",即当事人对自己提出的主张有义务提供证据加以证明。而在环境案件中,因果关系的确定实行推定制。《民法典》第 1230 条规定:"因污染环境、破坏生态发生纠纷,行为人应当就法律规定的不承担责任或者减轻责任的情形及其行为与损害之间不存在因果关系承担举证责任。"因果关系推定,是指被侵权人在无法提供直接证据证明损害行为与损害后果之间存在因果关系的情况下,被侵权人可以提供因果关系成立的初步证据,对此侵权人不能举证否定的,就推定因果关系存在的证明方法。但是,我国实行举证责任倒置并不意味着被侵权人不用承担任何举证责任。《最高人民法院关于生态环境侵权民事诉讼证据的若干规定》第 5 条规定:"原告起诉请求被告承担环境污染、生态破坏责任的,应当提供被告行为与损害之间具有关联性的证据。人民法院应当根据当事人提交的证据,结合污染环境、破坏生态的行为方式、污染物的性质、环境介质的类型、生态因素的特征、时间顺序、空间距离等因素,综合判断被告行为与损害之间的关联性是否成立。"第 6 条规定:"被告应当就其行为与损害之间不存在因果关系承担举证责任。被告主张不承担责任或者减轻责任的,应当就法律规定的不承担责任或者减轻责任的情形承担举证责任。"第 7 条规定:"被告证明其排放的污染物、释放的生态因素、产生的生态影响未到达损害发生地,或者其行为在损害发生后才实施且未加重损害后果,或者存在其行为不可能导致损害发生的其他情形的,人民法院应当认定被告行为与损害之间不存在因果关系。"第 8 条规定:"对于发生法律效力的刑事裁判、行政裁判因未达到证明标准未予认定的事实,在因同一污染环境、破坏生态行为提起的生态环境侵权民事诉讼中,人民法院根据有关事实和证据确信待证事实的存在具有高度可能性的,应当认定该事实存在。"第 9 条规定:"对于人民法院在生态环境保护民事公益诉讼生效裁判中确认的基本事实，当事人在因同一污染环境、破坏生态行为提起的人身、财产损害赔偿诉讼中无需举证证明，但有相反证据足以推翻的除外。"

第三节 生态环境损害案件纠纷解决机制

一、生态环境损害纠纷解决的基本理论

（一）生态环境损害概念

在 2017 年之前，我国关于生态环境损害的相关概念并未用法律作出清晰界定，直到 2017 年 12 月，《生态环境损害赔偿制度改革方案》的公布才对其作出了首次界定。[1] 2020 年 12 月，最高人民法院修正并公布了《最高人民法院关于审理生态环境损害赔偿案件的若干规定（试行）》，对这类案件的受案范围进行了列举，强调环境污染以及破坏自然生态行为本身造成的损害，而涉及人身、财产的损失应当排除在外。《环境损害鉴定评估推荐方法（第Ⅱ版）》也提及了"生态环境损害"的定义，使得公众对于生态环境损害的了解更为深入。[2] 综合上述文件的内容可以得出生态环境损害的定义，即生态环境损害是由于人的行为所造成的自然环境的破坏，以及生物圈的退化。

（二）生态环境损害纠纷解决机制的界定

在社会学的角度下，"纠纷"的本质是一种社会冲突，体现了失范现象，反映了社会秩序的混乱以及道德规范的失衡。社会学家认为纠纷对社会整合和社会变迁具有正价值，由此并非所有纠纷都需要被解决。但在法律意义上，从法律建立和维护社会制度、社会秩序的功能出发，纠纷和社会冲突都意味着对社会既有制度和秩序的冲击，是一种消极的存在。所以，纠纷的解决是必要的，纠纷解决机制的健全意味着法律在同步完善，但要实现纠纷的解决其前提之一是必须明确存在何种性质、类型的纠纷。下文就不同类型的生态环境损害纠纷解决机制进行定性分析。

针对生态环境损害纠纷的现实需求，我国当前构建了社会组织提起的环境民事公益诉讼、人民检察院提起的环境民事公益诉讼和环境行政公益诉讼、地方人民政府作为赔偿权利人提起的生态环境损害赔偿诉讼、人民检察院提起的刑事附带环境民事公益诉讼，现需要对不同种类环境诉讼的具体适用进行明确。

1. 中国环境司法现状。2023 年，全国人民法院受理一审环境资源案件数量为：收案 231 625 件，审结 231 830 件，环境资源案件一审收案量和结案量同比分别降低 15.21%、5.80%。其中环境民事案件收案 154 111 件，结案 154 084 件；环境行政案件收案 49 619 件，结案 49 431 件；环境刑事案件收案 27 895 件，结案 28 315 件；环境公益诉讼案件收案 6219 件，审结 5403 件；生态环境损害赔偿案件收案 255 件，审结 233

---

[1] 中共中央办公厅、国务院办公厅：《中共中央办公厅、国务院办公厅印发〈生态环境损害赔偿制度改革方案〉》，载 http://www.gov.cn/zhengce/2017-12/17/content_5247952.htm，最后访问日期：2025 年 1 月 18 日。

[2] 《环境损害鉴定评估推荐方法（第Ⅱ版）》，载 https://www.mee.gov.cn/gkml/hbb/bgt/201411/W020141105395741560668.pdf，最后访问日期：2025 年 1 月 18 日。

件。需要注意的是，环境资源案件类型统计规范尚未实现理论与实践的完整契合，理论上较为超前的分类方式，在实践上因为几种类型的交错致使统计无法精准，暂无法达到环境资源案件类型化的初衷。

表 1-2 2023 年全国人民法院受理一审环境资源案件情况

案件类型	收案数（件）	结案数（件）
环境民事案件	154 111	154 084
环境行政案件	49 619	49 431
环境刑事案件	27 895	28 315
环境公益诉讼案件	6219	5403
生态环境损害赔偿案件	255	233
合计	231 625	231 830

2. 环境诉讼定性。其一，对于环境民事私益诉讼，主要涉及与生态环境相关的物权、合同债权、人格权和私益侵权等条款。其二，环境民事公益诉讼一般由法律规定的社会组织作为起诉主体。其三，环境行政公益诉讼旨在以保护公民合法权益为基准，对特定行政行为进行审查，以确定司法审查的强度。其四，针对同一种类的生态环境损害，民事公益诉讼、环境民事公益诉讼以及生态环境损害赔偿诉讼三类不同的诉讼对适用情形、责任形式以及赔偿范围等问题存在高度趋同，至少三类主体可能作为潜在的原告。其五，环境刑事附带民事公益诉讼是以生态环境损害为由，向人民法院起诉请求赔偿损失，目的在于弥补因环境污染遭受的经济损失。

3. 生态环境损害案件纠纷解决机制的基本要素。生态环境损害案件纠纷解决机制中"机制"应当理解为各基本要素之间相互作用的过程和方式，既包括纠纷解决的过程，也包括纠纷解决方式。

基本要素是纠纷解决机制构成的基础，纠纷解决机制的基本要素包括纠纷主体、纠纷的内容、纠纷的解决者和纠纷解决所依据的规则。

（1）从纠纷解决的微观维度来看，就是要保障纠纷主体在纠纷解决中的参与程度，确保纠纷解决者的正当性、权威性、中立性以及所依据的规则具有确定性。

（2）纠纷的内容决定纠纷的类型，纠纷类型的确定既有利于纠纷主体选择适当的纠纷解决程序，也有利于纠纷解决者选择最恰当的手段解决纠纷。

（3）纠纷的解决者可以是纠纷主体本身，通过协商、谈判等方式自主解决；当纠纷主体不能或不适宜解决纠纷时，就需要具有权威性的、中立的第三方作为纠纷的解决主体，通过为纠纷主体提供协商、沟通的平台或者直接作出强制性的裁决来解决纠纷。生态环境损害案件中不同主体之间产生的纠纷的解决方式有所不同，例如，地方人民政府间的纠纷无法通过诉讼的方式解决，多以地方人民政府间直接协商或通过跨区域协调机制或由共同的上级政府协调予以解决；政府与污染企业之间的纠纷根据具体情形可以适用磋商或者诉讼的方式予以解决；政府与社会公众之间的纠纷则多以对话、沟通、信访的方式解决。

（4）纠纷解决依据的规则，包括内在化制度（习惯、道德、伦理规范等）和外在化制度（成文法、司法制度等）。生态环境损害案件中涉及环境公共利益和各纠纷解决主体的权限问题，纠纷解决所依据的规则主要为公法规则、环境政策或纠纷解决主体协商制定的规则。

生态环境损害案件纠纷解决机制应当保障纠纷解决过程的效率和纠纷解决结果的公正。效率包括时间和成本两个要素，对于生态环境损害案件纠纷的解决有时效的要求，若超出时效可能造成更高的成本，而且在面对重大或需要紧急处置的情况时，可能还未对纠纷予以解决就必须先予处置。因此，生态环境损害案件纠纷解决机制的具体制度、程序应当贯彻"比例原则"，针对纠纷所牵涉的社会资源，结合生态环境治理特征，决定纠纷解决所投入的成本，以提高纠纷解决的效率。实务中纠纷解决最终的利益判定是不可能毫无争议的，但应当给予纠纷主体平等的关注，符合程序正义的要求，保障最终结果的公正，保护环境公共利益不受损害。

二、环境民事公益诉讼

（一）环境民事公益诉讼与环境民事私益诉讼

环境民事公益诉讼，是指法律规定的机关和组织、人民检察院为了保护社会公共利益，对污染环境、破坏生态造成实际损害或者存在重大损害风险的行为，向人民法院提起的民事诉讼。[1]

环境民事私益诉讼与环境民事公益诉讼的关系。第一，两类诉讼在事实认定与证据内容层面既存在共通性又显现制度张力。作为生态环境领域并行的救济机制，二者虽都具备环境保护功能，但功能侧重存在差异——前者以解决特定主体间环境权益纠纷为核心，后者着力于维护社会公共环境权益。值得注意的是，生态环境损害案件的特殊性与复杂性使得两类诉讼的协同时常面临实践挑战。在诉讼主体维度，私益诉讼以具体受害人为适格原告，而公益诉讼则以环境公共利益为保护客体，这要求通过制度衔接与功能互补实现司法资源配置优化，以应对环境案件激增带来的司法效能压力。第二，从程序顺位角度观察，两类诉讼均具有典型的程序法属性。这种程序法上的同源性导致司法实践中面临制度路径选择：当公私益诉讼竞合时，需在"融合型救济模式"与"分立型救济模式"间作出取舍。融合模式要求对诉讼请求异同进行精细衡平，而分立模式则可能引致司法资源重复消耗，并在客观上割裂生态环境的整体性保护。我国现行制度采取二元化处理方式，环境民事公益诉讼侧重公法规范适用，而私益诉讼则主要依托

---

[1]《中华人民共和国民事诉讼法》（简称《民事诉讼法》）第58条规定："对污染环境、侵害众多消费者合法权益等损害社会公共利益的行为，法律规定的机关和有关组织可以向人民法院提起诉讼。人民检察院在履行职责中发现破坏生态环境和资源保护、食品药品安全领域侵害众多消费者合法权益等损害社会公共利益的行为，在没有前款规定的机关和组织或者前款规定的机关和组织不提起诉讼的情况下，可以向人民法院提起诉讼。前款规定的机关或者组织提起诉讼的，人民检察院可以支持起诉。"

私法救济路径，法律适用的不同体现了公共利益与私人权益在保护机制上的差异化。

（二）环境民事公益诉讼的发展

2012年《民事诉讼法》修正时，新增第55条规定："对污染环境、侵害众多消费者合法权益等损害社会公共利益的行为，法律规定的机关和有关组织可以向人民法院提起诉讼。"该规定的增加标志着我国在法律层面确认了环境民事公益诉讼。

2014年修订的《环境保护法》第58条第1款规定："对污染环境、破坏生态，损害社会公共利益的行为，符合下列条件的社会组织可以向人民法院提起诉讼：（一）依法在设区的市级以上人民政府民政部门登记；（二）专门从事环境保护公益活动连续五年以上且无违法记录。"该法明确了有权提起环境民事公益诉讼的社会组织的适格条件，正式对社会组织主体资格作出规定。

2015年最高人民法院公布《最高人民法院关于审理环境民事公益诉讼案件适用法律若干问题的解释》，于2020年修正。该司法解释进一步明确了社会组织提起环境民事公益诉讼的主体资格、环境公益诉讼的适用范围以及人民法院审理环境民事公益诉讼案件的相关程序等，明确检察机关可以支持社会组织依法提起环境民事公益诉讼。2015年7月，经全国人大常委会授权，13个省（市）开始试点由检察机关提起公益诉讼。2017年6月，全国人大常委会修正《民事诉讼法》，从法律层面确立了检察机关可作为原告提起民事公益诉讼，环境民事公益诉讼制度得以进一步丰富和完善。

2021年1月1日起施行的《民法典》更是为环境民事公益诉讼补强了实体法上的依据。《民法典》总则编将"有利于节约资源、保护生态环境"的"绿色原则"确立为民法的基本原则，同时在侵权责任编增加规定了生态环境损害的惩罚性赔偿制度，为环境公益诉讼提供了直接的法律依据。

（三）环境民事公益诉讼适格原告及法律适用

当环境资源公共利益受到侵害时，符合法律规定的主体可以向人民法院提起环境民事公益诉讼。根据2024年施行的《民事诉讼法》中第58条的规定，针对破坏生态环境和资源保护的行为，在法律规定的机关和有关组织未提起诉讼的情况下，人民检察院可依职权向人民法院提起诉讼。[1]可见，环境民事公益诉讼案件中，适格原告有三个，分别是法律规定的机关、法律规定的组织和人民检察院。

1. 法律规定的机关。法定机关一般是指环境行政主管部门。根据《海洋环境保护法》第4条和第5条第1款的规定，国务院生态环境主管部门，国务院自然资源主管部门，国务院交通运输主管部门，国务院渔业主管部门，国务院发展改革、水行政、住房和城乡建设、林业和草原等部门，海警机构，军队生态环境保护部门和沿海县级

---

[1]《民事诉讼法》第58条规定："对污染环境、侵害众多消费者合法权益等损害社会公共利益的行为，法律规定的机关和有关组织可以向人民法院提起诉讼。人民检察院在履行职责中发现破坏生态环境和资源保护、食品药品安全领域侵害众多消费者合法权益等损害社会公共利益的行为，在没有前款规定的机关和组织或者前款规定的机关和组织不提起诉讼的情况下，可以向人民法院提起诉讼。前款规定的机关或者组织提起诉讼的，人民检察院可以支持起诉。"

以上地方人民政府有权按其各自的职能分工提起相应的海洋自然资源与生态环境损害赔偿诉讼。

2. 法律规定的组织。关于法定组织的认定，根据《最高人民法院关于审理环境民事公益诉讼案件适用法律若干问题的解释》第 2 条、第 4 条和第 5 条的规定，环境公益组织要成为适格原告，须满足三个条件：依照法律、法规的规定，在设区的市级以上人民政府民政部门登记的社会团体、基金会以及社会服务机构等；社会组织章程确定的宗旨和主要业务范围是维护社会公共利益，且从事环境保护公益活动的；社会组织在提起诉讼前五年内未因从事业务活动违反法律、法规的规定受过行政、刑事处罚的。《环境保护法》第 58 条也作此规定。

3. 人民检察院。当环境民事公益诉讼的原告为人民检察院时，《最高人民法院、最高人民检察院关于检察公益诉讼案件适用法律若干问题的解释》第 13 条第 1 款规定："人民检察院在履行职责中发现破坏生态环境和资源保护……等损害社会公共利益的行为，拟提起公益诉讼的，应当依法公告……"如果人民检察院提起民事环境公益诉讼应将依法公告作为前置程序。《人民检察院公益诉讼办案规则》第 91 条规定："经调查，人民检察院认为社会公共利益受到损害，存在违法行为的，应当依法发布公告。公告应当包括以下内容：（一）社会公共利益受到损害的事实；（二）告知适格主体可以向人民法院提起诉讼，符合启动生态环境损害赔偿程序条件的案件，告知赔偿权利人启动生态环境损害赔偿程序；（三）公告期限；（四）联系人、联系电话；（五）公告单位、日期。公告应当在具有全国影响的媒体发布，公告期间为三十日。"

人民检察院依法履行诉前公告程序后，若有社会组织提起诉讼，人民检察院应支持起诉；若公告期满仍无社会组织起诉，人民检察院则会向人民法院提起诉讼。

例如，云南某公司在一级生态调节区、二级水源涵养和生物多样性保护区开发休闲养生度假项目中，未办理林地使用手续，违规占用林地建设项目附属配套基础设施，人民检察院以民事公益诉讼立案办理，并于同月在网上进行公告。经公告，没有法律规定的组织和机关提起诉讼，人民检察院遂向中级人民法院提起民事公益诉讼。可见法律对环境民事公益诉讼原告诉讼顺位作出了严格的安排，即环境民事公益诉讼先由法定机关和法定组织起诉；前两顺位主体不起诉的，人民检察院才可以提起环境民事公益诉讼。

三、环境行政公益诉讼

（一）环境行政公益诉讼概念

环境行政公益诉讼，是指人民检察院对生态环境和资源保护等领域负有监督管理职责的行政机关违法行使职权或者不作为，致使国家利益或者社会公共利益受到侵害的行为，向人民法院提起的行政诉讼。[1]

---

[1]《行政诉讼法》第 25 条第 4 款规定："人民检察院在履行职责中发现生态环境和资源保护、食品药品安全、国有财产保护、国有土地使用权出让等领域负有监督管理职责的行政机关违法行使职权或者不作为，致使国家利益或者社会公共利益受到侵害的，应当向行政机关提出检察建议，督促其依法履行职责。行政机关不依法履行职责的，人民检察院依法向人民法院提起诉讼。"

(二) 环境行政公益诉讼的适用

1. 起诉条件：从形式审查到实质审查。司法实践显示，无论是规范层面还是实践层面，环境行政公益诉讼案件的起诉标准、司法审查标准都对传统行政诉讼有很大突破，并且相较于传统行政诉讼表现出客观诉讼的显著特征。

（1）规范层面有明确的损害后果。最高人民法院、最高人民检察院在试点之初连续出台了2份规范性文件，即《最高人民法院、最高人民检察院关于检察公益诉讼案件适用法律若干问题的解释》《检察机关行政公益诉讼案件办案指南（试行）》。与传统行政诉讼不同，在环境行政公益诉讼中，检察机关必须证明行政行为已经造成了环境公益的实质损害，特别是环境污染案件中，检察机关一般应提供鉴定机构的专业意见或者至少相应的专家意见。因此，与《中华人民共和国行政诉讼法》（简称《行政诉讼法》）确立的起诉标准相比，检察机关不能仅仅依据主观的认知提起诉讼，还需要相对明确的损害后果，由之确定损害影响范围以及与之相关的行政行为的一般性意义。

（2）全面的诉前程序调查内容。检察机关提起环境行政公益诉讼是诉前程序的后置程序，即需要向相关行政机关就所涉环境公益发出检察建议，给行政机关以自我纠正的机会，同时也便于环境公益的及时保护。故只有在行政机关不作为的前提下，检察机关方能提起环境行政公益诉讼。这一容错空间的特殊设计很好地体现了司法对行政的尊重，且与环境损害的即时性、不可逆转性较好地契合。

2. 诉讼范围：环境污染等与公益相关的行政行为。环境行政公益诉讼纳入了涉及公共利益相关的行政行为。检察机关也在逐步突破传统行政诉讼的受案范围，在注重效果评价行政行为的同时规避司法惯例。《行政诉讼法》第25第4款充分体现了行政诉讼中检察机关对涉及环境、食品药品等公共利益的关注。一方面不再局限于具体行政行为，而逐渐扩大到准行政行为和事实行政行为中。换言之，只要对环境公益存在可能的影响，均可纳入合法性审查的范围。另一方面，在一些案件中，被诉行政机关不再是单一的，被诉具体行政行为存在多种的概率越来越大，从一事一诉到一诉多果。在"甘肃省白银市白银区人民检察院诉白银市住房和城乡建设局行政公益诉讼"一案中，被诉行政机关已在诉讼中完成了依法应当履行的法定职责，按照既有的诉讼认知，人民法院通常会驳回检察机关请求确认违法的诉讼请求。现在的检察机关会认为，被诉行政机关虽然在司法监督下已经依法履职，确认违法仍具有维护法秩序的客观效果，可以有效地警示后来人，避免行政机关重蹈覆辙。

3. 诉前程序：从程序准备到以结果为导向。上文提到，诉前程序是检察机关提起环境行政公益诉讼的法定必经程序，即如果诉前程序不能实现保护公益目的，那么还需要提起环境行政公益诉讼。在"安徽省界首市人民检察院诉界首市国土资源局不作为案"中，虽然界首市国土资源局已按照检察建议对驾校违法占用耕地行为通过乡（镇）等基层组织调解、申请法院执行等方式进行了整改和拆除，检察机关实地走访后发现仍有两所驾校存在违法用地情形，遂以该国土部门不履行法定职责为由提起行政公益诉讼。

（三）环境行政公益诉讼司法现状

1. 环境行政公益诉讼案件一审比重最大，涉案行政机关怠于履行法定职责系诉讼主要成因 2021 年、2022 年、2023 年案件一审数量占比分别为 93.22%、100%、96.92%（见图 1-1），年均整体占比位居高位。案件审级集中于一审代表着环境领域行政机关履职的争议情况逐渐明确，同时，环境行政公益诉讼案件审判质效较高。从诉讼成因看，涉案行政机关怠于履行职责是检察机关提起环境行政公益诉讼的主要原因，其中主要包括完全不履行法定职责或不充分履行法定职责两种情形，前者占比 58.78%，后者占比 36.64%（见图 1-2）。

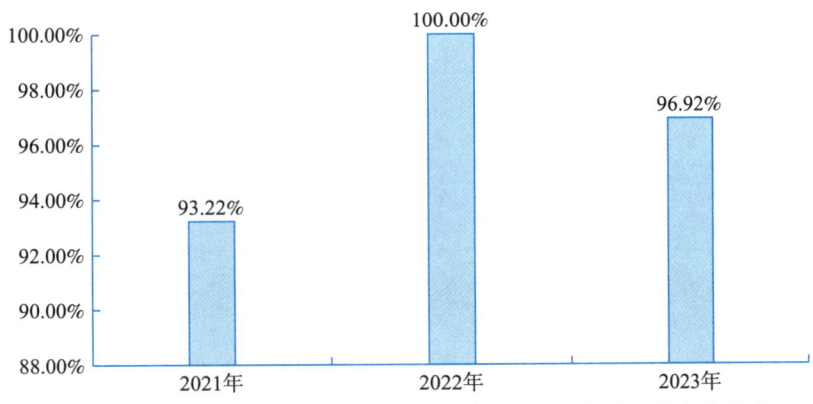

图 1-1　2021-2023 年环境行政公益诉讼案件一审案件数量占比分布

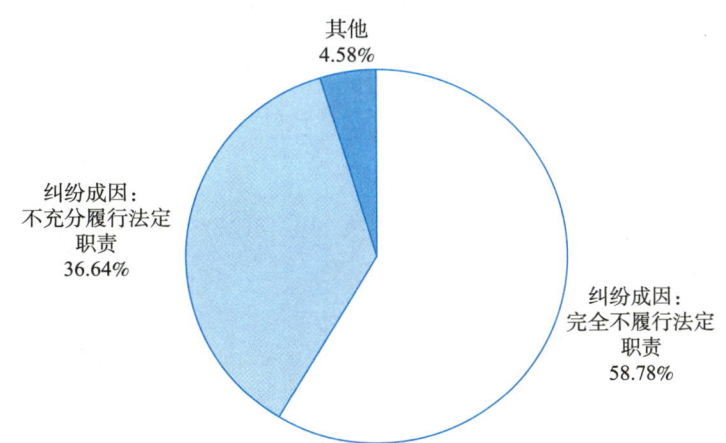

图 1-2　2021-2023 年环境行政公益诉讼成因分布占比

2. 案件履职争议领域集中化程度愈加明显，自然资源管理部门与生态环境管理部门被诉占比相对较低 以履职争议领域为统计标准，涉案行政机关在垃圾管理、医疗卫生、地质环境保护和土地复垦、水污染、农用地保护、河道环境保护、文物保护、违章建筑、饮水安全、道路安全、永久基本农田保护、养殖污染、水土保持、大气污染、国有土地保护领域的监督与管理行为争议较多。其中，垃圾管理、医疗卫生、地质环境保护和土地复垦领域分别占比 17%、11% 与 10%，位居前三（见图 1-3）。行政机关对于生活垃圾堆放处置、采矿后土地复垦、医疗废水废物处理等监管领域的履职程度有待进一步加强。以被诉行政机关为统计标准，自然资源管理部门与生态环境管理部门被诉综合占比在2021年、2022年、2023年呈下降趋势，分别为24.24%、14.29%与18.06%（见图1-4）。在一定程度上可以看出，自然资源管理部门与生态环境管理部门作为专门的环境保护部门，其环境履职处于逐步规范化与精准化的发展阶段，不断强化着环境行政工作体系与执法能力。

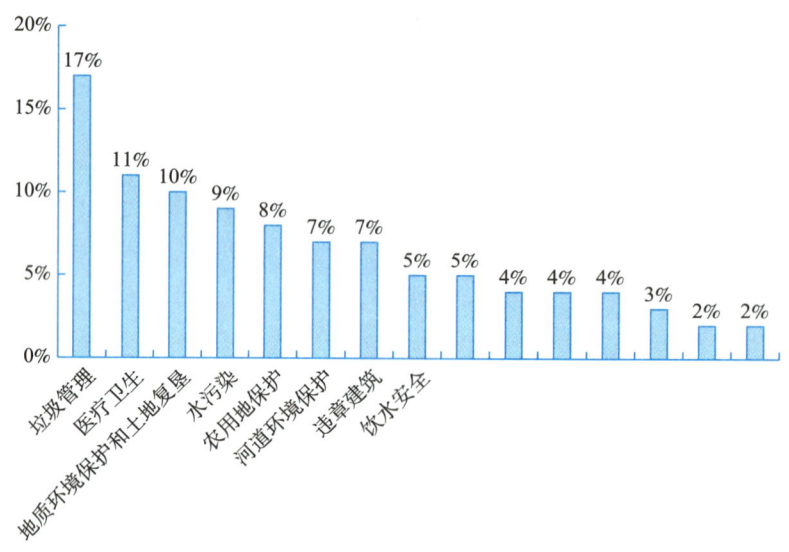

图1-3 2021-2023年环境行政公益诉讼涉案行政机关履职争议领域（排名前十五）数量分布

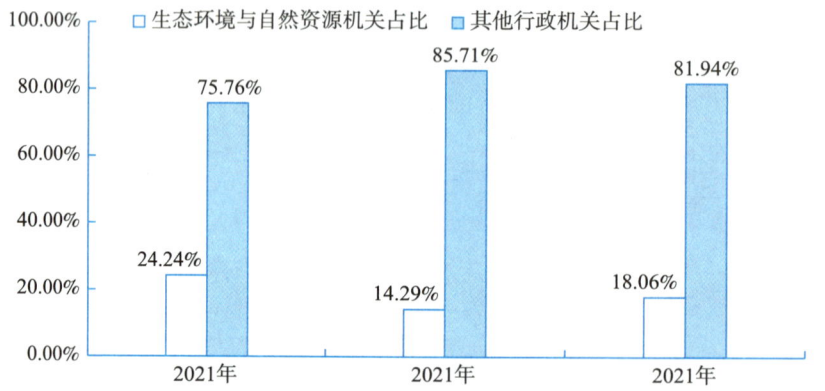

图1-4 2021-2023年环境行政公益诉讼案件自然资源管理部门、生态环境管理部门与其他部门之间的被诉量占比分布

3. 检察机关制发检察建议的运行模式相对成熟。当前检察机关制发诉前检察建议动因多元、制发范围涵盖广泛、制发程序逻辑严密，能够实现事实认定、法律适用、问题整改、效果评估的"全流程"覆盖。同时，检察机关注重监督检察建议的落实情况，兼顾发挥内外合力提升审查刚性，通过引入磋商听证、适用公开送达、推进实地勘察走访等方式，多能达到实质性化解争议、将案件终结于诉前程序的良好效果。但

基于环境行政公益诉讼的特殊性与复杂性,目前亦存在制发认定标准模糊、制发内容释理说法不明、制发对象权责关系不清的问题,亟需更为明确的司法理念指引与更为明晰的司法规则完善。

4. 检察机关对行政机关履行职责的评估标准有待细化。检察机关在法定职责的范围判定、不依法履行职责的认定以及不依法履行职责与环境公益受损之间因果关系的判定中,表现出较为规范的运行模式。三个要件的判定样态体现出检察机关对行政机关履行职责的评估存在着行为判定与结果判定的双重标准,并以行政机关是否采取积极作为以避免环境公益受损作为评估行政机关是否依法履职的根本标准。同时,检察机关对行政机关履行职责的评估模式与标准还有发展的空间,特别是在对不依法履行职责与环境公益受损之间因果关系的判定中,还需要保持一定的审慎态度,需要结合环境行政公益诉讼的具体领域形成更加规范化、精细化的判定标准。

(四) 环境公益诉讼(民事、行政)

与传统的私益诉讼相比,环境公益诉讼具有以下特征:

1. 诉讼目的具有公益性。环境公益诉讼旨在保护"社会公共利益",这也是环境公益诉讼最核心的特征。环境公益诉讼的目的不仅局限于个人环境私益的救济,而更加着重于对环境公共利益的保护。

2. 诉讼主体具有特殊性。环境公益诉讼区别于传统诉讼的一个最显著特点在于,诉讼主体来源于国家规定或者法律规定,其并非案件的直接利害关系人。这就突破了传统诉讼理论的"直接利害关系"原则,赋予了更多社会主体以环境公益诉讼原告资格,也提供了更加畅通的司法救济渠道以维护环境公共利益。

3. 诉讼的预防性和补救性。环境公益诉讼的预防性是指在还未造成严重的生态环境污染和破坏的时候就及时采取司法行动,以避免环境公益因遭受侵害而造成无法弥补的损失或危害。例如,在"云南绿孔雀"案中,环保组织发现野生保护动物绿孔雀栖息地恰好位于在建的红河(元江)干流戛洒江一级水电站的淹没区,遂起诉要求建设单位立即停止建设,这就是公益诉讼预防性功能的体现。

环境公益诉讼的补救性是指公民或组织针对已经造成环境污染和破坏事实的相关主体提起环境公益诉讼,通过相关被告主体的赔偿和补救,消除对生态环境污染和破坏的后果。

表1-3 环境民事公益诉讼与环境行政公益诉讼的区分

	环境民事公益诉讼	环境行政公益诉讼
提起主体	法律规定的机关和有关组织、人民检察院	人民检察院
被告主体	对污染环境、破坏生态造成实际损害或者存在重大损害风险的主体	对生态环境和资源保护负有监督管理职责的行政机关
前置程序	人民检察院作为提起主体时,应履行诉前公告程序	行政机关在收到检察建议后,在法定期限内不履行法定职责

四、环境刑事附带民事公益诉讼

（一）环境刑事附带民事公益诉讼的概念

刑事附带民事公益诉讼的本质是刑事附带民事诉讼与公益诉讼的有机结合。生态环境利益为公益诉讼所保护的利益之一，结合刑事附带民事诉讼与生态环境公益诉讼的关系，《最高人民法院、最高人民检察院关于检察公益诉讼案件适用法律若干问题的解释》第20条规定了刑事附带民事公益诉讼制度。[1]

（二）环境刑事附带民事公益诉讼的特点

第一，责任承担具有多样性。《最高人民法院关于审理环境民事公益诉讼案件适用法律若干问题的解释》第18条规定了停止侵害、排除妨碍、消除危险、修复生态环境、赔偿损失、赔礼道歉等民事责任。其中的修复生态环境责任则又包含了增殖放流、增植补绿、提供公益劳动、承担替代性修复义务如修复受污染的环境等多种方式。

第二，诉讼目的具有特殊性。在私益诉讼中，原告可以就因犯罪所受的物质损失提出诉讼请求，得到物质补偿。但在环境公益诉讼中，根据《最高人民法院关于审理环境民事公益诉讼案件适用法律若干问题的解释》第34条的规定，社会组织不能通过提起公益诉讼获得经济利益。即环境刑事附带民事公益诉讼的起诉人进行起诉是为了保护环境公益，所获得的赔偿款应用于修复因犯罪而被破坏的环境。此条法律规定不仅能够避免因为获取个人经济利益而进行滥诉的行为，也避免公益起诉人与犯罪人的私下交易，从而避免侵害环境利益。

第三，被害人的不确定性。被害人是被犯罪行为直接侵害的人，如在故意伤害罪、盗窃罪等普通犯罪中的被害人是某个具体的人。而环境犯罪所侵害的被害人无法准确的予以确定，如污染环境罪因犯罪造成的破坏在地域空间上被延伸，导致难以确定受侵害的具体的人。因此在此类刑事附带民事公益诉讼中，被害人具有不确定性。

（三）环境刑事附带民事公益诉讼的意义

第一，减少当事人讼累，提高诉讼效率。司法机关将刑事诉讼和附带民事公益诉讼一起审理。一方面，在同一个诉讼中明确犯罪人的责任，不仅可以减少当事人的讼累，还能减少诉讼参与人出行的麻烦；另一方面，刑事诉讼中已经认定的事实和证据一般可以作为民事部分的免证事实和证据，从而减少不必要的重复性调查、举证，进而提高了诉讼效率，节约物力、人力。同时，人民检察院提出的检察建议对保护生态环境也具有积极意义，可以加强对生态环境的精准保护。

第二，及时维护公共利益，督促案件的进展。随着生态环境地位的日益突出，环境法益这种概念也逐渐出现在法律的视野里，环境犯罪一般所涉及的权益范围较广，不仅涵盖公共安全也涉及到人类的健康、生态安全等多个方面。环境犯罪刑事

---

[1]《最高人民法院、最高人民检察院关于检察公益诉讼案件适用法律若干问题的解释》第20条规定："人民检察院对破坏生态环境和资源保护，食品药品安全领域侵害众多消费者合法权益，侵害英雄烈士等的姓名、肖像、名誉、荣誉等损害社会公共利益的犯罪行为提起刑事公诉时，可以向人民法院一并提起附带民事公益诉讼，由人民法院同一审判组织审理。人民检察院提起的刑事附带民事公益诉讼案件由审理刑事案件的人民法院管辖。"

附带民事公益诉讼则能打破先刑后民的桎梏，更好的保护环境法益。在刑民分立的情形下，实践中往往先进行刑事诉讼程序，再进行民事诉讼审判。这对于破坏环境资源保护罪来说，在通过刑事公诉做出刑事判决使犯罪人受到惩罚以后，再依照民事诉讼法提起民事公益诉讼可能使得诉讼时间拖延，不能及时保护社会公共利益，无法及时修复弥补被侵害的权益。检察机关的法律监督职能要求其要履行维护社会公共利益的义务。通过刑事附带民事公益诉讼，可以及时修复被犯罪破坏的生态环境，弥补单独民事公益诉讼的缺陷，更好地发挥保护环境的作用。同时，民事责任的履行也与刑事责任的追究密切相关。这两种责任是紧密联系在一起的，它既可以达到刑罚的作用，又可以促进罪犯主动履行补救义务，并在一定程度上修补社会关系，从而保护环境法益。

第三，恢复性司法体现宽严相济的刑事政策。在环境犯罪中，独立的刑事诉讼无法形成合力，以至于打击犯罪和修复生态无法并重，难以协同。依据《最高人民法院关于审理环境民事公益诉讼案件适用法律若干问题的解释》可以要求被告人承担恢复性民事责任。在环境刑事附带民事公益诉讼的实践判决中也常使用补植复绿等恢复性司法的民事责任。恢复性司法可以在保护法益的同时保护公益，实现惩罚犯罪和维护公共利益相统一的局面。

第四，防止出现矛盾判决。在刑民分立的情形下，由于刑事诉讼和民事诉讼在诉讼目的、制度、程序、理念等多方面都存在一定的差异，以及不同的审判人员也可能会对同一案件因经验、理念、素质等存在差异而产生不同的主观判断，导致对同一案件做出不同的判决认定。而刑事附带民事公益诉讼制度则较好的弥补了此种不足之处，可以使得刑民两诉同时进行，由同一审判组织对同一事实进行认定，通过分别认定刑民责任并一并作出判决，行之有效地避免出现矛盾判决的情形出现。

(四) 环境刑事附带民事公益诉讼案件的现状

1. 环境刑事附带民事公益诉讼立法现状。环境刑事附带民事公益诉讼随着国家对生态环境的日益重视不断完善，如今该制度在我国的立法现状主要为以下几个法律法规的出台和完善：

第一，一个方案的公布。2015年最高人民检察院公布《检察机关提起公益诉讼改革试点方案》后，在全国13个省（市）掀起了公益诉讼试点，并初步规定了行政公益诉讼和民事公益诉讼案件的受案范围、诉讼参加人、诉前程序、诉讼请求等内容。

第二，两个解释的公布。2015年公布《最高人民法院关于审理环境民事公益诉讼案件适用法律若干问题的解释》为后期的生态环境公益诉讼相关立法打好基础。2018年公布，2020年修正的《最高人民法院、最高人民检察院关于检察公益诉讼案件适用法律若干问题的解释》则首次规定了刑事附带民事公益诉讼，确立了人民检察院提起公益诉讼的地位。

第三，三部法律的规定。2017年修正的《民事诉讼法》，将生态环境保护纳入民事公益诉讼范围，《中华人民共和国人民检察院组织法》（简称《人民检察院组织法》）

和《中华人民共和国检察官法》（简称《检察官法》）赋予检察机关提起公益诉讼和刑事附带民事公益诉讼的职权。

2023年8月，最高人民法院、最高人民检察院公布了《最高人民法院、最高人民检察院关于办理环境污染刑事案件适用法律若干问题的解释》；同月，最高人民法院公布了《最高人民法院关于审理破坏森林资源刑事案件适用法律若干问题的解释》。上述有关生态环境刑事审判工作的司法文件与司法解释的供给，为准确理解与适用法律，依法惩治生态环境犯罪提供了有力支撑。

2018年3月2日，最高人民法院、最高人民检察院联合公布《最高人民法院、最高人民检察院关于检察公益诉讼案件适用法律若干问题的解释》，其中第20条规定了刑事附带民事公益诉讼制度。此后，环境刑事附带民事公益诉讼制度作为环境司法的重要诉讼制度抓手，在实践中取得了良好的法律效果和社会效果：环境刑事附带民事公益诉讼作为检察公益诉讼的重要形态之一，致力于解决个人诉讼保护公共利益无力的状况；同时将刑事诉讼与民事公益诉讼集中于同一诉讼构造之中，既发挥了检察机关公诉部门和法律监督部门的职责，又节约了有限的司法资源，能够最大程度、最高效率、最强力度保护生态环境。然而，环境刑事附带民事公益诉讼案件汇集了刑事诉讼和民事公益诉讼两种性质迥异的要素和程序，在实践中也存在诉讼相互交织、诉讼程序难以理顺等一些有待解决的困境，因此有必要对其进行连续观测。

2. 环境刑事附带民事公益诉讼司法现状。2023年1月1日至12月31日，全国人民法院共计审理环境刑事附带民事公益诉讼案件358件。与2022年的332件相比，[1] 2023年环境刑事附带民事公益诉讼案件数量稳步上升。

（1）从案件的地域分布方面，案件发生量呈现从西部地区向东部地区递减的趋势，案件分布的地域性特征较为明显，可以反映出各地区生态环境禀赋的差异。

在案件地域分布的变化趋势上，2021年和2023年都呈现西部地区案件数量占比最多，东部地区、中部地区数量较少的客观现象（见图1-5）。而2022年中部地区的案件占比最多，西部地区其次，东部地区案件数量最少（见图1-6）。总体上也符合西部地区资源禀赋较好的客观规律。

（2）从刑事案由方面，案件量排名前五位的案由依次为非法捕捞水产品罪（89件），非法狩猎罪（56件），滥伐林木罪（43件），非法占用农用地罪（38件），危害珍贵、濒危野生动物罪（31件），该5类案件共计257件，占环境刑事附带民事公益诉讼总案件量的71.79%（见图1-7）。由此可以说明刑事案件类型分布不均，侵害客体集中在水生动物资源、野生动物资源、林木资源和土地资源上。

对比近三年的刑事案由可以得出，非法捕捞水产品罪，非法狩猎罪，非法占用农用地罪，滥伐林木罪，非法采矿罪，污染环境罪和危害珍贵、濒危野生动物罪是近三年环境刑事附带民事公益诉讼案件中最主要的刑事案件案由（见表1-4）。

---

[1] 吕思梅等：《中国环境司法发展报告（2022年）》，法律出版社2023年版，第212页。

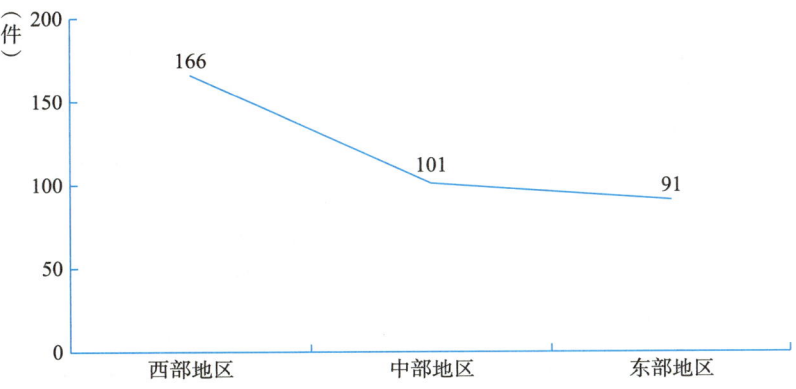

图1-5 刑事附带民事公益诉讼案件的地域分布情况

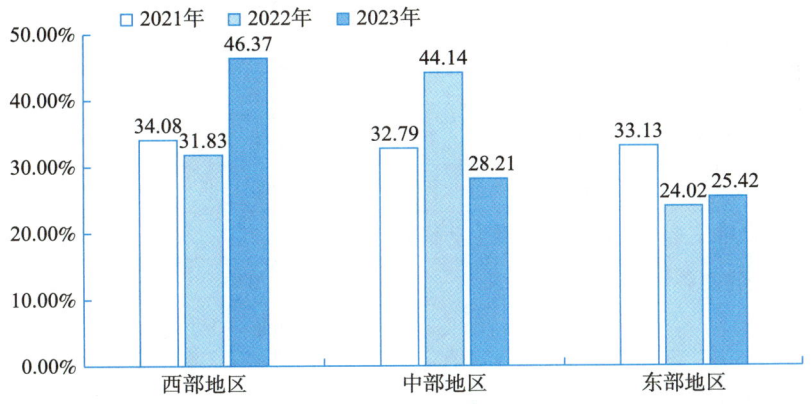

图1-6 2021—2023年环境刑事附带民事公益诉讼案件刑事地域分布对比

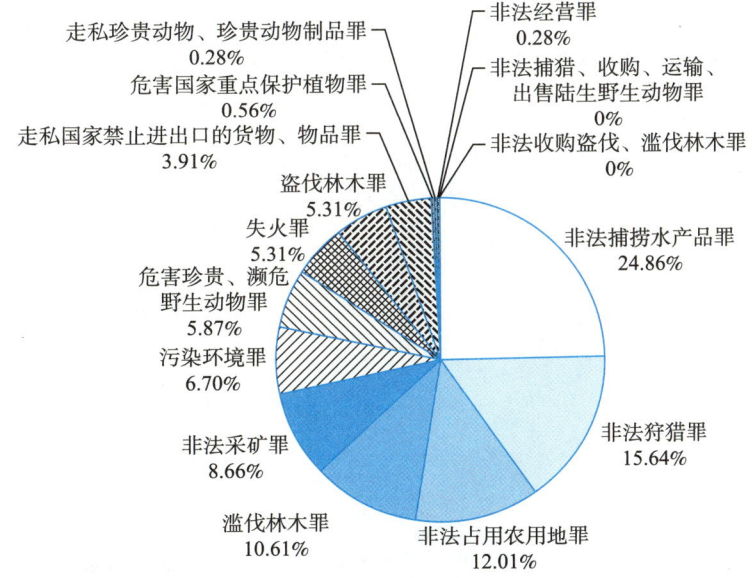

图1-7 2023年环境刑事附带民事公益诉讼案件刑事案由

表 1-4　2021-2023 年环境刑事附带民事公益诉讼案件刑事案由对比

罪名	2021 年	2022 年	2023 年
非法捕捞水产品罪	30.63%	27.42%	24.86%
非法狩猎罪	17.38%	18.07%	15.64%
非法占用农用地罪	7.33%	14.46%	12.01%
滥伐林木罪	8.83%	12.95%	10.61%
非法采矿罪	10.79%	6.33%	8.66%
污染环境罪	8.21%	5.42%	6.70%
危害珍贵、濒危野生动物罪	11.06%	4.52%	5.87%
失火罪	0%	3.31%	5.31%
盗伐林木罪	3.80%	3.01%	5.31%
走私国家禁止进出口的货物、物品罪	0%	3.01%	3.91%
危害国家重点保护植物罪	1.63%	0.60%	0.56%
走私珍贵动物、珍贵动物制品罪	0%	0.60%	0.28%
非法经营罪	0%	0.30%	0.28%
非法捕猎、收购、运输、出售陆生野生动物罪	0.27%	0%	0%
非法收购盗伐、滥伐的林木罪	0.07%	0%	0%
合计	100%	100%	100%

（3）从案件的审级及审理程序方面，在 2023 年的 358 件环境刑事附带民事公益诉讼案件中，由基层人民法院审理的案件为 267 件，占比 74.58%；由中级人民法院审理的案件为 59 件，占比 16.48%；由专门人民法院审理的案件为 32 件，占比 8.94%。没有出现由高级人民法院和最高人民法院审理的案件（见图 1-8）。

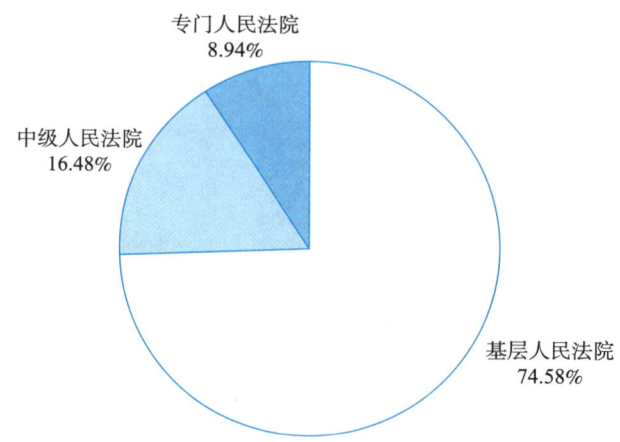

图 1-8　2023 年环境刑事附带民事公益诉讼案件人民法院级别

一审案件为 343 件，占比 95.81%；二审案件为 15 件，占比 4.19%，可见 2023 年环境刑事附带民事诉讼案件集中于一审程序（见图1-9）。2021年和2022年案件同样呈现出以基层人民法院的一审案件为主的分布规律（见图1-10、图1-11）。

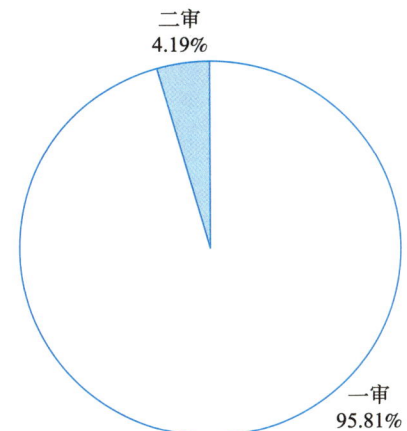

图1-9　2023年环境刑事附带民事公益诉讼案件审理程序

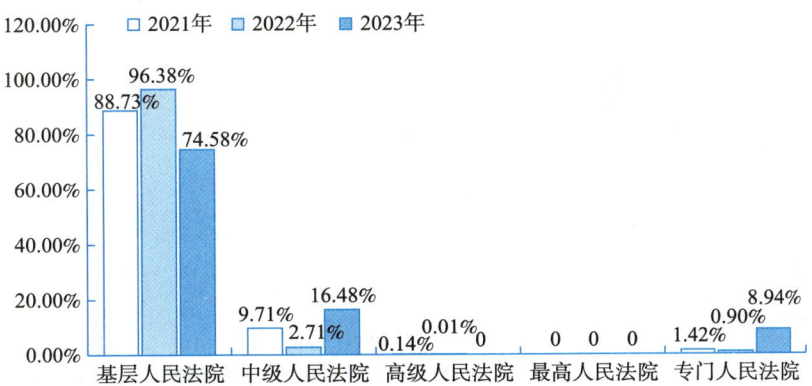

图1-10　2021—2023年环境刑事附带民事公益诉讼案件人民法院级别对比

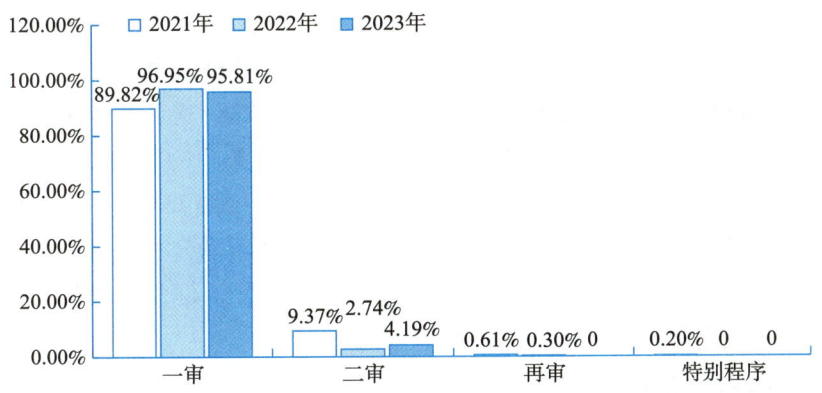

图1-11　2021—2023年环境刑事附带民事公益诉讼案件审理程序对比

（4）从裁判文书类型分布方面，在2023年的358件刑事附带民事公益诉讼案件中，判决书共342份，占比95.53%；裁定书次之，共计13份，占3.63%；调解书最少，共3份，占比0.84%，延续了往年判决书占比最多的规律（见图1-12、图1-13）。

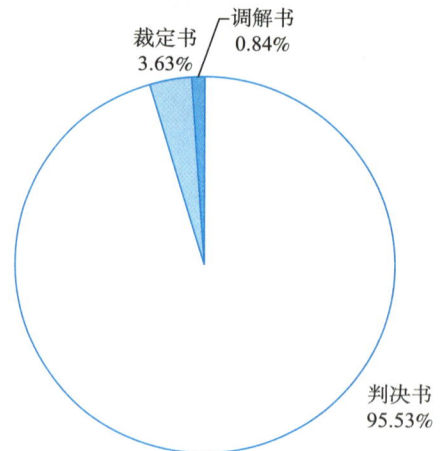

图1-12　2023年环境刑事附带民事公益诉讼案件裁判文书类型

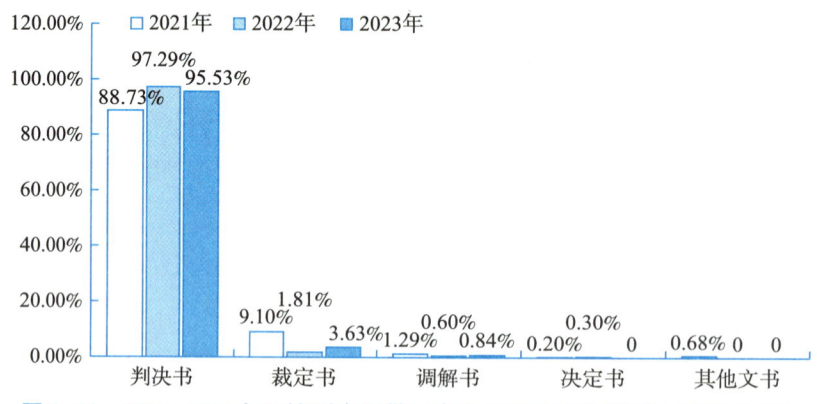

图1-13　2021-2023年环境刑事附带民事公益诉讼案件裁判文书类型对比

（5）从民事公益诉讼的责任承担方面，附带民事公益诉讼的责任承担方式分为传统的民事责任和生态环境专门责任两类。根据《民法典》的规定，生态环境专门责任分为生态环境修复责任和生态环境损害赔偿责任。在生态环境修复责任中，分为直接判处修复责任和修复责任的其他形式；在生态环境损害赔偿责任中，分为直接统一判决承担生态环境损害赔偿费用和依据《民法典》第1235条中的某种或几种分别进行判决。此外，虽然赔礼道歉并不属于《民法典》第1229条到1235条规定的生态环境责任的承担形式，但该责任承担方式在实践中也多用于对环境公益侵害的案件。根据案例分析可以得出，大部分案件都判决了生态环境专门责任，但是仍有部分案件仅采用传统的民事责任承担方式。

五、生态环境损害赔偿诉讼

（一）生态环境损害赔偿制度

在中共中央办公厅、国务院办公厅于2015年公布《生态环境损害赔偿制度改革试点方案》（已失效）的基础之上，我国于2018年1月1日施行的《生态环境损害赔偿制度改革方案》明确规定了生态环境损害赔偿范围、赔偿义务人、赔偿权利人、损害赔偿解决途径等，构建了我国生态环境损害赔偿制度。

《生态环境损害赔偿制度改革方案》中所称生态环境损害，是指因污染环境、破坏生态造成大气、地表水、地下水、土壤、森林等环境要素和植物、动物、微生物等生物要素的不利改变，以及上述要素构成的生态系统功能退化。

1. 适用范围。
（1）发生较大及以上突发环境事件的。
（2）在国家和省级主体功能区规划中划定的重点生态功能区、禁止开发区发生环境污染、生态破坏事件的。
（3）发生其他严重影响生态环境后果的。

2. 赔偿范围。生态环境损害赔偿范围包括清除污染费用、生态环境修复费用、生态环境修复期间服务功能的损失、生态环境功能永久性损害造成的损失以及生态环境损害赔偿调查、鉴定评估等合理费用。

3. 赔偿义务人。违反法律法规，造成生态环境损害的单位或个人，应当承担生态环境损害赔偿责任，做到应赔尽赔。现行民事法律和资源环境保护法律有相关免除或减轻生态环境损害赔偿责任规定的，按相应规定执行。

4. 赔偿权利人。国务院授权省级、市地级人民政府（包括直辖市所辖的区县级人民政府）作为本行政区域内生态环境损害赔偿权利人。

即，当发生较大及以上突发环境事件的；在国家和省级主体功能区规划中划定的重点生态功能区、禁止开发区发生环境污染、生态破坏事件的；发生其他严重影响生态环境后果的，在赔偿权利人与赔偿义务人磋商未达成一致的，赔偿权利人及其指定的部门或机构应当及时提起生态环境损害赔偿民事诉讼。

（二）生态环境损害赔偿磋商制度厘清

磋商，从字面上理解，是指平等的双方或者多方，在谈判交涉中不断协商，必要时，一方需要作出适当妥协，从而促成意见一致的过程。磋商是一种全新的解决纠纷的方式，这一概念在2015年之前从未出现在任何法律文件和政策性文件中。第一次将"磋商"这一概念提出的文件是中共中央办公厅、国务院办公厅公布的《生态环境损害赔偿制度改革试点方案》（已失效），但该方案并未对"磋商"这一概念进行明确清晰地界定。之后，各省市在依据该方案作出相应实践的过程中，试图对磋商行为作出界定，但皆存在过于冗长或过于简单的局面。比如贵州省与浙江省的规定就属此类，而对于磋商工作与内容规定仅仅是简单机械化的堆叠，几乎没有从地方实践中得出清晰的概念界定。

生态环境损害赔偿的国家层面规范虽鼓励公众参与磋商，但并未对参与磋商的第三方主体范围进行合理框定，各地结合实际工作需求纷纷对其进行了探索（见表1-5、表1-6、表1-7）。通过对生态环境部印发的典型案例进行梳理分析，发现实践中参与磋商工作的第三方主体多为鉴定评估专家、调解机构、利益相关人以及同级人民法院、人民检察院，参与的方式多为共同委托、依申请参加、赔偿权利人邀请、应规定派员列席。专家与利益相关者等主体参与磋商有利于提高磋商的科学性与合理性,且参与方式上各地较为统一。相较之下,检察机关参与磋商的方式与功能定位在各地存在较大差异。例如,安徽省规定,赔偿权利人可以根据案件情况商请同级检察机关参与磋商,旨在使检察机关为赔偿权利人磋商提供法律支持;贵州省规定,在"赔偿义务人主动提出磋商""磋商双方对磋商内容有争议"两种情形下应当邀请同级检察机关参与,旨在监督行政机关依法从事磋商活动;江苏省与山东省规定磋商可以书面通知同级检察机关,旨在促进多部门协作联合,促进生态环境损害赔偿案件与后续诉讼线索的有效衔接,形成环境多元共治。

表 1-5　各地方性规范对磋商第三方主体的规定

省份	规范性文件	第三方主体	磋商参与方式
安徽	《安徽省生态环境损害赔偿实施办法》	负有生态环境保护职责的部门或机构、司法行政机关、环保专家、法律专家、律师、公众及社会组织	可以邀请
		《环境保护法》第 58 条规定的社会组织	可以申请派员列席
		生态环境损害鉴定评估机构	应当派员列席
		同级检察机关	应当商请
贵州	《贵州省生态环境损害赔偿案件办理规程(试行)》	第三方调解机构	共同委托
		同级检察机关	有争议时,应当邀请
江苏	《江苏省生态环境损害赔偿磋商办法(试行)》	同级人民法院、同级人民检察院	书面告知商请派员参加
		政府法制部门、鉴定评估机构专家等有关人员	组成损害赔偿磋商小组
		专家和利益相关的公民、法人和其他组织	可以邀请
		社会公众	公告告知
		《环境保护法》第 58 条规定的社会组织	可以申请派员列席
山东	《山东省生态环境损害赔偿磋商工作办法》	市人民法院、人民检察院,设区的市、县(市、区)人民政府	书面通知
湖南	《湖南省生态环境损害赔偿磋商管理办法》	专家和利益相关的公民、法人和其他组织	可以邀请

表 1-6　第一批典型案例中磋商第三方主体的参与情况

案例名称	第三方机构	磋商参与方式
山东济南章丘区 6 企业非法倾倒危险废物生态环境损害赔偿案	环境规划院专家	聘请

续表

案例名称	第三方机构	磋商参与方式
贵州息烽大鹰田 2 企业违法倾倒废渣生态环境损害赔偿案	贵州省律师协会	双方共同委托
浙江诸暨某企业大气污染生态环境损害赔偿案	鉴定评估机构	赔偿权利人委托
	绍兴市财政局、人民检察院	赔偿权利人指定
	第三方机构	赔偿义务人委托
天津经开区某企业非法倾倒废切削液和废矿物油生态环境损害赔偿案	第三方机构	赔偿义务人委托
江苏苏州高新区某企业渗排电镀废水生态环境损害赔偿案	公安机关、第三方机构	赔偿义务人委托
湖南郴州屋场坪锡矿"11·16"尾矿库水毁灾害事件生态环境损害赔偿案	鉴定评估机构	赔偿权利人委托
深圳某企业电镀液渗漏生态环境损害赔偿案	人民检察院、公安机关、司法行政机关、第三方机构	赔偿权利人指定
安徽池州月亮湖某企业水污染生态环境损害赔偿案	鉴定评估机构	赔偿权利人选择
上海奉贤区张某等 5 人非法倾倒垃圾生态环境损害赔偿案	人民调解委员会	双方共同委托
	第三方机构	赔偿义务人委托
重庆两江新区某企业违法倾倒混凝土泥浆生态环境损害赔偿案	鉴定评估机构	赔偿权利人选择
	人民监督员、专家	聘请

表 1-7　第二批典型案例中磋商第三方主体的参与情况

案例名称	第三方机构	磋商参与方式
宁夏回族自治区中卫市某公司污染腾格里沙漠生态环境损害赔偿案	鉴定评估机构	双方共同委托
	人民检察院	双方商定
重庆市南川区某公司赤泥浆输送管道泄漏污染凤咀江生态环境损害赔偿案	人民检察院、农业农村委、生态环境局等	赔偿权利人邀请
贵州省遵义市某公司未批先建生态环境损害赔偿案	未涉及第三方	无
江苏省南通市 33 家钢丝绳生产企业非法倾倒危险废物生态环境损害赔偿系列案	未涉及第三方	无
某公司向安徽省颍上县跨省倾倒危险废物生态环境损害赔偿案	鉴定评估机构	赔偿权利人委托

续表

案例名称	第三方机构	磋商参与方式
湖南省沅江市3家公司污染大气生态环境损害赔偿案	湖南省环境损害司法鉴定评估专家库专家	赔偿权利人委托
	鉴定专家、政府人民法院、人民检察院、司法局、财政局、税务局等	赔偿权利人邀请
北京市丰台区某公司违法排放废水生态环境损害赔偿案	财政局、人民检察院	赔偿权利人协调
河北省三河市某公司超标排放污水生态环境损害赔偿案	第三方机构	双方共同委托
山东省东营市某公司倾倒危险废物生态环境损害赔偿案	公安机关、人民检察院、人民法院等	赔偿权利人协调
浙江省衢州市某公司违规堆放危险废物生态环境损害赔偿案	人民检察院	赔偿权利人邀请

磋商制度的运行要素需从以下三个方面来把控。首先，磋商双方当事人应当是赔偿权利人和赔偿义务人。《最高人民法院关于审理生态环境损害赔偿案件的若干规定（试行）》中详细的规定了政府及其相关部门、机构，或者受国务院委托的部门作为赔偿权利人，因此其范围已经明确。而相对应的义务人指的是违反法律或其他法规，破坏生态环境和自然资源并造成环境损害进而需要承担损害赔偿责任的组织或个人。其次，磋商制度解决的问题并不是民事侵权所造成的一般意义上的损害，而是对生态环境本身的破坏，其强调的是损害行为对环境本身的负面影响。最后，磋商目的在于赔偿义务人自愿承担其环境损害行为造成的损害，确保生态系统的基本功能尽可能恢复到损害发生前的状态，促使人类与自然和谐发展。

（三）生态环境损害赔偿磋商的价值和意义

1. 磋商的价值。

第一，磋商可充分尊重当事人的自由。在协商规则下，双方当事人从各自的利益视角出发，在排除任何强制因素下进行协商，使自身意思得到充分表达。同时自由的行使也并不是毫无限制的，任何不加限制的自由都容易被个人或群体滥用，对于磋商的行使要限定在自由的合理范围内。

第二，磋商有利于公平的实现。在磋商过程中，双方当事人都希望处在相对平等的地位进行协商，并得到一个对双方来说都公正的结果。因此在实际运行过程中，不仅要满足代表国家利益、公共利益的政府，也要满足代表个人利益的自然人、法人。磋商制度正是在此种前提下产生的，其目的正是为了营造相对公平的协商环境，满足各方的利益，从而使当事人双方达成动态平衡。

第三,磋商有利于效率的实现。鉴于司法资源的有限性,如果只重视公平正义而忽视效率,那么就会造成案件审理的烦琐,短期来看虽然保证了个别案件的公平,但从长期看不利于社会整体公平的实现。实践中一个生态环境的侵权问题通常涉及很多方面,案件的复杂性使法官很难在短时间内作出判决。而磋商使当事人双方通过协商的方式,达到案件快速终结的目的,既保证了公平,也有利于效率的实现。

2. 磋商的意义。

第一,磋商有利于政府环境义务的实现。长期以来,我们国家的环境立法都一直在强化政府的环境责任,而没有明确政府在环境方面的相应义务。法律方面,政府在权力划分上往往处于优势地位,但相对应的义务却不明确,政府在管理环境职责或者说是环境义务上处于被忽视、淡化的地位。随着法治理念的变迁,现代法治强调政府的环境权力和义务应该是对等、协调的。从政府环境管理的角度看,政府作为民事主体提出的生态环境损害赔偿是法律所赋予的一项义务,不仅可以明确政府应当做出的行为,而且可以使政府官员不断增强保护环境的责任感和义务感。

第二,磋商有利于构建多方合作平台。政府在与赔偿义务人磋商时,并不只单纯依靠行政机关的公权力,在对生态环境损害的鉴定、赔偿金的确立等方面,由于环境损害的复杂性和专业性,需要有第三方鉴定机构加入,帮助政府做出相关责任认定的依据报告。同时行政机关的权力行使离不开公众的监督,公众监督让权力在阳光下行使,多方主体的加入才可以确保权力的合理运用。

第三,磋商可以破解诉讼实践的困境。我国的生态环境损害赔偿诉讼起源较晚、发展短暂,在 2018 年才得以在全国铺开。同时由于环境损害的复杂性和修复困难,使得诉讼成本高昂,调查周期长,短时间内很难解决,而环境损害的紧迫性又使司法机关不得不快速结案。磋商可以妥善解决这一问题,只要当事人双方达成合意,即使没有相关法律规定,也可以快速解决案件,不仅节约了司法资源,也可以很好地化解矛盾。

(四)生态环境损害赔偿磋商的特征

磋商制度存在其特殊性,磋商过程具有平等性、前置性、磋商程序的政府主动性、有限性以及非强制性的特征。

1. 磋商主体的平等性。《最高人民法院关于审理生态环境损害赔偿案件的若干规定(试行)》中对于磋商主体已经作出较为细致的规定。省、市级人民政府作为行政机关,其具有特殊地位与权力,倘若将其作为赔偿权利人,可能存在磋商天平一边倒的局面,因此目前学者对此争议极大。除此之外,磋商制度属于新型的环境损害解决途径,具有专业性强、复杂性的特点。严格来讲,磋商行为属于混合行为,兼具公法与私法的双重属性。具体来说,赔偿权利人与赔偿义务人需要在平等的基础上进行沟通交流与信息互换,这样才能全面、详尽地表达诉求,协调双方工作。生态环境损害造成的后果注定是范围广、影响深、修复时间漫长。正是因为它耗费的人力、物力、财力极多,因而需要磋商双方相互信任、充分沟通想法,力求尽早尽快阻止损害扩大，完成修复生态损害的工作，而这离不开以双方地位平等为前提和基础。由于我国传统的行政管理活动具有单向性，导致行政机关在日常执法过程中常常带有"强制色彩"，行政相对人往往会屈从于行政机关的压力下违背自身意愿，达成磋商合意。因此，磋商制度的推进需考虑为磋商双方提供平等的地位，确保赔偿义务人的赔偿意愿真实可信。同时，应将赔偿义务人的履行能力纳入制度制定考量范围，根据具体情况选择履行方式，避免施加过大压力于赔偿债务人，从而提高其磋商积极性。

2. 磋商行为的前置性。在最初的《生态环境损害赔偿制度改革试点方案》版本中，立法者对于如何开展赔偿磋商作出了相应规定。而此后的方案修改中删去"赔偿权利人也可以直接提起诉讼"，这就意味着立法者倾向于认为磋商行为具有前置性。2017年发布的《生态环境损害赔偿制度改革方案》中也做出规定，双方当事人无法达成磋商合意时，赔偿权利人可依法提起诉讼，使得磋商行为具有前置性。之后，最高人民法院在《最高人民法院关于审理生态环境损害赔偿案件的若干规定（试行）》中指明，双方当事人无法进行磋商时，可以开展生态环境损害赔偿诉讼活动。由此可见，磋商行为具有前置性的地位。其实，立法者、司法者这样考虑的原因在于实践中诉前程序效果明显，绝大多数的案件都能在磋商中得到妥善解决。因此，将磋商设为此种诉讼活动的前置程序，不仅可以促使政府依法行政，而且丰富权利救济渠道，从而节约司法资源。

3. 磋商的主动性。磋商行为属于混合行为，其包含公法行为与私法行为的双重属性。《生态环境损害赔偿制度改革方案》之中明确提出了"主动磋商，司法保障"，表明磋商行为具有主动性。然而，环境问题事关国家安危与社会稳定，只有良好的环境损害追偿机制才能促使国家与社会的平稳发展和进步。这就要求政府在磋商过程中把国家与自然生态利益放在首位，主动引导磋商向该方向进行。而行政机关处在执法第一线，对于生态问题的动向有着较为直接、便捷的把控。因此，在磋商制度的设计中，将赔偿权利人的主动性作为制度的特性加以考虑，由赔偿权利人主动提起磋商，尽早阻止损害扩大，有效地修复并恢复生态环境。

4. 磋商程序的有限性。磋商程序的有限性是指磋商程序不应冗长，及时控制程序的进度，尽早对环境完成修复。具体而言，在磋商过程中，双方会因为涉及某些问题而产生观点的冲突，比如检测鉴定结果、赔偿范围等，而后双方再进一步协商，以期达成一致目标。但是现实生活中，往往双方经过几轮磋商都无法达成合意，这样无限制、不断重复循环的协商对于环境损害的修复是有百害而无一利的。依据基本常识，自然环境损害影响范围广、程度深、修复时间长，其必然包括周围居民的人身、财产安全，以及动植物的生存环境被破坏等恶劣影响。一旦磋商的进展无法深入、局面僵持不下，这会对整个社会造成极大的损害。所以，磋商制度的设定应当有次数限制，不应过多进行多轮谈判。磋商双方应当尽早达成合意，快速跨入环境整治与修复环节，努力将损害的范围和程度降至最低。一旦出现紧急情况，双方当事人可以在谈判达成协议之前进行重要的环境修复工作，以期降低后续环境修复的难度。

5. 磋商的非强制性。《生态环境损害赔偿制度改革方案》中并未明确要求任何生态环境损害案件必须通过磋商制度来解决，而是规定政府及有关部门依照鉴定评估报告，结合实际情况、综合各方因素，达成全面、有效、便于执行的磋商协议。由此可见，这一制度不具有强制性。一旦环境损害责任人拒绝以磋商的形式解决纠纷，政府及有关部门仍然可以提起诉讼。此外，符合民事公益诉讼条件的社会组织也可以提起环境民事公益诉讼。倘若赔偿义务人有进行磋商的意愿，那么就签署磋商意向书，随后进入磋商程序。双方为了更好的固定磋商协议的效力，应当及时向人民法院提请司法确认程序，以此保证这一协议具备强制执行力。通过司法确认手段，就可以避免磋商非强制性带来的无法执行等后果，缩短了环境损害救济时间。

（五）生态环境损害赔偿诉讼与环境民事公益诉讼的关系

生态环境损害赔偿诉讼与环境民事公益诉讼既有联系又有区别，相互配合，共同维护生态环境公共利益。

1. 联系。二者的诉讼目的一致，都是对"污染环境、破坏生态，损害社会公共利益的行为"提起的民事诉讼。

从本质上来讲，生态环境损害赔偿诉讼是赔偿权利人履行维护社会公共利益职责的义务，是其本职工作；而社会组织提起的环境民事公益诉讼是公众参与环境管理的一种途径，是对国家机关维护社会公共利益机制的一种补充。因此，在制度构建时，在二者发挥的作用、二者衔接程序等安排上，应该分清主次，构建既符合二者本质、又能充分发挥各自作用的有效衔接机制。二者的顺位应该是由赔偿权利人提起的生态环境损害赔偿诉讼居于第一顺位，由社会组织提起的环境民事公益诉讼是弥补有关国家机关在维护社会公共利益上履行职责的不足，是对生态环境损害赔偿诉讼的补充。

2. 区别。

（1）诉讼性质不同。生态环境损害赔偿诉讼是国家自然资源所有权行使主体维护国家自然资源生态功能或生态价值的一种特殊的民事诉讼，由与本案有直接利害关系的赔偿权利人提起。其依据是《民事诉讼法》第122条第1项，由"与本案有直接利害关系"的生态环境损害赔偿赔偿权利人作为原告提起的特殊民事诉讼，赔偿权利人与赔偿义务人是具有直接利害关系的当事人。

环境公益诉讼，是一种允许与案件无直接利害关系的原告出于公益目的，针对损害公共环境利益的行为，向人民法院起诉的一种新型诉讼制度。与普通诉讼中提起诉讼的原告须与所诉讼案件有直接利害关系相比，在环境公益诉讼的场合，提起环境公益诉讼的原告提起诉讼的基础并不在于自己的某种利益受到侵害或胁迫，而在于希望保护因私人或政府机关的违法行为而受损的环境公共利益，因此，在环境公益诉讼中，提起环境公益诉讼的原告与诉讼请求并无直接利害关系。

（2）起诉条件不同。首先，适用范围不同。根据《生态环境损害赔偿制度改革方案》的规定，提起生态环境损害赔偿诉讼的适用范围包括"发生较大及以上突发环境事件的""在国家和省级主体功能区规划中划定的重点生态功能区、禁止开发区发生环境污染、生态破坏事件的""发生其他严重影响生态环境后果的。各地区应根据实际情况，综合考虑造成的环境污染、生态破坏程度以及社会影响等因素，明确具体情形"三种情形，而《环境保护法》第58条第1款规定，提起环境民事公益诉讼的条件是"对污染环境、破坏生态，损害社会公共利益的行为"，《民事诉讼法》第58条第2款亦作此规定。其次，运行程序不同。《生态环境损害赔偿制度改革方案》规定："生态环境损害发生后，赔偿权利人组织开展生态环境损害调查、鉴定评估、修复方案编制等工作，主动与赔偿义务人磋商。磋商未达成一致，赔偿权利人可依法提起诉讼。"可见磋商是生态环境损害赔偿诉讼的前置条件，也为充分发挥磋商在生态环境损害索赔工作中的积极作用提供了制度依据。与此不同，法律规定的机关或社会组织提起环境民事公益诉讼时并未设置前置程序。最后，提起诉讼的主体不同。根据《生态环境损害赔偿制度改革方案》的规定，提起生态环境损害赔偿诉讼的主体是"国务院授权省级、市地级政府（包括直辖市所辖的区县级政府，下同）作为本行政区域内生态环境损害赔偿权利人"。而提起环境民事公益诉讼的主体则是法律规定的机关和有关组织。

3. 二者衔接关系。

第一，赔偿权利人提起生态环境损害赔偿诉讼优先于环境民事公益诉讼。根据《最高人民法院关于审理生态环境损害赔偿案件的若干规定（试行）》第17条的规定，人民法院受理因同一损害生态环境行为提起的生态环境损害赔偿诉讼案件和民事公益诉讼案件，应先中止民事公益诉讼案件的审理，待生态环境损害赔偿诉讼案件审理完毕后，就民事公益诉讼案件未被涵盖的诉讼请求依法作出裁判。因为，在《生态损害赔偿制度改革方案》所规定的适用范围，作为赔偿权利人的地方人民政府履行自身职责维护环境公共利益，因此，地方人民政府应优先于社会组织。即应先尊重地方人民政府履行其维护环境公共利益的职责，由地方人民政府作为赔偿权利人与赔偿义务人进行磋商，在磋商未达成协议的情况下，地方人民政府作为赔偿权利人提起生态环境损害赔偿诉讼，因此，当地方人民政府作为赔偿权利人已着手履行其职责，与赔偿义务人正在进行磋商时，社会组织提起环境民事公益诉讼的，人民法院不应受理。

第二，在生态损害赔偿制度规定适用范围外的部分，社会组织有权提起环境民事公益诉讼。对于较大及以上突发环境事件的；在国家和省级主体功能区规划中划定的重点生态功能区、禁止开发区发生环境污染、生态破坏事件的；发生其他严重影响生态环境后果之外的损害社会公共利益的环境污染或环境破坏行为，社会组织有权提起环境民事公益诉讼，政府不提起生态环境损害赔偿诉讼。

表 1-8　生态环境损害纠纷解决机制

诉讼类型	起诉主体	前置程序	诉讼依据
环境民事公益诉讼	法律规定的机关	人民检察院作为起诉主体时，应履行诉前公告程序	《民事诉讼法》第58条规定："对污染环境、侵害众多消费者合法权益等损害社会公共利益的行为，法律规定的机关和有关组织可以向人民法院提起诉讼。人民检察院在履行职责中发现破坏生态环境和资源保护、食品药品安全领域侵害众多消费者合法权益等损害社会公共利益的行为，在没有前款规定的机关和组织或者前款规定的机关和组织不提起诉讼的情况下，可以向人民法院提起诉讼。前款规定的机关或者组织提起诉讼的，人民检察院可以支持起诉。"
	法律规定的组织		
	人民检察院		
环境行政公益诉讼	人民检察院	行政机关在收到检察建议后，在法定期限内不履行法定职责	《行政诉讼法》第25条第4款规定："人民检察院在履行职责中发现生态环境和资源保护、食品药品安全、国有财产保护、国有土地使用权出让等领域负有监督管理职责的行政机关违法行使职权或者不作为，致使国家利益或者社会公共利益受到侵害的，应当向行政机关提出检察建议，督促其依法履行职责。行政机关不依法履行职责的，人民检察院依法向人民法院提起诉讼。"
环境刑事附带民事公益诉讼	人民检察院	无	《最高人民法院、最高人民检察院关于检察公益诉讼案件适用法律若干问题的解释》第20条规定："人民检察院对破坏生态环境和资源保护，食品药品安全领域侵害众多消费者合法权益，侵害英雄烈士等的姓名、肖像、名誉、荣誉等损害社会公共利益的犯罪行为提起刑事公诉时，可以向人民法院一并提起附带民事公益诉讼，由人民法院同一审判组织审理。人民检察院提起的刑事附带民事公益诉讼案件由审理刑事案件的人民法院管辖。"
生态环境损害赔偿诉讼	政府作为赔偿权利人	在磋商未达成协议的情况下，省级、市地级人民政府作为赔偿权利人提起生态环境损害赔偿诉讼	《最高人民法院关于审理生态环境损害赔偿案件的若干规定（试行）》第1条："具有下列情形之一，省级、市地级人民政府及其指定的相关部门、机构，或者受国务院委托行使全民所有自然资源资产所有权的部门，因与造成生态环境损害的自然人、法人或者其他组织经磋商未达成一致或者无法进行磋商的，可以作为原告提起生态环境损害赔偿诉讼：（一）发生较大、重大、特别重大突发环境事件的；（二）在国家和省级主体功能区规划中划定的重点生态功能区、禁止开发区发生环境污染、生态破坏事件的；（三）发生其他严重影响生态环境后果的。前款规定的市地级人民政府包括设区的市，自治州、盟、地区，不设区的地级市，直辖市的区、县人民政府。"

下编　实务精要

第二章 大气生态环境损害案件

学习目标

1. 知识目标：掌握大气生态环境损害案件的环境民事公益诉讼、生态环境损害赔偿诉讼、污染环境罪公诉、生态环境磋商等；了解大气环境质量标准、大气固定源污染物和移动源污染物种类、管理及排放标准、其他相关标准；学习《大气污染防治法》《民法典》等相关法律法规。

2. 能力目标：掌握大气环境损害案件审判要点，能提取案件的关键信息及争议焦点，针对性地提升大气生态环境损害司法实务能力。

3. 素质目标：培养法律思维，运用法律逻辑推理认定事实。

4. 养成目标：树立大气生态环境保护意识，积极预防和治理大气污染，保障人民群众健康，促进生态文明建设和经济社会发展和谐共进。

思维导图

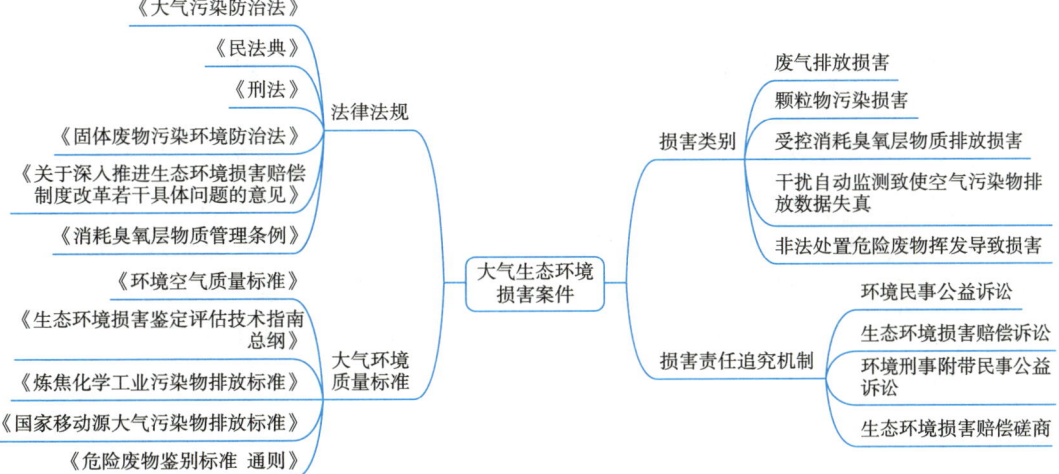

内容提要

大气层又叫大气圈，是包裹地球表面的一层无色透明的空气，是地球的保护层。

它的存在使包括人类在内的地球生物免受有害射线的照射，同时为地球生物生存提供了所必需的氧气。长期以来，我国始终重视保护和改善大气环境，防治大气污染，保障公众健康，不断完善大气污染防治立法、制定修订大气环境质量标准和污染物排放标准，坚持源头治理和规划先行，积极转变经济发展方式，加强大气污染综合防治，推行区域大气污染联合防治，对污染物排放实施协同控制，有效控制和逐步削减大气污染物的排放量，促进大气环境质量达到规定标准并逐步改善。从全国范围来看，近年来我国339个地级以上城市环境空气污染物颗粒物、臭氧、二氧化硫、氮氧化物、一氧化碳等平均浓度数据持续改善，平均空气质量优良天数比例稳步提升。京津冀及周边地区、长三角地区、汾渭平原等重点区域和168个重点城市环境空气污染物浓度得到有效控制。

大气污染民事公益诉讼是民事公益诉讼的一种具体类型，针对对象是将污染物排入大气环境进而损害环境公共利益的行为。任何单位或个人的违法行为或不作为方式，造成或可能造成大气生态环境损害，侵害社会公共利益的，法律规定的机关或符合条件的社会组织为维护环境公共利益而向人民法院提起的诉讼。运用大气污染民事公益诉讼手段，在防治大气污染，促进大气环境质量改善方面发挥了重要作用，保障了公民环境权，完善了公众监督机制，弥补了国家行政管理缺陷，满足了法定机关和社会组织对大气污染进行诉讼的需求，推进了国家大气污染防治立法和实践。

大气污染民事公益诉讼有别于其他环境民事公益诉讼。由于大气的流动性，在大气污染治理过程中，很难按照区域或者流域进行固定划分，因此大气污染的不稳定性及治理的紧迫性决定了大气污染的民事公益诉讼有别于其他环境民事公益诉讼，具有诉讼范围跨区域性，诉讼利益整体性，及显著的诉讼预防性特点。

第一节　废气排放损害大气环境民事公益诉讼案件

工业生产过程中排放的废气是大气污染的重要来源之一。工业废气中通常含有各种有害物质，如二氧化硫、氮氧化物、颗粒物等。这些污染物对空气质量造成严重影响，加剧大气污染问题。应当制定严格的环保法规和标准，对工业企业废气排放进行严格管理，并引导和鼓励工业企业采用低污染的生产工艺和设备，建立完善的废气处理设施，减少废气的产生和排放。本节重点收录并研究此类废气排放损害大气环境民事公益诉讼案件。

垃圾焚烧企业废气排放案

一、教学案例

◇ 案例索引

本案摘自最高人民法院发布2021年度人民法院环境资源审判典型案例

江苏省盐城市中级人民法院民事判决书（2018）苏09民初25号

江苏省高级人民法院民事判决书（2020）苏民终158号

◇ **案情摘要**

本案系北京市朝阳区自然之友环境研究所（简称自然之友）诉江苏大吉发电有限公司（简称大吉公司）大气污染责任纠纷民事公益诉讼。本案经过一审、二审，二审维持原判。案件主要内容围绕大吉公司未及时开展焚烧炉技术改造工作，导致二氧化硫、氮氧化物、颗粒物等大气污染物一直不能实现达标排放进行审理。

◇ **关 键 词**

环境民事公益诉讼；生活垃圾焚烧污染物；损害社会公共利益重大风险；大气环境治理费用；环境民事公益诉讼的主体资格

◇ **基本案情**

大吉公司系盐城市区唯一的生活垃圾焚烧发电企业。该公司的垃圾焚烧发电项目于2003年经江苏省发展计划委员会、盐城市环境保护局批准建设，于2005年7月建成并投产运行，于2008年3月31日通过环保竣工验收，共新上三台75吨循环流化床锅炉，大气排放执行《生活垃圾焚烧厂评价标准》（CJJ/T137-2010）。2014年7月1日，《锅炉大气污染物排放标准》施行，要求现有生活垃圾焚烧锅炉执行新标准《生活垃圾焚烧污染控制标准》（GB 18485-2014）。因大吉公司建厂较早、工艺技术趋于落后，二氧化硫、氮氧化物、颗粒物等大气污染物一直未能实现达标排放。根据盐城市重点污染源在线监测平台及大吉公司省控烟气在线监测平台的数据，在2017年1月19日至2018年7月31日期间，颗粒物、二氧化硫及氮氧化物存在超标排放情况。盐城市环境保护局、盐城市盐都区环境保护局分别于2017年2月、3月、7月、8月和2018年6月、8月、9月多次对大吉公司作出行政处罚，罚款合计900余万元。由于大吉公司生产经营业务涉及重大社会公共利益，盐城市、区两级环保部门对该公司未实施停产整治等强制措施。在此期间，大吉公司就执行排放标准、停产技改及整体搬迁等问题多次向当地人民政府及其环保部门提交书面报告，盐城市人民政府在相关专题会议纪要中明确涉案垃圾焚烧发电项目将整体搬迁至静脉产业园，并要求大吉公司在搬迁过渡期间必须按照环保要求进行技改。2017年11月17日，大吉公司与南京格洛特环境工程股份有限公司签订《烟气治理装置技术改造项目总承包商务合同》，对大吉公司的2号垃圾焚烧锅炉烟气脱酸、除尘、脱硝系统进行提标改造。2018年1月17日，自然之友以大吉公司为被告，提起本案环境民事公益诉讼。

江苏省盐城市中级人民法院于2018年7月31日依法委托生态环境部南京环境科学研究所（简称南京环科所）对大吉公司2017年1月至稳定达标排放期间超标排放造成的大气污染量及其治理费用进行鉴定。2019年3月，南京环科所作出《大吉公司空气污染环境损害鉴定评估报告》，鉴定意见为：①在不采取替代性修复措施情况下，采用虚拟治理成本法对大吉公司自2017年1月19日至2018年7月31日期间废气污染物超标排放行为进行环境损害量化评估，生态环境损害数额为人民币5 530 065.06元；

②大吉公司废气污染物超标排放事件造成了生态环境系统污染及损害，可选取植树造林的生态修复技术作为生态环境替代性修复方案。

因原告自然之友申请对都环罚字〔2018〕17号、都环罚字〔2018〕25号及盐环罚字〔2018〕78号《行政处罚决定书》中确定大吉公司的超标排放环境损害数额及大气治理费用进行补充鉴定，2019年6月19日再次委托南京环科所对上述事项进行补充鉴定。同年9月，南京环科所作出《大吉公司空气污染环境损害鉴定评估补充报告》，鉴定评估意见为：在不采取替代性修复措施情况下，采用虚拟治理成本法对大吉公司在2017年9月12日、12月13日、2018年3月14日、4月26日和7月10日期间废气污染物超标排放行为进行环境损害量化评估，新增生态环境损害数额约为人民币31 446.87元。

❖〔争议焦点〕

一审：①被告超标排放污染物是否应当承担侵权责任；②被告应当如何承担大气污染侵权责任；③涉案达标技改费用能否抵扣大气环境治理费用；④原告主张的必要支出费用是否应予支持。

二审：①自然之友是否具备提起本案民事公益诉讼的主体资格；②是否存在致使大吉公司不能及时技术改造的客观原因，该原因能否产生减轻或免除大吉公司民事责任的法律后果；③大吉公司停产技改、整体搬迁费用能否抵扣其应予赔偿的生态修复费用。

❖〔裁判结果〕

江苏省盐城市中级人民法院于2019年9月29日作出判决：①被告大吉公司应当于判决生效之日起3个月内赔偿大气环境治理费用5 561 511.93元，用于盐城市大气环境修复治理；②被告大吉公司就2017年1月19日至2018年7月31日期间向大气环境超标排放污染物的违法行为在江苏省级媒体上向社会公开赔礼道歉；③被告大吉公司应当于本判决生效之日起10日内支付原告自然之友支出的补充鉴定费3万元、律师代理费18万元、差旅费19 097.50元，共计229 097.50元。

宣判后，大吉公司以"①自然之友业务范围不具有关联性，自然之友起诉不符合主体资格条件；②在大吉公司完成停产技改、新厂搬迁的情况下再支付巨额赔偿款、律师代理费、诉讼费等费用已超出必要；③判决时应考虑在大气污染损害赔偿中扣除技改投入和搬迁费用"为由，提起上诉。江苏省盐城市中级人民法院于2021年1月7日作出判决：驳回上诉，维持原判。

❖〔裁判理由〕

人民法院生效裁判认为：

1. 关于被告超标排放污染物是否应当承担侵权责任的问题。《中华人民共和国侵权责任法》〔简称《侵权责任法》（已失效）〕第65条规定："因污染环境造成损害的，污染者应当承担侵权责任。"《大气污染防治法》第18条规定："企业事业单位和其他生产经营者建设对大气环境有影响的项目，应当依法进行环境影响评价、公开环境影响评价文件；向大气排放污染物的，应当符合大气污染物排放标准，遵守重点大气污染物排放总量控制要求。"第 125 条规定："排放大气污染物造成损害的，应当依法承担侵权责任。"本案中，被告大吉公司的生活垃圾焚烧发电项目属于对大气环境有影响的项目，其生产运营中产生的大气污染物应当符合国家制定的大气污染物排放标准。在 2017 年 1 月 19 日至 2018 年 7 月 31 日期间，大吉公司的 1 号、2 号、3 号垃圾焚烧锅炉排放废气中的颗粒物、二氧化硫及氮氧化物均存在超标情况。大吉公司对上述排污事实也予以认可。大吉公司超出《锅炉大气污染物排放标准》向大气排放废气污染物，威胁到大气环境的生态服务功能，损害了社会公共利益，依法应当承担大气污染侵权责任。

2. 关于被告应当如何承担大气污染侵权责任的问题。2015 年《最高人民法院关于审理环境民事公益诉讼案件适用法律若干问题的解释》（已修正）第 18 条规定："对污染环境、破坏生态，已经损害社会公共利益或者具有损害社会公共利益重大风险的行为，原告可以请求被告承担停止损害、排除妨碍、消除危险、恢复原状、赔偿损失、赔礼道歉等民事责任。"第一，关于被告如何承担大气环境治理费用的问题。人民法院依法两次委托具有鉴定资质的南京环科所对上述事项进行了鉴定评估。根据《环境空气质量标准》（GB 3095-2012）、《环境损害鉴定评估推荐方法（第Ⅱ版）》、《生态环境损害鉴定评估技术指南 总纲》等规定，利用虚拟治理成本法计算得到的环境损害可以作为生态环境损害赔偿的依据。被告大吉公司所在区域大气环境质量执行《环境空气质量标准》（GB 3095-2012）二级标准，而环境空气二类区生态损害数额为虚拟治理成本的 3-5 倍，南京环科所就低选取虚拟治理成本的 3 倍认定被告超标排放污染物造成的生态环境损害数额为 5 561 511.93 元，既符合鉴定评估规范的要求，也充分考虑了涉案垃圾焚烧发电项目的公益性因素以及大吉公司是在《锅炉大气污染物排放标准》实施后才超标排放的实际情况。该鉴定报告具有证明力，可以作为认定被告承担大气环境治理费用的依据，其应当支付 5 561 511.93 元用于盐城市大气环境的修复治理。第二，关于被告是否应当赔礼道歉的问题。本案中，虽然被告在生产经营中向大气超标排放污染物具有一定的发展局限性和公益性的因素，但其在 2017 年 1 月 19 日至 2018 年 7 月 31 日期间以及盐城市环保局、盐都区环保局作出行政处罚决定后，未能及时采取有效措施控制和消除涉案垃圾焚烧发电项目的污染行为，侵害了公共环境权益，增加了社会公众对自身健康的担忧和焦虑，降低了社会公众生活在优良生态环境中的满足感和获得感，造成了社会公众精神利益上的损失，被告大吉公司应当承担赔礼道歉的民事责任。鉴于大吉公司已于 2019 年 5 月全面停产，涉案超标排放污染物行为的影响范围主要集中在江苏省内，选用江苏省级公开媒体更为合适。

3. 关于涉案达标技改费用能否抵扣大气环境治理费用的问题。《侵权责任法》（已失效）第 66 条规定："因污染环境发生纠纷，污染者应当就法律规定的不承担责任或者减轻责任的情形及其行为与损害之间不存在因果关系承担举证责任。"参照《环境保护税法》第 13 条的相关规定，只有大气污染物的浓度值低于国家和地方规定的污染物排放标准 30% 的，才可以减轻排放者的环境保护纳税义务。大吉公司在本案诉讼过程中通过技改实现2号炉达标排放，是其作为排污企业应当履行的法定义务和社会责任，也是其为停止环境侵害、消除环境危险而采取的具体措施，并非是促进污染防治、节能减排、循环利用的新技术、新工艺。故被告提出以技改费用抵扣大气环境治理费用，缺乏事实和法律依据，依法不能成立。

4. 关于原告主张支出的必要费用是否应予支持的问题。2015年《最高人民法院关于审理环境民事公益诉讼案件适用法律若干问题的解释》（已修正）第22条规定："原告请求被告承担检验、鉴定费用，合理的律师费以及为诉讼支出的其他合理费用的，人民法院可以依法予以支持。"

◇ 案例评析

本案是长江流域发电企业超标排污引发的大气污染民事公益诉讼案件。长江流域产业结构升级责任重大，绿色发展潜力和势能巨大，推进生产技术更新升级、产业结构优化调整，是沿江流域政府和企业面临的重要课题。企业开展生产经营以遵守国家环境保护规定为前提，应对标环境保护标准要求升级生产技术、改进经营方式。超标排污企业本身具有改进技术避免污染的义务，案涉企业由于未及时开展技改工作，造成大气污染损害后果，应承担相应赔偿责任。本案明确以技改费用抵扣大气环境治理费用，应以引导、鼓励、支持企业在没有法律强制要求情况下，自觉采取措施节能减排、降低环境风险、维护环境公共利益为前提，对于正确把握技改抵扣适用条件及同类案件审理具有较好借鉴意义。本案的依法审理有利于引导企业紧跟时代要求、推进技术更新换代，在追求经济效益的同时履行环境保护社会责任，是人民法院贯彻长江保护法，加强长江流域生态环境保护的生动实践。

二、知识凝练

◇ 专业知识

1. 空气质量词汇摘选Ⅰ。

（1）削减（Abatement）：在污染物或排放物排出之前，降低或减少其排出量。

（2）空气污染物（Air Pollutant）：由于人类活动或自然过程，排放到大气中的对人或环境产生不利影响的物质。

（3）空气污染（Air Pollution）：由于人类活动或自然过程，使得排放到大气中的物质的浓度及持续时间足以对人的舒适感、健康以及对设施或环境产生不利影响时，称为空气污染。

（4）环境空气（Ambient Air）：指人群、植物、动物和建筑物所暴露的室外空气。

（5）环境空气质量（Ambient Air Quality）：由污染程度指示出的环境空气状态。

2. 采用焚烧技术处理生活垃圾的必要性以及焚烧技术的发展情况。目前，生活垃圾处理方式主要有：资源化、填埋和焚烧三种，不同的处理方式适用条件不同。其中资源化技术（包括堆肥），可以充分利用垃圾中的可用物质，但是只能处理一部分垃圾，而且这种技术的发展也受到资源化产品的市场约束，因此不能用来解决大量生活垃圾的问题；填埋技术对所处理的垃圾成分不加限制，技术和操作相对简单，运行费用相对较低，但是会占用大量土地，包括填埋场地和场地周边的土地，所产生的填埋气、渗滤液和恶臭等污染物也难以控制，主要是因为填埋是一种敞开作业、而且垃圾中的有机物在不停发生反应；焚烧技术可以解决填埋技术中存在的问题。焚烧是工厂化作业，环境污染相对容易控制，但是建设和运行成本都很高，因此更适用于经济发达、人口密度大的地区。

随着我国城市土地的日趋紧张和经济发展水平的提高，焚烧将成为城市生活垃圾处理的主要方式。我国的生活垃圾焚烧率近年来不断增加，现有生活垃圾焚烧设施主要集中在上海、江苏、浙江和广东等人口密度大、经济发达的地区。

3. 我国对生活垃圾焚烧厂选址的要求和具体的环境防护距离规定。选址应符合当地的城乡总体规划、环境保护规划和环境卫生专项规划，并符合当地的大气污染防治、水资源保护、自然生态保护等要求。应依据环境影响评价结论确定生活垃圾焚烧厂厂址的位置及其与周围人群的距离，经具有审批权的环境保护行政主管部门批准，可作为规划控制的依据。在对生活垃圾焚烧厂厂址进行环境影响评价时，应重点考虑生活垃圾焚烧厂内各设施可能产生的有害物质泄漏、大气污染物（含恶臭物质）的产生与扩散以及可能的事故风险等因素，根据其所在地区的环境功能区类别，综合评价其对周围环境、居住人群的身体健康、日常生活和生产活动的影响，确定生活垃圾焚烧厂与常住居民居住场所、农用地、地表水体以及其他敏感对象之间合理的位置关系。《生活垃圾焚烧污染控制标准》没有规定具体的环境防护距离，主要是因为大气污染物的环境风险受地形、气象、周围敏感对象等多种因素影响，无法给出统一规定，应通过环境影响评价，确定具体选址与周围敏感对象之间的距离。

4. 技改资金抵扣环境损害赔偿资金。这种裁判执行方式目的在于引导、鼓励、支持污染企业在没有法律强制性要求的情况下，自觉采取措施加大投入，减少污染排放，降低环境风险，促进环境公共利益保障。以泰州市环保联合会起诉江苏常隆农化有限公司等企业环境污染公益诉讼案为例，以技术改造费用抵扣环境修复费用的方式有其适用的特定的前提条件和背景。第一，抵扣条件是当事人技术改造投入实现循环利用，循环利用并不是法律对当事人的强制性要求，而是法律与政策鼓励的环境保护方式。技改投入在实质上减少本来不可避免的无害化处理社会总成本。第二，技改抵扣的裁判执行方式基于特定时期和特定背景条件。在特定时期，环境风险巨大的化工副产品交易市场供给远大于需求，全社会对化工副产品的无害化处置能力严重不足，技改抵扣的裁判执行方式是基于需要在该特定时期迅速降低长江水体环境总风险的考量。

◇ 相关法条

1. 《民法典》：

第一千二百二十九条　因污染环境、破坏生态造成他人损害的，侵权人应当承担侵权责任。

第一千二百三十条　因污染环境、破坏生态发生纠纷，行为人应当就法律规定的不承担责任或者减轻责任的情形及其行为与损害之间不存在因果关系承担举证责任。

2.《大气污染防治法》：

第十八条 企业事业单位和其他生产经营者建设对大气环境有影响的项目，应当依法进行环境影响评价、公开环境影响评价文件；向大气排放污染物的，应当符合大气污染物排放标准，遵守重点大气污染物排放总量控制要求。

第一百二十五条 排放大气污染物造成损害的，应当依法承担侵权责任。

3.《最高人民法院关于审理环境侵权责任纠纷案件适用法律若干问题的解释》（法释〔2015〕12号）（已失效）：

第一条 因污染环境造成损害，不论污染者有无过错，污染者应当承担侵权责任。污染者以排污符合国家或者地方污染物排放标准为由主张不承担责任的，人民法院不予支持。

污染者不承担责任或者减轻责任的情形，适用海洋环境保护法、水污染防治法、大气污染防治法等环境保护单行法的规定；相关环境保护单行法没有规定的，适用侵权责任法的规定。

4.《最高人民法院关于审理环境民事公益诉讼案件适用法律若干问题的解释》（法释〔2015〕1号）（已修正）：

第十八条 对污染环境、破坏生态，已经损害社会公共利益或者具有损害社会公共利益重大风险的行为，原告可以请求被告承担停止损害、排除妨碍、消除危险、恢复原状、赔偿损失、赔礼道歉等民事责任。

第二十二条 原告请求被告承担检验、鉴定费用，合理的律师费以及为诉讼支出的其他合理费用的，人民法院可以依法予以支持。

三、课后延伸

相关案例

1. 北京市朝阳区绿家园环境科学研究中心与江西某能源公司、丰城某焦化公司大气污染民事公益诉讼执行案（最高人民法院发布2021年度人民法院环境资源审判典型案例）。

2. 丽水市绿色环保协会诉青田县某废油回收再利用加工厂、胡某某等非法倾倒废渣污染环境民事公益诉讼案（人民法院依法审理固体废物污染环境典型案例）。

延伸思考

1. 如何理解致使大吉公司不能及时进行技术改造的客观原因是否存在，该原因能否产生减轻或免除大吉公司民事责任的法律后果问题？

2. 大吉公司停产技改、整体搬迁费用能否抵扣其应予赔偿的生态修复费用，为什么？

3.《生活垃圾焚烧污染控制标准》执行情况如何？存在哪些问题？

第二章 大气生态环境损害案件

第二节 颗粒物污染损害大气环境赔偿磋商案件

悬浮在空气中的固体或液体颗粒物是一种常见的空气污染物。粒径一般在 0.1-75μm 之间，通常包括尘粒、粉尘、雾尘、烟、化学烟雾和煤烟等，能在空气中悬浮一段时间。因其对人体健康会造成危害而称之为颗粒物污染。尤其是粒径在 1μm 以下的颗粒物具有沉降慢、波及面大而远的危害特点。颗粒物污染排放常见于违法事实较简单、造成损害较小的损害大气环境案件，按照《关于推进生态环境损害赔偿制度改革若干具体问题的意见》（已失效）相关规定，可以采用委托专家评估方式，出具专家意见进行生态环境损害鉴定评估。本节重点收录并研究此类颗粒物排放损害大气环境赔偿磋商案件。

颗粒物污染超标排放案

一、教学案例

◇ **案例索引**

本案摘自生态环境部公布第二批生态环境损害赔偿磋商十大典型案例

◇ **案情摘要**

本案系湖南省益阳市生态环境局（简称益阳市生态环境局）对湖南省沅江市3家公司（简称3家公司）存在超标排放大气污染物的行为立案处罚，并启动生态环境损害赔偿。本案采取简易程序，委托环境损害司法鉴定评估专家，出具专家评估意见书，认定涉案公司生态环境损害金额，磋商达成赔偿协议，约定赔偿金用于替代修复。

◇ **关 键 词**

颗粒物污染；简易评估认定程序；生态环境损害赔偿磋商；集中替代修复模式

◇ **基本案情**

1. 线索来源。2020年12月8日，益阳市生态环境局在日常执法检查中发现，沅江市3家公司存在超标排放大气污染物的行为，排放废气颗粒物超标倍数分别为9.02倍、11.67倍、20.12倍。益阳市生态环境局随即对3家公司污染大气的违法行为立案处罚，并启动生态环境损害赔偿。

2. 调查评估。根据《关于推进生态环境损害赔偿制度改革若干具体问题的意见》（环法规〔2020〕44号）（已失效）和湖南省《关于进一步完善生态环境损害赔偿工作程序的通知》相关规定，综合考虑3家公司违法事实较简单、造成损害较小，决定采用简易程序进行生态环境损害鉴定评估。按照简易程序规定，委托湖南省环境损害司法鉴定评估专家库专家，出具专家评估意见书，认定涉案3家公司生态环境损害金额分别为5.53万元、10.24万元和14.11万元。

3. 磋商情况。2021年1月29日，益阳市生态环境局与3家公司进行磋商，邀请鉴定专家、沅江市人民政府及沅江市人民法院、市人民检察院、市司法局、市财政局、市税务局等部门参加。磋商过程中，其中一家公司在磋商开始前已自行在厂区周边公共区域植树造林花费近 1.5 万元，该公司认为其替代修复支出费用也应属于积极履行赔偿义务行为。益阳市生态环境局根据实际情况，认可该公司前期植树造林的部分花费可以从赔偿金中予以扣除。

❖〔磋商协议〕

经磋商，责任公司认可污染损害事实，同意赔偿。最终分别达成了磋商赔偿协议，由三家公司分别赔付 5.53 万元、10.24 万元和 13 万元，约定赔偿金用于替代修复。

❖〔协议履行〕

3 家公司根据赔偿协议履行赔偿金缴纳义务，全额缴款至生态环境损害赔偿非税专户。益阳市生态环境局选择集中替代修复，打造益阳沅江生态环境损害赔偿警示林。警示林选址位于沅江市廖叶湖公园人防基地，占地 11 亩，种植各类树木 509 棵，于 2021 年 4 月开工，9 月通过专家评估验收。

❖〔经验做法〕

该案是典型的大气污染物非法排放生态环境损害赔偿案件，在生态环境损害赔偿磋商、简易评估程序选择、虚拟治理成本法使用等方面具有示范意义。

1. 该案采取简易程序，提高了磋商效率。在行政处罚案件办理过程中，同步启动了生态环境损害赔偿。针对生态环境损害事实简单、责任认定无争议、损害较小的实际情况，益阳市生态环境局及时开展调查，采用简易评估认定程序，与赔偿义务人在较短时间内达成赔偿协议并开展修复，实现了磋商效率和修复效益的"双赢"。

2. 针对涉及多家公司的小型大气环境污染案件，探索了集中替代修复模式。该案是湖南省首例生态环境损害集中替代修复案例。3 家公司的生态环境损害行为属于同一类型，发生在同一地区和同一时段，赔偿金额较小，且不适宜原地修复，而单独实行替代修复又无法达到环境质量改善的规模效益。在湖南省生态环境厅的指导下，益阳市生态环境局根据实际情况，选择集中替代修复，打造益阳沅江生态环境损害赔偿警示林。

3. 建设损害赔偿替代修复基地，起到了良好的生态效应和社会效果。该案通过建设修复基地的替代修复方式，弥补了违法公司对大气环境造成的损害，形成占地 11 亩、种植各类树木 509 棵的警示林，改善了周边空气质量，对大气污染形成警示作用，实现生态效应和社会效应的统一，突显了生态环境损害赔偿制度改革改善民生的良好社会效应。

◇ 案例评析

大气超标排放案件是我国主要的环境损害案件类型之一，生态环境损害赔偿制度改革启动以来，各级赔偿权利人针对大气污染类损害，启动了千余件生态环境损害赔偿磋商案件，解决了大量人民群众关心的大气环境问题。但在实践中，地方对于鉴定评估方法的选取,赔偿方式的确定仍存在疑问。湖南省益阳市生态环境局作为权利人办理的"沅江市3家公司污染大气生态环境损害赔偿案"有以下几个方面的经验值得推广和借鉴。

一是权利人针对三起同区域、同类型大气污染案件,采用了"合并处理,统一磋商"的方式,提高了义务人达成磋商协议的主动性和案件的整体赔偿效率。二是在鉴定评估方面,尽管本案采用了简易评估认定程序,但鉴定评估严格按照《生态环境损害鉴定评估技术指南 基础方法 第1部分:大气污染虚拟治理成本法》(GB/T 39793.1-2020)执行,参数选择合理,计算过程严谨。三是选择集中替代性修复的损害赔偿方式,提高了整体赔偿实效。

生态环境损害赔偿制度旨在高效推动受损生态环境的恢复,本案权利人充分发挥了该项制度的灵活性优势,同时也保证了赔偿责任的落实到位,取得了良好的社会、环境效益。

二、知识凝练

◇ **专业知识**

1. 空气质量词汇摘选Ⅱ。

(1)颗粒物(Particle):固态或液态的小离散体。

(2)尘粒(Grit):在大气或烟道中气载的固体颗粒物,其空气动力等效直径通常大于75μm。

(3)粉尘(Dust):通常指空气动力当量直径在75μm以下的固体小颗粒物。能在空气中悬浮一段时间,靠本身重量可从空气中沉降下来。

(4)烟尘(Fume):一种固体颗粒气溶胶,一般是在冶炼过程中由熔化的物质蒸发后凝聚而产生,并且经常伴随氧化反应。

(5)飞灰(Fly Ash):燃烧燃料时烟气中夹带的细小颗粒物。

(6)雾(Fog):通常指液滴在气体中的悬浮体系。气象学上则指使能见度减小到1km以内的水滴在大气中的悬浮体系。

(7)蒸汽(Vapour):物质以能与固相或液相状态并存的气相状态。

(8)霾(Haze):大量极细微的、单体肉眼不可见的微粒悬浮在空中,而使大气呈现出乳白色、能见度降低的现象。

2. PM2.5空气质量标准以及相应限值。PM2.5是严重危害人体健康的污染物已经被科学证实。将PM2.5放入强制性污染物监测范围,既是我国以人为本,保护人体健康的需要,也是解决灰霾等环境管理需要,有利于提高环境空气质量评价工作的科学水平,有利于消除或缓解公众自我感观与监测评价结果不完全一致的现象。将PM2.5年和24小时平均浓度限值分别定为0.035毫克/立方米和0.075毫克/立方米,与WHO过渡期第1阶段目标值相同,符合我国目前经济发展阶段和环境管理的需求。

3. 关于赔偿磋商的有关规定。需要启动生态环境修复或损害赔偿的,赔偿权利人指定的部门或机构根据生态环境损害鉴定评估报告或参考专家意见，按照"谁损害、谁承担修复责任"的原则，就修复启动时间和期限、赔偿的责任承担方式和期限等具体问题与赔偿义务人进行磋商。

案情比较复杂的，在首次磋商前，可以组织沟通交流。磋商期限原则上不超过90日，自赔偿权利人及其指定的部门或机构向义务人送达生态环境损害赔偿磋商书面通知之日起算。磋商会议原则上不超过3次。磋商达成一致的，签署协议；磋商不成的，及时提起诉讼。有以下情形的，可以视为磋商不成：①赔偿义务人明确表示拒绝磋商或未在磋商函件规定时间内提交答复意见的；②赔偿义务人无故不参与磋商会议或退出磋商会议的；③已召开磋商会议3次，赔偿权利人及其指定的部门或机构认为磋商难以达成一致的；④超过磋商期限，仍未达成赔偿协议的；⑤赔偿权利人及其指定的部门或机构认为磋商不成的其他情形。

◇ 相关法条

1.《民法典》：

第一千二百二十九条　因污染环境、破坏生态造成他人损害的，侵权人应当承担侵权责任。

2.《大气污染防治法》：

第七条　企业事业单位和其他生产经营者应当采取有效措施，防止、减少大气污染，对所造成的损害依法承担责任。

公民应当增强大气环境保护意识，采取低碳、节俭的生活方式，自觉履行大气环境保护义务。

第一百二十五条　排放大气污染物造成损害的，应当依法承担侵权责任。

3.《生态环境损害赔偿制度改革方案》：

四、工作内容

（一）明确赔偿范围。生态环境损害赔偿范围包括清除污染费用、生态环境修复费用、生态环境修复期间服务功能的损失、生态环境功能永久性损害造成的损失以及生态环境损害赔偿调查、鉴定评估等合理费用。各地区可根据生态环境损害赔偿工作进展情况和需要，提出细化赔偿范围的建议。鼓励各地区开展环境健康损害赔偿探索性研究与实践。

（二）确定赔偿义务人。违反法律法规，造成生态环境损害的单位或个人，应当承担生态环境损害赔偿责任，做到应赔尽赔。现行民事法律和资源环境保护法律有相关免除或减轻生态环境损害赔偿责任规定的，按相应规定执行。各地区可根据需要扩大生态环境损害赔偿义务人范围，提出相关立法建议。

（三）明确赔偿权利人。国务院授权省级、市地级政府（包括直辖市所辖的区县级政府，下同）作为本行政区域内生态环境损害赔偿权利人。省域内跨市地的生态环境损害，由省级政府管辖；其他工作范围划分由省级政府根据本地区实际情况确定。省级、市地级政府可指定相关部门或机构负责生态环境损害赔偿具体工作。省级、市地级政府及其指定的部门或机构均有权提起诉讼。跨省域的生态环境损害，由生态环境损害地的相关省级政府协商开展生态环境损害赔偿工作。

在健全国家自然资源资产管理体制试点区，受委托的省级政府可指定统一行使全民所有自然资源资产所有者职责的部门负责生态环境损害赔偿具体工作；国务院直接行使全民所有自然资源资产所有权的，由受委托代行该所有权的部门作为赔偿权利人开展生态环境损害赔偿工作。

各省（自治区、直辖市）政府应当制定生态环境损害索赔启动条件、鉴定评估机构选定程序、信息公开等工作规定，明确国土资源、环境保护、住房城乡建设、水利、农业、林业等相关部门开展索赔工作的职责分工。建立对生态环境损害索赔行为的监督机制，赔偿权利人及其指定的相关部门或机构的负责人、工作人员在索赔工作中存在滥用职权、玩忽职守、徇私舞弊的，依纪依法追究责任；涉嫌犯罪的，移送司法机关。

对公民、法人和其他组织举报要求提起生态环境损害赔偿的，赔偿权利人及其指定的部门或机构应当及时研究处理和答复。

（四）开展赔偿磋商。经调查发现生态环境损害需要修复或赔偿的，赔偿权利人根据生态环境损害鉴定评估报告，就损害事实和程度、修复启动时间和期限、赔偿的责任承担方式和期限等具体问题与赔偿义务人进行磋商，统筹考虑修复方案技术可行性、成本效益最优化、赔偿义务人赔偿能力、第三方治理可行性等情况，达成赔偿协议。对经磋商达成的赔偿协议，可以依照民事诉讼法向人民法院申请司法确认。经司法确认的赔偿协议，赔偿义务人不履行或不完全履行的，赔偿权利人及其指定的部门或机构可向人民法院申请强制执行。磋商未达成一致的，赔偿权利人及其指定的部门或机构应当及时提起生态环境损害赔偿民事诉讼。

（五）完善赔偿诉讼规则。各地人民法院要按照有关法律规定、依托现有资源，由环境资源审判庭或指定专门法庭审理生态环境损害赔偿民事案件；根据赔偿义务人主观过错、经营状况等因素试行分期赔付，探索多样化责任承担方式。

各地人民法院要研究符合生态环境损害赔偿需要的诉前证据保全、先予执行、执行监督等制度；可根据试行情况，提出有关生态环境损害赔偿诉讼的立法和制定司法解释建议。鼓励法定的机关和符合条件的社会组织依法开展生态环境损害赔偿诉讼。

生态环境损害赔偿制度与环境公益诉讼之间衔接等问题，由最高人民法院有关部门根据实际情况制定指导意见予以明确。

（六）加强生态环境修复与损害赔偿的执行和监督。赔偿权利人及其指定的部门或机构对磋商或诉讼后的生态环境修复效果进行评估，确保生态环境得到及时有效修复。生态环境损害赔偿款项使用情况、生态环境修复效果要向社会公开，接受公众监督。

（七）规范生态环境损害鉴定评估。各地区要加快推进生态环境损害鉴定评估专业力量建设，推动组建符合条件的专业评估队伍，尽快形成评估能力。研究制定鉴定评估管理制度和工作程序，保障独立开展生态环境损害鉴定评估，并做好与司法程序的衔接。为磋商提供鉴定意见的鉴定评估机构应当符合国家有关要求；为诉讼提供鉴定意见的鉴定评估机构应当遵守司法行政机关等的相关规定规范。

（八）加强生态环境损害赔偿资金管理。经磋商或诉讼确定赔偿义务人的，赔偿义务人应当根据磋商或判决要求，组织开展生态环境损害的修复。赔偿义务人无能力开展修复工作的，可以委托具备修复能力的社会第三方机构进行修复。修复资金由赔偿义务人向委托的社会第三方机构支付。赔偿义务人自行修复或委托修复的，赔偿权利人前期开展生态环境损害调查、鉴定评估、修复效果后评估等费用由赔偿义务人承担。

赔偿义务人造成的生态环境损害无法修复的，其赔偿资金作为政府非税收入，全额上缴同级国库，纳入预算管理。赔偿权利人及其指定的部门或机构根据磋商或判决要求，结合本区域生态环境损害情况开展替代修复。

4.《生态环境损害赔偿管理规定》（环法规〔2022〕31号）：

第五条 生态环境损害赔偿范围包括：

（一）生态环境受到损害至修复完成期间服务功能丧失导致的损失；

（二）生态环境功能永久性损害造成的损失；

（三）生态环境损害调查、鉴定评估等费用；

（四）清除污染、修复生态环境费用；

（五）防止损害的发生和扩大所支出的合理费用。

第七条 赔偿权利人及其指定的部门或机构开展以下工作：

（一）定期组织筛查案件线索，及时启动案件办理程序；

（二）委托鉴定评估，开展索赔磋商和作为原告提起诉讼；

（三）引导赔偿义务人自行或委托社会第三方机构修复受损生态环境，或者根据国家有关规定组织开展修复或替代修复；

（四）组织对生态环境修复效果进行评估；

（五）其他相关工作。

第八条 违反国家规定，造成生态环境损害的单位或者个人，应当按照国家规定的要求和范围，承担生态环境损害赔偿责任，做到应赔尽赔。民事法律和资源环境保护等法律有相关免除或者减轻生态环境损害赔偿责任规定的，按相应规定执行。

赔偿义务人应当依法积极配合生态环境损害赔偿调查、鉴定评估等工作，参与索赔磋商，实施修复，全面履行赔偿义务。

第二十条 调查期间，赔偿权利人及其指定的部门或机构，可以根据相关规定委托符合条件的环境损害司法鉴定机构或者生态环境、自然资源、住房和城乡建设、水利、农业农村、林业和草原等国务院相关主管部门推荐的机构出具鉴定意见或者鉴定评估报告，也可以与赔偿义务人协商共同委托上述机构出具鉴定意见或者鉴定评估报告。

对损害事实简单、责任认定无争议、损害较小的案件，可以采用委托专家评估的方式，出具专家意见；也可以根据与案件相关的法律文书、监测报告等资料，综合作出认定。专家可以从市地级及以上政府及其部门、人民法院、检察机关成立的相关领域专家库或者专家委员会中选取。鉴定机构和专家应当对其出具的鉴定意见、鉴定评估报告、专家意见等负责。

5.《关于深入推进生态环境损害赔偿制度改革若干具体问题的意见》：

六、关于鉴定评估

开展生态环境损害鉴定评估的时间不计入办案期限。

国家建立健全统一的生态环境损害鉴定评估技术标准体系。生态环境部加快研究制定实践亟需的相关技术标准，商国务院有关主管部门后，与市场监管总局联合发布。国务院相关主管部门可以根据职责或者工作需要，制定有关专项技术规范。鼓励各地根据职责或者工作需要，制定相关专项工作指南、生态环境损害修复效果评估方法。

鉴定评估报告应当明确生态环境损害是否可以修复；对于部分可以修复的，应当明确可以修复的区域范围和要求。

鉴定评估机构和专家按照技术标准要求开展鉴定评估工作，并对出具的鉴定意见、鉴定评估报告或者专家意见负责。

三、课后延伸

相关案例

1. 北京市丰台区某环境研究所诉某铝业股份有限公司兰州分公司环境污染民事公益诉讼案（最高人民法院发布青藏高原生态保护典型案例）。

2. 安徽省马鞍山市某企业多次违法排放废气、废水生态环境损害赔偿案（生态环境部公布第三批生态环境损害赔偿磋商十大典型案例）。

延伸思考

1. 如何明确赔偿权利人，具体依据哪些法规制度确定？

2. 什么情况下赔偿权利人及其指定的部门或机构可以不启动索赔程序，在启动索赔程序后什么情况下可以终止索赔程序？

3. 生态环境损害赔偿制度旨在高效推动受损生态环境的恢复，结合本案中具体做法总结一下可推广的经验？

第三节　受控消耗臭氧层物质排放损害大气环境案件

在大气层中存在臭氧浓度相对较高臭氧层，其主要作用有吸收短波紫外线，保护地球上的人类和动植物免遭短波紫外线的伤害；在地球上空将紫外线转换为热能加热大气，形成大气的温度结构和循环特点，产生平流层；发挥温室气体的保温作用，减少地面气温下降。因此臭氧层对人类和动植物生存极其重要，我国应逐步减少直至停止受控消耗臭氧层物质的生产和使用。本节重点收录并研究此类受控消耗臭氧层物质排放损害大气环境案件。

受控消耗臭氧层物质排放案

一、教学案例

◇ 案例索引

本案摘自最高人民法院发布2020年度人民法院环境资源典型案例
浙江省德清县人民法院刑事判决书（2019）浙0521刑初592号
浙江省湖州市中级人民法院民事判决书（2020）浙05民初115号

◇ 案情摘要

本案刑事诉讼系德清县人民检察院诉被告单位德清明禾保温材料有限公司（简称明禾公司）、被告人祁某某污染大气环境案；本案民事诉讼系德清县人民检察院诉德清明禾保温材料有限公司污染大气环境案。本案经浙江省德清县人民法院刑事审判、浙江省湖州市中级人民法院民事审判，判决已发生法律效力。案件主要内容围绕被告单位和被告人明知三氯一氟甲烷系受控消耗臭氧层物质，且被明令禁止用于生产使用的情况下，仍使用三氯一氟甲烷进行生产并排放污染大气环境事件进行审理。

◇ 关　键　词

环境民事公益诉讼；污染环境罪；受控消耗臭氧层物质；环境公约

◇ 基本案情

被告单位明禾公司成立于2017年3月8日，主要从事聚氨酯硬泡组合聚醚保温材料的生产，以及聚氨酯保温材料、化工原料（除危险化学品及易制毒化学品外）、塑料材料、建筑材料批发零售。法定代表人是被告人祁某某。2017年8月至2019年6月期间，被告人祁某某在明知三氯一氟甲烷系受控消耗臭氧层物质，且被明令禁止用于生产使用的情况下，仍向李某、韩某、葛某、薛某（均另案处理）购买，并用于被告单位明禾公司生产聚氨酯硬泡组合聚醚保温材料。其间，被告单位明禾公司共计购买三氯一氟甲烷849.5吨。根据被告人祁某某供述及有关证人证言，可就低确定明禾公司生产并销售含三氯一氟甲烷的聚氨酯硬泡组合聚醚保温材料2427吨。经煤科集团杭州环保研究院有限公司核算，明禾公司在使用三氯一氟甲烷生产过程中，造成三氯一氟甲烷废气排放量为3049.7千克。经德清天勤会计师事务所审计，明禾公司销售含有三氯一氟甲烷的聚氨酯硬泡组合聚醚保温材料每吨利润为602.1元。被告单位明禾公司因使用三氯一氟甲烷生产销售产品总计违法所得就低认定为1 461 296.7元（2427吨 * 602.1元/吨）。

环境保护部、国家发展和改革委员会、工业和信息化部于2010年9月27日联合发布《关于发布〈中国受控消耗臭氧层物质清单〉的公告》（环境保护部、国家发展和改革委员会、工业和信息化部公告2010年第72号）（已失效），其中三氯一氟甲烷作为第一类全氯氟烃被全面禁止使用。

2019年10月23日，湖州市生态环境局以明禾公司集装箱式冷柜及原料仓库有正戊烷等化学品用于生产，不符合环境影响评价要求，作出湖德环罚（2019）59号行政处罚决定书，对其罚款20万元。同日，湖州市生态环境局以明禾公司涉嫌使用超出使用配额许可的受控消耗臭氧层物质用于生产，作出湖德环罚（2019）60号行政处罚决定书，对其罚款50万元。

2019年7月23日，湖州市生态环境局德清分局将被告单位明禾公司、被告人祁某某涉嫌污染环境罪一案移送德清县公安局，该局于当日立案侦查。次日，被告人祁某某到案后，如实供述了自己的犯罪事实。

2020年8月，浙江省生态环境科学技术研究院对明禾公司生产中排放3049.7千克三氯一氟甲烷事件作出《生态环境损害鉴定评估报告》确定生态环境损害值为746 421-866 244元，鉴定评估费用150 000元。

❖ 〔争议焦点〕

被告单位明禾公司是否应对其在生产中排放3049.7千克三氯一氟甲烷的行为承担生态环境损害赔偿费用746 421元及鉴定评估费用150 000元。

❖ 〔裁判结果〕

（一）刑事判决

浙江省湖州市中级人民法院于2020年3月6日作出判决：①被告单位明禾公司犯污染环境罪，判处罚金人民币700 000元（限于判决生效后30日内缴纳，湖德环罚（2019）60号行政处罚决定书生效后，其中罚款在本罚金中予以折抵，不重复执行）；②被告人祁某某犯污染环境罪，判处有期徒刑10个月，并处罚金人民币50 000元（刑期从判决执行之日起计算。判决执行以前先行羁押的，羁押1日折抵刑期1日，即自2019年7月24日起至2020年5月23日止。罚金限本判决生效之日起15日内缴纳）；③追缴被告单位明禾公司违法所得人民币1 461 296.7元。

（二）民事判决

浙江省德清县人民法院于2021年3月21日作出判决：①被告单位明禾公司赔偿生态环境损害费用人民币746 421元；②被告单位明禾公司支付鉴定评估费用人民币150 000元。案件受理费11 264元，由被告单位明禾公司承担。

❖ 〔裁判理由〕

（一）刑事裁判

人民法院生效裁判认为：三氯一氟甲烷为受控消耗臭氧层物质，属于对大气污染的有害物质，被明令禁止使用。被告单位明禾公司违反规定，使用三氯一氟甲烷用于生产保温材料并出售，违法所得30万元以上，严重污染环境，其行为已构成污染环境罪。被告人祁某某作为被告单位法定代表人，明知三氯一氟甲烷禁止用于生产，主动购入用于明禾公司生产保温材料并销售，造成环境严重污染，亦应当以污染环境罪追究刑事责任。公诉机关指控的犯罪事实清楚，证据确实、充分，指控的罪名成立，予以支持。被告人祁某某到案后，如实供述自己的犯罪事实，系坦白，依法可以从轻处罚。被告单位明禾公司、被告人祁某某当庭表示自愿认罪认罚，可以酌情从轻处罚。

（二）民事裁判

人民法院生效裁判认为：被告明禾公司在生产过程中使用三氯一氟甲烷生产组合聚醚保温材料的违法行为经《德清明禾保温材料有限公司、祁某某污染环境罪一审刑事判决书》予以确认，根据2010年9月27日环境保护部、国家发展和改革委员会、工业和信息化部发布的《关于发布〈中国受控消耗臭氧层物质清单〉的公告》（环境保护部、国家发展和改革委员会、工业和信息化部公告2010年第72号）（已失效），三氯一氟甲烷为第一类全氯氟烃，危险品标识为Xn和N，分别表示有害物质，危险环境物质。按《关于消耗臭氧层物质的蒙特利尔议定书》规定，自2010年1月1日起，除特殊用途外，全面禁止生产和使用。本案中，被告产生的三氯一氟甲烷废气未经有效处置，排放至周围环境中，其厂房西侧为京杭运河支流，河道对岸及厂房东侧主要为居民区和农田，排放行为将损害环境及居住区空气质量，该物质可以扩散到大气同温层中，并以催化分解的方式破坏臭氧层，臭氧层的破坏将会导致过量的紫外线辐射到达地面，从而影响人类健康并造成环境生态损害，由此被告应当承担其排放三氯一氟甲烷行为的损害赔偿责任。本案中，浙江省生态环境科学技术研究院出具《生态环境损害鉴定评估报告》确定了的生态环境损害值，该研究院具有评估鉴定资质，依据规范的评估鉴定程序出具的报告符合法律规定，公益诉讼起诉人德清县人民检察院根据上述评估报告主张746 421元生态损害赔偿费用和150 000元鉴定评估费用具有事实和法律依据，予以支持。

◇ 案例评析

本案系全国首例因违法使用受控消耗臭氧层物质被判处实刑的污染环境刑事案件。三氯一氟甲烷为受控消耗臭氧层物质，属于对大气污染的有害物质。我国是《保护臭氧层维也纳公约》和《关于消耗臭氧层物质的蒙特利尔议定书》的缔约国之一，一贯高度重视国际环境公约履约工作，于2010年9月27日发布《中国受控消耗臭氧层物质清单》，其中三氯一氟甲烷作为第一类全氯氟烃，被全面禁止使用。本案的正确审理和判决，明确表明人民法院严厉打击受控消耗臭氧层物质违法行为的"零容忍"态度，对聚氨酯泡沫等相关行业和社会公众具有良好的惩戒、警示和教育作用，体现了司法机关坚定维护全球臭氧层保护成果，推动构建人类命运共同体的责任担当。

二、知识凝练

◇ 专业知识

1. 空气质量词汇摘选Ⅲ。

（1）（地球）大气（Atmosphere of the Earth）：环绕地球的整个空气组成。

（2）排放（Emission）：物质排放到大气中的过程，排放物质的点或面称为"排放源"。本名词既用于描述排出量及排出速率，也可用于噪声、热等方面。

（3）排放系数（Emission Factor）：表述一种空气污染物在某种活动下的产生比例，它是由污染物产生量与活动的比值计算出来的。例如生产每吨钢铁所排放的二氧化硫量。

（4）排放通量（Emission Flux）：单位排放源截面的排放速率。

（5）排放速率（Emission Rate）：单位时间内向大气中排放的污染物的量（或其他物理量）。

（6）排放标准（Emission Standard）：针对每种排放速率的法定排放状况。经常定义为某种排放速率下的最小排放量，或者在规定的稀释水平下的排放浓度或者其他量值。

2. 消耗臭氧层物质（Ozone Depleting Substances）科学研究证明，工业上大量生产和使用的全氯氟烃、全溴氟烃等物质，当它们被释放并上升到平流层时，受到强烈的太阳紫外线 UV-C 的照射，分解出 Cl. 自由基和 Br. 自由基，这些自由基很快地与臭氧进行连锁反应，每一个 Cl. 自由基可以摧毁 10 万个臭氧分子。人们把这些破坏大气臭氧层的物质称为"消耗臭氧层物质"。

《消耗臭氧层物质管理条例》第 2 条规定："本条例所称消耗臭氧层物质，是指列入《中国受控消耗臭氧层物质清单》的化学品。《中国受控消耗臭氧层物质清单》由国务院生态环境主管部门会同国务院有关部门制定、调整和公布。"

3. 环境污染的权责责任。《侵权责任法》（已失效）第 65 条规定："因污染环境造成损害的，污染者应当承担侵权责任。"第 66 条规定："因污染环境发生纠纷，污染者应当就法律规定的不承担责任或者减轻责任的情形及其行为与损害之间不存在因果关系承担举证责任。"第 67 条规定："两个以上污染者污染环境，污染者承担责任的大小，根据污染物的种类、排放量等因素确定。"第 68 条规定："因第三人的过错污染环境造成损害的，被侵权人可以向污染者请求赔偿，也可以向第三人请求赔偿。污染者赔偿后，有权向第三人追偿。"

《民法典》第 1229 条规定："因污染环境、破坏生态造成他人损害的，侵权人应当承担侵权责任。"第 1230 条规定："因污染环境、破坏生态发生纠纷，行为人应当就法律规定的不承担责任或者减轻责任的情形及其行为与损害之间不存在因果关系承担举证责任。"第 1231 条规定："两个以上侵权人污染环境、破坏生态的，承担责任的大小，根据污染物的种类、浓度、排放量，破坏生态的方式、范围、程度，以及行为对损害后果所起的作用等因素确定。"第 1232 条规定："侵权人违反法律规定故意污染环境、破坏生态造成严重后果的，被侵权人有权请求相应的惩罚性赔偿。"第 1233 条规定："因第三人的过错污染环境、破坏生态的，被侵权人可以向侵权人请求赔偿，也可以向第三人请求赔偿。侵权人赔偿后，有权向第三人追偿。"

◇ 相关法条

（一）刑事裁判

1.《刑法》：

第三十条 【**单位负刑事责任的范围**】公司、企业、事业单位、机关、团体实施的危害社会的行为，法律规定为单位犯罪的，应当负刑事责任。

第三百三十八条 【污染环境罪】违反国家规定，排放、倾倒或者处置有放射性的废物、含传染病病原体的废物、有毒物质或者其他有害物质，严重污染环境的，处三年以下有期徒刑或者拘役，并处或者单处罚金；情节严重的，处三年以上七年以下有期徒刑，并处罚金；有下列情形之一的，处七年以上有期徒刑，并处罚金：

（一）在饮用水水源保护区、自然保护地核心保护区等依法确定的重点保护区域排放、倾倒、处置有放射性的废物、含传染病病原体的废物、有毒物质，情节特别严重的；

（二）向国家确定的重要江河、湖泊水域排放、倾倒、处置有放射性的废物、含传染病病原体的废物、有毒物质，情节特别严重的；

（三）致使大量永久基本农田基本功能丧失或者遭受永久性破坏的；

（四）致使多人重伤、严重疾病，或者致人严重残疾、死亡的。

有前款行为，同时构成其他犯罪的，依照处罚较重的规定定罪处罚。

2.《最高人民法院、最高人民检察院关于办理环境污染刑事案件适用法律若干问题的解释》：

第一条第九项 实施刑法第三百三十八条规定的行为，具有下列情形之一的，应当认定为"严重污染环境"：

（九）违法所得或者致使公私财产损失三十万元以上的；

3.《行政处罚法》：

第二十八条第二款 当事人有违法所得，除依法应当退赔的外，应当予以没收。违法所得是指实施违法行为所取得的款项。法律、行政法规、部门规章对违法所得的计算另有规定的，从其规定。

（二）民事裁判

1.《环境保护法》：

第六十四条 因污染环境和破坏生态造成损害的，应当依照《中华人民共和国侵权责任法》的有关规定承担侵权责任。

2.《大气污染防治法》：

第一百二十五条 排放大气污染物造成损害的，应当依法承担侵权责任。

3.《民法典》：

第一百七十九条 承担民事责任的方式主要有：

（一）停止侵害；

（二）排除妨碍；

（三）消除危险；

（四）返还财产；

（五）恢复原状；

（六）修理、重作、更换；

（七）继续履行；

（八）赔偿损失；

（九）支付违约金；

（十）消除影响、恢复名誉；

（十一）赔礼道歉。

法律规定惩罚性赔偿的，依照其规定。

本条规定的承担民事责任的方式，可以单独适用，也可以合并适用。

第一千二百二十九条 因污染环境、破坏生态造成他人损害的，侵权人应当承担侵权责任。

4.《最高人民法院关于审理环境民事公益诉讼案件适用法律若干问题的解释》（法释〔2015〕1号）（已修正）：

第二十二条 原告请求被告承担检验、鉴定费用，合理的律师费以及为诉讼支出的其他合理费用的，人民法院可以依法予以支持。

第二十三条 生态环境修复费用难以确定或者确定具体数额所需鉴定费用明显过高的，人民法院可以结合污染环境、破坏生态的范围和程度、生态环境的稀缺性、生态环境恢复的难易程度、防治污染设备的运行成本、被告因侵害行为所获得的利益以及过错程度等因素，并可以参考负有环境保护监督管理职责的部门的意见、专家意见等，予以合理确定。

三、课后延伸

相关案例

1. 绍兴市润莱节能材料有限公司、绍兴广航化工有限公司、陈某等污染环境案〔浙江省绍兴市越城区人民法院刑事判决书（2021）浙0602刑初32号〕。

2. 葛某某等污染环境案〔湖州南太湖新区人民法院刑事判决书（2020）浙0591刑初96号〕。

延伸思考

1. 如何理解本案判处被告明禾公司对其在生产中排放3049.7千克三氯一氟甲烷的行为承担生态环境损害赔偿费用746 421元及鉴定评估费用150 000元的意义？

2. 作为全球生态文明建设的参与者、贡献者、引领者，我国高度重视保护臭氧层和应对气候变化工作，针对加强受控消耗臭氧层物质管理我国有哪些具体举措？

3. 思考一下，被告单位明禾公司向大气中排放受控消耗臭氧层物质，应当承担侵权责任，其行为侵害了哪些权益？

第四节 干扰自动监测致使空气污染物排放数据失真案件

随着社会生产的不断发展，大气环境污染问题日益凸显，给人类生存和发展带来了严峻的挑战。空气污染物排放监测是实施大气环境治理的重要支撑，通过科学系统地收集、分析、评估空气污染物排放数据，能够为大气环境保护决策提供科学依据，从而促使全社会共同努力，实现可持续发展和生态平衡。然而，现实中实施干扰实时检测数据非法活动具有隐蔽性强、危害大等显著特点。本节重点收录并研究此类因干扰自动监测致使空气污染物排放数据失真案件。

<h3 style="text-align:center;">空气污染在线监测失真案</h3>

一、教学案例

◇ **案例索引**

本案摘自河南省洛阳市老城区人民法院刑事判决书（2019）豫 0302 刑初 150 号

河南省洛阳市中级人民法院刑事裁定书（2020）豫 03 刑终 359 号

◇ **案情摘要**

本案系洛阳市老城区人民检察院诉被告单位洛宁新华生物质能发电有限公司（简称新华公司），被告人薛某某、张某某 2 人干扰自动监测设备，排放二氧化硫、氮氧化物等污染物污染环境案件。本案经一审、二审，二审维持原判。案件主要内容围绕被告单位和被告人实施干扰自动监测设备行为，逃避监管、超标排放大气污染物进行审理。

◇ **关 键 词**

污染环境罪；干扰自动监测设备；重点排污单位；环保监控数据

◇ **基本案情**

2018 年 10 月 31 日下午，新华公司副总经理被告人张某某为了使公司排放废气不受监控，以公司处于分段调试阶段为由，指使该公司热控专工被告人薛某某将公司厂区烟囱上安装的烟气自动监测设备恢复至不上传排污数据的状态。后薛某某将烟气自动监测设备的网线拔掉，并向张某某报告，导致自动监测数据不能上传至环保部门监控平台。2018 年 11 月 1 日，洛阳市环境监控中心工作人员告知新华公司副总经理李某其公司在线监测数据一直未上传，要求该公司查找原因、补传监测数据并保证以后数据的正常传输。新华公司未落实相关要求。

2018 年 11 月 14 日，洛阳市环境保护局执法人员在洛宁县城郊乡吴村对重点排污单位新华公司现场检查时发现，该企业正常生产，废气排放口安装一套烟气自动监测设备，自动监测设备上传数据的网线未连接。2018 年 12 月 25 日，洛阳市环境保护局对新华公司处以行政罚款 20 万元。2019 年 1 月 11 日，新华公司缴纳了该罚款。10 月 26 日-11 月 2 日、11 月 10 日-11 月 14 日期间，新华公司均处于生产状态，部分时间段排放污染物数据超标。除 10 月 31 日 15：00-16：00 的监测数据上传监控平台外，其余时间段的监测数据均未上传。新华公司属于 2018 年洛阳市重点排污单位。

被告单位及被告人辩称：新华公司烟气在线监测设备处在调试阶段，没有验收，未正式投入使用，尚未达到与环境保护行政主管部门联网的条件，薛某某的行为不构成对监测设备的干扰。薛某某的行为是在北京雪迪龙科技股份有限公司（简称雪迪龙公司）负责人的指示下进行的，是代雪迪龙公司对监测设备进行调试，不构成对监测数据的篡改。张某某对薛某某指示公司处于分段调试阶段，烟气在线监测设备没有达到联网上传数据的要求，让薛某某和雪迪龙公司联系将设备恢复至不上传数据的状态。薛某某在雪迪龙公司亢某的指导下将网线拔掉。被告没有犯罪的主观故意。新华公司的国有企业性质决定其不具有为了经济利益而逃避监管的主观必要性，烟气在线监测设备已合法报停、拔掉网线时烟气排放指标不超限值、原始监测数值保存在监测电脑中、调试阶段可能造成污染物超标的不可抗性均决定了其没有拔掉网线、逃避监管的主观必要性；拔掉网线是依规更换、调试烟气在线监测设备的客观现实需要，并非故意逃避监管或干扰自动监控设施。新华公司在公诉机关指控的时间段内处于调试状态，非正常生产，必然会存在排放污染物超标的情况，因为此种人力无法抗拒的短时间超标排污行为，新华公司已被行政处罚，不宜再按犯罪论处。

❖ 〔裁判结果〕

河南省洛阳市老城区人民法院于 2020 年 4 月 30 日作出判决：①被告单位新华公司犯污染环境罪，判处罚金 20 万元（已缴纳的行政罚款 20 万元折抵罚金）；②被告人薛某某犯污染环境罪，判处拘役 3 个月，缓刑 4 个月，并处罚金 3000 元（缓刑考验期限，从判决确定之日起计算；所处罚金应在判决生效后 10 日内缴纳）；③被告人张某某犯污染环境罪，判处拘役 3 个月，缓刑 4 个月，并处罚金 3000 元（缓刑考验期限，从判决确定之日起计算；所处罚金应在判决生效后 10 日内缴纳）。

宣判后，被告单位和被告人以"没有污染环境的主观故意或过失；生产设备和烟气在线监测设备都尚处于调试阶段没有实施篡改、伪造自动监测数据或者干扰自动监测设施的行为；网线拔掉期间污染物排放的数据仅有轻微超标，不存在被侵害的法益等；一审人民法院没有进行法庭调查，严重违反了法定程序"为由分别提起不构成污染环境罪上诉。河南省洛阳市中级人民法院于 2020 年 8 月 1 日作出裁定：驳回上诉，维持原判。

❖ 〔裁判理由〕

人民法院生效裁判认为：被告单位新华公司作为洛阳市重点排污单位，干扰自动监测设备，排放二氧化硫、氮氧化物等污染物，其行为已构成污染环境罪。被告人薛某某作为直接责任人员，被告人张某某作为直接负责的主管人员，其行为均已构成污染环境罪。公诉机关指控罪名成立。被告人薛某某、张某某系共同犯罪。被告人薛某某、张某某均系初犯，均可酌情从轻处罚。被告人薛某某、张某某接到所在单位通知后，自行到公安机关接受调查并如实供述犯罪事实，均成立自首，依法可从轻处罚。关于各辩护人提出的新华公司处于调试阶段、没有经过验收，不符合联网上传数据条件的辩护意见。经查，《大气污染防治法》第 24 条第 1 款规定："……重点排污单位应当安装、使用大气污染物排放自动监测设备，与生态环境主管部门的监控设备联网，保证监测设备正常运行并依法公开排放信息……"《河南省环境保护厅关于废止河南省污染源超标自动监控数据认定规则的通知》规定:"……自 2018 年 4 月 20 日起,排污单位环境自动监控设施是否验收、是否通过核查不再作为判定自动监控数据是否有效的条件,凡是按照法律法规及标准规范要求与环保部门联网的自动监控数据即为有效数据,排污单位自动监控数据超标,均应依法查处。"根据上述规定,新华公司作为洛阳市重点排污单位,在其生产设备运行期间,应当依法保障大气污染物排放自动监测设备的正常运行并上传环保监控数据。故各辩护人提出的该辩护意见不能成立,不予采纳。各辩护人提出的被告单位、被告人没有犯罪故意、行为不构成干扰自动监测设备,应认定无罪的辩护意见,与查明事实不符,理由不能成立,不予采纳。

◇ 案例评析

准确追究重点排污单位和相关人员刑事责任。办理此类案件,认定单位犯罪时,要依法合理把握追诉范围。实践中,重点排污单位可能将部分环境保护事项决策权授予单位内的相关主管人员,这类人员虽不是单位的主要负责人员,但其为使单位逃避监管,在授权范围内作出干扰自动监测设施行为的决定,其实质是代表了单位意志,应结合单位规章制度、关联事项的决策权属与审批流程、利益归属等依法认定单位犯罪。该案中,行政执法部门依照行刑衔接规定,及时移送司法机关依法追究单位和相关人员的刑事责任。司法机关贯彻落实宽严相济刑事政策,将各行为人在干扰自动监测设施行为中的地位、作用作为量刑的重要考量因素,有效实现了罚当其罪。

二、知识凝练

◇ 专业知识

1. 空气质量词汇摘选Ⅳ。

(1) 监测(Monitoring):广义上讲,为了追踪污染物种类、浓度的变化,在一定时期内对污染物进行重复测定。狭义上讲,为了判断是否达到标准或评价管理和控制系统的效果,对污染物进行的定期测定称为监测。

(2) 级联冲击取样器(Cascade Impactor):用冲击的原理,按冲量大小,可以同时分别采集不同粒径颗粒物的一种采样器。

(3) 截止点(Cut Off):在一定条件下,采样器的捕集效率等于规定值时所对应的颗粒物粒径。

(4) 干扰物(Interferent):影响测定结果的空气样品中的任何成分,包括被测定的组分。

(5) 等速采样(Isokinetic Sampling):一种采集气流中悬浮颗粒物的采样方法,其采样速度与采样点的气流速度相同。

(6) 测量期间(Measurement Period):从第一次测定开始到最后测定结束的时间间隔。

2. 重点排污单位及对其排污进行自动监测。重点排污单位名录由设区的市级以上地方人民政府环境保护主管部门按照国务院环境保护主管部门的规定，根据本行政区域的大气环境承载力、重点大气污染物排放总量控制指标的要求以及排污单位排放大气污染物的种类、数量和浓度等因素，商有关部门确定，并向社会公布。

重点排污单位应当安装、使用大气污染物排放自动监测设备，与环境保护主管部门的监控设备联网，保证监测设备正常运行并依法公开排放信息。监测的具体办法和重点排污单位的条件由国务院环境保护主管部门规定。重点排污单位应当对自动监测数据的真实性和准确性负责。环境保护主管部门发现重点排污单位的大气污染物排放自动监测设备传输数据异常，应当及时进行调查。

3. 法庭调查。法庭调查是指在法庭上对案件事实和证据进行审查的活动。法庭调查是案件进入实体审理的一个阶段，是法庭审理的中心环节。目的在于通过讯问被告人和审查、核实证据材料，查明案情的真相，为判决提供事实根据，以便正确合法处理案件。法庭调查是人民法院审理案件的重要阶段。法庭调查应当按照以下顺序进行：

（1）公诉人宣读起诉书。在公诉人宣读起诉书之后，被告人、被害人可以分别就起诉书所指控的犯罪进行陈述。被告人如果承认起诉书中指控的犯罪事实，应对自己的犯罪行为进行陈述；如果不承认起诉书中指控的犯罪事实，应提出自己无罪的意见，被害人也可以针对起诉书中指控的犯罪，陈述自己受害的过程及有关的诉讼请求。在这个过程中，公诉人可以就其所指控的犯罪事实，向被告人讯问，使审判人员当庭听取被告人辩解，弄清案件事实。被害人、附带民事诉讼的原告人以及辩护人、诉讼代理人，在征得审判长的同意后，也可以向被告人发问。审判人员在审理案件过程中，对有疑问的地方，以及被告人在陈述时不清的地方，可以直接讯问被告人。

（2）听取证人证言和鉴定结论。在询问证人前，审判人员应首先告诉证人要如实地提供证言，故意作伪证或隐匿罪证要追究其刑事责任。证人作证应个别进行。对证人的陈述有不清楚或矛盾的地方，应要求证人进一步陈述或说明，对证人之间的证言相互矛盾的，应进一步核实，互相质证。在证人提供证言、鉴定人提供鉴定结论的过程中，公诉人、当事人、辩护人、诉讼代理人认为需要询问证人、鉴定人的，在征得审判长同意后，可以向证人、鉴定人发问，但其内容必须与案件有关，如果审判长认为其发问的内容与案件本身没有关系，应当制止其继续发问。询问证人、鉴定人，主要应由公诉人、当事人、辩护人、诉讼代理人进行，但在必要时，为保证法庭准确调查核实案件真相和证据，审判人员也可以询问证人、鉴定人。

（3）出示证据。在出示证据之前，公诉人、辩护人应首先向当事人问清该物证的特征，然后再向法庭出示，让当事人辨认、核实，并听取当事人对所出示证据有什么意见，对未出庭作证的证人证言笔录、鉴定人的鉴定结论、勘验笔录和其他作为证据的文书，公诉人、辩护人应当宣读，对在法庭上出示的物证和宣读的其他证据，审判人员应听取公诉人、当事人、辩护人、诉讼代理人的意见，认真核对，只有经过当事人辨认，各方面的证人证言相互印证，核对属实后，才能作为定案的根据。

另外，在法庭审理过程中，如果公诉人、辩护人对同一事实提出了不同的物证、书证、证人证言或鉴定结论等证据，可能会影响定罪、量刑，合议庭对证据的认定存在疑问的可以宣布休庭，对证据进行调查核实。人民法院核实证据可以对与犯罪有关的场所、物品、人身、进行勘验或检查；对用于证明被告人有罪、无罪或罪轻的各种物品和书证扣押；对某个专门性问题聘请专家进行鉴定；查询、冻结被告人的存款。

在法庭审理过程中，如果当事人、辩护人、诉讼代理人发现了新的证据，或对原有证据产生了疑问，认为有必要重新取证或进行补充的，有权以口头或书面形式随时向法庭提出申请，请求传新的证人到庭，调取新的物证，进行重新鉴定或勘验。对于上述申请，法庭认为有道理，对查清案件事实有意义，应作出决定，通知新的证人到庭，调取新的物证，重新鉴定或勘验。如果法庭认为上述申请没有理由，对查清案件事实没有意义，应作出不同意上述申请的决定，并当庭宣布。

◇ **相关法条**

1．《刑法》：

第二十五条 【共同犯罪的概念】共同犯罪是指二人以上共同故意犯罪。

二人以上共同过失犯罪，不以共同犯罪论处；应当负刑事责任的，按照他们所犯的罪分别处罚。

第三百三十八条 【污染环境罪】违反国家规定，排放、倾倒或者处置有放射性的废物、含传染病病原体的废物、有毒物质或者其他有害物质，严重污染环境的，处三年以下有期徒刑或者拘役，并处或者单处罚金；情节严重的，处三年以上七年以下有期徒刑，并处罚金；有下列情形之一的，处七年以上有期徒刑，并处罚金：

（一）在饮用水水源保护区、自然保护地核心保护区等依法确定的重点保护区域排放、倾倒、处置有放射性的废物、含传染病病原体的废物、有毒物质，情节特别严重的；

（二）向国家确定的重要江河、湖泊水域排放、倾倒、处置有放射性的废物、含传染病病原体的废物、有毒物质，情节特别严重的；

（三）致使大量永久基本农田基本功能丧失或者遭受永久性破坏的；

（四）致使多人重伤、严重疾病，或者致人严重残疾、死亡的。

有前款行为，同时构成其他犯罪的，依照处罚较重的规定定罪处罚。

第三百四十六条 【单位犯破坏环境资源保护罪的处罚规定】单位犯本节第三百三十八条至第三百四十五条规定之罪的，对单位判处罚金，并对其直接负责的主管人员和其他直接责任人员，依照本节各该条的规定处罚。

2．《最高人民法院、最高人民检察院关于办理环境污染刑事案件适用法律若干问题的解释》（法释〔2023〕7号）：

第一条第七款 实施刑法第三百三十八条规定的行为，具有下列情形之一的，应当认定为"严重污染环境"：

（七）重点排污单位、实行排污许可重点管理的单位篡改、伪造自动监测数据或者干扰自动监测设施，排放化学需氧量、氨氮、二氧化硫、氮氧化物等污染物的；

第十一条 违反国家规定,针对环境质量监测系统实施下列行为,或者强令、指使、授意他人实施下列行为,后果严重的,应当依照刑法第二百八十六条的规定,以破坏计算机信息系统罪定罪处罚:

（一）修改系统参数或者系统中存储、处理、传输的监测数据的;

（二）干扰系统采样,致使监测数据因系统不能正常运行而严重失真的;

（三）其他破坏环境质量监测系统的行为。

三、课后延伸

相关案例

1. 山东省滕州市索某某等 4 人安装干扰装置干扰自动监测设施破坏计算机信息系统案（最高人民检察院、公安部、生态环境部联合发布依法严惩重点排污单位自动监测数据弄虚作假犯罪典型案例）。

2. 四川省攀枝花市钛某化工有限公司钱某某等 3 人篡改自动监测设备参数破坏计算机信息系统案（最高人民检察院、公安部、生态环境部联合发布依法严惩重点排污单位自动监测数据弄虚作假犯罪典型案例）。

延伸思考

1. 要求重点排污单位安装使用大气污染物排放自动监测设备,实施空气污染物排放实时监测的目的和意思是什么?

2. 污染企业构成犯污染环境罪的要件有哪些?裁定污染企业单位犯罪有何现实意义?

3. 从刑事和民事两个角度,分解谈一谈对干扰自动监测致使空气污染物排放数据造假案件办理的看法?

第五节　非法处置危险废物挥发导致损害大气环境案件

危险废物往往有着不可逆的危害性,对生态环境和人类健康具有不容忽视地潜在威胁。危险废物如果没有得到妥善规范地收集、贮存、运输、利用和处置,极有可能引发环境污染事件,其中具有易挥发特性的危险废物容易对大气环境造成损害,对人类健康带来潜在风险。我国重视和加强危险废物管理,实施一系列严格的法律法规,对危险废物违法行为采取严厉的打击措施。本节重点收录并研究此类非法处置危险废物挥发导致损害大气环境案件。

处置废料桶污染环境案

一、教学案例

◇ 案例索引

本案摘自最高检、公安部、生态环境部联合发布依法严惩危险废物污染环境犯罪

典型案例

◇ **案情摘要**

本案系上海铁路运输检察院诉被告人谢某某（废料桶提供方）、李某甲（中介人员）、李某乙（废料桶实际处置方）等 3 人非法处置废料桶污染环境案件。本案经一审，一审判决已生效。案件主要内容围绕被告人无危险废物经营许可情况下，非法处置废料桶，牟取私利，造成环境污染进行审理。

◇ **关 键 词**

污染环境罪；大气污染；快速检测；追加认定危废数量

◇ **基本案情**

2019 年 4 月起，被告人谢某某利用负责油墨公司危险废物处置事宜的职务便利，明知被告人李某甲无危险废物经营许可证，将公司危险废料大桶 3386 只、小桶 4565 只私下交由李某甲非法处置并收取好处费人民币 31 万余元。李某甲从谢某某处接收上述废料桶后，称重卖给被告人李某乙等人。

2020 年 8 月，被告人李某乙在无危险废物经营许可证的情况下，租赁上海市青浦区某路 10 号经营废品收购。其间，李某乙将在非法处置废料桶过程中产生的含重金属的废水通过渗坑直排至所在区域地下水。同月底，上海市青浦区生态环境局在对李某乙的废品收购站执法检查过程中，现场查获其未处理废料桶 3.44 吨。经检测，案发当日查获的油墨公司废料桶均为危险废物（危废代码 HW49-900-041-49），现场水坑为无防渗漏措施的渗坑，渗坑内总镍、总锌等指标均超过上海市《污水综合排放标准》（DB31/199-2018）规定的限值，臭气浓度超过上海市《恶臭（异味）污染物排放标准》（DB31/1025-2016）中规定的限值。

行政调查和刑事诉讼情况：2020 年 8 月 31 日，根据群众举报，上海市青浦区生态环境局在对青浦区某路 10 号突击检查时，发现该场所存在非法处置危险废物的情况，并通过场所内堆放废桶上的标签，溯源至谢某某所在的油墨公司。同日，青浦区生态环境局和青浦公安分局联合行动，第一时间在青浦区某路 10 号分别就土壤、水、大气多个点位进行采样，并于 2020 年 9 月 2 日刑事立案。上海铁路运输检察院集中管辖该市破坏环境资源犯罪，于刑事立案当日即关注该案，并与生态环境部门、公安机关多次召开案件研讨会，就涉案废料桶是否系危险废物、本案是否系单位犯罪、犯罪既未遂认定、主从犯认定等问题进行研究沟通，达成共识。

针对被处置危险废物易挥发特性，通过对环境空气进行及时监测，固定污染后果证据。一方面，案发时快速检测，由生态环境部门现场执法人员用手持式废气快速检测仪对涉案场所区域空气进行快速检测，通过各点位的高浓度废气数值变化情况，证实废气呈现自废料桶堆存区域向外扩散后直排外环境的轨迹。另一方面，立案后准确检测，商请专业监测部门青浦区环境监测站采样人员对涉案场所边界上空气、上风向区域空气进行布点采样，用准确数据锁定废气超标排放行为，同时排除上风向存在废气污染源的可能性，从而有效证明犯罪行为造成环境污染损害结果。

针对以往处置的危险废物数量进行取证。一方面，调取油墨公司相关证据材料，倒推既往处置的危废数量，证实谢某某还曾通过李某甲委托多人处置危险废物。另一方面，固定行为人处置危险废物模式违背市场交易规律，交由他人处置不仅未支付费用反而获利的证据。最终，追加认定谢某某既往处置废料桶 50 余吨，获利 31 万余元的事实。

通过调查取证，排除单位犯罪。通过询问油墨公司主管人员、保安人员，并调取监控，确认油墨公司管理层对此虽疏于管理但均不知情，非法处置废料桶是谢某某为谋取私利实施的个人行为。

2020 年 12 月 9 日，青浦公安分局以谢某某、李某甲、李某乙涉嫌污染环境罪将该案移送上海铁路运输检察院审查起诉。该院在查明案件事实基础上，将认罪认罚从宽制度与督促生态环境修复相结合，开展生态环境损害赔偿诉前磋商。2021 年 2 月 5 日，谢某某、李某甲、李某乙与青浦区生态环境局签订生态环境损害赔偿协议，共同承担涉案地块的环境修复费用，分别预缴人民币 15 万元、8.5 万元和 8.5 万元。

2021 年 3 月 12 日，上海铁路运输检察院以涉嫌污染环境罪对上述 3 名被告人提起公诉。

❖ 〔裁判结果〕

青浦区人民法院于 2021 年 4 月 28 日作出判决：认定 3 名被告人均构成污染环境罪，全部采纳检察机关量刑建议，分别判处被告人有期徒刑 6 个月至 10 个月不等，并处罚金 8000 元至 1 万元不等，禁止被告人李某乙在缓刑考验期内从事与排污或者处置危险废物有关的经营活动。被告人均未上诉，判决已生效。

❖ 〔开展专项整治〕

2021 年 7 月，上海铁路运输检察院针对在办案中发现的油墨公司对危险废物贮存、处置存在风险隐患及薄弱环节等问题，向油墨公司制发《检察建议书》，建议其规范危险废物的处置流程、进一步完善危险废物登记台账、加强员工警示教育，油墨公司回复已按照检察建议所列事项进行整改。2022 年 2 月、8 月，上海铁路运输检察院在收到回复后两次对油墨公司进行回访，联合青浦区生态环境局通过现场授课、培训指导等多种形式送法到企业，普法到一线，促进危险废物生产及处置单位建章立制、依法经营。同年，青浦区生态环境局联合涉案公司所在地上海市闵行区生态环境局共同开展专项整治。一方面，针对辖区内危废重点管理单位开展"危废规范化治理""危废治理百日行动""固体废物专项治理""废弃危化品整治"等专项执法行动，杜绝新增违法生产项目和环境违法行为；另一方面，针对全区范围内废品回收场所开展地毯式排摸，全覆盖执法检查近 30 户，依法惩治无证回收场所，从源头上实现有效治理。

◇ 案例评析

1. 针对危废易挥发特性，通过即时检测固定大气污染证据。非法处置危险废物类污染环境案件，犯罪行为是否对外环境造成实质性污染是案件构罪的核心要件。对于尚未处置的危险废物，可从行为方式是否违反国家规定或者行业操作规范、污染物是否与外环境接触等方面实质判断是否造成环境污染的危险或者危害。本案在危险废物尚未处置的情形下，针对被处置危险废物的易挥发特性，通过对环境空气进行检测的方式，破解污染环境后果的取证难题。将尚未处置的危废数量认定为未遂，确保罪责刑相当。同时，本案通过"案发时快速检测+立案后准确检测"的模式，有效解决生态环境部门取证手段有限、侦查机关刑事立案前难以取证的问题，提升了依法惩处污染环境犯罪质效。

2. 顺藤摸瓜，追加认定既往处置危废数量。司法实践中对于涉危废类案件，一般仅能认定现场查获的数量，认定既往数量存在较大难度。本案在实际处置人未全部到案的情况下，一方面通过危废台账、被告人获利金额等书证计算危险废物的既往处置吨数，另一方面结合被告人交由他人处置不仅未支付费用反而获利、最终处置方均是无危废处置资质的收购废品人员等事实，推定既往危险废物的处置方式必然产生污染环境的后果，从而对既往非法处置危废的数量准确认定。

二、知识凝练

◇ **专业知识**

1. 空气质量词汇摘选 V。

（1）恶臭物质（Odorant）：具有令人不适的特殊气味的物质。

（2）臭味（Odour）：某种物质所具有的刺激嗅觉器官的特性。

（3）嗅觉阈值（Odour Threshold）：嗅觉测定阈值或者嗅觉检出阈值。

（4）嗅辨员（Odour Panel）：一组将物质臭味强度与参考值进行比较或者通过臭味鉴别物质的人员。

（5）嗅觉感觉阈值（Odour Detection Threshold）：半数嗅辨员能够检测到嗅觉气味存在的最小浓度值。在该项嗅觉阈值检测中，臭条被用作嗅辨人员的虚拟样品。

（6）嗅觉识别阈值（Odour Recognition Threshold）：半数人员能够辨别出气味特性的最小浓度值。在嗅觉识别阈值检测中，臭条被用作嗅辨人员的虚拟样品。

2.《危险废物鉴别标准 通则》中的术语和定义。

（1）固体废物（Solid Waste）：指在生产、生活和其他活动中产生的丧失原有利用价值或者虽未丧失利用价值但被抛弃或者放弃的固态、半固态和置于容器中的气态的物品、物质以及法律、行政法规规定纳入固体废物管理的物品、物质。

（2）危险废物（Hazardous Waste）：指列入《国家危险废物名录》或者根据国家规定的危险废物鉴别标准和鉴别方法认定的具有危险特性的固体废物。

（3）利用（Recycle）：指从固体废物中提取物质作为原材料或者燃料的活动。

（4）处置（Dispose）：指将固体废物焚烧和用其他改变固体废物的物理、化学、生物特性的方法，达到减少已产生的固体废物数量、缩小固体废物体积、减少或者消除其危险成份的活动,或者将固体废物最终置于符合环境保护规定要求的填埋场的活动。

3. 申请领取危险废物收集、贮存、处置综合经营许可证,应当具备下列条件:

(1) 有3名以上环境工程专业或者相关专业中级以上职称,并有3年以上固体废物污染治理经历的技术人员。

(2) 有符合国务院交通主管部门有关危险货物运输安全要求的运输工具。

(3) 有符合国家或者地方环境保护标准和安全要求的包装工具,中转和临时存放设施、设备以及经验收合格的贮存设施、设备。

(4) 有符合国家或者省、自治区、直辖市危险废物处置设施建设规划,符合国家或者地方环境保护标准和安全要求的处置设施、设备和配套的污染防治设施;其中,医疗废物集中处置设施,还应当符合国家有关医疗废物处置的卫生标准和要求。

(5) 有与所经营的危险废物类别相适应的处置技术和工艺。

(6) 有保证危险废物经营安全的规章制度、污染防治措施和事故应急救援措施。

(7) 以填埋方式处置危险废物的,应当依法取得填埋场所的土地使用权。

4. 申请领取危险废物收集经营许可证,应当具备下列条件:

(1) 有防雨、防渗的运输工具。

(2) 有符合国家或者地方环境保护标准和安全要求的包装工具,中转和临时存放设施、设备。

(3) 有保证危险废物经营安全的规章制度、污染防治措施和事故应急救援措施。

◇ 相关法条

1.《刑法》:

第三百三十八条 【污染环境罪】违反国家规定,排放、倾倒或者处置有放射性的废物、含传染病病原体的废物、有毒物质或者其他有害物质,严重污染环境的,处三年以下有期徒刑或者拘役,并处或者单处罚金;情节严重的,处三年以上七年以下有期徒刑,并处罚金;有下列情形之一的,处七年以上有期徒刑,并处罚金:

(一) 在饮用水水源保护区、自然保护地核心保护区等依法确定的重点保护区域排放、倾倒、处置有放射性的废物、含传染病病原体的废物、有毒物质,情节特别严重的;

(二) 向国家确定的重要江河、湖泊水域排放、倾倒、处置有放射性的废物、含传染病病原体的废物、有毒物质,情节特别严重的;

(三) 致使大量永久基本农田基本功能丧失或者遭受永久性破坏的;

(四) 致使多人重伤、严重疾病,或者致人严重残疾、死亡的。

有前款行为,同时构成其他犯罪的,依照处罚较重的规定定罪处罚。

2.《固体废物污染环境防治法》:

第七十九条 产生危险废物的单位,应当按照国家有关规定和环境保护标准要求贮存、利用、处置危险废物,不得擅自倾倒、堆放。

第八十条 从事收集、贮存、利用、处置危险废物经营活动的单位,应当按照国家有关规定申请取得许可证。许可证的具体管理办法由国务院制定。

禁止无许可证或者未按照许可证规定从事危险废物收集、贮存、利用、处置的经营活动。

禁止将危险废物提供或者委托给无许可证的单位或者其他生产经营者从事收集、贮存、利用、处置活动。

第八十一条 收集、贮存危险废物，应当按照危险废物特性分类进行。禁止混合收集、贮存、运输、处置性质不相容而未经安全性处置的危险废物。

贮存危险废物应当采取符合国家环境保护标准的防护措施。禁止将危险废物混入非危险废物中贮存。

从事收集、贮存、利用、处置危险废物经营活动的单位，贮存危险废物不得超过一年；确需延长期限的，应当报经颁发许可证的生态环境主管部门批准；法律、行政法规另有规定的除外。

3.《大气污染防治法》：

第一百一十九条第二款 违反本法规定，在人口集中地区和其他依法需要特殊保护的区域内，焚烧沥青、油毡、橡胶、塑料、皮革、垃圾以及其他产生有毒有害烟尘和恶臭气体的物质的，由县级人民政府确定的监督管理部门责令改正，对单位处一万元以上十万元以下的罚款，对个人处五百元以上二千元以下的罚款。

第一百二十五条 排放大气污染物造成损害的，应当依法承担侵权责任。

4.《民法典》：

第一百七十九条 承担民事责任的方式主要有：

（一）停止侵害；

（二）排除妨碍；

（三）消除危险；

（四）返还财产；

（五）恢复原状；

（六）修理、重作、更换；

（七）继续履行；

（八）赔偿损失；

（九）支付违约金；

（十）消除影响、恢复名誉；

（十一）赔礼道歉。

法律规定惩罚性赔偿的，依照其规定。

本条规定的承担民事责任的方式，可以单独适用，也可以合并适用。

第一千二百二十九条 因污染环境、破坏生态造成他人损害的，侵权人应当承担侵权责任。

5.《生态环境损害赔偿管理规定》（环法规〔2022〕31号）：

第七条 赔偿权利人及其指定的部门或机构开展以下工作：

（一）定期组织筛查案件线索，及时启动案件办理程序；

（二）委托鉴定评估，开展索赔磋商和作为原告提起诉讼；

（三）引导赔偿义务人自行或委托社会第三方机构修复受损生态环境，或者根据国家有关规定组织开展修复或替代修复；

（四）组织对生态环境修复效果进行评估；

（五）其他相关工作。

三、课后延伸

相关案例

1. 天津市武清区李某某等26人跨省处置废铅蓄电池污染环境案（最高人民检察院、公安部、生态环境部联合发布依法严惩危险废物污染环境犯罪典型案例）。

2. 陈某某等焚烧电子垃圾污染环境案（人民法院依法审理固体废物污染环境典型案例）。

延伸思考

1. 想一想本案中检测固定大气污染证据难点在哪？针对上述难点经验做法有哪些？
2. 思考一下，追加认定既往处置危废数量的法律依据是什么？
3. 结合本案谈谈开展生态环境损害赔偿诉前磋商好处是什么？

第三章　水生态环境损害案件

 学习目标

1. 知识目标：掌握水生态环境损害案件的环境民事公益诉讼、生态环境损害赔偿诉讼、行政公益诉讼、生态环境磋商等；了解水环境质量标准、水污染物排放标准及其他相关标准和我国在重点流域保护修复、地表水生态环境管理、水污染源管理等水生态保护方面的政策；学习《水污染防治法》《民法典》等相关法律法规。

2. 能力目标：掌握水环境损害案件审判要点，能提取案件的关键信息及争议焦点，针对性地提升水生态环境损害司法实务能力。

3. 素质目标：培养法律思维，运用法律逻辑推理认定事实。

4. 养成目标：树立水生态环境保护意识，积极预防和治理水环境污染，保障人民群众健康，促进生态文明建设和经济社会发展和谐共进。

 思维导图

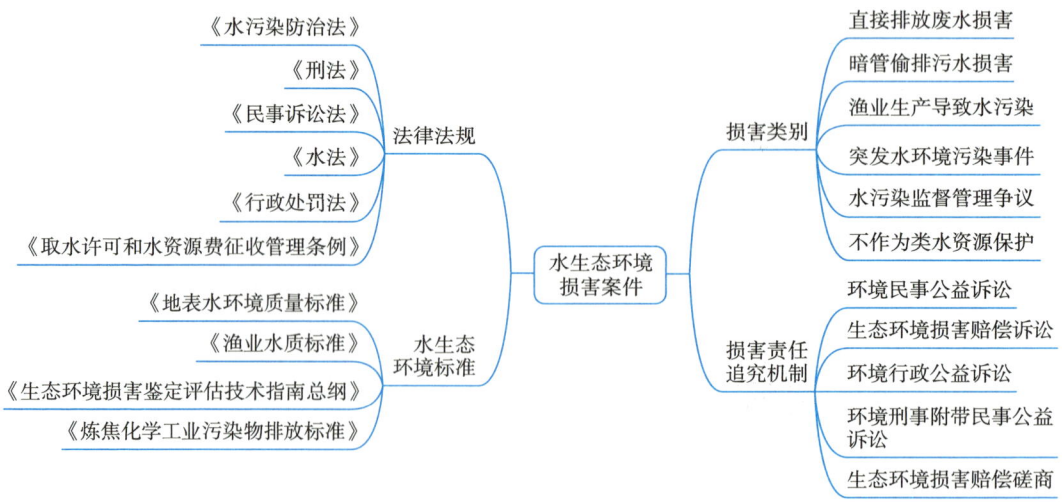

 内容提要

水资源是自然资源的一个重要组成部分。天然水资源包括河川径流、地下水、积雪和冰川、湖泊水、沼泽水、海水。在地球上，地表约有 15 亿立方公里的水，其中绝大部分为海水，淡水资源仅占 3%。由于各种水资源的时空分布不均和气候条件影响，可利用水量不等于天然水资源量，可利用水资源实际更少。与其他自然资源不同，水资源是可再生的资源，可以重复多次使用。为了扩大可利用的水资源，人类积极采取修筑水库调蓄水源、涵养地下水源、回收和处理污水、海水淡化等手段。然而，水生态环境损害很大程度上主要是由人类活动产生的污染物造成的，它包括工业污染，农业污染和生活污染三个部分的主要污染源。水污染按污染物种类分为：有机污染、重金属污染、化肥和农药污染、热污染、石油污染、放射性污染、病原微生物污染等。我国为了防治水污染，保护水生态，推进生态文明建设，促进经济社会可持续发展，不断加强和完善环境保护立法，尤其是水污染防治立法，重点对境内的江河、湖泊、运河、渠道、水库等地表水体以及地下水体进行保护。

人为因素的水生态环境损害通常会导致水污染侵权责任发生。水污染侵权是一种特殊的环境侵权，在归责原则、构成要件、因果关系认定等方面与其他民事侵权行为有明显不同。水污染侵权民事责任具有显著的救济功能、修复功能和预防功能，可以给予污染受害者及时而实际的帮助，同时在保护水资源环境方面也发挥越来越重要的作用。《水污染防治法》第 97 条规定："因水污染引起的损害赔偿责任和赔偿金额的纠纷，可以根据当事人的请求，由环境保护主管部门或者海事管理机构、渔业主管部门按照职责分工调解处理；调解不成的，当事人可以向人民法院提起诉讼。当事人也可以直接向人民法院提起诉讼。"第 31 条规定："跨行政区域的水污染纠纷，由有关地方人民政府协商解决，或者由其共同的上级人民政府协调解决。"不难看出，水生态环境损害案件的诉讼主体常常以自然人与法人为主，其中很大一部分因水污染造成的侵权类型也以财产损害为主。针对优先保护饮用水水源，严格控制工业污染、城镇生活污染，防治农业面源污染，预防、控制和减少水环境污染的需要，我们重点从环境民事公益诉讼、生态环境损害赔偿诉讼、行政公益诉讼、生态环境磋商等角度讨论水生态环境损害案件。

第一节　直接排放废水损害环境赔偿诉讼案件

工业生产过程中排出的废水和废液中往往含有大量随水流失的工业生产用料、中间产物、副产品以及生产过程中产生的污染物，是造成环境污染，特别是水污染的重要原因。因此，由于工业污水排放导致的水污染侵权纠纷已成为一大社会问题。本节重点收录并研究此类直接排放废水损害环境赔偿诉讼案件。

化工污水排放侵权案

一、教学案例

◇ 案例索引

本案摘自最高人民法院发布黄河流域生态环境司法保护典型案例

河南省义马市人民法院民事判决书（2018）豫1281民初270号

河南省义马市人民法院执行裁定书（2019）豫1281执924号

◇ **案情摘要**

本案系义马市朝阳志峰养殖厂（简称志峰养殖厂）诉河南省义马市联创化工有限责任公司（简称联创化工公司）因水污染导致财产损失的赔偿诉讼。本案经过一审，一审判决已生效。案件主要内容围绕被告在河流上游水域倾倒废水，导致位于下游的原告养鱼塘、钓鱼塘水质污染，鱼苗死亡等环境和财产损失进行审理。

◇ **关 键 词**

废水；黄河流域；环境侵权纠纷；举证责任转移

◇ **基本案情**

原告志峰养殖厂为养殖淡水鱼的个体工商户，2018年2月7日，原告听说被告联创化工公司偷排化学污水导致水污染环境事件，第二天上午发现鱼塘边上的河水变成紫红色，且有非常强烈的呛人气味，河里的鱼、虾、螃蟹、青蛙死的很多。2月9日，原告到义马市人民政府反映时，政府部门答复已经在进行治理。2月18日，原告的养鱼塘及钓鱼塘的鱼相继大量死亡，因水污染导致土鸡养殖也无法进行，水污染事件给原告造成经济损失。综上，向人民法院提起诉讼请求。

人民法院确认案件事实：志峰养殖厂是2017年6月经工商登记注册的个体工商户，经营范围为饲养鸡、养殖淡水鱼。养殖厂内投资建成一个养鱼塘、一个钓鱼塘及散养了部分鸡、鸭。该养殖厂毗邻黄河支流涧河，鱼塘用水系涧河渗入。2018年2月，联创化工公司向涧河上游水域倾倒工业废水，导致位于涧河下游的志峰养殖厂中养鱼塘、钓鱼塘水质均被污染，所饲养鱼苗全部死亡。志峰养殖厂诉至人民法院，请求判令联创化工公司赔偿其鱼塘死鱼损失、钓鱼经营损失、养鸡损失并承担修复鱼塘、养鸡环境修复责任及环境修复费用等。

人民法院委托河北农业司法鉴定中心对原告的养鱼塘及钓鱼塘的损失以及两个鱼塘环境修复费用进行司法鉴定，2018年5月28日，河北农业司法鉴定中心出具《冀农司〔2018〕农鉴字第214号司法鉴定意见书》，鉴定意见书中载明养鱼塘及钓鱼塘的经济损失共计79 736至89 620元，两个鱼塘的环境修复费用共计20 134至24 458元。

2019年4月3日，河南省义马市人民法院出具的《（2018）豫1281刑初184号刑事判决书》，认定被告联创化工公司以获得非法利益为目的，明知工业废水中有污染环境的化学成分，不但没有采取积极措施净化处理，而是采取放任的方法，把有害废水交给没有污水处理资质的郜雪明个人处理，造成涧河水的污染，其行为已构成污染环境罪。

原告志峰养殖厂毗邻涧河，鱼塘用水系涧河渗入，被告倾倒工业废水的位置位于涧河上游，原告志峰养殖厂位于涧河下游。原告志峰养殖厂与洛阳王城律师事务所签订《委托代理合同》一份，并支付律师费12 000元。

✥ 〔争议焦点〕

①被告对原告鱼塘内污水是否与涧河污水一致有异议；②原告的鱼塘与涧河距离大约200米，而且地势比涧河高，涧河的污水不可能流入原告鱼塘；③此次污染事件中，义马市在涧河修建了多道坝，其中最后一个坝在鱼塘上游，污水在流到最后一道坝之前已经被治理；④2018年3月9日，被告方到原告处，发现原告还能正常的养鸡。

✥ 〔裁判结果〕

河南省义马市人民法院于2019年5月10日作出判决：①被告联创化工公司于判决生效之日起7日内赔偿原告志峰养殖厂养鱼塘及钓鱼塘的损失共计89 600元；②被告联创化工公司于判决生效之日起7日内赔偿原告志峰养殖厂鱼塘环境修复费用共计24 400元；③被告联创化工公司于判决生效之日起7日内支付原告志峰养殖厂律师费12 000元；④驳回原告志峰养殖厂的其他诉讼请求。

如果未按判决指定的期间履行给付金钱义务，应当依照《民事诉讼法》规定，加倍支付迟延履行期间的债务利息。

案件受理费4600元，鉴定费27 000元，由被告联创化工公司负担。

✥ 〔裁判理由〕

人民法院生效裁判认为：关于被告联创化工公司是否存在向涧河水域排放污染物的行为，《河南省义马市人民法院（2018）豫1281刑初184号刑事判决书》中已对被告联创化工公司向涧河义马段倾倒工业废水的事实予以认定。关于被告的排污行为与原告养殖鱼死亡之间是否有因果关系，本案属环境污染责任纠纷，已查明被告联创化工公司向涧河水体排放污染物的行为以及原告所养殖鱼死亡的事实存在，且原告养殖鱼水体位于被告向涧河排污的下游段，具有一定的关联性，则应由被告联创化工公司就排污行为与原告志峰养殖厂的养殖鱼死亡之间不存在因果关系承担举证责任。庭审中被告未能举证证明其排污行为与原告的养殖鱼死亡之间不存在因果关系，故被告作为环境污染者，依法应对原告承担侵权责任。根据河北农业司法鉴定中心出具的司法鉴定意见书，酌定原告养鱼塘及钓鱼塘的经济损失共计89 600元，两个鱼塘的环境修复费用共计24 400元。原告要求被告赔偿其养鸡损失5万元，因无有效证据证实此项损失，故对原告的该项诉讼请求，证据不足，不予支持。

◇ 案例评析

本案系上游排污引发下游损害的典型水污染纠纷案件。环境侵权纠纷的原告需就污染行为和损害后果之间存在关联性承担初步举证责任。本案中，人民法院基于原被告在地理位置上具有上下游关系，认定关联性成立并将因果关系不存在的举证责任转移给被告承担，系对环境侵权因果关系举证责任分配规则的正确适用。同时，本案裁判明确了受害人在私益诉讼中亦可就与其人身、财产合法权益保护密切相关的生态环境修复提出主张，该修复费用必须用于修复生态环境。本案的正确审理，落实了损害担责原则，对于在私益诉讼中如何处理好与维护生态环境公共利益的衔接关系亦具有示范作用。

二、知识凝练

◇ 专业知识

1. 《水污染防治法》中部分用语的含义。

（1）水污染：是指水体因某种物质的介入，而导致其化学、物理、生物或者放射性等方面特性的改变，从而影响水的有效利用，危害人体健康或者破坏生态环境，造成水质恶化的现象。

（2）水污染物：是指直接或者间接向水体排放的，能导致水体污染的物质。

（3）有毒污染物：是指那些直接或者间接被生物摄入体内后，可能导致该生物或者其后代发病、行为反常、遗传异变、生理机能失常、机体变形或者死亡的污染物。

（4）污泥：是指污水处理过程中产生的半固态或者固态物质。

（5）渔业水体：是指划定的鱼虾类的产卵场、索饵场、越冬场、洄游通道和鱼虾贝藻类的养殖场的水体。

2. 损害担责原则。损害担责原则是指对环境造成任何不利影响的行为人，应承担恢复环境、修复生态或支付上述费用的法定义务或法律责任。《环境保护法》第5条规定："环境保护坚持保护优先、预防为主、综合治理、公众参与、损害担责的原则。"这是我国对环境法的基本原则进行明文宣示。其中，损害担责原则是"污染者负担"原则另一种表述，其弥补了"污染者付费"原则的缺陷。为了更好地实现损害担责原则，《环境保护法》通过一系列条文对损害担责原则进行了详细的规定，为损害担责原则的制度实施提供了指引，如第20条第1款规定："国家建立跨行政区域的重点区域、流域环境污染和生态破坏联合防治协调机制，实行统一规划、统一标准、统一监测、统一的防治措施。"第31条第1款规定："国家建立、健全生态保护补偿制度。"第44条第1款规定："国家实行重点污染物排放总量控制制度。重点污染物排放总量控制指标由国务院下达，省、自治区、直辖市人民政府分解落实。企业事业单位在执行国家和地方污染物排放标准的同时，应当遵守分解落实到本单位的重点污染物排放总量控制指标。"第65条规定："环境影响评价机构、环境监测机构以及从事环境监测设备和防治污染设施维护、运营的机构，在有关环境服务活动中弄虚作假，对造成的环境污染和生态破坏负有责任的，除依照有关法律法规规定予以处罚外，还应当与造成环境污染和生态破坏的其他责任者承担连带责任。"等等。损害担责原则对于我国的后续环境立法具有指导意义。其后制定的一些单行环境法律法规也采用了损害担责原则的制度要求。如《大气污染防治法》第7条第1款规定："企业事业单位和其他生产经营者应当采取有效措施，防止、减少大气污染，对所造成的损害依法承担责任。"《土壤污染防治法》第4条规定："任何组织和个人都有保护土壤、防止土壤污染的义务。土地使用权人从事土地开发利用活动，企业事业单位和其他生产经营者从事生产经营活动，应当采取有效措施，防止、减少土壤污染，对所造成的土壤污染依法承担责任。"

3. 举证责任转移。举证责任转移又称举证责任的倒置或减轻,是在诉讼中将传统的原告举证制变为被告举证制的诉讼制度。多在环境诉讼中采用。按照传统的诉讼制度,提出诉讼请求的原告人负有提出证据证明其请求和事实的责任。但是,随着诉讼中过错推定责任制的确立,举证责任制度也随之改变,使得诉讼中的被告负有更多的举证责任。如《水污染防治法》第98条规定:"因水污染引起的损害赔偿诉讼,由排污方就法律规定的免责事由及其行为与损害结果之间不存在因果关系承担举证责任。"

◇ **相关法条**

1.《民法典》:

第一千二百二十九条 因污染环境、破坏生态造成他人损害的,侵权人应当承担侵权责任。

第一千二百三十条 因污染环境、破坏生态发生纠纷,行为人应当就法律规定的不承担责任或者减轻责任的情形及其行为与损害之间不存在因果关系承担举证责任。

2.《民事诉讼法》:

第六十七条 当事人对自己提出的主张,有责任提供证据。

当事人及其诉讼代理人因客观原因不能自行收集的证据,或者人民法院认为审理案件需要的证据,人民法院应当调查收集。

第二百六十四条 被执行人未按判决、裁定和其他法律文书指定的期间履行给付金钱义务的,应当加倍支付迟延履行期间的债务利息。被执行人未按判决、裁定和其他法律文书指定的期间履行其他义务的,应当支付迟延履行金。

三、课后延伸

相关案例

1. 河南省濮阳市人民政府诉聊城德丰化工有限公司生态环境损害赔偿诉讼案(最高人民法院发布2020年度人民法院环境资源典型案例)。

2. 海北藏族自治州生态环境局、海晏县某养殖示范牧场有限公司生态环境损害赔偿协议司法确认案(最高人民法院发布2021年度人民法院环境资源审判典型案例)。

延伸思考

1. 想一想,在本案中认定关联性成立并将因果关系不存在的举证责任转移给被告承担,有何法律依据和现实意义?

2. 我国在工业水污染防治方面有哪些具体立法措施?

3. 结合本案叙述一下在私益诉讼中如何处理好与维护生态环境公共利益的衔接关系?

第二节 暗管偷排污水损害环境刑事附带民事公益诉讼案件

在化工、造纸、印染、电镀、食品等行业的生产过程中，通常会产生较高浓度的污染物和排放量大废水，企业为了节约处理费用，降低污水处理成本，不惜触犯法律采用暗管方式排放污水，造成环境污染。本节重点收录并研究暗管偷排污水损害环境刑事附带民事公益诉讼案件。

螳螂川河道暗管排污案

一、教学案例

◇ **案例索引**

本案摘自最高人民法院发布2022年度人民法院环境资源审判典型案例

◇ **案情摘要**

本案系义昆明市西山区人民检察院诉被告单位昆明闽某纸业有限公司（简称闽某公司）埋设暗管偷排污水损害环境诉讼。本案经过一审，一审判决已发生法律效力。案件主要内容围绕闽某公司在长江流域金沙江支流螳螂川河道一侧埋设暗管偷排污水，造成环境污染进行审理。

◇ **关 键 词**

环境刑事附带民事公益诉讼；环境污染；环境侵权债务；公司法人人格否认；股东连带责任

◇ **基本案情**

被告单位闽某公司于2005年11月16日成立，公司注册资本100万元。黄某甲持股80%，黄某丙持股10%，黄某乙持股10%。李某某系闽某公司后勤厂长。闽某公司自成立起即在长江流域金沙江支流螳螂川河道一侧埋设暗管，接至公司生产车间的排污管道，并安有遥控装置，用于排放生产废水。在无排污许可的情况下，黄某甲指使李某某经暗管排放含有有害物质的生产废水。2020年5月26日，云南省昆明市行政执法机关检查发现纸业公司的暗管和偷排行为，作出责令立即停止环境违法行为（拆除、封堵暗管）、罚款100万元的行政处罚，后给予李某某行政拘留5日的行政处罚（履行完毕）。经鉴定，纸业公司在2017年4月至2020年5月26日期间未对生产废水进行有效处理，全部偷排至螳螂川河道，偷排废水期间螳螂川河道内水质指标超出基线水平13.0倍至239.1倍，对螳螂川地表水环境造成污染，该期间共计减少废水污染治理设施运行支出3 009 662元，对应造成的环境污染损害数额累计10 815 021元；纸业公司偷排生产废水导致螳螂川底泥中硫化物、硫酸根、砷、汞、镉、铅、镍物质成分含量增加，对螳螂川底泥物质成分含量变化造成的影响持续存在。

闽某公司生产经营活动造成生态环境损害的同时，其股东黄某甲、黄某丙、黄某乙还存在如下行为：①股东个人银行卡收取公司应收资金共计 124 642 613.1 元，不作财务记载。②将属于公司财产的 9 套房产（市值 8 920 611 元）记载于股东及股东配偶名下，由股东无偿占有。③公司账簿与股东账簿不分，公司财产与股东财产、股东自身收益与公司盈利难以区分。闽某公司自案发后已全面停产，对公账户可用余额仅为 18 261.05 元。

云南省昆明市西山区人民检察院于 2021 年 4 月 12 日公告了本案相关情况，公告期内未有法律规定的机关和有关组织提起民事公益诉讼。昆明市西山区人民检察院遂就上述行为对闽某公司、黄某甲、李某某等提起公诉，请求判令闽某公司承担生态环境损害赔偿及鉴定检测费用，并对该公司及其股东黄某甲、黄某丙、黄某乙等人提起刑事附带民事公益诉讼，请求否认闽某公司独立地位，由股东黄某甲、黄某丙、黄某乙对闽某公司生态环境损害赔偿承担连带责任。

❖ 〔裁判结果〕

云南省昆明市西山区人民法院于 2022 年 6 月 30 日作出判决：认定被告单位闽某公司犯污染环境罪，判处罚金人民币 2 000 000 元；被告人黄某甲犯污染环境罪，判处有期徒刑 3 年 6 个月，并处罚金人民币 500 000 元；被告人李某某犯污染环境罪，判处有期徒刑 3 年 6 个月，并处罚金人民币 500 000 元；被告单位闽某公司在判决生效后 10 日内承担生态环境损害赔偿人民币 10 815 021 元，以上费用付至昆明市环境公益诉讼救济专项资金账户用于生态环境修复；附带民事公益诉讼被告闽某公司在判决生效后 10 日内支付昆明市西山区人民检察院鉴定检测费用合计人民币 129 500 元。附带民事公益诉讼被告人黄某甲、黄某丙、黄某乙对被告闽某公司负担的生态环境损害赔偿和鉴定检测费用承担连带责任。

本案犯罪事实包含行政执法机关对闽某公司行政处罚认定的违法事实，就该部分违法事实所处罚款 100 万元与本案所判罚金相抵。李某某被判处刑罚的犯罪行为与之前受行政拘留处分的行为系同一行为，行政拘留 5 日已履行完毕，依法折抵相应刑期。

❖ 〔裁判理由〕

人民法院生效裁判认为：企业在生产经营过程中，应当承担合理利用资源、采取措施防治污染、履行保护环境的社会责任。被告单位闽某公司无视企业环境保护社会责任，违反国家法律规定，在无排污许可的前提下，未对生产废水进行有效处理并通过暗管直接排放，严重污染环境，符合《刑法》第 338 条之规定，构成污染环境罪。被告人黄某甲、李某某作为被告单位闽某公司直接负责的主管人员和直接责任人员，在单位犯罪中作用相当，亦应以污染环境罪追究其刑事责任。闽某公司擅自通过暗管将生产废水直接排入河道，造成高达 10 815 021 元的生态环境损害，并对下游金沙江生态流域功能也造成一定影响，其行为构成对环境公共利益的严重损害，不仅需要依法承担刑事责任，还应承担生态环境损害赔偿民事责任。

附带民事公益诉讼被告闽某公司在追求经济效益的同时，漠视对环境保护的义务，致使公司生产经营活动对环境公共利益造成严重损害后果，闽某公司承担的赔偿损失和鉴定检测费用属于公司环境侵权债务。

由于闽某公司自成立伊始即与股东黄某甲、黄某丙、黄某乙之间存在大量、频繁的资金往来，且三人均有对公司财产的无偿占有，与闽某公司已构成人格高度混同，可以认定属2018年《中华人民共和国公司法》（简称《公司法》）第20条第3款规定的股东滥用公司法人独立地位和股东有限责任的行为。现闽某公司所应负担的环境侵权债务合计10 944 521元，远高于闽某公司注册资本1 000 000元，且闽某公司自案发后已全面停产，对公账户可用余额仅为18 261.05元。上述事实表明黄某甲、黄某丙、黄某乙与闽某公司的高度人格混同已使闽某公司失去清偿其环境侵权债务的能力，闽某公司难以履行其应当承担的生态环境损害赔偿义务，符合2018年《公司法》第20条第3款规定的股东承担连带责任之要件，黄某甲、黄某丙、黄某乙应对闽某公司的环境侵权债务承担连带责任。

✦ 〔裁判要点〕

公司股东滥用公司法人独立地位、股东有限责任，导致公司不能履行其应当承担的生态环境损害修复、赔偿义务，国家规定的机关或者法律规定的组织请求股东对此依照2018年《公司法》第20条的规定承担连带责任的，人民法院依法应当予以支持。

◇ 案例评析

本案系因偷排污水污染环境引发的刑事案件。公司在经营过程中造成严重环境污染，应依法承担相应的刑事责任和环境损害赔偿责任。公司股东滥用公司独立人格和股东有限责任，导致公司无力承担赔偿责任，股东应依法承担连带责任。本案中，人民法院贯彻落实全面追责原则和最严法治观，依法严惩环境污染犯罪，依法认定环境损害赔偿范围和被告单位、被告人应承担的刑事、民事、行政责任。同时将公司人格否认制度适用于环境侵权领域，判决股东对公司环境侵权债务承担连带责任，通过追究公司背后股东的法律责任，解决公司环境侵权后赔偿无法到位的问题，切实实现对污染企业的严格追责、对受损环境公共利益的充分救济。

二、知识凝练

◇ 专业知识

1. 水质词汇摘选Ⅰ。

（1）工业废水（Industrial Wastewater）：工业生产过程中排放的水。

（2）工业用水（Industrial Water）：工业生产过程中使用的水。

（3）出水（Effluent）：从处理厂、工业过程及蓄水池等场所中排放出的水或废水。

（4）原水（Raw Water）：未经任何处理或进入水厂待处理的水。

（5）原污水（Raw Sewage）：未经处理的污水。

2. 股东滥用公司法人独立地位的表现。

（1）不当控制。又称过度控制，指控股股东对公司的过度控制，主要发生在母、子公司之间。母公司基于其特殊地位，对子公司的经营决策形成影响是必然的，此亦为法律所允许。但如果这种控制超过了必要的限度，母公司就应当对子公司的行为承担责任。

（2）资产和事务的混同。主要表现为：公司和股东的财务记录、账户等没有分开、股东随意处分公司的财产、公司没有遵守正常的设立程序、母子公司使用共同的董事和雇员、共同的利润分配政策等。

（3）组织机构混同。如"一套班子两块牌子"人员的兼任，无视公司的法律形式不召开股东会议，公司共在一栋办公楼办公、共用电话号码、信封等。

（4）滥用公司形式。指股东利用公司形态逃避合同义务或法律义务时，公司被作为股东逃避义务的工具，有悖于法律正义价值，因而公司的行为被视为股东的行为，股东即应对此承担责任。

3. 股东有限责任。指股东以投资（出资额或者股份）为限对公司承担责任，并通过公司这个中间物对外承担责任。股东有限责任是现代公司法律制度的基石。可以说，现代公司法律制度的形成与建立以及各项具体制度的完善，皆与股东有限责任密切相关。抽去股东有限责任制度，现代公司法律的大厦将难以支撑，现代公司的法律体系就必然失去重心。股东有限责任并非公司制度产生以来就存在的一个原则，而是公司发展到一定历史阶段的产物。将股东有限责任作为一项基本原则，既是符合现代公司法发展方向的，也是符合我国公司立法实际的。股东有限责任原则有两层含义：一是股东以其出资额或所持股份为限对公司承担责任，这种责任属于法定的量的有限责任；二是公司独立责任，股东责任与公司责任相互分离。

股东对公司负责，不对公司债权人负责；公司的责任属于公司责任，原则上不能向股东进行追索。股东有限责任原则对公司的发展起到了巨大的推动作用。

◇ 相关法条

1. 《长江保护法》：

第九十三条　因污染长江流域环境、破坏长江流域生态造成他人损害的，侵权人应当承担侵权责任。

违反国家规定造成长江流域生态环境损害的，国家规定的机关或者法律规定的组织有权请求侵权人承担修复责任、赔偿损失和有关费用。

2. 《民法典》：

第八十三条第一款　营利法人的出资人不得滥用出资人权利损害法人或者其他出资人的利益；滥用出资人权利造成法人或者其他出资人损失的，应当依法承担民事责任。

第一千二百三十五条　违反国家规定造成生态环境损害的，国家规定的机关或者法律规定的组织有权请求侵权人赔偿下列损失和费用：

（一）生态环境受到损害至修复完成期间服务功能丧失导致的损失；

（二）生态环境功能永久性损害造成的损失；

（三）生态环境损害调查、鉴定评估等费用；

（四）清除污染、修复生态环境费用；

（五）防止损害的发生和扩大所支出的合理费用。

3. 《公司法》：

第二十一条 公司股东应当遵守法律、行政法规和公司章程，依法行使股东权利，不得滥用股东权利损害公司或者其他股东的利益。

公司股东滥用股东权利给公司或者其他股东造成损失的，应当承担赔偿责任。

第二十三条 公司股东滥用公司法人独立地位和股东有限责任，逃避债务，严重损害公司债权人利益的，应当对公司债务承担连带责任。

股东利用其控制的两个以上公司实施前款规定行为的，各公司应当对任一公司的债务承担连带责任。

只有一个股东的公司，股东不能证明公司财产独立于股东自己的财产的，应当对公司债务承担连带责任。

三、课后延伸

相关案例

1. 北京市人民检察院第四分院诉刘某某环境污染民事公益诉讼案（摘自最高人民法院、最高人民检察院联合发布生态环境保护检察公益诉讼典型案例）。

2. 濮阳市人民检察院诉山东巨野锦晨精细化工有限公司等环境民事公益诉讼案（黄河流域生态环境司法保护典型案例）。

延伸思考

1. 结合本案，思考一下将公司人格否认制度适用于环境侵权领域，判决股东对公司环境侵权债务承担连带责任法律依据和裁判理由？

2. 结合所学，试着列举一下能够有效解决暗管排污问题的制度设定？

第三节　渔业生产导致水污染民事公益诉讼案件

在农业及畜禽和水产养殖业生产过程中，由于缺乏科学有效的管理，盲目追求经济利益，扩大生产规模，过量施用农药、化肥和饲料，随意丢弃、焚烧和排放废弃物等行为给水环境造成十分恶劣影响。针对上述水污染问题，我国不断完善水污染防治立法，保护农业和农村水生态，积极促进生态文明和经济社会协调发展。本节重点收录并研究此类因农业渔业生产导致水污染民事公益诉讼案件。

肥料饲料过度投放案

一、教学案例

◇ 案例索引

本案摘自最高人民法院发布长江流域生态环境司法保护典型案例

武汉海事法院民事判决书（2019）鄂72民初1220号

武汉海事法院执行裁定书（2020）鄂72执574号之一

◇ **案情摘要**

本案系指定诉讼机关湖北省人民检察院武汉铁路运输分院（简称武汉铁路分院）诉阳新网湖生态种养殖有限公司（简称网湖养殖公司）污染湖泊水生态环境民事公益诉讼案件。案件主要内容围绕被告在投放肥料和饲料污致使湖泊水质呈中富营养状态进行审理。

◇ **关 键 词**

湖泊；渔业养殖；水质富营养状态；淡水资源安全

◇ **基本案情**

网湖湿地自然保护区地处长江中下游，长江干流南岸，位于湖北省黄石市阳新县东南部，属长江一级支流富水河下游。2006年8月22日，经黄石市人民政府请示湖北省人民政府批复同意，在黄石市网湖建立省级自然保护区。网湖大湖是网湖湿地自然保护区内的主要湖泊，位于核心区域，为一般鱼类保护区，执行环境质量标准类别为Ⅲ类。2012年12月10日，湖北省人民政府将网湖列入全省第一批湖泊保护名录。

2014年1月14日，陶港镇人民政府（甲方）与刘某某（乙方）签订《网湖大湖经营承包合同》，约定甲方将其所辖的网湖大湖承包给乙方经营水产养殖，合同期限为2014年1月14日至2015年2月18日。合同第5条载明："……不得有种植湘莲和挂养珍珠等破坏承包水域、自然生态环境的经营活动。"2014年2月25日，网湖养殖公司成立，刘某某为该公司法定代表人。2014年11月22日，网湖养殖公司与阳新县陶港镇网湖村民委员会签订补充协议，将前述承包合同期限修改为2014年1月14日至2017年2月18日。2015年2月6日，黄石市网湖湿地自然保护区管理局（甲方）与刘某某（乙方）签订《网湖大湖生态渔业养殖合同书》，约定甲方将网湖大湖交由乙方组织开展生态渔业养殖，期限为2015年2月6日至2016年2月5日，合同第3条要求乙方必须使全湖水质达到Ⅲ类水标准，水草恢复率达5%。2016年2月6日，双方续签合同，期限为2016年2月6日至2017年2月5日，其中合同第3条要求乙方必须使全湖水质达到Ⅲ类水标准，较上年同期峰值有所降低，坚决杜绝富营养现象。网湖养殖公司在该两份合同书上均加盖公章。

2014年7月30日，阳新县环境保护局工作人员到网湖养殖公司养殖所在地进行现场检查和取样，发现该公司向网湖大湖码头运输、堆放磷肥、氮肥等肥料。水样检测总磷超标6.94倍，水质呈轻度富营养状态。8月19日，阳新县环境保护局出具《阳环罚字〔2014〕22号行政处罚决定书》，责令其停止违法行为，6个月内恢复网湖水体质量，禁止再向水体投肥养殖，并罚款5万元整。

2015年4月，阳新县环境保护局工作人员到网湖养殖公司所在地进行现场检查和取样，发现该公司向网湖大湖投放豆渣、啤酒糟等饵料，网湖入口水样总磷超标2.38

倍，呈轻度富营养状态，网湖中心水样总磷超标 3.42 倍，呈中富营养状态，网湖出口的水样总磷超标 1.56 倍，呈中富营养状态。

根据相关询问笔录，网湖养殖公司在承包期间向网湖大湖大量投肥用于养殖。其中 2014 年度投放磷肥约 1000 吨、氮肥约 2000 吨、有机肥约 1000 吨，2015 年度及 2016 年度投放豆渣、啤酒糟等约 46 000 吨。根据湖北省环境保护厅公布的 2013 年至 2016 年《湖北省环境质量状况》，网湖整体水质类别由 2013 年的Ⅲ类逐渐降至 2016 年的Ⅴ类，水质恶化，主要超标项目为总磷，水质呈中富营养状态级别。

2016 年 11 月，阳新县环境保护监测站编制《网湖（大湖）水体总磷超标调查报告》，该报告通过网湖湿地基本情况、网湖大湖渔业养殖情况、投肥喂养对网湖大湖水质影响分析、外来污染源对网湖大湖水质影响分析以及历史监测情况作出调查结论为：造成网湖大湖水质总磷超标的因素，主要是网湖大湖过量养殖、大量投肥造成，周边精养鱼池也有一定的贡献值。2016 年 11 月 13 日，阳新县人民政府委托湖北天泰环保工程有限公司召开上述调查报告技术评审会，技术评审专家组实地勘察现场、进行质询、讨论和评议后作出专家评议意见，认为调查报告结论正确，网湖大湖水体总磷超标主要是渔业过量养殖、大量投肥造成，同时周边湖泊（精养鱼池）在洪水期间对网湖大湖有一定影响，并提出了水质改善建议。

2018 年 1 月 21 日，湖北省环境科学研究院生态环境损害司法鉴定中心接受中共阳新县纪律监察委员会（简称阳新县监察委员会）的委托，对渔业养殖投肥行为造成网湖大湖水体环境损害进行评估鉴定。经鉴定，该中心作出《鄂环研司鉴（2018）环鉴字 003 号司法鉴定意见书》。该鉴定意见书以 2013 年阳新县环境保护监测站提供的网湖湖心监测结果平均值 0.0516mg/L（单因子评价法评价为Ⅳ类水质）为网湖养殖公司承包之前的网湖水质总磷基线水平，以磷投放量、单位治理成本、环境功能敏感系数 4 倍为基础，采取虚拟治理成本法评估渔业投肥养殖造成的水体环境损害最低数额，鉴定意见载明：2014 年至 2016 年期间，网湖养殖公司承包网湖大湖进行渔业养殖，存在向网湖大湖投放含磷肥料进行养殖的行为。其中，2014 年度共投磷肥约 1000 吨、氮肥约 2000 吨、有机肥约 1000 吨，2015 年度和 2016 年度共投豆渣、啤酒糟等约 46 000 吨。根据 2014 年、2015 年阳新县环境保护局两次现场执法采样的监测报告显示，网湖水样总磷浓度均显著超过基线水平 0.0516mg/L，达到环境损害确认的基本要求，确认造成网湖大湖水体环境损害。通过计算得到 2014 年至 2016 年间，投肥养殖造成网湖水体环境损害的最低数额为 1 946 776 元，其中 2014 年度造成网湖水体环境损害的最低数额为 782 424 元，2015 年度和 2016 年度造成网湖水体环境损害的最低数额为 1 164 352 元。在庭审中，鉴定人的工作人员出庭接受了质询。

黄石市人民检察院在办案过程中发现网湖养殖公司污染环境致使湖北网湖湿地自然保护区核心区域网湖水体遭受损害一案的线索，指定阳新县人民检察院立案调查。2018 年 11 月 23 日，黄石市人民检察院在《法制日报》上刊登公告，督促建议相关机关和社会组织在 30 日内向人民法院提起公益诉讼，公告期满后，未有适格的主体提起公益诉讼。2018年12月25日,根据《检察机关提起公益诉讼改革试点方案》规定,湖北省人民检察院指定武汉铁路分院就本案提起诉讼。

❖ 〔裁判结果〕

武汉海事法院于2019年11月19日作出判决:①被告阳新网湖生态种养殖有限公司赔偿网湖大湖水体环境损害费1 946 776元,用于网湖大湖水体的整体治理与恢复工作;②被告网湖养殖公司在一家市级以上新闻媒体向社会公开赔礼道歉,赔礼道歉的媒体、内容、版面、字体需经人民法院审核。

如被告未按判决指定的期间履行给付金钱义务,应当依照2017年《民事诉讼法》第253条之规定,加倍支付迟延履行期间的债务利息。案件受理费22 321元,由被告网湖养殖公司负担。

❖ 〔裁判理由〕

人民法院生效裁判认为:本案系通海水域污染损害责任纠纷环境民事公益诉讼。黄石市人民检察院依法履行了诉前程序,符合2018年《最高人民法院、最高人民检察院关于检察公益诉讼案件适用法律若干问题的解释》第13条的规定,根据最高人民检察院《检察机关提起公益诉讼改革试点方案》《湖北省高级人民法院、湖北省人民检察院关于检察机关提起公益诉讼管辖等问题的座谈会议纪要》的规定,湖北省人民检察院指定武汉铁路分院向本院提起诉讼,武汉铁路分院依法具有本案适格的诉讼主体资格。本案系被告网湖养殖公司在承包网湖进行渔业养殖过程中违法投放含磷肥料造成网湖水体污染,属于污染水环境特殊侵权责任纠纷,应当适用无过错责任原则,公益诉讼起诉人应就侵权行为和损害事实承担举证责任,被告应当就法律规定的不承担责任或者减轻责任的情形及其行为与损害之间不存在因果关系承担举证责任。人民法院就本案争议焦点评判如下:

1. 被告网湖养殖公司的责任承担。《水污染防治法》第57条规定:"从事水产养殖应当保护水域生态环境,科学确定养殖密度,合理投饵和使用药物,防止污染水环境。"2018年《湖北省水污染防治条例》第22条第3款规定:"水产养殖应当采取措施避免水体污染。禁止在江河、湖泊、水库、运河塘堰养殖珍珠;禁止在江河、湖泊、水库、运河围栏围网养殖、投肥(粪)养殖。"被告网湖养殖公司在承包网湖大湖进行渔业养殖期间,先后向网湖大湖违法投放磷肥约1000吨、氮肥约2000吨、有机肥约1000吨,豆渣、啤酒糟等约46 000吨,污染网湖大湖水环境,致使公共利益持续受到损害。根据《侵权责任法》(已失效)第65条的规定,网湖养殖公司作为污染者,应当依法承担侵权责任。虽然侵害行为已经停止,但生态环境已经遭到破坏,故被告网湖养殖公司依法应当承担赔偿损失的民事侵权责任,赔款应当用于受损环境的修复。同时,被告网湖养殖公司应当公开赔礼道歉。

根据《网湖(大湖)水体总磷超标调查报告》和专家评议意见,造成网湖大湖水质总磷超标的因素,主要是网湖大湖过量养殖、大量投肥,周边湖泊(精养鱼池)也有一定的贡献值，被告网湖养殖公司对此结论予以认可，并认为不能将网湖大湖污染的全部赔偿责任归咎于网湖养殖公司。人民法院认为，网湖整体水质类别由2013年的Ⅲ类逐渐降至2016年的Ⅴ类，水质不断恶化，系多方面原因综合导致，网湖养殖公司关于不能将网湖大湖污染的赔偿责任全部归咎于网湖养殖公司的抗辩意见，本院予以采纳，但网湖大湖水质总磷超标的损害后果，与被告网湖养殖公司进行渔业养殖过程中违法投放肥料和饲料的行为具有直接的因果关系，该抗辩意见并不能免除或减轻网湖养殖公司因其自身侵权行为而应当承担的侵权责任，同时，被告亦未就减轻其责任举证予以证明。

2. 本案环境损害金额的认定。网湖养殖公司因其自身侵权行为而应当承担的赔偿损失的侵权责任，可以根据具有环境损害鉴定评估资质的鉴定机构的鉴定报告予以确定。本案中，湖北省环境科学研究院生态环境损害司法鉴定中心系依法具有环境损害鉴定评估资质的鉴定机构。鉴定机构通过现场勘察、资料收集、监测数据分析、文献查阅、损害判定等程序开展评估鉴定工作，程序得当。因侵权行为时间点早已过去，肥料、饲料中大量的磷等营养物质已经在湖泊中扩散、稀释、迁移、沉积、转化和降解，难以准确测量还原其实际造成污染的范围和程度以及完全的环境损害量，且受损的生态环境难以直接通过修复工程完全恢复，符合适用虚拟成本治理法计算生态环境损害费用的情形。鉴定意见以2013年阳新县环境保护监测站提供的网湖湖心监测结果平均值 0.0516mg/L（单因子评价法评价为Ⅳ类水质）为网湖养殖公司承包之前的网湖水质总磷基线水平，以被告网湖养殖公司的磷投放量、单位治理成本、环境功能敏感系数4倍为基础，利用虚拟治理成本法计算出2014至2016年间网湖养殖公司在网湖大湖投肥养殖造成网湖大湖水体环境损害的最低数额为1 946 776元，该数额的计算方法并未将其他因素造成的环境损害计入网湖养殖公司造成的环境损害之内。该鉴定意见程序合法、方法科学、依据充分，予以认定，并据以确定网湖养殖公司因其自身侵权行为而应当承担的赔偿损失数额。

3. 关于受损环境的修复。网湖大湖水体修复是一项综合治理工程，修复难度大、时间长、成本高，本案赔偿款无法直接对其进行修复并恢复到损害发生之前的状态和功能。根据实际情况，并结合鉴定人意见，将被告承担的环境损害赔偿款用于网湖大湖水体的整体治理与恢复工作。

◇ 案例评析

本案系因渔业养殖引发的水污染纠纷案件。长江流域湿地、湖泊分布广泛，类型多样齐全，在维护淡水资源安全、生态安全等方面起着十分重要的作用。网湖湿地位于长江一级支流富水河下游，是东方白鹳、小天鹅等珍稀濒危动植物的栖息地，被专家誉为"湿地水禽遗传基因保存库"。本案中，养殖公司虽然依据合同享有在案涉区域进行生态渔业养殖的权利，但同时也负有不得投肥（粪）养殖、采取措施避免水体污染的义务。人民法院判决养殖公司承担的环境损害赔偿款用于网湖大湖水体的整体治理与恢复工作，为改善和恢复湖泊、湿地生态系统的质量和功能提供有力司法保障。

二、知识凝练

◇ 专业知识

1. 水质词汇摘选Ⅱ。

（1）富营养化（Eutrophication）：营养物质，特别是含氮和磷的化合物，在淡水和盐水中的富集。富营养化会加速藻类和高等植物的生长。

（2）富营养化水体（Eutrophic Water）：富含营养物质且水生生物物种很少，但存在的营养物质和水生生物的数量都相当多的水体。

（3）贫营养的（Oligotrophic）：用于描述水体，指水体营养物质缺乏且含有种类较多而数量较少的水生生物。这种水体的特征是透明度高，上层水体中氧的浓度高，底部沉积物通常呈浅褐色并仅含有少量的有机物。

（4）河流（River）：沿着限定流向，连续地或间歇地流入洋、海、湖、内陆洼地、沼泽或其他水道的天然水体。

（5）湖（Lake）：具有一定面积的内陆水体。注：大的盐湖通常称为海。

2. 水域功能和标准分类。依据地表水水域环境功能和保护目标，按功能高低依次划分为五类：

Ⅰ类：主要适用于源头水、国家自然保护区。

Ⅱ类：主要适用于集中式生活饮用水地表水源地一级保护区、珍稀水生生物栖息地鱼虾类产卵场、仔稚幼鱼的索饵场等。

Ⅲ类：主要适用于集中式生活饮用水地表水源地二级保护区、鱼虾类越冬场、洄游通道、水产养殖区等渔业水域及游泳区。

Ⅳ类：主要适用于一般工业用水区及人体非直接接触的娱乐用水区。

Ⅴ类：主要适用于农业用水区及一般景观要求水域。

对应地表水上述五类水域功能，将地表水环境质量标准基本项目标准值分为五类，不同功能类别分别执行相应类别的标准值。水域功能类别高的标准值严于水域功能类别低的标准值。同一水域兼有多类使用功能的，执行最高功能类别对应的标准值。实现水域功能与功能类别标准为同一含义。

3. 人民检察院依法具有案件适格的诉讼主体资格。2018 年《最高人民法院、最高人民检察院关于检察公益诉讼案件适用法律若干问题的解释》第 13 条第 1 款、第 2 款规定："人民检察院在履行职责中发现破坏生态环境和资源保护、食品药品安全领域侵害众多消费者合法权益等损害社会公共利益的行为，拟提起公益诉讼的，应当依法公告，公告期间为三十日。公告期满，法律规定的机关和有关组织不提起诉讼的，人民检察院可以向人民法院提起诉讼。"

《检察机关提起公益诉讼改革试点方案》中规定了提起民事公益诉讼中：①试点案件范围。检察机关在履行职责中发现污染环境、食品药品安全领域侵害众多消费者合法权益等损害社会公共利益的行为，在没有适格主体或者适格主体不提起诉讼的情况下，可以向人民法院提起民事公益诉讼。②诉讼参加人。检察机关以公益诉讼人身份提起民事公益诉讼。民事公益诉讼的被告是实施损害社会公共利益行为的公民、法人或者其他组织。检察机关提起民事公益诉讼，被告没有反诉权。③诉前程序。检察机关在提起民事公益诉讼之前，应当依法督促或者支持法律规定的机关或有关组织提起民事公益诉讼。法律规定的机关或者有关组织应当在收到督促或者支持起诉意见书后一个月内依法办理，并将办理情况及时书面回复检察机关。④提起诉讼。经过诉前程序，法律规定的机关和有关组织没有提起民事公益诉讼，社会公共利益仍处于受侵害状态的，检察机关可以提起民事公益诉讼。检察机关提起民事公益诉讼，应当有明确的被告、具体的诉讼请求、社会公共利益受到损害的初步证据，并应当制作公益诉讼起诉状。⑤诉讼请求。检察机关可以向人民法院提出要求被告停止侵害、排除妨碍、消除危险、恢复原状、赔偿损失、赔礼道歉等诉讼请求。

◇ 相关法条

1. 《民法典》：

第十五条 承担侵权责任的方式主要有：

（一）停止侵害；

（二）排除妨碍；

（三）消除危险；

（四）返还财产；

（五）恢复原状；

（六）赔偿损失；

（七）赔礼道歉；

（八）消除影响、恢复名誉。

以上承担侵权责任的方式，可以单独适用，也可以合并适用。

第一百七十九条 承担民事责任的方式主要有：

（一）停止侵害；

（二）排除妨碍；

（三）消除危险；

（四）返还财产；

（五）恢复原状；

（六）修理、重作、更换；

（七）继续履行；

（八）赔偿损失；

（九）支付违约金；

（十）消除影响、恢复名誉；

（十一）赔礼道歉。

法律规定惩罚性赔偿的，依照其规定。

本条规定的承担民事责任的方式，可以单独适用，也可以合并适用。

第一千二百二十九条 因污染环境、破坏生态造成他人损害的，侵权人应当承担侵权责任。

第一千二百三十条 因污染环境、破坏生态发生纠纷，行为人应当就法律规定的不承担责任或者减轻责任的情形及其行为与损害之间不存在因果关系承担举证责任。

2.《环境保护法》：

第六条 一切单位和个人都有保护环境的义务。

地方各级人民政府应当对本行政区域的环境质量负责。

企业事业单位和其他生产经营者应当防止、减少环境污染和生态破坏，对所造成的损害依法承担责任。

公民应当增强环境保护意识，采取低碳、节俭的生活方式，自觉履行环境保护义务。

第六十四条 因污染环境和破坏生态造成损害的，应当依照《中华人民共和国侵权责任法》的有关规定承担侵权责任。

3.《水污染防治法》：

第五十七条 从事水产养殖应当保护水域生态环境，科学确定养殖密度，合理投饵和使用药物，防止污染水环境。

4.《最高人民法院关于审理环境民事公益诉讼案件适用法律若干问题的解释》（法释〔2015〕1号）（已修正）：

第二十四条第一款 人民法院判决被告承担的生态环境修复费用、生态环境受到损害至修复完成期间服务功能丧失导致的损失、生态环境功能永久性损害造成的损失等款项，应当用于修复被损害的生态环境。

5.《民事诉讼法》：

第一百四十二条 当事人在法庭上可以提出新的证据。

当事人经法庭许可，可以向证人、鉴定人、勘验人发问。

当事人要求重新进行调查、鉴定或者勘验的，是否准许，由人民法院决定。

三、课后延伸

相关案例

1. 贵州省遵义市人民检察院诉贵州某公司生态破坏民事公益诉讼案（最高人民法院、最高人民检察院联合发布生态环境保护检察公益诉讼典型案例）。

2. 广东省广州市人民检察院诉广州某环保公司、广州某检测公司、徐某某环境污染民事公益诉讼案（最高人民法院、最高人民检察院联合发布生态环境保护检察公益诉讼典型案例）。

延伸思考

1. 结合本案简要说明人民检察院如何通过诉前程序，依法具有诉讼主体资格。

2. 针对案例中"《网湖（大湖）水体总磷超标调查报告》和专家评议意见，造成网湖大湖水质总磷超标的因素，主要是网湖大湖过量养殖、大量投肥，周边湖泊（精养鱼池）也有一定的贡献值"的情况，认真思考一下此类事实对责任裁量有无影响？为什么？

3. 从法律角度思考一下，为何本案被告从2014年开始连续数年向网湖大湖违法投放肥料和饲料，期间即便被环境保护部门处罚，仍然实施违法投喂行为？

第四节　水污染监督管理争议行政诉讼案件

行政诉讼法是一部"民告官"的法律，可以有效地把"行政权力关进笼子"，发挥着解决行政争议，保护公民、法人和其他组织的合法权益，监督行政机关依法行使职权的重要作用，同时对规范、监督环保执法部门行政执法具有积极作用。本节重点收录并研究水污染监督管理争议行政诉讼案件。

渗滤液处理线台账造假案

一、教学案例

◇ **案例索引**

本案摘自最高人民法院发布2021年度人民法院环境资源审判典型案例

梧州市长洲区人民法院行政判决书（2020）桂0405行初39号

梧州市中级人民法院行政判决书（2021）桂04行终5号

◇ **案情摘要**

本案系梧州德润环保实业有限公司（简称德润公司）对梧州市生态环境局做出的行政处罚决定不服提出的行政诉讼。本案经过一审、二审，二审维持原判。案件主要内容围绕原告对台账弄虚作假行为的行政处罚是否正确合法进行审理。

◇ **关　键　词**

台账弄虚作假；水污染监督管理职权；行政处罚；环境行政公益诉讼

◇ **基本案情**

2019年8月16日晚，被告梧州市生态环境局执法人员在对原告运营的垃圾填埋场进行现场检查时，发现1#DTRO渗滤液处理线正在进行设备清洗，2#DTRO渗滤液处理线的电机和传送皮带已被拆除，均未运行，而从中控电脑查询发现2#DTRO渗滤液处理线从2019年8月13日开始停止运行。此外，执法人员在调阅原告DTRO线的运行记录日志时发现，日志运行记录已提前填写至2019年8月18日，并注明两条DTRO线均正常运行，与实际情况不符。另，MBR处理线的日志本中出水、进水记录均是0-24小时，未如实记录清理、维修、停运设备的时间。对此，被告的执法人员制作了《现场检查（勘察）笔录》和现场勘察照片，并对原告的副厂长覃某进行了调查询问，制作了《调查询问笔录》，覃某在《调查询问笔录》中表示：2019 年 8 月 16 日，环境执法人员在现场检查时发现原告的渗滤液处理站运行日志已经提前填写到 8 月 18 日，是因为环境执法人员 7 月检查时拿走了原告 7 月的运行日志本，所以原告的操作人员就开了一本新的运行日志本写 7 月 18 日和 19 日的记录，但是后来发现运行日志本一年只印制 12 个月，如果新开一本记录 7 月下旬情况的话，本子会不够用，所以就把 7 月的"7"字直接改成了"8"字，作为 8 月的运行记录，这是原告管理的问题。2019 年 9 月 16 日，被告作出梧环改字〔2019〕第 0916-02 号《责令改正违法行为决定书》载明：因 2019 年 8 月 16 日被告对原告进行现场检查时，发现原告的渗滤液处理站未按事实填写生产线的运行记录日志，属于生产台账弄虚作假的违法行为，该行为违反了《水污染防治法》第 30 条，故根据《环境保护法》及相关法律法规的规定，责令原告自本决定书送达之日起立即停止上述环境违法行为。2020 年 7 月 1 日，被告将该份决定书送达给原告。

2019 年 12 月 25 日，被告作出梧环罚告字〔2019〕109 号《行政处罚听证告知书》，告知原告拟处罚的事实、理由及依据，并告知其享有陈述申辩和申请听证的权利。并于 2019 年 12 月 26 日将该告知书送达给原告。2019 年 12 月 30 日，原告向被告提交了一份《陈述申辩申请书》，申辩如下：①认为被告的执法人员于 2019 年 8 月 16 日对其公司进行现场检查时发现 2#DTRO 没有开机生产，是因为当天下午有两台高压柱塞泵三角带磨损断开，无法使用，而该三角带型号及规格在梧州没有现货，需要订购，而其公司已于当天进行订购采购。而被告执法人员从中控电脑查询发现 2#DTRO 生产线从 2019 年 8 月 13 日开始停止运行与实际不符，因 2019 年 8 月 13 日至 8 月 16 日期间，2#DTRO 生产线每天开机生产，只是由于设备故障导致生产断断续续。至于被告凭中控电脑上显示 2#DTRO 趋势曲线的相应值突降为零为依据提出 2#DTRO 生产线从 2019 年 8 月 13 日开始停止运行，其公司认为不符合事实，因趋势曲线是通过以太网从西门子 PLC 的 CPU 模块传送到中控电脑，故中控电脑上显示的数据仅供参考，并不能实时反映现场实际情况；②运行日志提前填写到 8 月 18 日，是因为被告的执法人员于 2019 年 7 月 3 日对渗滤液处理站进行现场检查时拿走了其公司 7 月的运行日志本，故其公司现场人员就拿了一本新的当 7 月份运行日志，2019 年 7 月 18 日其公司根据被告的通知从被告处取回 7 月份运行日志本时就交代用回了原来的日志本，而 8 月份的日志本就是在没有用完的 7 月份日志本（刚好记录到 7 月 18 日）上改过来的，所以 8 月的日志本上 1 日至 18 日可明显看出"8 月"是在"7 月"基础上加了一笔改过来的；③MBR 生产线的日志本与 DTRO 生产线的不同，MBR 生产线的日志本主要是记录该生产线上所有电机、水泵的运行情况，以及进出水、药剂使用情况，由于该生产线设备比较新，基本没有什么故障，所以维修、停运记录比较少，而并非是被告所说的弄虚作假。此外，每次被告到垃圾填埋场或渗滤液处理站检查，其公司都全力配合，主动提供相关资料，从未刻意隐瞒事实，不属于《水污染防治法》第 81 条规定的情形，故请求被告撤销对其公司的处罚。

2020年6月25日，被告作出梧环罚字〔2020〕21号《行政处罚决定书》（简称《行政处罚决定》），认为原告的行为属于台账弄虚作假的环境违法行为，违反了《水污染防治法》第30条的规定，且原告的违法事实清楚，证据确凿，因此对原告的陈述申辩意见不予采纳，不予变更处罚额度，并依据《水污染防治法》第81条的规定及对照《广西环境行政处罚自由裁量权细化标准》第7-2项的自由裁量标准，决定对原告罚款5万元。原告对此不服诉至人民法院。

〔争议焦点〕

①被告梧州市生态环境局是否享有作出被诉具体行政行为即涉案《行政处罚决定》的职权？②《行政处罚决定》认定的事实是否清楚、适用法律是否正确？③行政处罚程序是否合法？

〔裁判结果〕

广西壮族自治区梧州市中级人民法院于2021年1月21日作出判决：被告梧州市生态环境局作出的《行政处罚决定》认定事实清楚，证据确凿充分，程序合法，适用法律、法规正确。原告请求撤销被告作出的上述《行政处罚决定书》，缺乏事实及法律依据，故该院依法不予支持。驳回原告德润公司的诉讼请求。案件受理费50元，由原告德润公司负担。二审人民法院维持原判。

〔裁判理由〕

人民法院生效裁判认为：根据《水污染防治法》第9条第1款的规定，县级以上人民政府环境保护主管部门对水污染防治实施统一监督管理。根据第81条的规定，以拖延、围堵、滞留执法人员等方式拒绝、阻挠环境保护主管部门或者其他依照本法规定行使监督管理权的部门的监督检查，或者在接受监督检查时弄虚作假的，由县级以上人民政府环境保护主管部门或者其他依照本法规定行使监督管理权的部门责令改正，处2万元以上20万元以下的罚款。被告梧州市生态环境局对梧州市区域内水污染防治工作具有监督管理职权，对在接受监督检查时弄虚作假的行为具有依法实施处罚的职责。本案中，被告的执法人员在对原告进行现场检查时，发现1#DTRO渗滤液处理线正在进行清洗设备，2#DTRO渗滤液处理线的电机和传送皮带已被拆除，均未运行，同时，执法人员从中控电脑查询发现2#DTRO渗滤液处理线从2019年8月13日开始停止运行。并在调阅原告DTRO线的运行记录日志时发现，日志运行记录已提前填写至2019年8月18日，并注明两条DTRO线均正常运行，与实际情况不符。而MBR处理线的日志本中出水、进水记录均是0-24小时，未如实记录清理、维修、停运设备的时间。原告的上述行为违反了《水污染防治法》第30条规定的："环境保护主管部门和其他依照本法规定行使监督管理权的部门，有权对管辖范围内的排污单位进行现场检查，被检查的单位应当如实反映情况，提供必要的资料。检查机关有义务为被检查的单位保守在检查中获取的商业秘密。"故被告有权依照上述法律的第81条规定对原告作出行政处罚，即被告享有作出被诉具体行政行为《行政处罚决定》的职权。

根据《水污染防治法》第 30 条的规定，环境保护主管部门和其他依照本法规定行使监督管理权的部门，有权对管辖范围内的排污单位进行现场检查，被检查的单位应当如实反映情况，提供必要的资料……本案被告梧州市生态环境局在对原告进行现场检查过程中，发现原告 DTRO 线的运行记录提前填写及 MBR 处理线的日志未如实记录清理、维修、停运设备的时间，存在台账弄虚作假的环境违法行为，该事实有被告提供的《现场检查（勘察）笔录》《调查询问笔录》等证据予以佐证，而原告在庭审中也未能提供充分确凿的证据推翻被告提供的证据的真实性，故该院依法予以确认。据此，《行政处罚决定》认定的事实清楚，证据确凿，被告依据《水污染防治法》第 81 条的规定，并对照《广西环境行政处罚自由裁量权细化标准》第 7-2 项的自由裁量标准，对原告作出罚款 5 万元的行政处罚决定并无不当，且适用法律正确。

本案中，被告梧州市生态环境局的执法人员在对原告进行检查过程中，发现原告存在台账弄虚作假的环境违法行为，对此，被告执法人员制作了《现场检查（勘察）笔录》及场勘察照片，并对原告的相关工作人员进行了调查询问，制作了《调查询问笔录》，在作出行政处罚前已履行告知程序，并及时将相关的《行政处罚听证告知书》、《行政处罚决定书》送达给了原告，故被告作出《行政处罚决定》的程序符合相关法律规定。

◇ 案例评析

本案是排污单位未如实填写环保设备运行台账日志、存在台账弄虚作假引发的环境污染行政处罚案件。良好生态环境是最普惠的民生福祉，本案充分发挥行政审判职能以及行政诉讼对预防环境污染的作用，监督支持环境保护行政主管部门依法积极履行行政监管职责，为防治水环境污染提供强有力的司法服务和保障，对水污染行政处罚案件的处理具有一定的示范意义。

二、知识凝练

◇ 专业知识

1. 水质词汇摘选Ⅲ。

（1）渗滤液（Leachate）：通过垃圾堆、固体废物填埋场或其他特定渗透性物质所渗出的水。

（2）活性炭处理（Activated Carbon Treatment）：用活性炭吸附去除水和废水中溶解的或胶态的有机物的过程。例如，用以改善水的味、臭和色。

（3）化学处理（Chemical Treatment）：投加化学试剂以达到特定效果的过程。利用化学作用、物化作用及生化作用去除水体中的污染物。

（4）活性污泥（Activated Sludge）：在污水处理过程中，微生物经人工强化措施大量繁殖形成的絮状物，是由细菌、原后生动物形成的共同体，能有效地吸附和降解水中的污染物。活性污泥分为好氧活性污泥和厌氧活性污泥。一般情况下是指好氧处理过程中形成的活性污泥。

（5）混合介质过滤（Mixed Media Filtration）：水向上或向下通过两层或多层介质的处理过程。注：上层由低密度的大颗粒组成。每一相邻的下层颗粒粒径稍小而其密度稍大。

（6）渗析（Dialysis）：小分子或离子通过薄膜扩散的过程，与溶液中的大分子和悬浮物分离。

2. 垃圾渗滤液处理。垃圾渗滤液是垃圾在堆放和填埋过程中由于发酵、雨水冲刷和地表水、地下水浸泡而渗滤出来的污水。来源主要有四个方面：垃圾自身含水、垃圾生化反应产生的水、地下潜水的反渗和大气降水，其中大气降水具有集中性、短时性和反复性，占渗滤液总量的大部分。渗滤液是一种成分复杂的高浓度有机废水，其性质取决于垃圾成分、垃圾的粒径、压实程度、现场的气候、水文条件和填埋时间等因素。

垃圾渗滤液对环境的影响：通过对某填埋场的渗滤液处理情况进行调查发现，填埋场运行至今，大约处理了约80万吨的渗滤液，同时约有32万吨的渗滤液从污水库中溢出直接进入纳污水域，并且还有9.6万吨渗滤液存储于污水库内。经过化学分析，在污水库出口处的渗滤液 CODcr 平均值为 2800mg/l，BOD5 平均值为 1750mg/l，氨氮708mg/l，总氮平均浓度达 700mg/l，平均色度达 251 度，金属含量不高，以色质联机对有机物进行定性分析，发现渗滤液中有机物最高含碳数可达 12，主要为环烷烃、酯类、羧酸类、苯酚和硫磺等。经过处理后排入纳污水域的水质 CODcr 值为 283mg/l，仍超标 1.83 倍，BOD5 值为 108mg/l，超标 2.6 倍，NH3-N 值为 190mg/l，超标 11.67 倍，总氮 679mg/l，色度 133 度，并且含有大量有机物，说明了该场污水处理过程还未能满足污水达标排放的要求。

渗滤液处理工艺的现状：垃圾渗滤液的处理方法包括物理化学法和生物法。物理化学法主要有活性炭吸附、化学沉淀、密度分离、化学氧化、化学还原、离子交换、膜渗析、气提及湿式氧化法等多种方法，在 COD 为 2000-4000mg/L 时，物理化学法的COD 去除率可达 50%-87%。和生物处理相比，物化处理不受水质水量变动的影响，出水水质比较稳定，尤其是对 BOD5/COD 比值较低（0.07-0.20mg/L）难以生物处理的垃圾渗滤液，有较好的处理效果。但物化方法处理成本较高，不适于大水量垃圾渗滤液的处理，因此垃圾渗滤液主要是采用生物法。生物法分为好氧生物处理、厌氧生物处理以及二者的结合。好氧处理包括活性污泥法、曝气氧化池、好氧稳定塘、生物转盘和滴滤池等。厌氧处理包括上向流污泥床、厌氧固定化生物反应器、混合反应器及厌氧稳定塘。

3. 行政诉讼。行政诉讼，是指公民、法人或者其他组织认为行使国家行政权的机关和组织及其工作人员所实施的具体行政行为侵犯了其合法权利，依法向人民法院起诉，人民法院在当事人及其他诉讼参与人的参加下，依法对被诉具体行政行为进行审查并做出裁判，从而解决行政争议的制度。它对保障一个国家依法行政，建立法治政府，确保公民、法人和其他组织合法权利免受行政权力的侵害，具有十分重大的意义。

◇ 相关法条

1.《水污染防治法》：

第九条第一款 县级以上人民政府环境保护主管部门对水污染防治实施统一监督管理。

第三十条 环境保护主管部门和其他依照本法规定行使监督管理权的部门，有权对管辖范围内的排污单位进行现场检查，被检查的单位应当如实反映情况，提供必要的资料。检查机关有义务为被检查的单位保守在检查中获取的商业秘密。

第八十一条 以拖延、围堵、滞留执法人员等方式拒绝、阻挠环境保护主管部门或者其他依照本法规定行使监督管理权的部门的监督检查，或者在接受监督检查时弄虚作假的，由县级以上人民政府环境保护主管部门或者其他依照本法规定行使监督管理权的部门责令改正，处二万元以上二十万元以下的罚款。

2.《行政诉讼法》：

第六十九条 行政行为证据确凿，适用法律、法规正确，符合法定程序的，或者原告申请被告履行法定职责或者给付义务理由不成立的，人民法院判决驳回原告的诉讼请求。

三、课后延伸

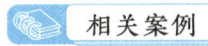
相关案例

1. 灵宝豫翔水产养殖有限公司诉三门峡市城乡一体化示范区管理委员会、灵宝市大王镇人民政府强制拆除案（黄河流域生态环境司法保护典型案例）。

2. 丰都县东洋国电站诉彭水苗族土家族自治县水利局行政处罚案（最高人民法院发布2020年度人民法院环境资源典型案例）。

延伸思考

1. 思考一下本案被告梧州市生态环境局是否享有作出被诉具体行政行为职权？为什么？

2. 我国在行政处罚程序方面是如何规定的？

3. 本案中环境执法人员7月检查时拿走了原告7月的运行日志本的行为对本案裁判是否有影响？原因是什么？

第五节 不作为类水资源保护行政公益诉讼案件

水行政主管部门负责水资源费的征收、管理和监督职责，应当主动发挥水资源节约、保护与合理开发利用的监督和引导作用，落实水资源有偿使用制度。然而，存在个别部门不能全面履行职责，从而导致国家水资源权益受到侵害。本节重点收录并研究不作为类水资源保护行政公益诉讼案件。

水资源费追缴案

一、教学案例

◇ 案例索引

本案摘自黄河流域生态环境司法保护典型案例

◇ 案情摘要

本案系碌曲县人民检察院诉碌曲县水务水电局未全面履行法定职责行政公益诉讼案。本案经过一审，一审判决后，双方均未提起上诉。案件主要内容围绕碌曲县水务水电局是否充分履行法定职责进行审理。

◇ 关 键 词

缴纳水资源费；责令职能部门追缴；水行政主管部门；国有资产的持续流失

◇ 基本案情

2000 年 6 月 29 日，碌曲县人民政府与洮河上游明珠水电有限责任公司签订《阿拉山水电站建设经营协议》，由洮河上游明珠水电有限责任公司投资在洮河干流碌曲县西仓乡小阿拉段修建阿拉山水电站。2002 年 12 月 20 日，碌曲县人民政府与洮河上游明珠水电有限责任公司签订了《阿拉山水电站委托建设经营合同书》，合同第 9 条约定："电站建成后，洮河上游明珠水电有限责任公司为建设地小阿拉村每户每月补偿 50 千瓦·时照明电费及 5 年内承担该村所有在校中、小学生的学杂费。碌曲县人民政府免收洮河上游明珠水电有限责任公司（阿拉山水电站）水资源费。"2005 年 8 月 28 日，阿拉山水电站开始发电并投入生产。2010 年 7 月 1 日起甘肃省施行《甘肃省取水许可和水资源费征收管理办法》（甘肃省人民政府令第 67 号）（已失效），办法第 23 条第 2 款规定："任何单位和个人不得减收或者免收取水人应当缴纳的水资源费。"2011 年 4 月 12 日碌曲县水务水电局向碌曲县人民政府请示，要求向阿拉山水电站征收水资源费，经碌曲县人民政府批准后，碌曲县水务水电局向阿拉山水电站征收水资源费，但洮河上游明珠水电有限责任公司以与碌曲县人民政府签订的《阿拉山水电站委托建设经营合同书》第 9 条为由，拒不缴纳水资源费。2011 年 4 月 18 日，碌曲县人民政府责令职能部门追缴，但碌曲县水务水电局并未采取有效执法行为。2018 年 5 月 31 日，碌曲县人民检察院向碌曲县水务水电局作出碌检民（行）行政违监（2018）6230260006 号《检察建议书》，要求碌曲县水务水电局依法履行法定职责足额征收水资源费。2018 年 6 月 11 日，碌曲县水务水电局向洮河上游明珠水电有限责任公司下发了《关于依法追缴洮河上游明珠水电有限责任公司拖欠水资源费的通知》（碌水电字〔2018〕76 号）、《碌水行政执法文书限期缴纳水资源费通知书》（碌水限字〔2018〕第 1 号），限期要求其缴纳拖欠的水资源费。2018 年 10 月 31 日，碌曲县水务水电局向洮河上游明珠水电有限责任公司下发了《关于对洮河上游明珠水电有限责任公司拒不缴纳水资源费依法处罚的通知》（碌水电字［2018］194号）、《碌水行政执法文书限期缴纳水资源费通知书》（碌水限字［2018］第2号）。

起诉人碌曲县人民检察院提出诉讼请求：①确认碌曲县水务水电局未依法全面履行监管职责的行为违法；②判令碌曲县水务水电局依法继续履行法定职责。在诉讼过程中，起诉人碌曲县人民检察院撤回第一项诉讼请求。起诉人认为，碌曲县水务水电局在收缴阿拉山水电站水资源费的执法过程中，怠于充分有效履行法定职责，导致应当收取且能够收取的水资源费长期得不到清缴，损害了国家利益。在碌曲县人民检察院发出督促其履行法定职责的诉前检察建议后，碌曲县水务水电局仅发出相应的执法文书，并未依法采取相应执法措施，造成国有资产的持续流失，碌曲县人民检察院督促整改无效，国家利益仍处于被侵害状态。为促进依法行政，维护水资源管理秩序，挽回国有资产损失，现根据《行政诉讼法》第25条第4款之规定，提起行政公益诉讼，请依法判令碌曲县水务水电局继续依法履行职责，追缴水资源费。

被告碌曲县水务水电局辩称，自甘肃省人民政府令第67号《甘肃省取水许可和水资源费征收管理办法》（已失效）实施后，我局一直试图向阿拉山水电站征收水资源费，也做出了相应的行政行为，由于甘南藏区特殊情况，在履行法定职责过程中确实存在着诸多困难，工作结果不够理想，在今后的工作当中，我局将会继续履行法定职责，就水资源费的征收采取进一步的措施。

❖ 〔裁判结果〕

甘肃合作市人民法院作出判决：被告碌曲县水务水电局在判决生效后60日内继续履行法定职责，向洮河上游明珠水电有限责任公司依法征收水资源费。案件受理费50元，由被告被告碌曲县水务水电局负担。一审判决后，双方均未提起上诉。

❖ 〔裁判理由〕

人民法院生效裁判认为：根据《行政诉讼法》第25条第4款的规定，人民检察院在履行职责中发现生态环境和资源保护、食品药品安全、国有财产保护、国有土地使用权出让等领域负有监督管理职责的行政机关违法行使职权或者不作为，致使国家利益或者社会公共利益受到侵害的，应当向行政机关提出检察建议，督促其依法履行职责。行政机关不依法履行职责的，人民检察院依法向人民法院提起诉讼。本案涉及洮河上游明珠水电有限责任公司欠缴水资源费，属于生态环境和资源保护的公益性质案件。公益诉讼起诉人碌曲县人民检察院具备要求履行行政管理职责的法律监督机关的法定条件。2018年《最高人民法院、最高人民检察院关于检察公益诉讼案件适用法律若干问题的解释》第21条第2款规定："行政机关应当在收到检察建议书之日起两个月内依法履行法定职责，并书面回复人民检察院。出现国家利益或者社会公共利益损害继续扩大等紧急情形的，行政机关应当在十五日内书面回复。"人民法院认为，公益诉讼起诉人碌曲县人民检察院已在提起行政公益诉讼之前，向被告碌曲县水务水电局提出检察建议,督促其依法履行职责。经法庭审理,至本案起诉时,洮河上游明珠水电有限责任公司仍未缴纳水资源费,被告碌曲县水务水电局作为水资源费征收部门,虽在一定程度上履行了征收职责,但未采取相应有效执法措施,未充分全面履行处罚和征收职责,导致国家利益仍处于被侵害状态,被告碌曲县水务水电局仍然有必要继续履行职责。据此,公益诉讼起诉人当庭撤回第一项诉讼请求,予以准许;第二项诉讼请求,予以支持。

◇ 案例评析

本案系检察机关诉水务水电局未全面履行处罚征收职责行政公益诉讼案件。水资源属于国家所有。黄河流域水资源短缺,人民法院应当树立并严格贯彻最严格水资源管理制度的理念,落实水资源有偿使用原则,促进水资源的可持续利用,保障经济社会可持续发展。本案中,碌曲县水务水电局未充分全面履行处罚和征收职责,导致国家水资源权益处于长期被侵害状态。人民法院依法判令行政机关对长期不缴纳水资源费的水电站全面履行水资源利用监管和征缴法定职责,督促行政机关严格执行水资源开发利用控制红线,切实落实水资源有偿使用制度,对水资源节约、保护与合理开发利用起到监督和引导作用。

二、知识凝练

◇ 专业知识

1. 《水法》中部分词汇的含义。

(1) 水资源:包括地表水和地下水。

(2) 水资源战略规划:开发、利用、节约、保护水资源和防治水害,应当按照流域、区域统一制定规划。规划分为流域规划和区域规划。流域规划包括流域综合规划和流域专业规划;区域规划包括区域综合规划和区域专业规划。

(3) 上述综合规划:是指根据经济社会发展需要和水资源开发利用现状编制的开发、利用、节约、保护水资源和防治水害的总体部署。

(4) 上述专业规划:是指防洪、治涝、灌溉、航运、供水、水力发电、竹木流放、渔业、水资源保护、水土保持、防沙治沙、节约用水等规划。

2. 《取水许可和水资源费征收管理条例》中部分词汇的含义。

(1) 水工程:是指在江河、湖泊和地下水源上开发、利用、控制、调配和保护水资源的各类工程。

(2) 取水:是指利用取水工程或者设施直接从江河、湖泊或者地下取用水资源。

(3) 取水工程或者设施:是指闸、坝、渠道、人工河道、虹吸管、水泵、水井以及水电站等。

3. 水资源费征收。《水资源费征收使用管理办法》第 2 条规定:"水资源费属于政府非税收入,全额纳入财政预算管理。"直接从江河、湖泊或者地下取用水资源的单位(包括中央直属水电厂和火电厂)和个人,除按《取水许可和水资源费征收管理条例》

第4条规定不需要申领取水许可证的情形外，均应按照本办法规定缴纳水资源费。对从事农业生产取水征收水资源费，按照《取水许可和水资源费征收管理条例》有关规定执行。

水资源费由县级以上地方水行政主管部门按照取水审批权限负责征收。其中，由流域管理机构审批取水的，水资源费由取水口所在地省、自治区、直辖市水行政主管部门代为征收。按照国务院或其授权部门批准的跨省、自治区、直辖市水量分配方案调度的水资源，由调入区域水行政主管部门按照取水审批权限负责征收水资源费。其他跨省、自治区、直辖市实施的调水，水资源费的征收机关和资金分配，由相关省、自治区、直辖市人民政府协商确定，并报财政部、国家发展改革委、水利部审核同意后执行。相关省、自治区、直辖市不能协商一致的，由流域管理机构提出意见，报财政部、国家发展改革委、水利部审批确定。

水资源费征收标准，由各省、自治区、直辖市价格主管部门会同同级财政部门、水行政主管部门制定，报本级人民政府批准，并报国家发展改革委、财政部和水利部备案。其中，由流域管理机构审批取水的中央直属和跨省、自治区、直辖市水利工程的水资源费征收标准，由国家发展改革委会同财政部、水利部制定。

水资源费缴纳数额根据取水口所在地水资源费征收标准和实际取水量确定。水力发电用水和火力发电贯流式冷却用水的水资源费缴纳数额，可以根据取水口所在地水资源费征收标准和实际发电量确定。对开采矿产资源用水，不得按矿产品开采量计征水资源费。所有取水单位和个人均应安装取水计量设施。因取水单位和个人原因未安装取水计量设施或者计量设施不能准确计量取水量的，由水行政主管部门按照其最大取水能力核定取水量，并按核定的取水量确定水资源费征收数额。

水资源费按月征收。取水单位和个人应按月向负责征收水资源费的水行政主管部门报送取水量（或发电量）。负责征收水资源费的水行政主管部门按照核定的取水量（或发电量）和规定的征收标准，确定水资源费征收数额，并按月向取水单位和个人送达水资源费缴纳通知单。缴纳通知单应载明缴费标准、取水量（或发电量）、缴费数额、缴费时间和地点等事项。其中，流域管理机构审批取水的，取水量（或发电量）由取水口所在地省、自治区、直辖市水行政主管部门商流域管理机构核定。取水单位和个人应当自收到缴纳通知单之日起7日内办理缴款手续。

◇ 相关法条

1.《行政诉讼法》：

第二十五条第四款 人民检察院在履行职责中发现生态环境和资源保护、食品药品安全、国有财产保护、国有土地使用权出让等领域负有监督管理职责的行政机关违法行使职权或者不作为，致使国家利益或者社会公共利益受到侵害的，应当向行政机关提出检察建议，督促其依法履行职责。行政机关不依法履行职责的，人民检察院依法向人民法院提起诉讼。

第六十三条第一款 人民法院审理行政案件，以法律和行政法规、地方性法规为依据。地方性法规适用于本行政区域内发生的行政案件。

第七十二条 人民法院经过审理，查明被告不履行法定职责的，判决被告在一定期限内履行。

2.《水法》：

第七条 国家对水资源依法实行取水许可制度和有偿使用制度。但是，农村集体经济组织及其成员使用本集体经济组织的水塘、水库中的水的除外。国务院水行政主管部门负责全国取水许可制度和水资源有偿使用制度的组织实施。

第七十条 拒不缴纳、拖延缴纳或者拖欠水资源费的，由县级以上人民政府水行政主管部门或者流域管理机构依据职权，责令限期缴纳；逾期不缴纳的，从滞纳之日起按日加收滞纳部分千分之二的滞纳金，并处应缴或者补缴水资源费一倍以上五倍以下的罚款。

3.《最高人民法院、最高人民检察院关于检察公益诉讼案件适用法律若干问题的解释》（法释〔2020〕20号）：

第二十一条第二款 行政机关应当在收到检察建议书之日起两个月内依法履行职责，并书面回复人民检察院。出现国家利益或者社会公共利益损害继续扩大等紧急情形的，行政机关应当在十五日内书面回复。

三、课后延伸

相关案例

1. 石嘴山市惠农区人民检察院诉石嘴山市惠农区农业农村和水务局行政公益诉讼案（黄河流域生态环境司法保护典型案例）。

2. 安徽省芜湖市弋江区人民检察院诉芜湖市农业农村局行政公益诉讼案（最高人民法院、最高人民检察院联合发布生态环境保护检察公益诉讼典型案例）。

3. 重庆市人民检察院第一分院诉长寿区水利局长寿区农业农村委员会行政公益诉讼案（最高人民法院、最高人民检察院联合发布生态环境保护检察公益诉讼典型案例）。

延伸思考

1. 思考一下，碌曲县人民政府与洮河上游明珠水电有限责任公司签订了《阿拉山水电站委托建设经营合同书》，合同第9条约定："电站建成后，洮河上游明珠水电有限责任公司为建设地小阿拉村每户每月补偿50千瓦·时照明电费及5年内承担该村所有在校中、小学生的学杂费。碌曲县人民政府免收洮河上游明珠水电有限责任公司（阿拉山水电站）水资源费。"上述行为是否符合法律规定？为何不能成为企业拒绝缴费的理由？

2. 碌曲县水务水电局多次发文通知洮河上游明珠水电有限责任公司补缴水资源费及滞纳金罚款，为何人民法院依然判定其未充分履行法定职责，请结合法律法规和事实作简要论述？

3. 结合本案,阐述判决后碌曲县水务水电局应当如何继续履行法定职责?

第六节　突发水环境污染事件赔偿磋商案件

突发水环境污染事件通常是由于污染物排放、自然灾害、生产安全事故等因素,导致有毒有害污染物进入水体环境,突然造成或者可能造成环境质量下降、生态环境破坏、危及公众身体健康和财产安全,容易引发社会关注,形成重大社会影响,并且往往涉及领域广、部门多,突发性和偶发性特点明显,协调联动难度大,处置过程既要合法还必须高效。本节重点收录并研究突发水环境污染事件赔偿磋商案件。

赤泥浆输送管道泄漏案

一、教学案例

◇ 案例索引

本案摘自生态环境部公布第二批生态环境损害赔偿磋商十大典型案例

◇ 案情摘要

本案系重庆市南川区生态环境局对重庆市南川区先锋氧化铝有限公司赤泥浆输送管道泄漏污染行为立案处罚,并启动生态环境损害赔偿。本案采取磋商程序,组织生态环境损害鉴定评估,量化生态环境损害金额,协商达成赔偿协议,实施生态修复和赤泥浆输送管道整改。

◇ 关 键 词

突发环境事件;生态环境损害赔偿磋商;多部门联动;公众参与

◇ 基本案情

1. 线索来源。2020年3月12日,重庆市南川区生态环境局接到群众电话,反映凤咀江福南桥段河面有死鱼的情况,立即安排执法人员现场检查,发现赤泥料浆泄漏进入凤咀江,水体呈现蓝白相间的颜色,大量鱼类死亡。重庆市生态环境局会同南川区生态环境局立即启动突发事件应急处置工作,并组织开展生态环境损害鉴定评估。2020年3月17日水质达标,解除应急响应。

2. 调查评估。调查发现,该公司赤泥浆输送管道焊接处因长期高压冲击发生破裂,17立方米赤泥浆流入凤咀江顺流而下,致使水体碱度升高,鱼类碱中毒和鳃堵塞缺氧死亡。经第三方机构鉴定评估,本次泄漏事故定性为一般(Ⅳ级)突发环境事件,凤咀江水生态环境、天然渔业资源等受到严重损害。泄漏点至下游约31.6千米河段水体pH值升高;泄漏点下游河段14-15千米约42公顷水域中鲫鱼、黄颡鱼、土鲶等10余种鱼因窒息、碱中毒死亡,累计1300多公斤;生态环境损害量化金额为70.58万元。2020年5月25日,南川区生态环境局依法作出罚款1.9万元的行政处罚。

3. 磋商情况。2020年6月10日,重庆市生态环境局召开磋商前沟通会议。7月2

日,召开了磋商会议,并邀请市人民检察院第三分院、市农业农村委,南川区生态环境局、南川区农业农村委等部门全程参与。重点围绕天然渔业资源损害费用、损害赔偿方式和增殖放流方案以及防止损害再次发生等问题进行磋商。

❖〔磋商协议〕

经磋商达成一致意见并签订赔偿协议,由该公司承担生态环境损害赔偿费用共计106.95万元,其中包括主动投入36.37万元对跨江管道实施整改。2020年7月14日,双方向重庆市渝北区人民法院申请司法确认;2020年9月15日,人民法院裁定赔偿协议有效。

❖〔协议履行〕

2020年7月17日,该公司向重庆市财政专户缴纳生态环境损害赔偿资金25.188万元;2020年9月8日,按照修复方案,在重庆市生态环境局、市人民检察院第三分院、市农业农村委和南川区生态环境局、南川区农业农村委、南川区渔政等部门以及重庆电视台等新闻媒体的监督下,邀请当地居委会、村民代表参与修复,在凤咀江边4个点位增殖放流瓦氏黄颡鱼、白甲鱼等鱼苗约20.5万尾,价值35.39万元。重庆电视台、重庆日报、上游新闻、华龙网等新闻媒体进行了专题报道。2020年9月26日,完成了跨江赤泥浆输送管道密封罩和废水收集池整改验收。

❖〔经验做法〕

该案系重庆市首例突发环境事件应急处置与生态环境损害赔偿同步追责的案件。在创新索赔工作机制、宣传教育等方面积累了较好的经验。

1. 突发环境事件处置与生态环境损害评估同步开展,实现应急处置费用和生态环境损害赔偿一并追赔。突发环境事件发生后,往往由有关政府或有关行政主管部门牵头处置并垫付处置费用,处置结束后再依法追赔。该案在突发环境事件处置阶段同步开展生态环境损害鉴定评估,及时固定有效证据材料,保障生态环境损害鉴定评估的有效性和准确性。该案应急处置及时,生态环境损害赔偿到位,既解决突发环境事件处置费用垫付问题,又节省了处置费用另案追赔诉讼成本。

2. 创新索赔工作机制,多部门齐抓共管、统筹推进。该案对水生态环境、天然渔业资源等造成损害,涉及生态环境和农业农村等多个部门。生态环境部门充分发挥牵头抓总作用,创新工作机制,完善行政执法与生态环境损害赔偿案件线索的衔接,强化横向纵向联动,实现了案件的快速推动。

3. 创新公众参与方式,提高企业环境责任意识。通过强化宣传教育,落实企业主体责任,促使企业从"不愿赔",到"应该赔",转变为"主动赔",积极履行赔偿责任,整改环保设施设备,开展增殖放流修复,自愿接受新闻媒体采访。同时,邀请检察机关、专家、当地居委会及村民代表和新闻媒体参加磋商和增殖放流工作,接受公众监督。该案整合了司法机关、行政机关、企业、公众、媒体等各方力量,共同推动生态环境损害赔偿制度实施,对推进"环境有价、损害担责"理念深入人心起到了积极示范作用。

◇ 案例评析

本案在处理过程中，充分体现了执法者的法律意识与专业素养。首先是案件处理及时，多个部门及时联动，保证了突发环境事件的有效处置；其次是处理过程合法且高效，特别是磋商过程，无论从程序还是实体上看，都是在严格遵守相关法律制度层面上展开的；再次是真正体现了环境问题需要多元共治的精神，这也是本案最值得总结的地方，包括政府各部门之间的协调配合，行政主管部门与司法机关之间的联动，行政主管部门与行政管理相对人之间的互动，以及广大社会公众积极主动的参与。

二、知识凝练

◇ 专业知识

1. 突发环境事件分级标准。

（1）特别重大突发环境事件。凡符合下列情形之一的，为特别重大突发环境事件：因环境污染直接导致30人以上死亡或100人以上中毒或重伤的；因环境污染疏散、转移人员5万人以上的；因环境污染造成直接经济损失1亿元以上的；因环境污染造成区域生态功能丧失或该区域国家重点保护物种灭绝的；因环境污染造成设区的市级以上城市集中式饮用水水源地取水中断的；Ⅰ、Ⅱ类放射源丢失、被盗、失控并造成大范围严重辐射污染后果的；放射性同位素和射线装置失控导致3人以上急性死亡的；放射性物质泄漏，造成大范围辐射污染后果的；造成重大跨国境影响的境内突发环境事件。

（2）重大突发环境事件。凡符合下列情形之一的，为重大突发环境事件：因环境污染直接导致10人以上30人以下死亡或50人以上100人以下中毒或重伤的；因环境污染疏散、转移人员1万人以上5万人以下的；因环境污染造成直接经济损失2000万元以上1亿元以下的；因环境污染造成区域生态功能部分丧失或该区域国家重点保护野生动植物种群大批死亡的；因环境污染造成县级城市集中式饮用水水源地取水中断的；Ⅰ、Ⅱ类放射源丢失、被盗的；放射性同位素和射线装置失控导致3人以下急性死亡或者10人以上急性重度放射病、局部器官残疾的；放射性物质泄漏，造成较大范围辐射污染后果的；造成跨省级行政区域影响的突发环境事件。

（3）较大突发环境事件。凡符合下列情形之一的，为较大突发环境事件：因环境污染直接导致3人以上10人以下死亡或10人以上50人以下中毒或重伤的；因环境污染疏散、转移人员5000人以上1万人以下的；因环境污染造成直接经济损失500万元以上2000万元以下的；因环境污染造成国家重点保护的动植物物种受到破坏的；因环境污染造成乡镇集中式饮用水水源地取水中断的；Ⅲ类放射源丢失、被盗的；放射性同位素和射线装置失控导致10人以下急性重度放射病、局部器官残疾的；放射性物质泄漏，造成小范围辐射污染后果的；造成跨设区的市级行政区域影响的突发环境事件。

（4）一般突发环境事件。凡符合下列情形之一的，为一般突发环境事件：因环污染直接导致 3 人以下死亡或 10 人以下中毒或重伤的；因环境污染疏散、转移人员 5000 人以下的；因环境污染造成直接经济损失 500 万元以下的；因环境污染造成跨县级行政区域纠纷，引起一般性群体影响的；Ⅳ、Ⅴ类放射源丢失、被盗的；放射性同位素和射线装置失控导致人员受到超过年剂量限值的照射的；放射性物质泄漏，造成厂区内或设施内局部辐射污染后果的；铀矿冶、伴生矿超标排放，造成环境辐射污染后果的；对环境造成一定影响，尚未达到较大突发环境事件级别的。

上述分级标准有关数量的表述中，"以上"含本数，"以下"不含本数。

2. 生态环境损害赔偿制度改革方案明确的工作内容。

（1）明确赔偿范围。生态环境损害赔偿范围包括清除污染费用、生态环境修复费用、生态环境修复期间服务功能的损失、生态环境功能永久性损害造成的损失以及生态环境损害赔偿调查、鉴定评估等合理费用。

（2）确定赔偿义务人。违反法律法规，造成生态环境损害的单位或个人，应当承担生态环境损害赔偿责任，做到应赔尽赔。现行民事法律和资源环境保护法律有相关免除或减轻生态环境损害赔偿责任规定的，按相应规定执行。

（3）明确赔偿权利人。国务院授权省级、市地级人民政府（包括直辖市所辖的区县级人民政府，下同）作为本行政区域内生态环境损害赔偿权利人。省域内跨市地的生态环境损害，由省级人民政府管辖；其他工作范围划分由省级人民政府根据本地区实际情况确定。省级、市地级人民政府可指定相关部门或机构负责生态环境损害赔偿具体工作。省级、市地级人民政府及其指定的部门或机构均有权提起诉讼。跨省域的生态环境损害，由生态环境损害地的相关省级人民政府协商开展生态环境损害赔偿工作。

在健全国家自然资源资产管理体制试点区，受委托的省级人民政府可指定统一行使全民所有自然资源资产所有者职责的部门负责生态环境损害赔偿具体工作；国务院直接行使全民所有自然资源资产所有权的，由受委托代行该所有权的部门作为赔偿权利人开展生态环境损害赔偿工作。

（4）开展赔偿磋商。经调查发现生态环境损害需要修复或赔偿的，赔偿权利人根据生态环境损害鉴定评估报告，就损害事实和程度、修复启动时间和期限、赔偿的责任承担方式和期限等具体问题与赔偿义务人进行磋商，统筹考虑修复方案技术可行性、成本效益最优化、赔偿义务人赔偿能力、第三方治理可行性等情况，达成赔偿协议。对经磋商达成的赔偿协议，可以依照民事诉讼法向人民法院申请司法确认。经司法确认的赔偿协议，赔偿义务人不履行或不完全履行的，赔偿权利人及其指定的部门或机构可向人民法院申请强制执行。磋商未达成一致的，赔偿权利人及其指定的部门或机构应当及时提起生态环境损害赔偿民事诉讼。

（5）完善赔偿诉讼规则。各地人民法院要按照有关法律规定、依托现有资源，由环境资源审判庭或指定专门法庭审理生态环境损害赔偿民事案件；根据赔偿义务人主观过错、经营状况等因素试行分期赔付，探索多样化责任承担方式。

生态环境损害赔偿制度与环境公益诉讼之间衔接等问题，由最高人民法院商有关部门根据实际情况制定指导意见予以明确。

（6）加强生态环境修复与损害赔偿的执行和监督。赔偿权利人及其指定的部门或机构对磋商或诉讼后的生态环境修复效果进行评估，确保生态环境得到及时有效修复。生态环境损害赔偿款项使用情况、生态环境修复效果要向社会公开，接受公众监督。

（7）规范生态环境损害鉴定评估。各地区要加快推进生态环境损害鉴定评估专业力量建设，推动组建符合条件的专业评估队伍，尽快形成评估能力。研究制定鉴定评估管理制度和工作程序，保障独立开展生态环境损害鉴定评估，并做好与司法程序的衔接。为磋商提供鉴定意见的鉴定评估机构应当符合国家有关要求；为诉讼提供鉴定意见的鉴定评估机构应当遵守司法行政机关等的相关规定规范。

（8）加强生态环境损害赔偿资金管理。经磋商或诉讼确定赔偿义务人的，赔偿义务人应当根据磋商或判决要求，组织开展生态环境损害的修复。赔偿义务人无能力开展修复工作的，可以委托具备修复能力的社会第三方机构进行修复。修复资金由赔偿义务人向委托的社会第三方机构支付。赔偿义务人自行修复或委托修复的，赔偿权利人前期开展生态环境损害调查、鉴定评估、修复效果后评估等费用由赔偿义务人承担。

赔偿义务人造成的生态环境损害无法修复的，其赔偿资金作为政府非税收入，全额上缴同级国库，纳入预算管理。赔偿权利人及其指定的部门或机构根据磋商或判决要求，结合本区域生态环境损害情况开展替代修复。

◇ 相关法条

1.《水污染防治法》：

第九十四条第一款 企业事业单位违反本法规定，造成水污染事故的，除依法承担赔偿责任外，由县级以上人民政府环境保护主管部门依照本条第二款的规定处以罚款，责令限期采取治理措施，消除污染；未按照要求采取治理措施或者不具备治理能力的，由环境保护主管部门指定有治理能力的单位代为治理，所需费用由违法者承担；对造成重大或者特大水污染事故的，还可以报经有批准权的人民政府批准，责令关闭；对直接负责的主管人员和其他直接责任人员可以处上一年度从本单位取得的收入百分之五十以下的罚款；有《中华人民共和国环境保护法》第六十三条规定的违法排放水污染物等行为之一，尚不构成犯罪的，由公安机关对直接负责的主管人员和其他直接责任人员处十日以上十五日以下的拘留；情节较轻的，处五日以上十日以下的拘留。

第九十七条 因水污染引起的损害赔偿责任和赔偿金额的纠纷，可以根据当事人的请求，由环境保护主管部门或者海事管理机构、渔业主管部门按照职责分工调解处理；调解不成的，当事人可以向人民法院提起诉讼。当事人也可以直接向人民法院提起诉讼。

2.《生态环境损害赔偿管理规定》（环法规〔2022〕31号）：

第五条 生态环境损害赔偿范围包括：

（一）生态环境受到损害至修复完成期间服务功能丧失导致的损失；

（二）生态环境功能永久性损害造成的损失；

（三）生态环境损害调查、鉴定评估等费用；

（四）清除污染、修复生态环境费用；

（五）防止损害的发生和扩大所支出的合理费用。

第七条 赔偿权利人及其指定的部门或机构开展以下工作：

（一）定期组织筛查案件线索，及时启动案件办理程序；

（二）委托鉴定评估，开展索赔磋商和作为原告提起诉讼；

（三）引导赔偿义务人自行或委托社会第三方机构修复受损生态环境，或者根据国家有关规定组织开展修复或替代修复；

（四）组织对生态环境修复效果进行评估；

（五）其他相关工作。

第八条 违反国家规定，造成生态环境损害的单位或者个人，应当按照国家规定的要求和范围，承担生态环境损害赔偿责任，做到应赔尽赔。民事法律和资源环境保护等法律有相关免除或者减轻生态环境损害赔偿责任规定的，按相应规定执行。

赔偿义务人应当依法积极配合生态环境损害赔偿调查、鉴定评估等工作，参与索赔磋商，实施修复，全面履行赔偿义务。

第二十条 调查期间，赔偿权利人及其指定的部门或机构，可以根据相关规定委托符合条件的环境损害司法鉴定机构或者生态环境、自然资源、住房和城乡建设、水利、农业农村、林业和草原等国务院相关主管部门推荐的机构出具鉴定意见或者鉴定评估报告，也可以与赔偿义务人协商共同委托上述机构出具鉴定意见或者鉴定评估报告。

对损害事实简单、责任认定无争议、损害较小的案件，可以采用委托专家评估的方式，出具专家意见；也可以根据与案件相关的法律文书、监测报告等资料，综合作出认定。专家可以从市地级及以上政府及其部门、人民法院、检察机关成立的相关领域专家库或者专家委员会中选取。鉴定机构和专家应当对其出具的鉴定意见、鉴定评估报告、专家意见等负责。

3.《突发环境事件应急管理办法》（中华人民共和国环境保护部令第34号）：

第二十六条 获知突发环境事件信息后，县级以上地方环境保护主管部门应当立即组织排查污染源，初步查明事件发生的时间、地点、原因、污染物质及数量、周边环境敏感区等情况。

第二十八条 应急处置期间，事发地县级以上地方环境保护主管部门应当组织开展事件信息的分析、评估，提出应急处置方案和建议报本级人民政府。

第三十三条 县级以上地方环境保护主管部门应当在本级人民政府的统一领导下，参与制定环境恢复工作方案，推动环境恢复工作。

第三十六条第一款 县级以上环境保护主管部门应当在职责范围内向社会公开有关突发环境事件应急管理的规定和要求，以及突发环境事件应急预案及演练情况等环境信息。

第三十七条第一款 企业事业单位违反本办法规定，导致发生突发环境事件，《中华人民共和国突发事件应对法》《中华人民共和国水污染防治法》《中华人民共和国大气污染防治法》《中华人民共和国固体废物污染环境防治法》等法律法规已有相关处罚规定的，依照有关法律法规执行。

三、课后延伸

相关案例

1. 黑龙江省伊春市某公司尾矿库泄漏污染部分河段、农田及林地生态环境损害赔偿案（生态环境部公布第三批生态环境损害赔偿磋商十大典型案例）。

2. 新疆维吾尔自治区伊犁哈萨克自治州人民检察院诉乌鲁木齐市某运输公司、伊犁某材料公司、山东省某化工厂环境污染民事公益诉讼案（最高人民法院、最高人民检察院联合发布生态环境保护检察公益诉讼典型案例）。

延伸思考

1. 结合本案简要叙述一下，生态环境部门在处置突发水环境污染事件时的职责和工作流程？
2. 企业事业单位的环境安全主体责任有哪些？
3. 我国在预防突发环境污染事件方面是如何规定的？

第四章 土壤生态环境损害案件

 学习目标

1. 知识目标：了解土壤生态环境损害所涵盖的范围，了解相关专业知识的基本概念，了解现行法律法规及土壤类环境损害案件的司法审判现状。
2. 能力目标：能够从案件中找出关键信息，把握案件整体走向，能够厘清案件争议焦点及审判要点，能够掌握人民法院审判案件时的法律适用并融会贯通到其他案件。
3. 素质目标：能够形成绿色发展的理念，树立客观公正的法律精神。
4. 养成目标：激发环保意识和责任感，树立环境保护意识，认识新时代我国生态环境政策。

 思维导图

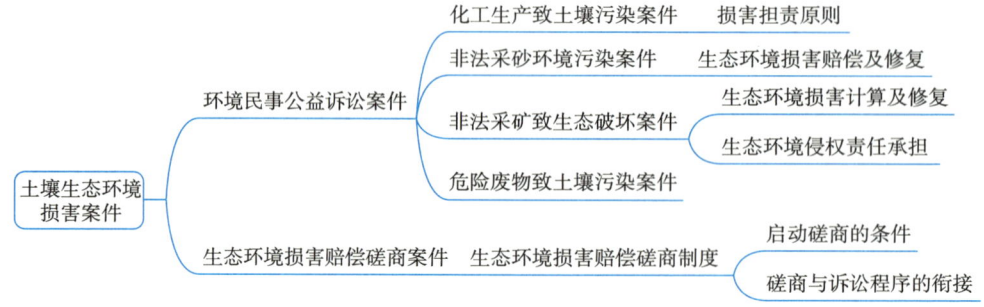

 内容提要

根据生态环境部发布的《2023中国生态环境状况公报》，全国土壤环境风险得到基本管控，土壤污染加重趋势得到初步遏制。农用地土壤环境状况总体稳定，受污染耕地安全利用率达到91%以上。重点建设用地安全利用得到有效保障。《土壤污染防治法》进一步完善了生态环境保护的法律制度体系，其颁布实施是贯彻习近平生态文明思想、落实党中央生态环境保护重大决策部署的重要举措，为生态环境部门土壤污染防治工作提供了法治保障。

土壤生态环境损害案件具有潜伏性和可逆性差的特点，在司法实务中判罚不是最终目的，如何修复受损环境才是关键，本章选取了影响颇深的常外"毒地"案及典型的土壤污染案件，旨在通过可视化的法律适用过程为企业及个人敲响警钟。

第一节　化工生产致土壤污染民事公益诉讼案件

随着城市化进程的加快，在各地产业结构和城市布局调整中，许多化工、冶金、钢铁、轻工、机械制造等行业的企业或生产经营单位逐渐从城市外迁，原有的土地使用性质发生改变，这些搬迁遗留的工业场地，由于早些年粗放的工业生产模式，可能会对场地土壤和地下水造成不同程度的污染。场地直接开发利用，污染物可能通过空气、皮肤等方式进入人体，日积月累，将威胁人体健康并可能引发一系列社会问题。本节主要就化工生产引发的土壤环境损害案件进行分析。

常外"毒地"案

一、教学案例

◇ 案例索引

江苏省常州市中级人民法院（2016）苏 04 民初 214 号

江苏省高级人民法院（2017）苏民终 232 号

◇ 案情摘要

本案系自然之友、中国生物多样性保护与绿色发展基金会（简称绿发会）诉江苏常隆化工有限公司（简称常隆公司）、常州市常宇化工有限公司（简称常宇公司）、江苏华达化工集团有限公司（简称华达公司）土壤污染环境民事公益诉讼案。案件主要围绕土壤污染损害担责原则进行审理，目前移交最高人民法院提请再审。

◇ 关 键 词

环境民事公益诉讼；土壤污染；损害担责原则；司法适用

◇ 基本案情

2016 年常州外国语学校（简称常外）因土壤污染事件备受社会关注。据媒体报道，自 2015 年 9 月常外搬到与常隆（华达、常宇）公司原厂址地块一路之隔的新校址后，学生陆续出现身体不适的症状。先后有 641 名学生被送到医院进行检查，其中多达 493 人出现皮炎、湿疹、支气管炎、血液指标异常、白细胞减少等异常症状，个别还被查出了淋巴癌、白血病等恶性疾病。常隆（华达、常宇）公司原厂址地块上曾经存在着常隆公司、常宇公司、华达公司三家公司，其均系化工企业。2011 年 3 月至 5 月，常州市新北区人民政府拟对常隆（华达、常宇）公司原厂址地块进行商业住宅项目开发，委托原常州市环境保护研究所对地块内土壤和地下水污染情况进行调查，结果显示地块土壤和地下水污染严重，环境风险不可接受，必须实施修复。基于此，自然之友、绿发会向常州市中级人民法院提起环境民事公益诉讼。

一审人民法院经审理后认为，长期化工生产经营对常隆（华达、常宇）公司原厂址地块的土壤、地下水造成了污染，不仅损害了土地使用权人利益，而且具有损害社会公共利益的风险。但是，一方面，针对常隆（华达、常宇）公司原厂址地块曾先后存在多种产权形式生产企业的事实，自然之友、绿发会并未提交可以清晰界定常隆公司、常宇公司、华达公司与改制前各个阶段生产企业各自应当承担的环境污染侵权责任范围、责任形式、责任份额以及责任金额的证据；另一方面，常隆（华达、常宇）公司原厂址地块的环境污染监测、环境污染损害修复工作已由常州市新北区人民政府组织开展且仍在实施中，环境污染风险已得到有效控制，常隆公司、常宇公司、华达公司亦无可能取代政府实施环境修复行为，自然之友、绿发会所诉请的维护环境公共利益的诉讼目的已在逐步实现。据此，一审人民法院判决驳回了自然之友和绿发会的诉讼请求。自然之友和绿发会不服该判决提起上诉，江苏省高级人民法院在二审中同样认为，基于损害担责原则，常隆公司、常宇公司、华达公司实施了污染环境的行为，应当承担相应的侵权责任。不管其是否历经企业改制还是政府已对涉案地块的国有土地使用权进行了收储，均不是法定的不承担侵权责任或减轻责任的情形。案涉地块存在其他污染责任单位亦不影响其对自身污染行为承担环境侵权责任。但是，在地方人民政府已经对案涉地块进行风险管控和修复的情况下，因其所组织实施的风险管控、修复范围已经涵盖常隆公司、常宇公司、华达公司的侵权责任范围，且风险管控、修复工作已经取得阶段性成效，故目前没有判令常隆公司、常宇公司、华达公司组织实施风险管控、修复的必要性。基于前述理由，二审人民法院依法驳回了自然之友、绿发会关于常隆公司、常宇公司、华达公司承担污染风险管控和修复责任的诉讼请求。

❖ 〔裁判结果〕

（一）一审判决环保组织承担天价诉讼费

一审判决认为，由于政府已经采取了行动，该案的公益目的逐步实现了，所以化工厂没事了。人民法院认为，既然政府已经在修复了95%的土壤和地下水，环境正在得到保护，后续也不会产生环境污染，没有损害就没有责任，所以化工厂也不用消除危险、赔偿环境修复费用以及赔礼道歉。至于189万元天价"诉讼费"的问题，是因为环保组织提起诉讼的时候，主张化工厂赔3.7亿元修复费，而且环保组织也没有申请要求减免诉讼费，因此按照3.7亿元的标的算，承担189万元的诉讼费。

（二）二审判决化工厂赔礼道歉

二审认为化工厂应该承担责任，赔礼道歉。第一，化工厂实施了污染环境行为，应该承担责任，在其搬迁过程中对于工业固废处置不当，应该向社会公众赔礼道歉。第二，政府收储案涉地块后，其风险管控、修复工作已经取得阶段性成效，表明"消除污染"这个目标已经基本实现了，就没必要在化工厂重复做修复了。第三，至于3.7亿元修复费，不属于该案的范围。环境公益诉讼的被告承担环境修复责任的方式有两种，一是自己进行修复，二是花钱请人进行修复。常州市人民政府已经在做修复了，如果政府部门认为相关修复费用由化工厂分担，应该由政府向化工厂要，而不是环保组织来要。第四，关于诉讼费，环保组织提出的赔礼道歉之类的要求是非财产诉求，这是优先诉求，按规定收 100 元诉讼费。而 3.7 亿元的修复费是在"消除危害"不能实现的时候的第二诉求，而且因为无法确定后续治理所需费用，所以 3.7 亿元的数字也不准，不能作为案件受理费的计算依据。

✥ 〔裁判理由〕

一、关于被上诉人是否应当承担环境污染侵权责任问题

（一）本案属于环境公益诉讼案件的受案范围

《最高人民法院关于审理环境民事公益诉讼案件适用法律若干问题的解释》第 18 条规定："对污染环境、破坏生态，已经损害社会公共利益或者具有损害社会公共利益重大风险的行为，原告可以请求被告承担停止侵害、排除妨碍、消除危险、恢复原状、赔偿损失、赔礼道歉等民事责任。"本案被上诉人常隆公司、常宇公司、华达公司长期从事农药、化工生产，导致案涉地块土壤、地下水受到严重污染，对周边生态环境及人群健康造成重大风险。虽然新北区人民政府收储案涉地块后，组织实施了污染风险管控和修复，但截至上诉人自然之友、绿发会于 2016 年 5 月提起本案公益诉讼时，案涉地块污染风险管控、修复尚未全部完成，其中地下水的修复尚未开展。因此，被上诉人认为本案不存在污染损害社会公共利益的情形，不属于环境公益诉讼受案范围的抗辩理由与事实相悖，本院不予支持。

（二）被上诉人应当承担环境污染侵权责任

1. 污染者担责是法律确定的环境保护的基本原则。《环境保护法》第 5 条明确将损害担责确定为环境保护的基本原则。《侵权责任法》（已失效）第 65 条规定："因污染环境造成损害的，污染者应当承担侵权责任。"被上诉人常隆公司、常宇公司、华达公司实施了污染环境的行为，应当承担相应的侵权责任。

2. 被上诉人应对企业改制前的污染行为承担环境侵权责任。三家被上诉人企业虽历经改制，但改制只是企业经营体制、股权结构、管理方式等发生变化，企业主体一直延续而未终止或灭失。三家被上诉人企业应当对其企业改制前的污染损害行为承担环境侵权责任。被上诉人常宇公司提出的其成立后未在案涉地块实施化工生产，没有对案涉地块造成环境污染，因此不承担污染责任的抗辩，没有事实和法律依据，本院不予支持。

3. 政府收储不是法定的不承担侵权责任或减轻责任的情形。《侵权责任法》（已失效）第 66 条规定："因污染环境发生纠纷，污染者应当就法律规定的不承担责任或者减轻责任的情形及其行为与损害之间不存在因果关系承担举证责任。"三家被上诉人企业主张在改制过程中未计入环境污染侵权责任所产生的债务，因此企业改制前生产经营行为产生的污染责任应当由企业出卖方相关地方人民政府承担，并非法律规定的不承担责任或者减轻责任的情形，本院不予支持。三家被上诉人企业认为其原有的案涉地块国有土地使用权已被收储，土地使用权已经依法转让，相关侵权责任应当由土地受让人地方人民政府承担，亦非法律规定的不承担责任或者减轻责任的情形，本院不

4. 案涉地块存在其他污染责任单位不影响被上诉人对其自身污染行为承担环境侵权责任。被上诉人常宇公司、华达公司主张，其位于案涉地块的原厂区曾有与其不存在法律上承继关系的其他单位进行过化工生产，所造成的污染与其无关。《侵权责任法》（已失效）第12条规定："二人以上分别实施侵权行为造成同一损害，能够确定责任大小的，各自承担相应的责任；难以确定责任大小的，平均承担赔偿责任。"根据相关调查、评估，三家被上诉人企业各自原厂区内土壤和地下水超标污染物种类，重点污染物的区域、点位、种类、浓度和生物毒性的区域、级别等与三家被上诉人企业在案涉地块厂区内各类产品生产区、辅助生产区、办公生活区、污水处理与仓储区等区域基本对应，可以印证案涉场地污染主要系三家被上诉人企业从事农药、化工生产所致。因此，被上诉人常宇公司、华达公司应当就其生产经营行为对案涉场地造成的环境污染承担相应的侵权责任。

二、关于被上诉人是否应当承担污染风险管控和修复责任问题

虽然根据《最高人民法院关于审理环境民事公益诉讼案件适用法律若干问题的解释》第18条的规定，本案上诉人具有要求被上诉人承担案涉场地环境污染风险管控和修复责任的请求权，但在地方人民政府已经对案涉地块进行风险管控和修复的情况下，该项诉讼请求难以支持。

（一）地方人民政府组织实施污染风险管控、修复与污染者担责并无冲突

组织实施污染风险管控和修复是污染者的法律义务而不是法律权利，不具有人身专属性和排他性，并不产生排除其他主体实施污染风险管控、修复以维护社会公共利益的效力。其他主体组织实施风险管控、修复既不等同于其在承担环境污染侵权责任，也不与污染者担责的归责原则相冲突。

工业污染场地尤其是化工、农药企业污染场地的环境治理修复难度大、周期长，需要较强的组织管理能力、专业技术能力以及高度的责任意识。地方人民政府组织实施风险防控和修复，在资金保障、资源调度、组织管理等各方面均有其优势。

（二）地方人民政府组织实施的风险管控、修复范围已经涵盖被上诉人的侵权责任范围

环境污染侵权行为往往具有一个侵权行为同时侵犯不同主体多种权益的特点。案涉地块因长期化工、农药生产而受到污染，不仅损害了土地所有者、使用者的土地资源利用权利，而且以污染土壤、地下水为介质的污染物蒸发、迁移、流动等，将导致周边生态环境受损或处于危险状态，损害社会公共利益。符合条件的社会组织有权为了维护社会公共利益提起环境公益诉讼。新北区人民政府收储案涉地块后，根据不同时期的用地规划，先后以居住用地、绿化用地为标准制定了污染风险管控和修复方案，全面实施后可以保证与目前案涉地块规划用途相匹配的周边生态环境和公众健康安全。因此，新北区人民政府的修复方案已经涵盖了被上诉人应当承担的案涉场地污染风险防控和修复责任范围。

（三）风险管控、修复工作已经取得阶段性成效

上诉人提起本案诉讼前，新北区人民政府已经组织开展了案涉地块污染情况调查评估、编制了污染土壤和地下水的修复方案、组织实施了相关修复工程。在修复过程中发生次生大气污染后及时采取了应急措施，调整了案涉地块用地规划和修复方案，完成了相应的工程施工并组织进行了验收。此后，编制了长期污染防控技术方案和实施方案并相应地开展了工作，编制了场地污染监控方案并采取了污染监控措施。相关调查报告、技术方案、实施方案、工程验收等均经过专家评审并获得通过。根据2016年底、2017年底连续两年对案涉场地及周边区域空气、地表水、地下水、土壤的跟踪监测表明，生态环境风险和人群健康安全已经具有一定程度的保障，地方人民政府组织实施的环境风险管控、修复已经取得明显效果。工业企业场地污染修复治理难度大、周期长，案涉地块属于多介质污染（土壤、地下水）以及多种化学品、重金属复合污染，对其进行风险管控、修复是一个长期过程，最终效果也需要长时间的检测和检验。上诉人要求消除污染对案涉地块及周边土壤、地下水生态环境影响的诉讼请求已经部分得以实现，并具有最终得到实现的高度可能性。

（四）上诉人提出的被上诉人承担地方人民政府支出的污染治理费用的诉讼请求不属于本案审理范围

《最高人民法院关于审理环境民事公益诉讼案件适用法律若干问题的解释》第20条第2款规定："人民法院可以在判决被告修复生态环境的同时，确定被告不履行修复义务时应承担的生态环境修复费用；也可以直接判决被告承担生态环境修复费用。"第24条第1款规定："人民法院判决被告承担的生态环境修复费用、生态环境受到损害至恢复原状期间服务功能损失等款项，应当用于修复被损害的生态环境。"因此，环境公益诉讼的被告承担环境修复责任的方式有两种，即组织实施环境修复或承担修复费用。在污染者无力或不愿履行组织实施环境修复的情况下，人民法院可以判令由其出资交由第三方组织实施修复。但案外人新北区人民政府在本案诉讼前已经组织实施案涉地块的污染风险管控和修复。如果新北区人民政府认为相关费用应由被上诉人负担或分担，可以依法向被上诉人追偿。由三家被上诉人企业负担新北区人民政府支出的修复费用的诉求超出了环境公益诉讼的请求范围。新北区人民政府并非本案当事人，人民法院无权主动介入界定其与被上诉人之间的权利义务关系。就本案而言，地方人民政府组织实施污染风险管控、修复行为与被上诉人是否应当担责之间没有法律上的利害关系。各方当事人出具的证据足以对本案的核心问题即三家被上诉人企业是否应当担责，如何担责作出裁判，相关地方人民政府没有必要作为第三人参加诉讼。上诉人认为一审人民法院没有追加地方人民政府为第三人参加诉讼，诉讼程序不合法的主张没有事实和法律依据。

◇ **案例评析**

从自然之友和绿发会的诉请及事实和理由看，其主张的损害担责原则适用逻辑如下：

在该逻辑结构中，自然之友和绿发会将损害担责原则解构为"损害"和"担责"双阶结构。第一阶段对常外"毒地"案中的环境公共利益进行识别，确定存有损害；第二阶段则明确责任主体并承担修复责任。在此阶段中，自然之友和绿发会对"担责"的认定采取"行为标准"，即责任者必须"为一定行为"——或对土壤污染采取措施自行清理修复，或向实际进行修复的修复者支付相应的修复费用。亦即责任者对于修复责任的承担具有选择性，但是是否可以达到修复效果往往受多种因素的影响。

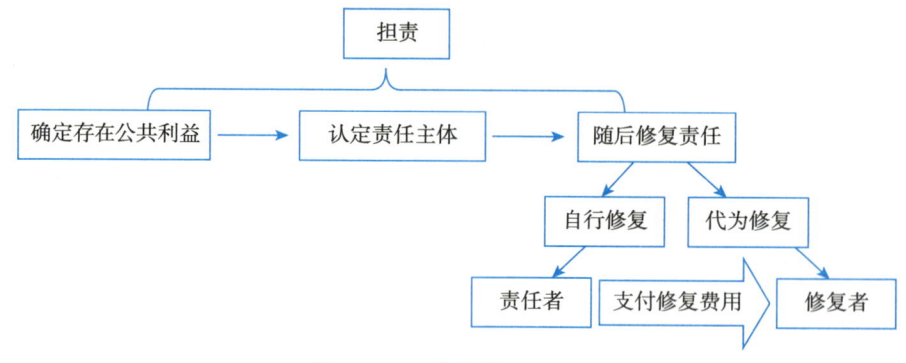

图 4-1　一审案件审判逻辑

二审人民法院对损害担责原则适用并进而作出判决的逻辑如下：

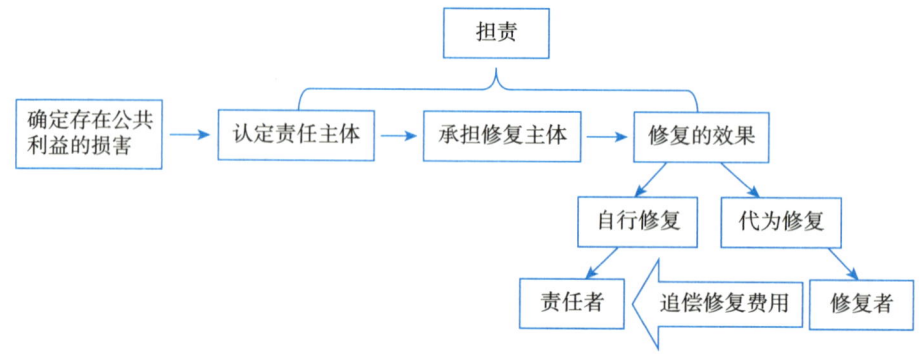

图 4-2　二审案件审判逻辑

自然之友、绿发会以"行为标准"的适用逻辑符合损害担责的"追责"要求，但是从修复成本、修复效果上来说有可能并不是最优的选择。从 2011 年 3 月至 5 月常州市新北区人民政府拟对常隆（华达、常宇）公司原厂址地块进行商业住宅项目开发，委托原常州市环境保护研究所对案涉地块内土壤和地下水污染情况进行调查开始，至 2018 年 12 月二审人民法院作出案件判决，涉案土地的调查和修复就一直在进行。针对涉案土地的修复，多家专业机构亦分别出具了多份报告和方案。人民法院采取的"效果标准"则考虑到了工业污染场地环境治理修复难度大、周期长的清理和修复特点，认为修复者须具有较强的风险防控、组织管理、专业技术能力以及高度的责任意识，同时兼顾修复的经济成本，从而确保土壤污染场地的修复效果，更符合环境民事公益诉讼目的的实现。

二、知识凝练

◇ **专业知识**

1. 土壤污染，是指因人为因素导致某种物质进入陆地表层土壤，引起土壤化学、物理、生物等方面特性的改变，影响土壤功能和有效利用，危害公众健康或者破坏生态环境的现象。

（1）土壤污染的主要来源：①水污染，河流、湖泊与地下水的污染会辐射污染周围的土地，以及用污水灌溉农田会使污水中携带的大量污染物和病原微生物进入土壤。②固体废弃物污染，大量堆积的固体废弃物经雨水冲刷，排出含有有害物质的渗出液污染土壤，以及不合理利用固体废弃物也可直接污染土壤。③农药、化肥污染，不合理、超量使用农药、化肥会造成土壤质量下降。④大气污染，大气污染中一些大颗粒污染物，如金属氧化物粉尘，会通过自然沉降作用下落到土壤中，造成土壤污染；而一些细颗粒污染物，则会在生态循环中，以降雨的形式污染土地，造成土壤酸化。⑤工业活动，如矿山开采与矿产冶炼可使金属等有害物质进入土壤。各种来源的土壤污染会导致农作物减产和农产品品质降低、农作物中某些指标超过国家标准、地下水和地表水污染、大气环境质量降低，最终危害人体健康。

（2）土壤污染对人体健康的危害：土壤中重金属、病原微生物、放射性物质、持久性有机物等污染物可以通过吸入、皮肤接触、饮食摄入等多种途径进入人体，不仅会引起传染病和寄生虫病，也可引起很多慢性疾病，如可造成心血管、内分泌、呼吸、免疫、神经等多系统损伤，以及对肝脏、肾脏、骨骼、甲状腺、生殖、认知等器官和功能造成不良影响，甚至会导致致癌、致畸、致突变等。具体影响如下：①土壤受重金属污染，可引起人体慢性或急性中毒，甚至致癌、致畸、致突变等，如镉污染引起痛痛病。②土壤受生物性病原体污染，被病原体污染的土壤能传播传染病，人与土壤直接接触或生吃被污染的蔬菜、瓜果，也可引起寄生虫病等疾病。③土壤受放射性物质污染，通过放射性衰变，能产生 a、β、γ 射线，这些射线能穿透人体组织，使机体的一些组织细胞死亡，又可通过饮食或呼吸进入人体，造成内照射损伤，使受害者头昏、疲乏无力、脱发、白细胞减少或增多、发生癌变等。④土壤受有机废弃物污染，可阻塞土壤孔隙，破坏土壤结构，影响土壤的自净能力。此外，受污染的土壤腐败分解时散发出恶臭，污染空气，易引起传染病传播媒介蚊蝇和鼠类的繁殖。

2. 损害担责原则，是指污染环境、破坏生态造成环境损害，损害者应当为其造成的环境损害依法承担责任。损害担责原则内容包括：

（1）污染者负担。"污染者负担"是指对环境造成污染的单位或个人必须按照法律的规定，采取有效措施对污染源和被污染的环境进行治理，并赔偿或补偿因此而造成的损失。"污染者负担"与民法中"欠债还钱"、刑法中"杀人偿命"等朴素的法律观念一样，主要追究肇事者的责任，即谁污染了环境谁就应当承担赔偿责任。空气、河流、海洋和土地等环境要素并非属于某些私人或组织的财产，而是关系到全体社会成员福利的公共财产,这些公共财产被少数人的生产行为所侵害,使得环境污染和破坏日益严重。"污染者负担"主要对已经发生的污染起作用,属于事后消极补偿。

对于那些对某一污染负有共同危险责任的行为人,不论其主观上是否有过错,也不论各行为人之间有无意思联络,只要与侵害的发生有直接或间接的因果关系,各行为人就应当共同承担赔偿责任或合理负担治理费用。

同时,"污染者负担"是国家保护环境的一种手段,国家还可通过征收排污费或环境保护税等形式,促使行为人减少环境污染。

(2)开发者保护。"开发者保护"是指开发利用环境资源者,不仅有依法开发自然资源的权利,同时还负有保护环境资源的义务。这一原则体现了"开发利用与保护增殖并重"的方针:对于可更新资源,应当在不断增殖其再生能力的前提下持续使用;对于不可更新资源,应当节约利用、综合利用。开发利用环境资源的单位和个人,不仅有开发利用的权利,还负有养护的义务。我国目前的环境现状下,人均资源占有量很低,而且自然环境的破坏十分严重,在法律上明确科学开发利用自然资源、抑制生态破坏具有重要意义,同时还可以促进自然资源的节约使用和合理利用,提高经济效益和环境效益。在开发利用自然资源时,应采取积极措施,养护、更新、增殖、节约和综合利用自然资源;在具有代表性的各种类型的自然生态系统区域内建立自然保护区,保护区内不得建设污染和破坏环境的设施,不得贬损整体环境在精神上的美观舒适度和愉悦度;对已经受到污染和破坏的环境进行恢复和整治。例如,《渔业法》针对渔业资源的增殖和保护作出了专门规定。

(3)受益者补偿。"受益者补偿"主要包含两个方面的内容:针对以环境资源的利用而营利的单位或个人,即利用环境资源的单位或个人必须承担经济补偿责任;针对使用消耗自然资源或对环境有污染作用的产品的消费者,他们的消费活动如果消耗自然资源或对环境有污染作用,也必须承担经济补偿责任。例如,为了削减以氟利昂为制冷剂的空调使用,美国于1990年就对使用臭氧层损耗物质开征税收,效果明显。

须注意的是,随着环境保护的概念从污染防治扩大到自然保护和物质消费领域,利用、消耗环境资源的主体范围在不断拓展,环节也不断增加。从实际支付费用的主体来看,原材料的加工、生产、流通、消费、废弃以及再生等各个环节都存在分担费用的现象。因此,只要是从环境或资源的开发、利用过程中获得实际利益者,都应当就环境和自然资源价值的减少付出应有的补偿费用。

环境保护中的利用与补偿虽是一种财产关系,但不能等同于普通的民事买卖关系。补偿不仅是对已利用的资源要有金钱上的对价,而且更重要的是利用者应对其已利用的环境资源可再生或可开发替代所应付出的劳动予以补偿,对所耗用的自然资源、占用的环境容量和恢复生态平衡予以补偿,建立并完善有偿使用自然资源和恢复生态环境的经济补偿机制。

(4)破坏者恢复。"破坏者恢复"亦称"谁破坏,谁恢复",指造成生态环境和资源破坏的单位和个人必须承担将受到破坏的环境资源予以恢复和整治的法律责任。造成环境污染或破坏的人即使付费,也不能免除其生态恢复和环境整治的责任。在环境保护单行法中,这一原则也有充分的体现。例如,2009 年《矿产资源法》第 32 条第 2 款中明文规定:"……耕地、草原、林地因采矿受到破坏的,矿山企业应当因地制宜地采取复垦利用、植树种草或者其他利用措施。"《海岛保护法》第 25 条第 2 款规定:"进行工程建设造成生态破坏的,应当负责修复;无力修复的,由县级以上人民政府责令停止建设,并可以指定有关部门组织修复,修复费用由造成生态破坏的单位、个人承担。"

◇ 相关法条

1.《环境保护法》:

第五条 环境保护坚持保护优先、预防为主、综合治理、公众参与、损害担责的原则。

第六十六条 提起环境损害赔偿诉讼的时效期间为三年,从当事人知道或者应当知道其受到损害时起计算。

2.《侵权责任法》(已失效):

第六十五条 因污染环境造成损害的,污染者应当承担侵权责任。

3.《民事诉讼法》:

第五十八条 对污染环境、侵害众多消费者合法权益等损害社会公共利益的行为,法律规定的机关和有关组织可以向人民法院提起诉讼。

人民检察院在履行职责中发现破坏生态环境和资源保护、食品药品安全领域侵害众多消费者合法权益等损害社会公共利益的行为,在没有前款规定的机关和组织或者前款规定的机关和组织不提起诉讼的情况下,可以向人民法院提起诉讼。前款规定的机关或者组织提起诉讼的,人民检察院可以支持起诉。

第六十七条 当事人对自己提出的主张,有责任提供证据。

当事人及其诉讼代理人因客观原因不能自行收集的证据,或者人民法院认为审理案件需要的证据,人民法院应当调查收集。

人民法院应当按照法定程序,全面地、客观地审查核实证据。

第一百四十五条 法庭辩论终结,应当依法作出判决。判决前能够调解的,还可以进行调解,调解不成的,应当及时判决。

4.《最高人民法院关于审理环境民事公益诉讼案件适用法律若干问题的解释》(法释〔2020〕20 号):

第一条 法律规定的机关和有关组织依据民事诉讼法第五十五条、环境保护法第五十八条等法律的规定,对已经损害社会公共利益或者具有损害社会公共利益重大风险的污染环境、破坏生态的行为提起诉讼,符合民事诉讼法第一百一十九条第二项、第三项、第四项规定的,人民法院应予受理。

5. 2015 年《最高人民法院关于审理环境侵权责任纠纷案件适用法律若干问题的解释》(法释〔2015〕12 号)(已修正):

第十七条 被侵权人提起诉讼,请求污染者停止侵害、排除妨碍、消除危险的,不受环境保护法第六十六条规定的时效期间的限制。

6.《环境保护部关于加强土壤污染防治工作的意见》(环发〔2008〕48号)(已失效):

(八)……造成污染的单位因改制或者合并、分立而发生变更的,其所承担的修复和治理责任,依法由变更后承继其债权、债务的单位承担。变更前有关当事人另有约定的,从其约定;但是不得免除当事人的污染防治责任。

造成污染的单位已经终止,或者由于历史等原因确实不能确定造成污染的单位或者个人的,被污染的土壤或者地下水,由有关人民政府依法负责修复和治理;该单位享有的土地使用权依法转让的,由土地使用权受让人负责修复和治理。有关当事人另有约定的,从其约定;但是不得免除当事人的污染防治责任。

三、课后延伸

上海陆家嘴金融贸易区开发股份有限公司与江苏苏钢集团有限公司"百亿毒地案"。

延伸思考

1. 企业改制后还需要承担环境责任吗?
2. 提起环境公益诉讼有无诉讼时效的限制?

第二节 非法采砂致环境污染民事公益诉讼案件

我国基础设施建设规模庞大,作为建筑、道路、桥梁、水利等建设工程不可或缺、不可替代、用量最大的原材料,砂石产量和消费量巨大,约占全球砂石用量的一半。巨额利润驱动是非法采砂根本原因,近几年,砂石价格一直保持在较高水平,而非法采砂成本低、利润空间巨大,加之犯罪分子法治观念淡薄,进而导致非法采砂屡禁不止。本节选择非法采砂案例一是借助法律的教育作用,增强个人与企业的法治观念,二是关注生态环境功能损失的计算与生态环境修复。

北京市人民检察院第四分院诉朱某甲、朱某乙环境污染民事公益诉讼案

一、教学案例

◇ **案例索引**

最高人民法院指导性案例 206 号
摘自人民法院案例库(人民法院案例库入库编号:2022-18-2-466-002)

◇ **案情摘要**

本案系北京市人民检察院第四分院诉朱某甲、朱某乙环境污染民事公益诉讼案,

其二人在承包土地内非法开采建筑用砂，造成地块内原生土壤丧失，原生态系统破坏。案件主要围绕生态环境功能损失赔偿费用，生态环境修复效果进行展开。

◇ 关 键 词

非法采砂；环境民事公益诉讼；土壤污染；生态环境功能损失赔偿；生态环境修复；修复效果评估

◇ 基本案情

2015年10月至12月，朱某甲、朱某乙在承包土地内非法开采建筑用砂89 370.8立方米，价值人民币4 468 540元。经鉴定，朱某甲二人非法开采的土地覆被类型为果园，地块内原生土壤丧失，原生态系统被完全破坏，生态系统服务能力严重受损，确认存在生态环境损害。鉴定机构确定生态环境损害恢复方案为将损害地块恢复为园林地，将地块内缺失土壤进行客土回填，下层回填普通土，表层覆盖60厘米种植土，使地块重新具备果树种植条件。恢复工程费用评估核算为2 254 578.58元。北京市人民检察院第四分院以朱某甲、朱某乙非法开采造成土壤受损，破坏生态环境，损害社会公共利益为由提起环境民事公益诉讼（本案刑事部分另案审理）。

2020年6月24日，朱某甲、朱某乙的代理人朱某丙签署生态环境修复承诺书，承诺按照生态环境修复方案开展修复工作。修复工程自2020年6月25日开始，至2020年10月15日完成。2020年10月15日，北京市房山区有关单位对该修复工程施工质量进行现场勘验，均认为修复工程依法合规、施工安全有序开展、施工过程中未出现安全性问题、环境污染问题，施工程序、工程质量均符合修复方案要求。施工过程严格按照生态环境修复方案各项具体要求进行，回填土壤质量符合标准，地块修复平整，表层覆盖超过60厘米的种植土，已重新具备果树种植条件。

上述涉案土地内存在无法查明的他人倾倒的21 392.1立方米渣土，朱某甲、朱某乙在履行修复过程中对该部分渣土进行环境清理并支付工程费用75.4万元。

✧ 〔裁判结果〕

北京市第四中级人民法院于2020年12月21日作出（2020）京04民初277号民事判决：一、朱某甲、朱某乙对其造成的北京市房山区长阳镇朱岗子村西的14 650.95平方米土地生态环境损害承担恢复原状的民事责任，确认朱某甲、朱某乙已根据《房山区朱某甲等人盗采砂石矿案生态环境损害鉴定评估报告书》确定的修复方案将上述受损生态环境修复到损害发生之前的状态和功能（已履行完毕）。二、朱某甲、朱某乙赔偿生态环境受到损害至恢复原状期间的服务功能损失652 896.75元；朱某甲、朱某乙在履行本判决第一项修复义务时处理涉案地块上建筑垃圾所支付费用754 000元折抵其应赔偿的生态环境受到损害至恢复原状期间的服务功能损失652 896.75元。三、朱某甲、朱某乙于本判决生效之日起7日内给付北京市人民检察院第四分院鉴定费115 000元。四、朱某甲、朱某乙在一家全国公开发行的媒体上向社会公开赔礼道歉，赔礼道歉的内容及媒体、版面、字体需经本院审核，朱某甲、朱某乙应于本判决生效之日起

15 日内向本院提交，并于审核通过之日起 30 日内刊登，如未履行上述义务，则由本院选择媒体刊登判决主要内容，所需费用由朱某甲、朱某乙负担。判决后，双方当事人均未提出上诉。

❖〔裁判理由〕

人民法院生效裁判认为：朱某甲、朱某乙非法开采的行为，造成了生态环境破坏，侵害了不特定多数人的合法权益，损害了社会公共利益，构成环境民事侵权。朱某甲、朱某乙作为非法开采行为人，违反了保护环境的法定义务，应对造成的生态环境损害承担民事责任。

第一，关于被告对他人倾倒渣土的处理费用能否折抵生态功能损失赔偿费用的问题。从环境法的角度而言，生态环境具有供给服务、调节服务、文化服务、以及支持服务等功能。生态环境受损将导致其向公众或其他生态系统提供上述服务的功能减少或丧失。朱某甲、朱某乙在其租赁的林果地上非法开采，造成地块土壤受损，属于破坏生态环境、损害社会公共利益的行为，还应赔偿生态环境受到损害至恢复原状期间的服务功能损失。根据鉴定评估报告对生态服务价值损失的评估意见，确定朱某甲、朱某乙应承担的服务功能损失赔偿金额为 652 896.75 元。《最高人民法院关于审理环境民事公益诉讼案件适用法律若干问题的解释》第 24 条第 1 款规定："人民法院判决被告承担的生态环境修复费用、生态环境受到损害至恢复原状期间服务功能损失等款项，应当用于修复被损害的生态环境。"故被告承担的生态环境受到损害至恢复原状期间服务功能损失的款项应当专项用于该案件环境修复、治理或异地公共生态环境修复、治理。朱某甲、朱某乙对案涉土地进行生态修复时，土地上还存在无法查明的他人倾倒渣土。朱某甲、朱某乙非法开采的行为造成受损地块原生土壤丧失、土壤的物理结构变化，而他人倾倒渣土的行为则会造成土壤养分的改变，两个侵权行为叠加造成现在的土壤生态环境损害。为全面及时恢复生态环境，朱某甲、朱某乙根据修复方案对涉案地块整体修复的要求，对该环境内所倾倒渣土进行清理并为此实际支出 75.4 万元，系属于对案涉环境积极的修复、治理，这与法律、司法解释规定的被告承担生态功能损失赔偿责任的目的和效果是一致的。同时，侵权人在承担修复责任的同时，积极采取措施，对他人破坏环境造成的后果予以修复治理，有益于生态环境保护，在修复效果和综合治理上亦更能体现及时优化生态环境的特点。因此，综合两项费用的功能目的以及赔偿费用专项执行的实际效果考虑，朱某甲、朱某乙对倾倒渣土环境进行清理的费用可以折抵朱某甲、朱某乙需要承担的生态功能损失赔偿费用。

第二，关于被告诉讼过程中自行进行生态修复的效果评估问题。朱某甲、朱某乙在诉讼过程中主动履行环境修复义务，并于 2020 年 6 月 25 日至 10 月 15 日期间按照承诺书载明的生态环境修复方案对案涉地块进行了回填修复。《最高人民法院关于审理生态环境损害赔偿案件的若干规定（试行）》第 9 条规定："负有相关环境资源保护监督管理职责的部门或者其委托的机构在行政执法过程中形成的事件调查报告、检验报告、监测报告、评估报告、监测数据等，经当事人质证并符合证据标准的，可以作为认定案件事实的根据。"本案中，北京市房山区有关单位积极履行环境监督管理职责，对于被告自行实施的生态修复工程进行过程监督并出具相应的验收意见，符合其职责范围，且具备相应的专业判断能力，有关单位联合出具的验收意见，可以作为认定当事人自行实施的生态修复工程质量符合标准的重要依据。同时，评估机构在此基础上，对修复工程进行了效果评估，确认案涉受损地块内土壤已恢复至基线水平，据此可以认定侵权人已经履行生态环境修复责任。

◇ 案例评析

环境民事公益诉讼需将自然科学语境下的生态环境恢复转换至法学语境中的责任承担方式后方能落地，而后者主要涉及生态环境修复与赔偿损失两种方式。本案就修复理念、生态环境修复责任与赔偿责任的转换衔接以及修复效果评判所确立的审理思路和裁判规则，对类似案件具有良好的指导示范意义。

1. 生态环境修复责任的执行，鼓励引导责任人主动开展修复。环境民事公益诉讼不是简单的确定一个损失数额并要求责任人予以赔付，而是要形成一套修复方案并促成其落地。为此，在责任的确定和执行上，应确立修复为主、修复优先的理念。当生态环境能够修复时，应由责任人承担修复责任；当责任人有意愿和能力修复时，应积极引导和促成其主动担责。相较于金钱给付的执行，生态环境修复责任执行难度更高，也更需要司法适度能动。

本案中各方为顺利推进责任人自行修复所做的探索值得肯定：一是在诉讼过程中，责任人主动委托其代理人代为履行修复义务并签署修复承诺书，人民法院对该行为予以支持和认可；二是检察机关所主张的期间利益损失的计算与修复完成时限正相关，从而有效督促责任人尽快履责；三是相关各方就修复方案的制定展开了有效磋商，修复工作未拘泥于实际花费同鉴定评估所确定的损失数额是否对等，而是更偏重于修复工作的规范性和有效性，从而对责任人自行履责形成正向激励。上述举措既促进了争议的实质性化解，也使得修复期限同案件审理期限有效对接，最大限度减少了后期执行的难度。

2. 在生态环境修复与赔偿损失的责任衔接转换上，以最有利于公共利益维护为原则，适度灵活确定修复责任的边界。公益诉讼制度致力于公共利益的整体性、系统性恢复，应以最有利于公共利益维护的原则指导办案。本案中，如严格依照各类责任承担方式的适用场域，则朱某甲、朱某乙二人应以行为给付方式修复受损土地至基线状态，同时以金钱给付方式赔付生态环境受到损害至修复完成期间服务功能丧失导致的损失。公益诉讼的目的是使得受损的生态环境得以全面恢复而非取得货币赔偿，因而期间利益损失赔付至相应资金监管账户后应继续用于修复相关项目，以实现受损地域环境公共利益的整体性恢复。同时，受损地块还存在无法查明的他人倾倒的渣土，因而需待查明侵权人后再行诉讼或由相关行政机关垫资代为清运修复，但这显然不利于环境公共利益的及时维护，也会影响本案修复工作的实效。因此，如采取上述处置方式，虽均有相关依据，但其适用则过于机械，有违公益诉讼制度本意。

为解决上述难题，人民法院在裁判过程中综合考虑了修复的整体性、赔偿损失后修复项目确定的关联性与延续性等因素，将责任人所主动承担的修复责任边界予以适当拓展，支持代其他侵权人支出的修复费用可折抵其应当承担的生态环境服务功能损失赔偿金，从而有效弥合了修复的技术语言与法律语言间的分歧。

3. 在生态环境修复效果的评价上，应当尊重行政机关对其专业领域内相关事项的认定与判断。生态环境损害判定以及修复效果评价具有高度的专业技术性。一般而言，无论是检察机关抑或是人民法院都不具备独立开展相应工作所需的专业知识和能力。因而，环境民事公益诉讼中，专业第三方的重要性得以凸显，甚至成为左右案件走向的关键一极。

本案中，责任人按照鉴定评估报告中确定的修复方案展开修复，有关行政机关对修复工作积极履行了相关监管职责并出具了验收意见，相关程序均合法合规，也符合其职责范围。因此，没有必要要求责任人继续聘请第三方机构出具后评估报告。人民法院直接认定责任人已经实际履行完毕修复责任有利于节约社会资源，减轻责任人赔付压力，且责任人和社会公众对此也有较高的接受度。

二、知识凝练

◇ **专业知识**

1. 生态环境损害。《生态环境损害赔偿管理规定》第4条第1款规定："生态环境损害，是指因污染环境、破坏生态造成大气、地表水、地下水、土壤、森林等环境要素和植物、动物、微生物等生物要素的不利改变，以及上述要素构成的生态系统功能退化。"

2. 生态环境损害赔偿权利人。《生态环境损害赔偿管理规定》第6条规定："国务院授权的省级、市地级政府（包括直辖市所辖的区县级政府，下同）作为本行政区域内生态环境损害赔偿权利人。赔偿权利人可以根据有关职责分工，指定有关部门或机构负责具体工作。"

3. 生态环境损害赔偿义务人。《生态环境损害赔偿管理规定》第8条规定："违反国家规定，造成生态环境损害的单位或者个人，应当按照国家规定的要求和范围，承担生态环境损害赔偿责任，做到应赔尽赔。民事法律和资源环境保护等法律有相关免除或者减轻生态环境损害赔偿责任规定的，按相应规定执行。赔偿义务人应当依法积极配合生态环境损害赔偿调查、鉴定评估等工作，参与索赔磋商，实施修复，全面履行赔偿义务。"

4. 生态环境损害赔偿内容。《生态环境损害赔偿管理规定》第5条规定："生态环境损害赔偿范围包括：（一）生态环境受到损害至修复完成期间服务功能丧失导致的损失；（二）生态环境功能永久性损害造成的损失；（三）生态环境损害调查、鉴定评估等费用；（四）清除污染、修复生态环境费用；（五）防止损害的发生和扩大所支出的合理费用。"

《生态环境损害赔偿管理规定》第 8 条第 1 款规定:"违反国家规定,造成生态环境损害的单位或者个人,应当按照国家规定的要求和范围,承担生态环境损害赔偿责任,做到应赔尽赔……"

5. 生态环境损害赔偿方式。《生态环境损害赔偿管理规定》第 9 条第 2 款、第 3 款规定:"生态环境损害可以修复的,应当修复至生态环境受损前的基线水平或者生态环境风险可接受水平。赔偿义务人根据赔偿协议或者生效判决要求,自行或者委托开展修复的,应当依法赔偿生态环境受到损害至修复完成期间服务功能丧失导致的损失和生态环境损害赔偿范围内的相关费用。生态环境损害无法修复的,赔偿义务人应当依法赔偿相关损失和生态环境损害赔偿范围内的相关费用,或者在符合有关生态环境修复法规政策和规划的前提下,开展替代修复,实现生态环境及其服务功能等量恢复。"

6. 生态环境修复。生态环境恢复是指"生态环境损害发生后采取各项必要的、合理的措施将生态环境及其生态系统服务恢复至基线水平同时补偿期间损害。按照恢复目标和阶段不同生态环境恢复可包括基本恢复、补偿性恢复和补充性恢复"。

基本恢复(Primary Restoration)旨在利用自然恢复方式或采取人工恢复措施使受损的生态环境及其生态系统服务(Ecosystem Service)复原至基线水平。基线水平是指污染环境、破坏生态行为未发生时生态环境及其生态系统服务的状态。

补偿性恢复(Compensatory Restoration)旨在补偿期间损害即生态环境从开始发生损害到恢复至基线水平期间受损生态环境原本应该提供的生态系统服务。

补充性恢复(Complementary Restoration),如果在跟踪基本恢复和补偿性恢复的实施情况并进行必要的生态环境损害调查和监测后发现基本恢复和补偿性恢复没有达至预期恢复目标则需开展补充性恢复,以确保生态环境恢复到基线水平并对期间损害给予等值填补。

◇ **相关法条**

1.《民法典》:

第一千一百六十七条 侵权行为危及他人人身、财产安全的,被侵权人有权请求侵权人承担停止侵害、排除妨碍、消除危险等侵权责任。

第一千二百二十九条 因污染环境、破坏生态造成他人损害的,侵权人应当承担侵权责任。

2.《最高人民法院关于审理环境民事公益诉讼案件适用法律若干问题的解释》(法释〔2020〕20 号):

第二十四条第一款 人民法院判决被告承担的生态环境修复费用、生态环境受到损害至恢复原状期间服务功能损失等款项,应当用于修复被损害的生态环境。

三、课后延伸

相关案例

1. 重庆某农业开发公司诉重庆某盐业公司等环境污染责任纠纷案(人民法院案例

库入库编号：2023-11-2-377-016）。

2. 某环保联合会诉某石油货运车队、高某某、白某、某财保延安支公司环境污染民事公益诉讼案（人民法院案例库入库编号：2023-11-2-466-007）。

3. 李某诉北京市某公路发展集团有限公司侵权责任纠纷案（人民法院案例库入库编号：2024-11-2-504-001）。

> **延伸思考**
>
> 1. 生态修复效果评估主体如何确定？
> 2. 生态修复效果评价标准有哪些？

第三节　非法采矿致生态破坏民事公益诉讼案件

我国矿种齐全、矿产资源总量丰富，对矿产资源的需求也日益增加，矿产资源开发给人们提供日常所需的各类物质资源的同时，也为生活带来了便利。但一些采矿企业为了经济效益创收，加剧矿产资源的开采，忽略了环保的重要性，导致地表植被破坏、地下水破坏、水土流失、地表沉陷、生态环境恶化等一系列问题愈发突出，对生态环境造成严重破坏。本节选取的非法采矿案件，涉案企业及涉案人员对此要进行生态环境修复工作，接受缴纳生态赔偿金的处罚。

江苏省南京市人民检察院诉王某某生态破坏民事公益诉讼案

一、教学案例

◇ **案例索引**

最高人民法院指导性案例 207 号

摘自人民法院案例库参考案例（人民法院案例库入库编号：2022-18-2-466-003）

◇ **案情摘要**

本案系江苏省南京市人民检察院诉王某某生态破坏民事公益诉讼案，王某某违反国家管理矿产资源法律规定，在未取得采矿许可证的情况下非法采矿十余万吨。本案主要围绕王某某非法采矿造成的生态破坏侵权责任及生态修复费用进行审理。

◇ **关 键 词**

环境民事公益诉讼；非法采矿罪；生态环境损害；损失整体；系统保护修复

◇ **基本案情**

2015 年至 2018 年期间，王某某违反国家管理矿产资源法律规定，在未取得采矿许可证的情况下，使用机械在南京市浦口区永宁镇老山林场原山林二矿老宕口内、北沿山大道建设施工红线外非法开采泥灰岩、泥页岩等合计十余万吨。南京市浦口区人民检察院以王某某等人的行为构成非法采矿罪向南京市玄武区人民法院提起公诉。该案审理期间，王某某已退赔矿石资源款 4 455 998.6 元。2020 年 3 月、8 月，江苏省环境科学研究院先后出具《"南京市浦口区王某某等人非法采矿案"生态环境损害评估报告》（简称《评估报告》）《"南京市浦口区王某某等人非法采矿案"生态环境损害（动物类）补充说明》（简称《补充说明》）。南京市人民检察院认为，王某某非法采矿造成国家矿产资源和生态环境破坏，损害社会公共利益，遂提起本案诉讼，诉请判令王某某承担生态破坏侵权责任，赔偿生态环境损害修复费用 1 893 112 元（具体包括：①生态资源的损失中林木的直接经济损失 861 750 元；②生态系统功能受到影响的损失：森林涵养水损失 440 233 元；水土流失损失 50 850 元；土壤侵蚀损失 81 360 元；树木放氧量减少损失 64 243 元；鸟类生态价值损失 243 122 元；哺乳动物栖息地服务价值损失 18 744 元；③修复期间生物多样性的价值损失 132 810 元）以及事务性费用 400 000 元，并提出了相应的修复方案。

❖ 〔裁判结果〕

江苏省南京市中级人民法院于 2020 年 12 月 4 日作出（2020）苏 01 民初 798 号民事判决：一、被告王某某对其非法采矿造成的生态资源损失 1 893 112 元（已缴纳）承担赔偿责任，其中 1 498 436 元用于南京市山林二矿生态修复工程及南京市浦口区永宁街道大桥林场路口地质灾害治理工程，394 676 元用于上述地区生物多样性的恢复及保护。二、被告王某某承担损害评估等事务性费用 400 000 元（已缴纳），该款项于本判决生效后 10 日内划转至南京市人民检察院。判决后，南京市人民检察院与王某某均未上诉，判决已发生法律效力。

❖ 〔裁判理由〕

人民法院生效裁判认为：非法采矿对生态资源造成复合性危害，在长江沿岸非法露天采矿，不仅造成国家矿产资源损失，还必然造成开采区域生态环境破坏及生态要素损失。环境和生物之间、生物和生物之间协同共生，相互影响、相互依存，形成动态的平衡。一个生态要素的破坏，必然会对整个生态系统的多个要素造成不利影响。非法采矿将直接导致开采区域的植被和土壤破坏，山体损坏影响到林、草蓄积，林、草减少影响到水土涵养，上述生态要素的破坏又直接、间接影响到鸟类和其他动物的栖息环境，造成生态系统的整体破坏及生物多样性的减少，自然要素生态系统的损害必将最终影响到人类的生产生活和优美生态环境的实现。被告王某某违反矿产资源法的规定，未取得采矿许可证即实施非法采矿行为，造成生态环境的破坏，主观存在过错，非法采矿行为与生态环境损害之间具有因果关系，应当依照《侵权责任法》（已失效）第 6 条之规定，对其行为造成的生态环境损害后果承担赔偿责任。

一、关于生态环境损害计算问题

1. 生态资源的经济损失计算合理。非法采矿必将使被开采区域的植被遭到严重破坏，受损山体的修复及自然林地的恢复均需要合理周期，即较长时间才能重新恢复林地的生态服务功能水平，故《评估报告》以具有 20 年生长年限的林地作为参照计算具有一定合理性，《评估报告》制作人关于林木经济损失计算的解释科学，故应对非法采矿行为造成林木经济损失861 750元依法予以认定。

2. 鸟类生态价值损失计算恰当。森林资源为鸟类提供了栖息地和食物来源，鸟类种群维持着食物链的完整性，保持营养物质循环的顺利进行，栖息地的破坏必然导致林鸟迁徙或者食物链条断裂，一旦食物链的完整性被破坏，必将对整个森林生态系统产生严重的后果。《补充说明》载明，两处非法开采点是林鸟种群的主要栖息地和适宜生境，非法采矿行为造成鸟类栖息地被严重破坏，由此必然产生种子传播收益额及改善土壤收益额的损失。鸟类为种子的主要传播者和捕食者，可携带或者吞食植物种子，有利于生态系统次生林的自然演替；同时，次生林和原始森林系统的良性循环，也同样为鸟类的自然栖息地提供了庇护，对植物种子的传播具有积极意义。《补充说明》制作人从生态系统的完整性和种间生态平衡的角度，对非法采矿行为造成平衡性和生物多样性的破坏等方面对鸟类传播种子损失作出了详细解释，解释科学合理，故对非法采矿造成鸟类生态价值损失243 122元予以认定。

3. 哺乳动物栖息地服务价值损失客观存在。森林生态系统是陆地生态系统的重要组成部分，同时也是哺乳动物繁衍和生存的主要栖息地之一。哺乳动物不仅对维持生态系统平衡有重要作用，还能够调节植物竞争，维护系统物种多样性以及参与物质和能量循环等，是改变生态系统内部各构件配置的最基本动力。虽然因客观因素无法量化栖息地生态环境损害价值，但非法采矿行为造成山体破坏和植被毁坏，导致哺乳动物过境受到严重影响，哺乳动物栖息地服务价值损失客观存在。结合案涉非法采矿区域位于矿坑宕口及林场路口的实际情况，综合考虑上述区域植被覆盖率以及受人类活动影响造成两区域内哺乳动物的种类和数量较少等客观因素，公益诉讼起诉人主张按照其他生态环境损失1 874 368元的1%计算哺乳动物栖息地服务价值损失18 744元具有一定的合理性，应当依法予以支持。

二、关于生态环境修复问题

恢复性司法理念要求受损的生态环境切实得到有效修复，系统保护需要从各个生态要素全方位、全地域、全过程保护，对破坏生态所造成的损失修复，也要从系统的角度对不同生态要素所遭受的实际影响予以综合考量，注重从源头上系统开展生态环境修复，注重自然要素生态利益的有效发挥，对长江流域生态系统提供切实有效的保护。鉴于非法采矿给生态环境造成了严重的破坏，应当采取消除受损山体存在的地质灾害隐患，以及从尽可能恢复其生态环境功能的角度出发，结合经济、社会、人文等实际发展需要进行总体分析判断。

案涉修复方案涵盖了山体修复、植被复种、绿地平整等生态修复治理的多个方面，充分考虑了所在区域生态环境结构的功能定位，体现了强化山水林田湖草沙等各种生态要素协同治理的理念，已经法庭技术顾问论证，结论科学，方法可行。王某某赔偿的生态环境损失费用中，属于改善受破坏的自然环境状况，恢复和维持生态环境要素正常生态功能发挥范畴的，可用于侵权行为发生地生态修复工程及地质灾害治理工程使用。本案中生物栖息地也是重要的生态保护和修复目标，生物多样性受到影响的损失包括鸟类生态价值损失、哺乳动物栖息地服务价值损失、修复期间生物多样性价值恢复费用属于生物多样性恢复考量范畴，可在基础修复工程完成后，用于侵权行为发生地生物多样性的恢复及保护。

综上，人民法院最终判决王某某对其非法采矿造成的生态资源损失承担赔偿责任，并在判决主文中写明了生态修复、地质治理等项目和生物多样性保护等费用使用方向。

◇ 案例评析

本案是非法采矿引发的生态破坏民事公益诉讼案件。本案案发地部分位于长江沿线10公里岸口整治范围内，在长江沿岸非法露天采矿，不仅造成国家矿产资源损失，还必然造成开采区域生态环境破坏及生态要素损失。王某某在刑事案件中对其非法采矿的犯罪事实供认不讳，并认罪认罚，其非法开采的矿石资源价值445万余元，已在刑事案件中主动退赔，故在本次公益诉讼案件中不再索赔矿石损失。

要坚持保护优先，坚持山水林田湖草沙冰一体化保护和系统治理，加强重要江河流域生态环境保护和修复，统筹水资源合理开发利用和保护，守护好这里的生灵草木、万水千山。坚持山水林田湖草沙冰生命共同体，人的命脉在田，田的命脉在水，水的命脉在山，山的命脉在土，土的命脉在林、草、冰、沙。它们共同构成了一个生态系统，这个生命共同体是人类生存发展的物质基础。这个系统中的哪一个环节受到损害，其他环节也早晚会受到牵连。

人民法院以系统思维审理案件，正确区分认定矿产资源损失和生态要素损失，深化了对生态环境系统破坏的认识。在审理过程中充分发挥了第三方评估机构、法庭技术顾问、专家辅助人及鉴定人的作用，聚焦受损生态环境的损失构成及修复问题，正确区分赔偿款项的性质，将生物栖息地明确为重要的生态保护和修复目标，将属于改善受破坏的自然环境状况，恢复和维持生态环境要素正常生态功能发挥范畴的赔偿费用，用于侵权行为发生地生态修复工程及地质灾害治理工程使用；属于生物多样性受到影响的损失，纳入生物多样性恢复考量范畴，用于侵权行为发生地生物多样性的恢复及保护使用。

本案全面体现了生态环境要素的一体保护和系统修复，也体现了惩治和修复并重，统筹适用刑事、民事法律责任的现代环境司法理念，对切实营造守护一江碧水的社会氛围起到了重要的指引作用。

二、知识凝练

◇ 专业知识

1. 非法开采矿产资源行为的构成。"未取得采矿许可证擅自采矿"包括下列情形。
（1）无采矿许可证开采矿产资源的。
（2）采矿许可证被注销、吊销后继续开采矿产资源的。
（3）超越采矿许可证规定的矿区范围开采矿产资源的。

（4）未按采矿许可证规定的矿种开采矿产资源的（共生、伴生矿种除外）。

（5）其他未取得采矿许可证开采矿产资源的情形。

2. 生态环境侵权案件范围。

（1）排放废气、废水、废渣、医疗废物、粉尘、恶臭气体、放射性物质等污染环境的。

（2）排放噪声、振动、光辐射、电磁辐射等污染环境的。

（3）不合理开发利用自然资源的。

（4）违反国家规定，未经批准，擅自引进、释放、丢弃外来物种的。

（5）其他污染环境、破坏生态的行为。

3. 生态环境侵权责任承担。

（1）共同侵权责任：两个以上侵权人污染环境、破坏生态的，根据各自行为对损害后果所起的作用等因素，承担责任的大小。

（2）生态环境修复责任：违反国家规定造成生态环境损害，生态环境能够修复的，国家规定的机关或者法律规定的组织有权请求侵权人在合理期限内承担修复责任。侵权人在期限内未修复的，相关机关或组织可以自行或委托他人进行修复，所需费用由侵权人负担。

（3）环境污染第三方治理责任：排污单位将污染物交由第三方治理机构处置，第三方治理机构在合同履行过程中造成污染的，由第三方治理机构承担侵权责任。排污单位在选任、指示中有过错的，应当承担相应责任。

◇ 相关法条

1.《环境保护法》：

第六十四条 因污染环境和破坏生态造成损害的，应当依照《中华人民共和国侵权责任法》的有关规定承担侵权责任。

2.《民法典》：

第一千一百六十五条 行为人因过错侵害他人民事权益造成损害的，应当承担侵权责任。

依照法律规定推定行为人有过错，其不能证明自己没有过错的，应当承担侵权责任。

3.《刑法》：

第三百四十三条第一款 【非法采矿罪】违反矿产资源法的规定，未取得采矿许可证擅自采矿，擅自进入国家规划矿区、对国民经济具有重要价值的矿区和他人矿区范围采矿，或者擅自开采国家规定实行保护性开采的特定矿种，情节严重的，处三年以下有期徒刑、拘役或者管制，并处或者单处罚金；情节特别严重的，处三年以上七年以下有期徒刑，并处罚金。

4.《最高人民法院关于审理环境民事公益诉讼案件适用法律若干问题的解释》（法释〔2020〕20号）：

第十八条 对污染环境、破坏生态，已经损害社会公共利益或者具有损害社会公共利益重大风险的行为，原告可以请求被告承担停止侵害、排除妨碍、消除危险、修复生态环境、赔偿损失、赔礼道歉等民事责任。

第二十条 原告请求修复生态环境的，人民法院可以依法判决被告将生态环境修复到损害发生之前的状态和功能。无法完全修复的，可以准许采用替代性修复方式。

人民法院可以在判决被告修复生态环境的同时，确定被告不履行修复义务时应承担的生态环境修复费用；也可以直接判决被告承担生态环境修复费用。

生态环境修复费用包括制定、实施修复方案的费用，修复期间的监测、监管费用，以及修复完成后的验收费用、修复效果后评估费用等。

第二十一条 原告请求被告赔偿生态环境受到损害至修复完成期间服务功能丧失导致的损失、生态环境功能永久性损害造成的损失的，人民法院可以依法予以支持。

第二十四条第一款 人民法院判决被告承担的生态环境修复费用、生态环境受到损害至修复完成期间服务功能丧失导致的损失、生态环境功能永久性损害造成的损失等款项，应当用于修复被损害的生态环境。

三、课后延伸

相关案例

1. 刘某某非法采矿刑事附带民事公益诉讼案（最高人民法院指导性案例212号；人民法院案例库入库编号：2023-18-1-349-001）。
2. 湖南省益阳市人民检察院诉夏顺某等15人生态破坏民事公益诉讼案（最高人民法院指导案例176号；人民法院案例库入库编号：2021-18-2-466-004）。

延伸思考

1. 生态环境损害侵权归责原则的适用？
2. 生态环境损害计算所涉及内容？

第四节　危险废物致土壤污染民事公益诉讼案件

危险废物长期露天堆放时，其中的有害成分在地表径流和雨水的淋溶、渗透作用下，通过土壤孔隙向四周和纵深的土壤迁移。在这种迁移过程中，有害成分受到土壤的吸附，在固相中呈现不同程度的积累，渗滤水则发生迁移，从而导致土壤成分和土壤结构的变化，引起植物污染。一般来说，工业生产是产生危险废物的重要原因所在，可是有些企业对于危险废物的认识不到位，危险废物的处理方法不当，环境污染问题就会随之来临。

江苏某科技有限公司等污染环境案
——消极处置危险废物污染环境行为的定性

一、教学案例

◇ 案例索引

摘自人民法院案例库（人民法院案例库入库编号：2023-11-1-340-024）

江苏省南京市玄武区人民法院（2020）苏0102刑初25号刑事判决

江苏省南京市中级人民法院（2020）苏01刑终525号刑事裁定

◇ 案情摘要

本案系危险废物堆放引发的土壤与地下水污染案件。案件围绕涉案公司产余物料是否属于危险废物及公司对于危险废物非法处置问题的定性进行审理。

◇ 关键词

污染环境罪；危险废物；非法处置；土壤与地下水污染

◇ 基本案情

江苏某科技有限公司于2007年6月成立，经营范围为苯醚甲环唑、环丙唑醇（均系农药项目）的生产、销售等，实际于2013年年底投产运行。该公司经环保部门批复的《200吨/年环丙唑醇、200吨/年苯醚甲环唑农药项目环境影响报告书》载明，危险废物产生量合计1143.75吨/年，危险废物类型主要包括：减压精馏残渣、缩合钾盐、异丙醇回收残渣、DMF吸收残液、废溶剂吸收液、高浓度废水精馏前馏、高浓度废水精馏釜残、废包装材料、污水处理污泥。2017年，江苏某科技有限公司就产品苯醚甲环唑、环丙唑醇扩大产能，经环保部门批复的《1000吨/年苯醚甲环唑、400吨/年环丙唑醇、200吨/年叶菌唑等6个农药原药及相关产品技改项目环境影响报告书》载明，全厂总产能产生的危险废物总量合计4651.907吨/年，危险废物类型主要包括：工艺废渣/废液、工艺过滤废渣、废溶剂吸收液、三效蒸发废渣、废污泥、精馏废液、废矿物油、废包装材料、废滤袋。江苏某科技有限公司生产中产生的废气污染物主要为二氧化硫、溴化氢、氯化氢、二氯甲烷、甲苯、DMF等。

为减少成本支出等，自2015年下半年起，江苏某科技有限公司擅自在其位于南京市的厂区内设置露天堆场，用于堆放前述产余物料。被告人欧阳某某自2016年6月起任江苏某科技有限公司总经理，全面负责公司的日常经营、行政和管理等各项事宜。被告人李某自2016年起任江苏某科技有限公司生产经理，后于2018年年初任副总经理，主持产品中心工作，负责生产的日常运行工作等。为满足经营中不断累积的产余物料堆放需要，被告人欧阳某某、李某等人在明知江苏某科技有限公司的产余物料系危险废物，明知在露天堆场堆放危险废物违反国家规定、所采取的防范措施（地面水泥硬化、设置围堰、收集井、雨布遮盖、日常巡检）达不到危险废物贮存标准的情况下，经共同研究决定，于2016年、2017年分次对原露天堆场进行扩建（建成后面积约

7200m²），并指示、安排工人将生产中产生的危险废物以"产品中间体"名义长期堆放、贮存在该露天堆场。被告人李某负责露天堆场的使用分配和日常管理。因堆放的产余物料具有致害性、有刺激性气味等，工作人员巡检时需佩戴口罩、胶皮手套、护目镜等防护用品。在长期堆放过程中，产余物料物质时有流失、泄漏、挥发。江苏某科技有限公司因气味扰民等问题曾多次被举报，有关行政部门检查时多次要求其就露天堆放物料的行为进行整改。

2019年4月8日，江苏省生态环境厅在巡查时发现江苏某科技有限公司位于露天堆场的案涉危险废物。同年4月10日前后，为避免环境风险和安全事故的发生，有关行政部门责令江苏某科技有限公司将案涉危险废物紧急转移至南京某化工供应链服务有限公司、江苏某物流有限公司的仓库内分类存储。同年4月15日，南京市公安局江北新区分局（以下简称江北新区分局）予以立案侦查。经称量和鉴定，江苏某科技有限公司露天堆放的369.9吨CY1202粗品、1170.389吨苯醚粗品CY1201、194.535吨DMF水溶液、848.169吨氯化钠溶液、1034.452吨硫酸钾溶液、7.418吨苯醚硝酸盐固体、11.104吨溴化钾等物料共计3635.967吨，在不作为中间物料返回生产工艺使用的情况下，属于危险废物。

2019年5月，江北新区分局委托江苏某研究院股份公司就露天堆场土壤和地下水环境现状进行调查。江苏某研究院股份公司出具了调查报告，主要意见为：该露天堆场所在位置地下土壤重金属指标、无机盐指标、有机物指标、石油烃指标以及地下水氯化物、硫酸盐等部分特征因子超出基准线20%。同年5月22日，江苏省某环境科技有限责任公司受江北新区分局委托，依法对存放案涉危险废物的江苏某物流有限公司29库区环境空气进行检测，所选2个点位各3次检测中均检出二氯甲烷，检出浓度为$12.0\mu g/m^3$至$27.4\mu g/m^3$不等，大幅超过检出限值$0.4\mu g/m^3$。二氯甲烷是被列入我国《有毒有害大气污染物名录（2018年）》的大气污染物。

2019年4月15日，被告人欧阳某某、李某经公安机关电话传唤到案，并如实供述了犯罪事实。

另查明，被告人欧阳某某、李某2018年度收入分别为73万余元、28万余元。

此外，本案审理期间，经人民法院组织协调，江苏某科技有限公司将案涉危险废物（其中21吨多苯醚粗品回收利用）依法委托有危险废物处理资质的单位予以处理，处理的危险废物称重合计3540余吨，江苏某科技有限公司为此支出处置费用2420余万元。

✧ 〔裁判结果〕

江苏省南京市玄武区人民法院于2020年6月29日作出（2020）苏0102刑初25号刑事判决：一、被告单位江苏某科技有限公司犯污染环境罪，判处罚金人民币1000万元，追缴被告单位江苏某科技有限公司的违法所得，上缴国库。二、被告人欧阳某某犯污染环境罪，判处有期徒刑1年3个月，并处罚金人民币40万元。三、被告人李某犯污染环境罪，判处有期徒刑1年，并处罚金人民币15万元。

一审宣判后,被告单位江苏某科技有限公司、被告人欧阳某某、李某不服,向江苏省南京市中级人民法院提出上诉。二审审理期间,上诉人欧阳某某、李某自愿申请撤回上诉。江苏省南京市中级人民法院于 2021 年 11 月 15 日作出(2020)苏 01 刑终 525 号刑事裁定:一、准许上诉人欧阳某某、李某撤回上诉。二、驳回上诉单位江苏某科技有限公司上诉,维持原判。

❖ 〔裁判理由〕

人民法院生效裁判认为:关于涉案产余物料是否属于危险废物的问题。一方面,欧阳某某、李某的供述和证人徐某某、杨某某、宗某等人的证言,能够证明露天堆放的产余物料主要包括苯醚粗品 CY1201、DMF 水溶液、氯化钠溶液、苯醚硝酸盐、CY1202 粗品、硫酸钾溶液(含二氯甲烷、硫酸盐、甲醇、二甲基亚砜),散发出刺激性气味,操作中需要戴橡胶手套、口罩、护目镜、安全帽、胶鞋等防护用品,溅到身上可能对人体造成损伤,摄入人体内是有害的,遇水会稀释出有毒有害物质,袋装的活性炭有比较明显的甲苯味道。另一方面,案发后,南京市生态环境局委托某大学环境规划设计研究院集团股份公司对前述物料属性进行判定,鉴别意见为:按照 2016 年修订的《国家危险废物名录》(已失效)、国家规定的危险废物鉴别标准和鉴别方法,结合江苏某科技有限公司的环境影响评价文件、危险废物核查报告、专家论证意见,前述物料在不作为中间物料返回生产工艺使用的情况下,属于危险废物。人民法院据此认定涉案长期堆放的产余物料属于危险废物,依据充分。

关于原判认定江苏某科技有限公司属于非法处置定性是否正确的问题。《固体废物污染环境防治法》第 124 条第 9 项规定:"处置,是指将固体废物焚烧和用其他改变固体废物的物理、化学、生物特性的方法,达到减少已产生的固体废物数量、缩小固体废物体积、减少或者消除其危险成分的活动,或者将固体废物最终置于符合环境保护规定要求的填埋场的活动。"本案中,江苏某科技有限公司至迟自 2015 年开始即在厂区内堆放涉案产余物料,至案发时已逾 4 年,且数量巨大,属于长期大量堆放;江苏某科技有限公司虽然对堆放地点采取过一定程度硬化措施,但不符合长期贮存条件要求,导致物料存在渗透、挥发情形,物料在数量、体积上有所减少,客观上也造成了堆场附近土壤及地下水、空气等环境要素的损害,人民法院根据查明事实,结合《两高三部关于办理环境污染刑事案件有关问题座谈会纪要》有关规定,认定江苏某科技有限公司在不符合长期贮存条件下大量堆放涉案废料的行为属于 2017 年《刑法》第 338 条(已修正)以及 2016 年《最高人民法院、最高人民检察院关于办理环境污染刑事案件适用法律若干问题的解释》(已失效)第 3 条第 2 项规定的非法处置,定性准确,依据充分。

关于江苏某科技有限公司堆放涉案残余物料是否造成环境污染的问题。根据江苏某科技有限公司的环境影响评价文件、固体废物属性判定报告、上诉人欧阳某某、李某供述以及相关证人证言等证据,足以证明江苏某科技有限公司露天堆放的产余物料主要由 CY1202 粗品、苯醚粗品 CY1201、DMF 水溶液、氯化钠溶液、硫酸钾溶液、苯醚硝酸盐固体、溴化钾等物质组成，上述物质虽可作中间原料返回生产工艺再使用，但在不作为原料返回利用情况下属于危险废物。江苏某科技有限公司在未采取有效防护措施情况下将上述物料长期大量堆放于厂区，此种放任做法势必造成含重金属溶液的渗透、二氯甲烷及含苯物质挥发，足以导致土壤、地下水及大气污染和损害。而且，环境监察现场检查（勘验）记录表、露天堆场勘验笔录、刑事摄影照片及相关证人证言相互印证，也能够证实堆放的产余物料有泄漏、物料洒落没有及时清理、围堰和遮盖雨布存在破损、硬化过的水泥地面有裂缝、雨天堆场地面存在黄色积水以及堆场有刺激性气味等事实客观存在，结合物料属性判定报告、调查检测报告等证据，足以证明涉案危险废物存在污染环境的事实。江苏某科技有限公司有关涉案物料没有造成环境污染损害的上诉理由和辩护意见，人民法院不予采纳。

关于江苏某科技有限公司污染环境犯罪是否达到"后果特别严重"情形问题。2017年《刑法》（已修正）第338条规定："违反国家规定，排放、倾倒或者处置有放射性的废物、含传染病病原体的废物、有毒物质或者其他有害物质，严重污染环境的，处三年以下有期徒刑或者拘役，并处或者单处罚金；后果特别严重的，处三年以上七年以下有期徒刑，并处罚金。"根据2016年《最高人民法院、最高人民检察院关于办理环境污染刑事案件适用法律若干问题的解释》（已失效）第3条第2项的规定，非法排放、倾倒、处置危险废物一百吨以上的，属于2017年《刑法》（已修正）第338条规定的"后果特别严重"。本案中，江苏某科技有限公司非法处置危险废物数量3500余吨，人民法院认定其犯罪后果特别严重定性准确，而在量刑方面，充分考虑了江苏某科技有限公司处置方式特殊性和社会危害性，结合其长期非法堆放而节省的防治支出和案发后废料合法处置实际支出情况，参考公诉机关所提的量刑建议，判处江苏某科技有限公司罚金1000万元。

◇ 案例评析

生态文明建设功在当代，利在千秋。生态文明建设有赖于环境治理能力和治理水平的全面提升。建立科学的环境司法与环境行政的联动机制，是全面提升我国环境治理能力和治理水平重要途径之一。在生态环境保护实践中，行政权与司法权各具优势，行政权具有主动性、积极性、高效性、灵活性等特征，而司法权则具有权威性、公正性、个案性、消极性等特点。生态环境保护，应坚持行政权主导、司法权补充之原则。司法权与行政权的良性互动与有效衔接，实现优势互补，可以推进我国环境治理能力和治理水平的全面提升。

在本案中，被告企业长时间大量违法露天堆放危险废物之行为，不仅严重影响周边居民的日常生活，对生态环境也有极大危害性。对于此类行为，仅仅通过行政处罚难以彻底遏制此类行为的发生。本案中，审理人民法院首次将此类违法露天堆放危险废物的行为，认定为消极的非法处置行为，从而判决被告的行为构成污染环境罪。

该案的判处，有力打击了故意规避环境监管措施的违法行为，弥补了行政监管的不足，对于有类似逃避监管行为的企业也有很强的警示作用。此外，人民法院积极协调其他相关部门，督促企业将案涉3000余吨危险废物安全处理，有效消除了环境安全风险。人民法院还就加强危险废物监管问题向有关行政部门发出司法建议，取得了良好的环境治理效果。该案表明，司法机关与行政机关的良性互动，是提升我国环境治理能力和水平的重要路径之一。

二、知识凝练

◇ 专业知识

1. 危险废物。《国家危险废物名录》第2条规定："具有下列情形之一的固体废物（包括液态废物），列入本名录：（一）具有毒性、腐蚀性、易燃性、反应性或者感染性一种或者几种危险特性的；（二）不排除具有危险特性，可能对生态环境或者人体健康造成有害影响，需要按照危险废物进行管理的。"

危险废物的常见特性有五种，分别为毒性（包括浸出毒性、急性毒性、生物毒性等）、腐蚀性、易燃性、感染性、化学反应性，具有一种或几种危险特性的固体废物属于危险废物。

2. 非法处置危险废物。2020年修订的《固体废物污染环境防治法》第124条第9项对"处置"进行了规定："处置，是指将固体废物焚烧和用其他改变固体废物的物理、化学、生物特性的方法，达到减少已产生的固体废物数量、缩小固体废物体积、减少或者消除其危险成分的活动，或者将固体废物最终置于符合环境保护规定要求的填埋场的活动。"

《危险废物经营许可证管理办法》第31条第4项对"处置"的规定是："处置，是指危险废物经营单位将危险废物焚烧、煅烧、熔融、烧结、裂解、中和、消毒、蒸馏、萃取、沉淀、过滤、拆解以及用其他改变危险废物物理、化学、生物特性的方法，达到减少危险废物数量、缩小危险废物体积、减少或者消除其危险成分的活动，或者将危险废物最终置于符合环境保护规定要求的场所或者设施并不再回取的活动。"

3. 双罚制。既罚当事企事业单位，也罚当事企事业单位的当事责任人，包括其法定代表人、主要负责人、直接负责的主管人员和其他直接责任人员。

◇ 相关法条

1.《最高人民法院、最高人民检察院关于办理环境污染刑事案件适用法律若干问题的解释》（法释〔2023〕7号）：

第一条 实施刑法第三百三十八条规定的行为，具有下列情形之一的，应当认定为"严重污染环境"：

（一）在饮用水水源保护区、自然保护地核心保护区等依法确定的重点保护区域排放、倾倒、处置有放射性的废物、含传染病病原体的废物、有毒物质的；

（二）非法排放、倾倒、处置危险废物三吨以上的；

（三）排放、倾倒、处置含铅、汞、镉、铬、砷、铊、锑的污染物，超过国家或者地方污染物排放标准三倍以上的；

（四）排放、倾倒、处置含镍、铜、锌、银、钒、锰、钴的污染物，超过国家或者地方污染物排放标准十倍以上的；

（五）通过暗管、渗井、渗坑、裂隙、溶洞、灌注、非紧急情况下开启大气应急排放通道等逃避监管的方式排放、倾倒、处置有放射性的废物、含传染病病原体的废物、有毒物质的；

（六）二年内曾因在重污染天气预警期间，违反国家规定，超标排放二氧化硫、氮氧化物等实行排放总量控制的大气污染物受过二次以上行政处罚，又实施此类行为的；

（七）重点排污单位、实行排污许可重点管理的单位篡改、伪造自动监测数据或者干扰自动监测设施，排放化学需氧量、氨氮、二氧化硫、氮氧化物等污染物的；

（八）二年内曾因违反国家规定，排放、倾倒、处置有放射性的废物、含传染病病原体的废物、有毒物质受过二次以上行政处罚，又实施此类行为的；

（九）违法所得或者致使公私财产损失三十万元以上的；

（十）致使乡镇集中式饮用水水源取水中断十二小时以上的；

（十一）其他严重污染环境的情形。

第十六条 对案件所涉的环境污染专门性问题难以确定的，依据鉴定机构出具的鉴定意见，或者国务院环境保护主管部门、公安部门指定的机构出具的报告，结合其他证据作出认定。

第十七条 下列物质应当认定为刑法第三百三十八条规定的"有毒物质"：

（一）危险废物，是指列入国家危险废物名录，或者根据国家规定的危险废物鉴别标准和鉴别方法认定的，具有危险特性的固体废物；

（二）《关于持久性有机污染物的斯德哥尔摩公约》附件所列物质；

（三）重金属含量超过国家或者地方污染物排放标准的污染物；

（四）其他具有毒性，可能污染环境的物质。

第十八条 无危险废物经营许可证，以营利为目的，从危险废物中提取物质作为原材料或者燃料，并具有超标排放污染物、非法倾倒污染物或者其他违法造成环境污染的情形的行为，应当认定为"非法处置危险废物"。

2.《刑法》：

第三百三十八条 【污染环境罪】违反国家规定，排放、倾倒或者处置有放射性的废物、含传染病病原体的废物、有毒物质或者其他有害物质，严重污染环境的，处三年以下有期徒刑或者拘役，并处或者单处罚金；情节严重的，处三年以上七年以下有期徒刑，并处罚金；有下列情形之一的，处七年以上有期徒刑，并处罚金：

（一）在饮用水水源保护区、自然保护地核心保护区等依法确定的重点保护区域排放、倾倒、处置有放射性的废物、含传染病病原体的废物、有毒物质，情节特别严重的；

（二）向国家确定的重要江河、湖泊水域排放、倾倒、处置有放射性的废物、含传染病病原体的废物、有毒物质，情节特别严重的；

（三）致使大量永久基本农田基本功能丧失或者遭受永久性破坏的；

（四）致使多人重伤、严重疾病，或者致人严重残疾、死亡的。

有前款行为，同时构成其他犯罪的，依照处罚较重的规定定罪处罚。

3.《固体废物污染环境防治法》：

第二十七条 有下列情形之一，生态环境主管部门和其他负有固体废物污染环境防治监督管理职责的部门，可以对违法收集、贮存、运输、利用、处置的固体废物及设施、设备、场所、工具、物品予以查封、扣押：

（一）可能造成证据灭失、被隐匿或者非法转移的；

（二）造成或者可能造成严重环境污染的。

三、课后延伸

相关案例

指导案例 135 号：江苏省徐州市人民检察院诉苏州其安工艺品有限公司等环境民事公益诉讼案（人民法院案例库入库编号：2019-18-2-466-007）。

延伸思考

1. 实务中非法处置如何认定？
2. "非法处置危废"与"无证处置危废"如何区别？

第五节　土壤环境损害磋商案件

生态环境损害赔偿制度于 2015 年开始试点，制度设计的初衷是为了解决"企业污染，政府买单"困境——环境行政机关对于破坏环境、污染生态的违法行为只能进行处罚，而无法对违法行为造成的损害后果主张修复和赔偿。于是，中共中央办公厅、国务院办公厅印发的《生态环境损害赔偿制度改革试点方案》（已失效）在赋予行政机关索赔诉权的同时，首次规定了磋商制度，为赔偿权利人和赔偿义务人提供了一个相对平等的沟通平台，开创了对生态环境本身受到损害的一种新的救济途径。在总结两年试点经验后，中共中央办公厅、国务院办公厅于 2017 年公布《生态环境损害赔偿制度改革方案》，明确将磋商作为生态环境损害赔偿诉讼的前置程序。为更好地引导各地贯彻落实《生态环境损害赔偿制度改革方案》，生态环境部联合各部委于 2020 年公布《关于推进生态环境损害赔偿制度改革若干具体问题的意见》（已失效），从磋商活动的次数等方面细化了磋商规则。当前，生态环境损害赔偿磋商制度还处于探索阶段，本节选取了两个土壤环境损害磋商案件，旨在通过具体案例展现磋商制度的优势。

案例一：温州市乐清市郑某某等6人非法倾倒建筑垃圾破坏耕地生态环境损害赔偿磋商案

一、教学案例一

◇ **案例索引**

浙江省高级人民法院、省生态环境厅联合公布省第三批生态环境损害赔偿典型案例

◇ **关 键 词**

非法倾倒；破坏耕地；生态环境损害赔偿磋商

◇ **基本案情**

2020年6月24日，乐清市自然资源和规划局东城管理所在巡查时发现，郑某某将承包的耕地提供给黄某某、连某某、赵某某、胡某某、陈某某等人用于建筑垃圾填埋。调查发现，涉案地块为基本农田，耕地面积15.717亩，耕作层已遭彻底破坏，人民法院判决郑某某等5人分别构成非法破坏农用地罪、非法占用农用地罪，判处有期徒刑7到9个月不等，并处罚金7000-9000元；另1人已死亡，依法不予追究。经司法鉴定、评估，郑某某等6人非法倾倒建筑垃圾造成19.18亩耕地破坏，生态环境损害损失费用为1 018 842.88元。

✤ 〔磋商及修复〕

2022年10月9日，乐清市自然资源和规划局与胡某某、陈某某、连某某等赔偿义务人签订《生态环境损害赔偿协议》，由赔偿义务人承担本案生态环境损害赔偿责任。2022年12月19日，1 018 842.88元生态环境损害赔偿金已全部缴纳到位。为切实保护耕地，减少损失，属地街道积极承担管理责任，主动实施涉案地块复垦，于2022年7月31日完成复垦，符合耕作条件，通过验收。

该案将赔偿义务人履行生态环境损害赔偿责任作为检察公诉量刑考量依据，积极探索建立生态环境损害赔偿事实与检察公益诉讼的有效衔接，并坚持修复为先，严格属地责任落实，对同类型案件办理提供了有益借鉴。

一是司法协作，合力共赢。该案办案部门和检察机关密切协作配合，抓住审查起诉前的有利时机，通过释法说理向当事人充分阐明赔偿与否和检察公诉具体量刑建议的利害关系和相关法律规定，对本案的顺利办结发挥了关键作用，既体现了对环境污染零容忍，又节约了司法资源。

二是修复为先，落实责任。为避免损害扩大，该案在组织磋商的同时，通过协商由所在街道先行实施整改，开展生态环境修复，既督促赔偿义务人落实主体责任，又促使属地落实环境保护管理责任，在法律责任落实和社会效果方面都取得了良好效果。

三是精准突破，应赔尽赔。该案涉及多个赔偿义务人、责任分配难度大。办案部门根据不同责任主体，因可能受到的刑事处罚轻重不同，赔偿意愿差别较大，结合赔偿义务人偿付能力，精心制定赔偿磋商方案，经多轮磋商、反复释法，最终与赔偿义

务人签订赔偿协议,并全部履行到位,实现"应赔尽赔"。

案例二:浙江省海宁市某科技工业园部分企业废水通过渗坑直排污染土壤生态环境损害赔偿案

二、教学案例二

◇ 案例索引

生态环境部公布第三批生态环境损害赔偿磋商十大典型案例

◇ 关 键 词

非法倾倒;破环耕地;生态环境损害赔偿磋商

◇ 基本案情

1. 线索来源。2019年11月,浙江省海宁市某科技工业园部分企业通过渗坑直排废水,污染周边土壤及河道的问题被推动长江经济带发展领导小组办公室曝光。

2. 调查评估。嘉兴市生态环境局海宁分局依法对涉案企业废水通过渗坑直排等违法行为予以4.28万元至69.40万元不等的行政处罚。2020年10月,嘉兴市生态环境局海宁分局联合海宁市农业农村局委托开展生态环境损害鉴定评估。经鉴定评估,重点调查范围内的48个土壤样品中,8个土壤样品属于轻度盐渍化(16.7%),2个土壤样品为中度盐渍化(4.2%),土壤生态环境损害涉及赔偿金额225万余元(盐渍化土壤改良所需的灌、排水费用与修复评估费用难以精确估算,故暂不核定,待2023年底前完成修复评估验收后,以实际发生为准)。

❖ 〔磋商情况〕

该案是海宁市首个涉及传统产业的盐渍化生态环境损害案件,传统观念阻力较大,而且涉及赔偿义务人主体多而散,在处置、磋商过程中难度很大。2021年12月,经多轮磋商,嘉兴市生态环境局海宁分局与17位赔偿义务人签订系列生态环境损害赔偿协议。17位赔偿义务人自愿承担总计229万余元赔偿金(大于评估核定225万元),主要用于支付窑池复垦费用,复垦面积5.67万平方米。

❖ 〔修复情况〕

根据农田改良方案,窑池复垦后通过水利措施排除土壤中过多的盐分,为农作物创造正常生长的土壤环境,然后进一步运用农作物栽种措施改善土壤的物理、化学和生物性质,提高肥力并防止返盐。所有盐渍化复垦农业用地均已按方案落实灌溉、排水等措施及多茬作物栽种,经农业农村部门测产和专业机构评估,盐渍化土壤均原地得到了有效改良,成效明显。

❖ 〔典型意义〕

本案系生态环境部公布第三批生态环境损害赔偿磋商十大典型案例之一。该案是部门协同配合共同开展的一起涉及赔偿义务人人数较多的典型案件,对同类案件的办理具有一定的借鉴意义。

一是落实生态环境损害赔偿多方责任,"以点带面"探索同类案例一体办理。该案除追究 10 家涉案企业生态环境损害责任外,根据过错与责任相适应原则,还对 7 家未完全履行土地保护责任的村级合作社,提出生态环境损害赔偿请求并达成磋商协议,推动了生态环境损害赔偿责任的有效落实。

二是传播了"环境有价、损害担责"的理念。该案赔偿义务人均为泥窖腌制榨菜的传统产业从业人员,对于制作工艺带来的土壤盐渍化习以为常,因此磋商的观念阻力较大且涉及人数较多。行政机关通过"说法讲理",耐心宣教,较好处理了法律规定和传统习惯的矛盾,在实践中具有借鉴意义,也有助于推动该传统产业的转型升级,实现发展与保护的双赢。

三是盐渍化土壤改良费用以实际发生费用为准的做法务实合理。由于生态环境修复具有一定的不确定性,因此,在损害评估阶段确定生态环境修复费用难度较大。该案以修复评估验收后的实际发生费用来核定生态环境修复费用的做法,可以有效解决实践中生态环境损害赔偿数额不足或超收的情况,该经验值得推广借鉴。

三、知识凝练

◇ **专业知识**

1. 耕作层。受耕作影响的表土层。用符号 Ap1 表示。

厚度一般为 15-20 厘米。由于受耕作压实过程的影响,部分耕作层下部可能形成犁底层(Ap2),合称为耕作表层(Ap)。在合理耕作和利用下,耕层土壤不断熟化,土壤肥力得到提高。耕作层土壤疏松,呈粒状或团粒状结构,养分含量比较丰富,作物根系最为密集。耕作层常受农业活动干扰和外界自然因素的影响,其水分物理性质和速效养分含量的季节变化较大。耕作层是耕作土壤区别于自然土壤最重要的部分。

2. 土壤盐渍化。土壤底层或地下水的盐分随毛管水上升到地表,水分蒸发后,使盐分积累在表层土壤中的过程。又称盐碱化。

土壤盐渍化会造成土质恶化,盐渍化土壤会导致作物萎蔫、枯黄或死苗,农作物产量降低。全国耕地因盐渍化每年损失粮食 207 亿千克,草地因盐碱化每年损失鲜草 1218 亿千克。裸露盐渍化土地也是沙尘暴的一个重要物源,在大风强烈侵蚀下会形成混有盐碱粉尘的白尘天气,会造成广泛的大气污染,危害人体健康。

3. 生态环境损害赔偿磋商制度。磋商是生态环境损害赔偿诉讼的前置程序。作为一种非对抗性、创新的纠纷解决方式,磋商有助于权利人与义务人高效达成赔偿协议、及时进行生态环境修复。然而,当前国家层面的规定就启动磋商的条件、磋商具体程序、磋商的具体内容、未按程序开展磋商工作的后果等操作层面的问题缺少具体规定,需要各地出台细化规定予以进一步明确,确保磋商程序规范化,避免权利人滥用权利,而目前各地的实践也并不统一。

(1)启动磋商通常需要满足什么条件?

依据《生态环境损害赔偿制度改革方案》，磋商之前，权利人应先委托专业机构或专家进行生态环境损害鉴定评估，然后并依据该报告进行磋商，由于损害调查是生态环境损害鉴定评估的前提和依据，在鉴定评估报告出具之前也应完成损害调查。

（2）磋商与诉讼程序如何衔接？

《最高人民法院关于审理生态环境损害赔偿案件的若干规定（试行）》第1条规定："具有下列情形之一，省级、市地级人民政府及其指定的相关部门、机构，或者受国务院委托行使全民所有自然资源资产所有权的部门，因与造成生态环境损害的自然人、法人或者其他组织经磋商未达成一致或者无法进行磋商的，可以作为原告提起生态环境损害赔偿诉讼：……"

第5条规定："原告提起生态环境损害赔偿诉讼，符合民事诉讼法和本规定并提交下列材料的，人民法院应当登记立案：……（三）与被告进行磋商但未达成一致或者因客观原因无法与被告进行磋商的说明；……"

依据上述，磋商是诉讼的前置性条件，如磋商不成，权利人或其指定的部门或机构拟向人民法院提起生态环境损害赔偿诉讼的，磋商未达成一致或因客观原因无法进行磋商的证明材料是人民法院立案必备的材料。因此，如进行磋商，权利人或其指定的部门或机构应注意保留会议纪要、义务人答复等书面证明材料，以便后续磋商不成时作为立案材料提供。

四、课后延伸

 相关案例

1. 山东省南四湖流域全盐量硫酸盐超标排放生态环境损害赔偿系列案（摘自生态环境部公布第三批生态环境损害赔偿磋商十大典型案例）。

2. 黑龙江省伊春市某公司尾矿库泄漏污染部分河段、农田及林地生态环境损害赔偿案（摘自生态环境部公布第三批生态环境损害赔偿磋商十大典型案例）。

延伸思考

1. 生态环境损害赔偿磋商的法律性质是什么？是"民事磋商"还是"行政磋商"？
2. 生态环境损害赔偿磋商是否需要引入第三方参与？

第五章　森林生态环境损害案件

 学习目标

1. **知识目标**：掌握环境民事公益诉讼和生态环境损害赔偿诉讼；了解生物多样性和国家重点保护野生植物名录；学习《森林法》《中华人民共和国野生植物保护条例》《最高人民法院关于审理破坏森林资源刑事案件适用法律若干问题的解释》等相关法律法规。
2. **能力目标**：掌握涉森林生态环境损害案件审判要点，能提取案件的关键信息及争议焦点，提升涉森林生态环境损害司法实务能力。
3. **素质目标**：培养法律思维，运用法律逻辑推理认定事实。
4. **养成目标**：树立森林保护意识，践行人与自然和谐共生理念。

 思维导图

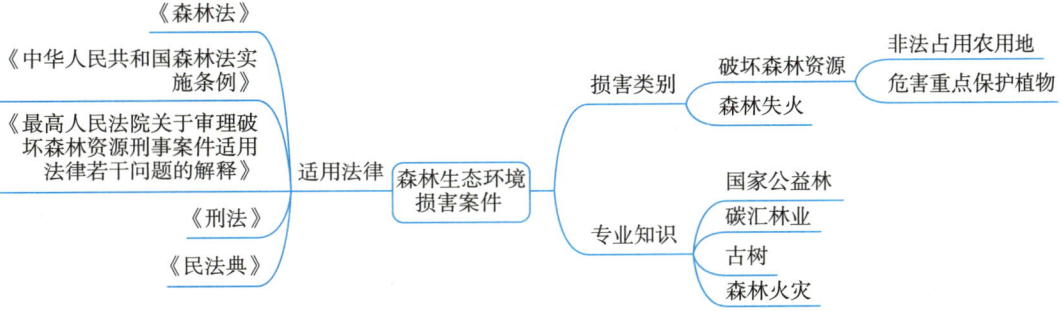

 内容提要

　　森林是陆地生态系统的主体和重要资源，是人类生存发展的重要生态保障。党的十八大以来，习近平总书记站在中华民族永续发展的高度，大力推动生态文明理论创新、实践创新、制度创新，形成了习近平生态文明思想，为生态文明建设提供了根本遵循和行动指南。习近平总书记高度重视森林资源保护，在参加首都义务植树活动时指出："森林是水库、钱库、粮库，现在应该再加上一个'碳库'"，并要求"把森林资源培育好、保护好、发展好"。最高人民法院先后发布多部司法解释，对危害国家重点保护植物罪、盗伐林木罪、滥伐林木罪、非法占用农用地罪等破坏森林资源犯罪的定罪量刑标准和有关法律适用问题作出规定。

第一节 破坏森林资源犯罪典型案件

林地，是森林资源的重要组成部分，是林业生产发展的物质基础。随着旅游经济的快速发展，各类旅游、生产建设项目不断增多，每年因修路、建房、旅游开发、重点工程项目建设等诸多原因，违法侵占林地、擅自改变林地用途、毁林开荒等现象时有发生。因此，加强森林资源管理，强化依法使用林地意识，规范征占用林地行为，打击非法使用林地违法犯罪刻不容缓。

案例一：于某某等非法占用农用地案
——非法占用林地，进行非林作业的，属于"毁坏"林地

一、教学案例一

◇ **案例索引**

最高人民法院 2023 年 8 月发布的依法惩治破坏森林资源犯罪典型案例

◇ **案情摘要**

本案系非法占用林地，造成林地大量毁坏，致原有植被严重毁坏一案。

◇ **关 键 词**

非法占用农用地罪；林地资源

◇ **基本案情**

2017 年至 2019 年间，被告人于某某、黄某某、卢某某、马某某租赁位于辽宁省宽甸满族自治县大西岔镇的多处林地，后违反土地管理法规，翻整涉案林地，并使用挖掘机清理林地内的树根、石块后，自己或者转租他人种植人参，造成林地原有植被严重毁坏。经鉴定，被告人于某某、黄某某、卢某某、马某某分别非法占用林地 183.8 亩、51.6 亩、65.1 亩、24.2 亩。

✣ 〔**裁判结果**〕

辽宁省丹东市元宝区人民法院判决认为：于某某、黄某某、卢某某、马某某违反土地管理法规，非法占用林地种植人参，数量较大，造成林地大量毁坏，构成非法占用农用地罪。综合考虑各被告人在共同犯罪中的作用及自首、认罪认罚等情节，以非法占用农用地罪判决被告人于某某有期徒刑 1 年 11 个月，并处罚金人民币 184 000 元；被告人黄某某有期徒刑 8 个月，并处罚金人民币 52 000 元；被告人卢某某有期徒刑 9 个月，并处罚金人民币 65 000 元；被告人马某某有期徒刑 7 个月，缓刑 1 年，并处罚金人民币 24 000 元。该判决已发生法律效力。

◇ 案例评析

林地是依法规划确定的用于发展林业的土地。根据《森林法》第83条第3项的规定，乔木林地、灌木林地、疏林地、采伐迹地、火烧迹地、未成林造林地、苗圃地等均属林地范畴。保证林地专门用途，对于有效保护地上原有植被，维持森林生态系统的多样性、稳定性、持续性，从而确保森林资源发挥应有生态功能，至关重要。本案被非法占用的林地位于辽宁省宽甸满族自治县大西岔镇，该镇地处长白山余脉、鸭绿江畔，依法保护当地林地资源，对于维持森林蓄积、促进绿色发展，防范、抵御山洪、泥石流等常见自然灾害，具有重要意义。本案被告人为谋取利益，非法占用并毁坏林地，总量超过300亩，严重毁坏林地原有植被和林地生态功能。人民法院对被告人依法定罪处罚，并根据犯罪情节，对三名被告人判处实刑，彰显了依法严惩非法占用林地犯罪，有效保护森林资源，筑牢绿色生态屏障的坚定立场。

二、知识凝练

◇ 专业知识

1. 林地，是指县级以上人民政府规划确定的用于发展林业的土地。包括郁闭度0.2以上的乔木林地以及竹林地、灌木林地、疏林地、采伐迹地、火烧迹地、未成林造林地、苗圃地等。

2. 林地资产，林地供给的有限性、不可移动性、不可替代性，以及林地上林木生长能够产生生态效益，因此，林地资产与一般资产相比具有独特的性质。随着社会经济的不断发展，对林产品品种、数量和质量等多种效益的需求越来越高，因而对林地资源的需求量越来越大，租用林地的竞争变得越来越激烈，林地资产大幅度升值。

在中国，林地所有权禁止买卖，因此，林地资产体现为流转林地使用权所带来的经济收益，而且这种收益权只有在交易的过程中才能实现。林地资产的界定对土地使用制度的不断完善和市场机制进入土地配置的过程有着积极的意义，也为森林资源资产的管理提供了必要的条件。

中共十一届三中全会后，中国经济体制逐步向社会主义市场经济体制深化，林地资产的构成也发生了很大的变化，表现为林地所有权和使用权的分离。中国土地制度的建设是以公有制为前提，允许土地使用权流转为基本框架。1988年公布的《中华人民共和国宪法修正案》中的第2条进一步规定："宪法第十条第四款'任何组织或者个人不得侵占、买卖、出租或者以其他形式非法转让土地。'修改为：'任何组织或个人不得侵占、买卖或者以其他形式非法转让土地。土地的使用权可以依照法律的规定转让。'"在此基础上，各个地区又出台了相关的地方性法规，进一步推动了土地使用权的流转。1990年国务院正式颁布了《中华人民共和国城镇国有土地使用权出让和转让暂行条例》，最终确立了土地所有权与使用权分离，以及土地使用权可以作为独立的经济权利用于出售、交换、赠予、出租和抵押等的新制度。

3. 共同犯罪行为。共同犯罪行为，是指各个共同犯罪人在参加共同犯罪时，所有共同犯罪人的行为通过其共同的犯罪故意而有机联系，各个共同犯罪人的行为和所发生的犯罪结果之间，具有因果关系。这是各个共犯人承担刑事责任的依据。在我国《刑法》体系中，共同犯罪中的刑事责任大小依照主犯、从犯、胁从犯的体系来解决。

主犯是指组织、领导犯罪集团进行犯罪活动或者在共同犯罪中起主要作用的犯罪分子。包括：一是组织犯，即组织、领导犯罪集团进行犯罪活动的犯罪分子，根据《刑法》第 26 条第 1 款的规定，组织、领导犯罪集团进行犯罪活动的或者在共同犯罪中起主要作用的，是主犯。二是实行犯，即在犯罪集团中或一般共同犯罪中起主要作用的犯罪分子，虽非组织、领导者或策划、指挥者，但在实行犯罪活动中起着主要的作用。需要明确的是，在一个共同犯罪案件中，主犯可能有两个或两个以上。

从犯是指在共同犯罪中起次要或者辅助作用的犯罪分子。包括：一是次要的实行犯，即直接实施犯罪的行为，但在整个犯罪活动中起次要作用。二是帮助犯，即在共同犯罪中起辅助作用的犯罪分子，如窥测犯罪场所、准备犯罪工具、指点犯罪方法等。

胁从犯是指在共同犯罪中被胁迫参加犯罪的犯罪分子。具备两个特征：一是被胁迫参加犯罪，其没有犯罪意图，是在他人暴力威胁等精神强制下，被迫参加犯罪，或者为了避免对本人的不利，不得已参加犯罪。二是在共同犯罪中所起的作用也较小，处于从属的地位。因为胁从犯在犯罪时并没有完全丧失意志自由，仍应承担刑事责任。在实践中，有胁从犯后来变为自愿或积极从事犯罪活动，则不能再以胁从犯论处，而应按照他在共同犯罪中的所起的实际作用处罚。

教唆犯是指故意唆使他人实施犯罪意图的犯罪分子。具备两个特征：一是有引起他人产生犯罪意图的教唆行为。用劝说、怂恿、威胁等方法，将自己的犯罪意图灌输给本无犯罪意图，或虽有犯罪意图但不坚定的人，以达到本人的犯罪目的。二是没有教唆他人犯罪的故意，而是由于言词不慎，引起了他人的犯罪意图，导致了犯罪的发生，不能认定为教唆犯。

◇ 相关法条

1. 《森林法》：

第七十一条　违反本法规定，侵害森林、林木、林地的所有者或者使用者的合法权益的，依法承担侵权责任。

2. 《刑法》：

第三百四十二条　【非法占用农用地罪】违反土地管理法规，非法占用耕地、林地等农用地，改变被占用土地用途，数量较大，造成耕地、林地等农用地大量毁坏的，处五年以下有期徒刑或者拘役，并处或者单处罚金。

三、课后延伸

1. 张某某非法占用农用地罪一审刑事判决书［云南省鹤庆县人民法院刑事裁决书

(2024）云 2932 刑初 137 号］。

2. 杨某某、普某某非法占用农用罪［云南省峨山彝族自治县人民法院刑事判决书（2024）云 0426 刑初 41 号］。

> **延伸思考**
>
> 1. 林地毁坏的具体情形？
> 2. 现状地类与土地实际用途不一致时，应如何认定地类？

案例二：徐某某非法占用农用地案

——非法占用林地，严重破坏原有植被的，属于"毁坏"林地

一、教学案例二

◇ 案例索引

最高人民法院 2023 年 8 月发布的依法惩治破坏森林资源犯罪典型案例

◇ 案情摘要

本案系道路建设过程中，未经同意，涉案道路所在区域内的林地，造成原有植被大量毁损一案。

◇ 关 键 词

非法占用农用地罪；变更林地用途

◇ 基本案情

2018 年 3 月至 2022 年 5 月，被告人徐某某承建陕西省商南县赵川镇文化坪村某标段道路建设工程。施工过程中，在未办理使用林地审核同意书的情况下，非法占用涉案道路所在区域内的林地，并采用爆破、挖掘等方式施工，造成林地上原有植被大量毁损。经勘验，被告人徐某某共占用国家重点公益林、用材林林地 62.66 亩，毁坏程度为重度。案发后，被告人徐某某经公安机关传唤到案，如实供述了犯罪事实。

❖ 〔裁判结果〕

陕西省商南县人民法院判决认为：被告人徐某某违反土地管理法规，非法占用林地，改变被占用林地用途，数量达 62.66 亩，造成林地大量毁坏，构成非法占用农用地罪。综合考虑涉案道路工程的性质，以及被告人徐某某自首、认罪认罚等情节，以非法占用农用地罪判处被告人徐某某有期徒刑 1 年 6 个月，缓刑 2 年；并处罚金人民币 2 万元。该判决已发生法律效力。

◇ 案例评析

林地是森林资源的重要组成部分。我国人口规模巨大，林地资源相对短缺。当前，非法占用林地进行非林生产、建设，破坏林地资源的情况仍然多发。依法惩治破坏林

地资源犯罪，推动森林生态严格保护，是人民法院践行"两山理念"、服务保障绿色发展的内在要求。林地上的林木等植被承载着保持水土、防风固沙、汇聚生物多样性等重要生态功能。在全球气候变化的背景之下，森林植被作为重要的"碳汇"资源，对实现"双碳"目标也具有不可替代的重要功能。林地原有植被直接影响林地生态系统的结构和生态功能的有效发挥，是评价林地"毁坏"及其程度的依据之一。本案造成原有植被大量毁损、被占林地重度毁坏后果，是典型的非法占用林地犯罪。而且，行为对象兼具公益林地和用材林地，生态价值较为重要；行为手段采用爆破、挖掘方式，对土壤功能、质量以及地上植被破坏更加严重。人民法院对被告人依法定罪处罚，彰显了对森林生态的有力司法保障。

二、知识凝练

◇ **专业知识**

1. 国家公益林，是指生态区位极为重要或生态状况极为脆弱，对国土生态安全、生物多样性保护和经济社会可持续发展具有重要作用，以发挥森林生态和社会服务功能为主要经营目的的防护林和特种用途林。

2. 国家公益林的区划范围。

（1）江河源头——重要江河干流源头，自源头起向上以分水岭为界，向下延伸20公里、汇水区内江河两侧最大20公里以内的林地；流域面积在10 000平方公里以上的一级支流源头，自源头起向上以分水岭为界，向下延伸10公里、汇水区内江河两侧最大10公里以内的林地。其中，三江源区划范围为自然保护区核心区内的林地。

（2）江河两岸——重要江河干流两岸［界江（河）国境线水路接壤段以外］以及长江以北河长在150公里以上且流域面积在1000平方公里以上的一级支流两岸，长江以南（含长江）河长在300公里以上且流域面积在2000平方公里以上的一级支流两岸，干堤以外2公里以内从林缘起，为平地的向外延伸2公里、为山地的向外延伸至第一重山脊的林地。

重要江河干流包括：

对国家生态安全具有重要意义的河流：长江（含通天河、金沙江）、黄河、淮河、松花江（含嫩江、第二松花江）、辽河、海河（含永定河、子牙河、漳卫南运河）、珠江（含西江、浔江、黔江、红水河）。

生态环境极为脆弱地区的河流：额尔齐斯河、疏勒河、黑河（含弱水）、石羊河、塔里木河、渭河、大凌河、滦河。

其他重要生态区域的河流：钱塘江（含富春江、新安江）、闽江（含金溪）、赣江、湘江、沅江、资水、沂河、沭河、泗河、南渡江、瓯江。

流入或流出国界的重要河流：澜沧江、怒江、雅鲁藏布江、元江、伊犁河、狮泉河、绥芬河。

界江、界河：黑龙江、乌苏里江、图们江、鸭绿江、额尔古纳河。

（3）森林和陆生野生动物类型的国家级自然保护区以及列入世界自然遗产名录的林地。

（4）湿地和水库——重要湿地和水库周围2公里以内从林缘起，为平地的向外延伸2公里、为山地的向外延伸至第一重山脊的林地。

重要湿地是指同时符合以下标准的湿地：

列入《中国湿地保护行动计划》重要湿地名录和湿地类型国家级自然保护区的湿地。

长江以北地区面积在8万公顷以上、长江以南地区面积在5万公顷以上的湿地。

有林地面积占该重要湿地陆地面积50%以上的湿地。

流域、山体等类型除外的湿地。

具体包括：兴凯湖、五大连池、松花湖、查干湖、向海、白洋淀、衡水湖、南四湖、洪泽湖、高邮湖、太湖、巢湖、梁子湖群、洞庭湖、鄱阳湖、滇池、抚仙湖、洱海、泸沽湖、清澜港、乌梁素海、居延海、博斯腾湖、塞里木湖、艾比湖、喀纳斯湖、青海湖。

重要水库：年均降雨量在400毫米以下（含400毫米）的地区库容0.5亿立方米以上的水库；年均降雨量在400-1000毫米（含1000毫米）的地区库容3亿立方米以上的水库；年均降雨量在1000毫米以上的地区库容6亿立方米以上的水库。

（5）边境地区陆路、水路接壤的国境线以内10公里的林地。

（6）荒漠化和水土流失严重地区——防风固沙林基干林带（含绿洲外围的防护林基干林带）；集中连片30公顷以上的有林地、疏林地、灌木林地。

荒漠化和水土流失严重地区包括：

八大沙漠：塔克拉玛干、库姆塔格、古尔班通古特、巴丹吉林、腾格里、乌兰布和、库布齐、柴达木沙漠周边直接接壤的县（旗、市）。

四大沙地：呼伦贝尔、科尔沁（含松嫩沙地）、浑善达克、毛乌素沙地分布的县（旗、市）。

其他荒漠化或沙化严重地区：河北坝上地区、阴山北麓、黄河故道区。

水土流失严重地区：

黄河中上游黄土高原丘陵沟壑区，以乡级为单位，沟壑密度1公里/平方公里以上、沟蚀面积15%以上或土壤侵蚀强度为平均侵蚀模数5000吨/年·平方公里以上地区。

长江上游西南高山峡谷和云贵高原区，山体坡度在36度以上地区。

四川盆地丘陵区，以乡级为单位，土壤侵蚀强度为平均流失厚度3.7毫米/年以上或土壤侵蚀强度为平均侵蚀模数5000吨/年·平方公里以上的地区。

热带、亚热带岩溶地区基岩裸露率在35%至70%之间的石漠化山地。

本项中涉及的水土流失各项指标，以省级以上人民政府水土保持主管部门提供的数据为准。

（7）沿海防护林基干林带、红树林、中国台湾海峡西岸第一重山脊临海山体的林地。

（8）除前七款区划范围外，东北、内蒙古重点国有林区以禁伐区为主体，符合下列条件之一的：

未开发利用的原始林。

森林和陆生野生动物类型自然保护区。

以列入国家重点保护野生植物名录树种为优势树种，以小班为单元，集中分布、连片面积30公顷以上的天然林。

3. 碳汇林业。充分利用森林的碳汇功能，吸收、固定二氧化碳，以减少大气中的二氧化碳和减缓气候变暖为目的的林业活动。

碳汇是从大气中清除二氧化碳的活动或机制。森林作为陆地生态系统的主体，具备强大的固碳和储碳能力。是通过造林、再造林、减少毁林等林业管理，吸收大气中的二氧化碳，并与政策、管理、碳交易相结合的过程、活动和机制。

随着人类对气候变暖的危机感日益加重，1997年12月，为了限制温室气体排放，人类历史上首次以法规的形式，制定并通过《〈联合国气候变化框架公约〉京都议定书》（简称《京都议定书》）。《京都议定书》要求工业化国家减少和控制温室气体的排放，并为各国确定减少排放限额，目标是在第一承诺期内，将全球温室气体排放量在1990年水平上减少5%。林业碳汇项目总体可分为京都规则碳汇项目和潜在的非京都规则碳汇项目。京都规则碳汇项目是指在50年以上的无林地上新造林，或从1989年12月31日起到项目实施之日没有森林的无林地上再造林，并满足额外性等其他要求的项目。非京都规则碳汇项目是指不受《京都议定书》规则限制的造林、再造林、森林保护和森林管理项目。碳汇林业不应局限于《京都议定书》规则之下，也包括非京都规则。碳汇林业的主要功能是固碳，同时又能够实现碳汇林业的生态价值补偿，与传统的林业分类存在明显区别。生态价值补偿的方式可以是政府买单，也可以是市场购买，或者是企业及居民自愿捐赠。碳汇林业是林业碳汇项目的集合，碳汇是林业碳汇项目或碳汇林业的产品之一。

碳汇林业具备可持续发展的内涵，主要体现在两个方面：①碳汇林业是可持续发展的前提。碳汇林业以发展为前提，充分利用自然资源，维护自然资源和环境的可持续性，为人类持久发展发挥重大作用。②碳汇林业是综合系统的全面发展。碳汇林业要与林农、林区协调发展，不仅关注当前的发展，而且关注未来人类社会的持久发展。

4. 非法占用防护林地、特种用途林地数量5亩以下，其他林地数量10亩以下的，应依据《中华人民共和国森林法实施条例》第43条规定追究法律责任，由县级以上人民政府林业主管部门责令限期恢复原状，并处非法改变用途林地每平方米10元至30元的罚款。

5. 非法占用并毁坏防护林地、特种用途林地数量分别或者合计达到5亩以上，非法占用并毁坏其他林地数量达到10亩以上的，应依据《最高人民法院关于审理破坏森林资源刑事案件适用法律若干问题的解释》（法释〔2023〕8号）第1条规定追究刑事责任，以非法占用农用地罪判处五年以下有期徒刑或者拘役，并处或者单处罚金。

◇ 相关法条

1. 《森林法》：

第三十七条　矿藏勘查、开采以及其他各类工程建设，应当不占或者少占林地；确需占用林地的，应当经县级以上人民政府林业主管部门审核同意，依法办理建设用地审批手续。

占用林地的单位应当缴纳森林植被恢复费。森林植被恢复费征收使用管理办法由国务院财政部门会同林业主管部门制定。

县级以上人民政府林业主管部门应当按照规定安排植树造林，恢复森林植被，植树造林面积不得少于因占用林地而减少的森林植被面积。上级林业主管部门应当定期督促下级林业主管部门组织植树造林、恢复森林植被，并进行检查。

第三十八条　需要临时使用林地的，应当经县级以上人民政府林业主管部门批准；临时使用林地的期限一般不超过二年，并不得在临时使用的林地上修建永久性建筑物。

临时使用林地期满后一年内，用地单位或者个人应当恢复植被和林业生产条件。

第七十三条　违反本法规定，未经县级以上人民政府林业主管部门审核同意，擅自改变林地用途的，由县级以上人民政府林业主管部门责令限期恢复植被和林业生产条件，可以处恢复植被和林业生产条件所需费用三倍以下的罚款。

虽经县级以上人民政府林业主管部门审核同意，但未办理建设用地审批手续擅自占用林地的，依照《中华人民共和国土地管理法》的有关规定处罚。

在临时使用的林地上修建永久性建筑物，或者临时使用林地期满后一年内未恢复植被或者林业生产条件的，依照本条第一款规定处罚。

2. 《最高人民法院关于审理破坏森林资源刑事案件适用法律若干问题的解释》（法释〔2023〕8号）：

第一条　违反土地管理法规，非法占用林地，改变被占用林地用途，具有下列情形之一的，应当认定为刑法第三百四十二条规定的造成林地"毁坏"：

（一）在林地上实施建窑、建坟、建房、修路、硬化等工程建设的；

（二）在林地上实施采石、采砂、采土、采矿等活动的；

（三）在林地上排放污染物、堆放废弃物或者进行非林业生产、建设，造成林地被严重污染或者原有植被、林业生产条件被严重破坏的。

实施前款规定的行为，具有下列情形之一的，应当认定为刑法第三百四十二条规定的"数量较大，造成耕地、林地等农用地大量毁坏"：

（一）非法占用并毁坏公益林地五亩以上的；

（二）非法占用并毁坏商品林地十亩以上的；

（三）非法占用并毁坏的公益林地、商品林地数量虽未分别达到第一项、第二项规定标准，但按相应比例折算合计达到有关标准的；

（四）二年内曾因非法占用农用地受过二次以上行政处罚，又非法占用林地，数量达到第一项至第三项规定标准一半以上的。

三、课后延伸

相关案例

1. 黄某某非法占用农用地罪［广东省韶关市中级人民法院刑事附带民事裁定书（2024）粤02刑终35号］。

2. 周某甲、周某乙非法占用农用地罪［云南省峨山彝族自治县人民法院刑事判决书（2024）云0426刑初40号］。

延伸思考

林地和农用地的认定标准？

案例三：何某某等危害国家重点保护植物案
——毒害古树牟利的，属于危害国家重点保护植物

一、教学案例三

◇ **案例索引**

最高人民法院2023年8月发布的依法惩治破坏森林资源犯罪典型案例

◇ **案情摘要**

本案系危害国家重点保护植物案，注射农药，毒害古树，构成危害国家重点保护植物罪。

◇ **关 键 词**

危害国家重点保护植物罪；毒害古树；共同犯罪

◇ **基本案情**

2021年4月至12月，被告人何某某伙同欧阳某甲，在湖南浏阳、江西宜春等地寻找古樟树，并雇请陶某某、欧阳某乙等人（均另案处理）及被告人李某某，在树蔸部位钻孔并灌注草甘膦农药，欲待古树被毒死后采伐出售牟利。其间，何某某、欧阳某甲二人与谢某某（另案处理）约定，以33.8万元价格交易其中一棵古树，并收取谢某某定金8万元。何某某、欧阳某甲共毒死古樟树7株，其中6株有李某某参与实施。经鉴定，除两株古樟树树龄在300年以上外，其他5株树龄均在500年以上。2022年1月5日，被告人何某某经公安机关电话通知后主动到案，被告人欧阳某甲、李某某被传唤到案，被告人到案后均如实供述上述犯罪事实。

❖ ［裁判结果］

湖南省浏阳市人民法院判决认为：被告人何某某、欧阳某甲、李某某违反国家规定，钻孔灌毒致古樟树死亡，属于毁坏古树名木，构成危害国家重点保护植物罪。综

合考虑各被告人在共同犯罪中所起作用,以及自首、坦白等情节,以危害国家重点保护植物罪判处被告人何某某有期徒刑4年6个月,并处罚金人民币2万元;被告人欧阳某甲有期徒刑5年,并处罚金人民币2万元;被告人李某某有期徒刑3年6个月,并处罚金人民币1万元。该判决已发生法律效力。

◇ 案例评析

古树是指树龄在一百年以上的树木,是自然界的活化石、森林资源的瑰宝,保存了珍贵的物种资源,记录了大自然的历史变迁,具有极其重要的生态价值。近年来,有关部门采取措施,组织开展资源调查,完善相关法律法规和政策机制,落实管护责任,切实加强古树保护管理工作。但受利益驱动,非法采伐、毁坏古树的案件也时有发生,甚至形成非法产业链,亟需加大惩治力度。有的采用灌注毒药的方式毁坏古树,给古树生长造成难以修复的损害,危害十分严重。本案即是跨湘赣两省六市九区县的多团伙、成批量毒害古树系列案件之一。人民法院对三名被告人判处实刑,且均依法判处三年以上有期徒刑,彰显了严惩危害古树犯罪、加强森林资源司法保护的坚定立场。

二、知识凝练

◇ 专业知识

古树,指树龄在100年以上的树木,分为国家一、二、三级,国家一级古树树龄500年以上,国家二级古树300-499年,国家三级古树100-299年。名木是指在历史上或社会上有重大影响的中外历代名人、领袖人物所植或者具有极其重要的历史、文化价值、纪念意义的树木。

图 5-1　樟树——湖北孝感云梦县台湖林(来源:《中国大百科全书》第三版网络版)

◇ 相关法条

1.《刑法》:

第三百四十四条　【危害国家重点保护植物罪】 违反国家规定,非法采伐、毁坏珍贵树木或者国家重点保护的其他植物的，或者非法收购、运输、加工、出售珍贵树木或者国家重点保护的其他植物及其制品的，处三年以下有期徒刑、拘役或者管制，并处罚金；情节严重的，处三年以上七年以下有期徒刑，并处罚金。

2.《民法典》：

第一百七十九条 承担民事责任的方式主要有：

（一）停止侵害；

（二）排除妨碍；

（三）消除危险；

（四）返还财产；

（五）恢复原状；

（六）修理、重作、更换；

（七）继续履行；

（八）赔偿损失；

（九）支付违约金；

（十）消除影响、恢复名誉；

（十一）赔礼道歉。

法律规定惩罚性赔偿的，依照其规定。

本条规定的承担民事责任的方式，可以单独适用，也可以合并适用。

第一千二百二十九条 因污染环境、破坏生态造成他人损害的，侵权人应当承担侵权责任。

第一千二百三十五条 违反国家规定造成生态环境损害的，国家规定的机关或者法律规定的组织有权请求侵权人赔偿下列损失和费用：

（一）生态环境受到损害至修复完成期间服务功能丧失导致的损失；

（二）生态环境功能永久性损害造成的损失；

（三）生态环境损害调查、鉴定评估等费用；

（四）清除污染、修复生态环境费用；

（五）防止损害的发生和扩大所支出的合理费用。

3.《最高人民法院关于审理破坏森林资源刑事案件适用法律若干问题的解释》（法释〔2023〕8号）：

第二条 违反国家规定，非法采伐、毁坏列入《国家重点保护野生植物名录》的野生植物，或者非法收购、运输、加工、出售明知是非法采伐、毁坏的上述植物及其制品，具有下列情形之一的，应当依照刑法第三百四十四条的规定，以危害国家重点保护植物罪定罪处罚：

（一）危害国家一级保护野生植物一株以上或者立木蓄积一立方米以上的；

（二）危害国家二级保护野生植物二株以上或者立木蓄积二立方米以上的；

（三）危害国家重点保护野生植物，数量虽未分别达到第一项、第二项规定标准，但按相应比例折算合计达到有关标准的；

（四）涉案国家重点保护野生植物及其制品价值二万元以上的。

实施前款规定的行为，具有下列情形之一的，应当认定为刑法第三百四十四条规定的"情节严重"：

（一）危害国家一级保护野生植物五株以上或者立木蓄积五立方米以上的；

（二）危害国家二级保护野生植物十株以上或者立木蓄积十立方米以上的；

（三）危害国家重点保护野生植物，数量虽未分别达到第一项、第二项规定标准，但按相应比例折算合计达到有关标准的；

（四）涉案国家重点保护野生植物及其制品价值二十万元以上的；

（五）其他情节严重的情形。

违反国家规定，非法采伐、毁坏古树名木，或者非法收购、运输、加工、出售明知是非法采伐、毁坏的古树名木及其制品，涉案树木未列入《国家重点保护野生植物名录》的，根据涉案树木的树种、树龄以及历史、文化价值等因素，综合评估社会危害性，依法定罪处罚。

三、课后延伸

相关案例

1. 陆某某等危害国家重点保护植物案——非法毁坏国家重点保护野生植物，非法收购、出售国家重点保护野生植物制品的，属于危害国家重点保护植物（最高人民法院 2023 年 8 月发布的依法惩治破坏森林资源犯罪典型案例）。

2. 最高人民检察院发布 10 起检察机关服务保障碳达峰碳中和典型案例之八：四川省雅安市某索道公司危害国家重点保护植物刑事附带民事公益诉讼案。

3. 福建省高级人民法院发布 9 件适用生态技术调查官典型案例之六：钟某某危害国家重点保护植物案。

延伸思考

1. 古树名木的所有权归谁？
2. 古树遭到破坏后，有权提起诉讼的主体有哪些？

第二节　森林失火典型案件

森林火灾具有范围大、损失惨、时间长、火势猛等特点，是森林最危险的敌人，也是林业最可怕的灾害，它会给森林带来最有害、具有毁灭性的后果。森林火灾不只是烧毁成片的森林，伤害林内的动物，而且还降低森林的更新能力，引起土壤的贫瘠，破坏森林涵养水源的作用，甚而导致生态环境失去平衡。

江苏省连云港经济技术开发区人民检察院诉仰某某等三人森林失火刑事附带民事公益诉讼案

一、教学案例

◇ 案例索引

最高人民法院 2022 年 6 月发布的森林资源民事纠纷典型案例

◇ 案情摘要

本案系在山上烧纸引发的森林失火案件，因当事人疏忽大意，暗火复燃导致大面积山林被烧。

◇ 关 键 词

失火罪；环境刑事附带民事公益诉讼；生态公益林；修复保证金

◇ 基本案情

2019 年 9 月，仰某某兄妹三人携带火种、纸钱至江苏省连云港市某山上烧纸。仰某某引火时不慎点燃周围落叶、灌木，三人扑灭了明火，但未继续观察也未向有关部门报告即离去。后暗火复燃导致大面积山林被烧，过火林地面积 2.469 3 公顷，烧死树木 1138 株，过火杂竹林面积 1.4 公顷，受灾树木材积 23.78 立方米。火烧迹地林种为水土保持林，属于国家级重点生态公益林。经林业部门出具评估报告和修复方案，认定失火行为导致的森林生态效益期间损失为 39.3 万元，主要包括涵养水源、保育土壤、固碳释氧、积累营养物质、净化大气环境、森林防护、保护野生动物功能价值等；修复方案为栽植黑松 1500 株和朴树 500 株，营造混交林方式，验收时苗木保存率应达到 90%以上，修复所需替代费用为 39.3 万元。案发后，仰某某于当日主动投案，三人共计缴纳 43 万元作为生态环境效益损失赔偿金，并表示超出损失部分作为补植修复保证金。连云港经济技术开发区人民检察院以失火罪对仰某某提起公诉，同时对仰某某等三人提起附带民事公益诉讼。

✣ 〔裁判结果〕

江苏省灌南县人民法院一审认为，被告人仰某某因疏忽大意引发火灾，已构成失火罪，但犯罪后主动投案，如实供述，主动缴纳生态环境效益损失费用，愿意通过补植等方式修复受损环境，依法从轻处罚。附带民事公益诉讼被告仰某某等三人作为完全民事行为能力人，应当知道使用明火祭拜可能引发森林火灾，其疏忽大意致使林地原有植被遭到严重破坏，应当对所造成的森林生态环境损害承担连带赔偿及修复责任。遂判处仰某某有期徒刑 1 年，缓刑 2 年；仰某某等三人连带赔偿生态环境效益损失 39.3 万元，于 2021 年 10 月 31 日前按照修复方案要求补植复种；如逾期未履行，连带赔偿生态修复费用 39.3 万元（已缴纳的保证金予以抵扣）。宣判后，各方均未上诉、抗诉，一审判决已发生法律效力。

◇ 案例评析

森林火灾对森林资源的危害极大，不仅在短时间内破坏大面积森林，造成严重财产损失和人身伤亡，还导致森林生态系统服务功能丧失。破坏森林资源案件的审理，除依法追究行为人法律责任外，核心是受损生态环境的修复。本案中，人民法院依据林业部门出具的专业意见，制定详细修复方案作为判决附件，明确被告在原地补植复绿的栽植品种、规格、数量、时间、养护期限和要求等，采取自然恢复和人工修复相结合措施，确保了森林修复的科学性、合理性和可操作性。被告在本案中自愿缴纳生态环境损害赔偿金和补植修复保证金，人民法院将该情形作为从轻量刑情节，并确定在其不履行修复义务时将保证金用于支付森林生态环境修复费用，有效保障生态环境及时修复。本案巡回审判由上百家媒体报道，并经全国消防系统微信公众平台转载，通过"线上直播+线下补植"方式，引导公众形成生态祭祀、安全用火的良好社会风尚。

二、知识凝练

◇ 专业知识

1. 森林火灾。凡是失去人为控制，在林地内自由蔓延和扩展，对森林、森林生态系统和人类带来危害和损失的，超过一定面积的林火，就称为森林火灾。

森林火灾是一种突发性强、破坏性大且处置扑救极为困难的自然灾害，大火可能造成惨重的人员伤亡和财产损失。

2. 森林火灾等级。

一般森林火灾：受害森林面积在 1 公顷以下或者其他林地起火的，或者死亡 1 人以上 3 人以下的，或者重伤 1 人以上 10 人以下的。

较大森林火灾：受害森林面积在 1 公顷以上 100 公顷以下的，或者死亡 3 人以上 10 人以下的，或者重伤 10 人以上 50 人以下的。

重大森林火灾：受害森林面积在 100 公顷以上 1000 公顷以下的，或者死亡 10 人以上 30 人以下的，或者重伤 50 人以上 100 人以下的。

特别重大森林火灾：火灾受害森林面积在 1000 公顷以上的，或者死亡 30 人以上的，或者重伤 100 人以上的。

3. 完全民事行为能力人。成年人为完全民事行为能力人，可以独立实施民事法律行为。

16 周岁以上的未成年人，以自己的劳动收入为主要生活来源的，视为完全民事行为能力人。

自然人的民事行为能力是法律赋予的一种独立参加民事活动的资格，是自然人参与民事活动的条件。根据辨识能力不同，我国将自然人的民事行为能力分为完全民事行为能力、限制民事行为能力、无民事行为能力。一般情况下，18 周岁以上的自然人是完全民事行为能力人具有健全的辨识能力，可以独立进行民事活动。

对于 16 周岁以上，以自己的劳动收入为主要生活来源的未成年人，因为其能够独立参与工作、独立生活，也就预示其具备作为完全民事行为能力人的心智水平和独立判断能力，能够独立参加各类民事活动。因此，可以推定其具备完全民事行为能力。

◇ **相关法条**

1. 《刑法》：

第一百一十四条 【放火罪】【决水罪】【爆炸罪】【投放危险物质罪】【以危险方法危害公共安全罪】 放火、决水、爆炸以及投放毒害性、放射性、传染病病原体等物质或者以其他危险方法危害公共安全，尚未造成严重后果的，处三年以上十年以下有期徒刑。

第一百一十五条 【放火罪】【决水罪】【爆炸罪】【投放危险物质罪】【以危险方法危害公共安全罪】 放火、决水、爆炸以及投放毒害性、放射性、传染病病原体等物质或者以其他危险方法致人重伤、死亡或者使公私财产遭受重大损失的，处十年以上有期徒刑、无期徒刑或者死刑。

【失火罪】【过失决水罪】【过失爆炸罪】【过失投放危险物质罪】【过失以危险方法危害公共安全罪】 过失犯前款罪的，处三年以上七年以下有期徒刑；情节较轻的，处三年以下有期徒刑或者拘役。

2. 《民法典》：

第一千二百三十四条 违反国家规定造成生态环境损害，生态环境能够修复的，国家规定的机关或者法律规定的组织有权请求侵权人在合理期限内承担修复责任。侵权人在期限内未修复的，国家规定的机关或者法律规定的组织可以自行或者委托他人进行修复，所需费用由侵权人负担。

第一千二百三十五条 违反国家规定造成生态环境损害的，国家规定的机关或者法律规定的组织有权请求侵权人赔偿下列损失和费用：

（一）生态环境受到损害至修复完成期间服务功能丧失导致的损失；

（二）生态环境功能永久性损害造成的损失；

（三）生态环境损害调查、鉴定评估等费用；

（四）清除污染、修复生态环境费用；

（五）防止损害的发生和扩大所支出的合理费用。

三、课后延伸

> **相关案例**

1. 蒋某某失火刑事附带民事公益诉讼案——以碳汇认购和劳务代偿方式承担森林失火的修复责任（人民法院案例库入库编号：2024-11-1-018-001）。

2. 王某某失火刑事附带民事公益诉讼案——森林草原失火犯罪中的生态环境修复（人民法院案例库入库编号：2023-11-1-018-001）。

> **延伸思考**

1. 失火罪与放火罪有何区别?
2. 失火罪的立案标准?

第六章　动植物生态环境损害案件

学习目标

1. 知识目标：掌握环境民事公益诉讼和生态环境损害赔偿诉讼；了解生物多样性和国家重点保护野生动植物名录；学习《野生动物保护法》《中华人民共和国野生植物保护条例》等相关法律法规。

2. 能力目标：掌握涉动植物环境损害案件审判要点，能提取案件的关键信息及争议焦点，提升生态环境损害司法实务能力。

3. 素质目标：培养法律思维，运用法律逻辑推理认定事实。

4. 养成目标：树立动植物保护意识，践行人与自然和谐共生理念。

思维导图

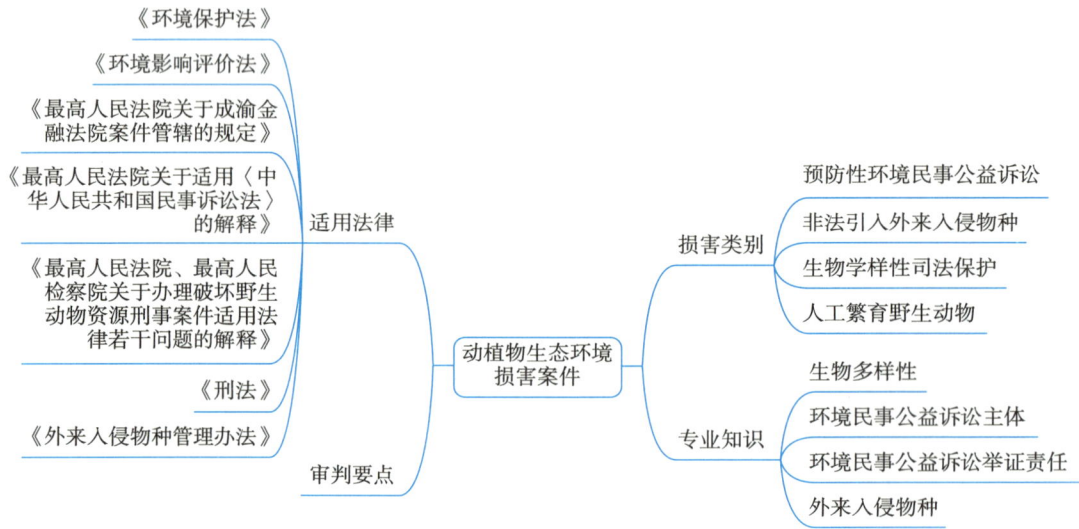

内容提要

我国是世界上野生动植物种类最丰富的国家之一。近年来，我国持续加强珍稀濒危野生动植物及其栖息地拯救保护，通过法律法规的完善、保护名录的更新以及具体保护措施的实施，大量珍贵濒危野生动植物种群实现恢复性增长，国家重点野生动植物保护率达到74%，有效地提升了濒危物种的生存状况，保障了生物多样性的持续健康发展。尤其是特定物种保护成效显著，一些特定的濒危物种，如大熊猫、海南长臂猿、穿山甲、绿孔雀、朱鹮以及陈氏苏铁、木兰科植物等，得到了特别关注和保护，其生存状况有了明显改善。

环境民事公益诉讼作为一种重要的法律手段，在保护国家重点保护动植物方面发挥着重要作用。它不仅可以针对危害国家重点保护动植物的行为提起诉讼，要求侵权者停止侵害、赔偿损失等；而且可以通过诉讼，引起社会关注，促使相关政府部门加强对国家重点保护动植物的保护。同时，在诉讼过程中，通过对法律的解释、适用以及案例积累和司法实践，可以不断完善相关法律法规。

预防性环境民事公益诉讼和救济性环境民事公益诉讼是环境民事公益诉讼的两种类型。预防性环境民事公益诉讼侧重于预防环境问题的发生，防止潜在的环境损害，而不是在损害发生后进行补救。救济性环境民事公益诉讼是在环境损害发生后进行的，对已经发生的环境损害进行补救，以最大程度地减少进一步的损害。这两种公益诉讼虽然有所不同，但它们的目标都是保护环境和维护公共利益。在实际应用中，两者可以相互补充，共同构成环境保护的法律保障体系。

第一节 预防性环境民事公益诉讼案件

生态资源破坏，尤其是珍稀动植物物种多样性的破坏往往具有不可逆性，被破坏的生态资源难以恢复，事后的经济补偿、替代性修复等都不足以弥补对生态环境造成的损失。因此，对此类行为应注重防患于未然，真正实现生态资源保护的目的。环境公益诉讼制度应当具有预防生态损害的功能，本节重点收录并研究此类预防性环境民事公益诉讼案件。

绿孔雀保护案

一、教学案例

◇ 案例索引

中华人民共和国最高人民法院指导案例173号
云南省高级人民法院民事判决书（2020）云民终824号
中华人民共和国最高人民法院民事裁定书（2021）最高法民申3881号

◇ 案情摘要

本案系自然之友诉中国水电顾问集团新平开发有限公司（简称新平公司）、中国电建集团昆明勘测设计研究院有限公司（简称昆明设计院）生态破坏民事公益诉讼。本案经过一审、二审，二审维持原判。案件主要内容围绕戛洒江一级水电站建设对绿孔雀、陈氏苏铁等珍稀濒危野生动植物以及热带季雨林和热带雨林侵害危险进行审理。

◇ **关 键 词**

环境民事公益诉讼；生态环境保护；损害社会公共利益；重大风险；濒危野生动植物

◇ **基本案情**

戛洒江一级水电站工程由新平公司开发建设，昆明设计院是该工程总承包方及受托编制《云南省红河（元江）干流戛洒江一级水电站环境影响报告书》（简称《环境影响报告书》）的技术单位。戛洒江一级水电站坝址位于云南省新平县境内，下游距新平县水塘镇约6.5千米，电站采用堤坝式开发，坝型为混凝土面板堆石坝，最大坝高175.5米，水库正常蓄水位675米，淹没区域涉及红河上游的戛洒江、石羊江及支流绿汁江、小江河。水库淹没影响和建设征地涉及新平县和双柏县等8个乡（镇）。戛洒江一级水电站项目建设自2011年至2014年分别取得了国家发展改革委、原国土资源部、生态环境部等多个相关主管部门关于用地、环境影响评价、建设等批复和同意。2017年7月21日，生态环境部办公厅向新平公司发出《关于责成开展云南省红河（元江）干流戛洒江一级水电站环境影响后评价的函》（简称《责成后评价函》），责成新平公司就该项目建设开展环境影响后评价，采取改进措施，并报生态环境部备案。后评价工作完成前，不得蓄水发电。2017年8月至今，新平公司主动停止对戛洒江一级水电站建设项目的施工。按工程进度，戛洒江一级水电站建设项目现已完成"三通一平"工程并修建了导流洞。

绿孔雀属国家一级保护动物，在中国濒危动物红皮书中列为"濒危"物种。其为典型热带、亚热带林栖鸟类，主要在河谷地带的常绿阔叶林、落叶阔叶林及针阔混合林中活动，杂食类，为稀有种类。就绿孔雀相关问题，昆明市中级人民法院发函云南省林业和草原局，2019年4月4日云南省林业和草原局进行了函复。此后，昆明市中级人民法院又向该局调取了其编制的《元江中上游绿孔雀种群现状调查报告》，该报告载明戛洒江一级水电站建成后，蓄水水库将淹没海拔680米以下河谷地区，将对绿孔雀目前利用的沙浴地、河滩求偶场等适宜栖息地产生较大影响。同时，由于戛洒江一级水电站的建设，淹没区公路将改造重修，也会破坏绿孔雀等野生动物适宜栖息地。对暂停建设的戛洒江一级水电站，应评估停建影响，保护和恢复绿孔雀栖息地等措施。2018年6月29日，云南省人民政府公布《云南省人民政府关于发布云南省生态保护红线的通知》，对外公布《云南省生态保护红线》。根据《云南省生态保护红线》附件1《云南省生态保护红线分布图》所示，戛洒江一级水电站淹没区大部分被划入红河（元江）干热河谷及山原水土保持生态保护红线范围，在该区域内，绿孔雀为其中一种重点保护物种。

陈氏苏铁为国家一级保护植物。2015年后被列入《云南省生物物种红色名录（2017版）》，为极危物种。原告自然之友研究所提交了其在绿汁江、石羊江河谷等戛洒江一级水电站淹没区拍摄到的陈氏苏铁照片。证人刘某（中国科学院助理研究员）出庭作证，陈氏苏铁仅在我国红河流域分布。按照世界自然保护联盟的评价标准，陈氏苏铁应为濒危。

原告自然之友向昆明市中级人民法院起诉，请求人民法院判令新平公司及昆明设计院共同消除戛洒江一级水电站建设对绿孔雀、陈氏苏铁等珍稀濒危野生动植物以及热带季雨林和热带雨林侵害危险，立即停止水电站建设，不得截留蓄水，不得对该水电站淹没区内植被进行砍伐。

✤ 〔裁判结果〕

云南省昆明市中级人民法院于 2020 年 3 月 16 日作出（2017）云 01 民初 2299 号民事判决：一、新平公司立即停止基于现有环境影响评价下的戛洒江一级水电站建设项目，不得截流蓄水，不得对该水电站淹没区内植被进行砍伐。对戛洒江一级水电站的后续处理，待新平公司按生态环境部要求完成环境影响后评价，采取改进措施并报生态环境部备案后，由相关行政主管部门视具体情况依法作出决定；二、由新平公司于本判决生效后 30 日内向自然之友研究所支付因诉讼发生的合理费用 8 万元；三、驳回自然之友研究所的其他诉讼请求。宣判后，自然之友以戛洒江一级水电站应当永久性停建为由，新平公司以水电站已经停建且划入生态红线，应当驳回自然之友诉讼请求为由，分别提起上诉。云南省高级人民法院于 2020 年 12 月 22 日作出（2020）云民终 824 号民事判决：驳回上诉，维持原判。

✤ 〔裁判理由〕

人民法院生效裁判认为：本案符合《最高人民法院关于审理环境民事公益诉讼案件适用法律若干问题的解释》第 1 条"对已经损害社会公共利益或者具有损害社会公共利益重大风险的污染环境、破坏生态的行为提起诉讼"规定中"具有损害社会公共利益重大风险"的法定情形，属于预防性环境公益诉讼。预防性环境公益诉讼突破了"无损害即无救济"的诉讼救济理念，是《环境保护法》"保护优先，预防为主"原则在环境司法中的具体落实与体现。预防性环境公益诉讼的核心要素是具有重大风险，重大风险是指对环境可能造成重大损害危险的一系列行为。本案中，自然之友已举证证明戛洒江一级水电站如果继续建设，则案涉工程淹没区势必导致国家一级保护动物绿孔雀的栖息地及国家一级保护植物陈氏苏铁的生境被淹没，生物生境面临重大风险的可能性毋庸置疑。此外，从损害后果的严重性来看，戛洒江一级水电站下游淹没区动植物种类丰富，生物多样性价值及遗传资源价值可观，该区域不仅是绿孔雀及陈氏苏铁等珍稀物种赖以生存的栖息地，也是各类生物与大面积原始雨林、热带雨林片段共同构成的一个完整生态系统，若水电站继续建设所产生的损害将是可以直观估计预测且不可逆转的。而针对该现实上的重大风险，新平公司并未就其不存在的主张加以有效证实，而仅以《环境影响报告书》加以反驳，缺乏足够证明力。因此，结合生态环境部责成新平公司对项目开展后评价工作的情况及戛洒江一级水电站未对绿孔雀采取任何保护措施等事实，可以认定戛洒江一级水电站继续建设将对绿孔雀栖息地、陈氏苏铁生境以及整个生态系统生物多样性和生物安全构成重大风险。

《环境影响评价法》第 27 条规定："在项目建设、运行过程中产生不符合经审批的环境影响评价文件的情形的，建设单位应当组织环境影响后评价，采取改进措施，并报原环境影响评价文件审批部门和建设项目审批部门备案；原环境影响评价文件审批部门也可以责成建设单位进行环境影响后评价，采取改进措施。"2017 年 7 月 21 日，生态环境部办公厅针对本案建设项目，向新平公司发出《责成后评价函》，责成新平公司就该项目建设开展环境影响后评价，采取改进措施，并报生态环境部备案，后评价完成前不得蓄水发电符合上述法律规定。目前，案涉电站已经处于停建状态，新平公司业已向其上级主管单位申请停建案涉项目并获批复同意，绿孔雀生态栖息地存在的重大风险已经得到了有效的控制。在新平公司对案涉项目申请停建但未向相关行政部门备案并通过审批的情况下，鉴于生态环境部已经责成新平公司开展环境影响后评价，且对于尚不明确的事实状态的重大风险程度，案涉水电站是否继续建设等一系列问题，也需经环境主管部门审批备案决定后，才能确定案涉项目今后能否继续建设或是永久性停建，因此，案涉项目应在新平公司作出环境影响后评价后由行政主管机关视具体情况依法作出决定。

◇ **案例评析**

随着经济的快速发展，人类活动对生态环境的负面影响日益加剧，生态破坏和环境污染加剧了生态环境退化、物种减少，破坏了遗传多样性，对生物多样性造成威胁。预防原则作为生物多样性保护的首要原则，应该得到严格贯彻和执行。

传统的环境侵权理论，生态破坏和环境污染遵循"生态环境危害行为—因果关系—生态环境侵权损害"的判定路径，这一路径往往以实际损害的发生为要件。而《环境保护法》第 5 条规定的预防性保护在法律适用中，绝大多数情况没有实际损害结果的出现，也不存在环境侵权导致的私权损害；又或者即便存在私权损害，私权损害的威胁消失之后，对生态环境损害的威胁可能依然存在。

预防性环境民事公益诉讼，是相对于救济性环境民事公益诉讼而言的概念，旨在让环境民事公益诉讼于破坏生态、污染环境的行为实际发生前就发挥作用，以实现预防生态破坏和环境污染这一核心功能。简言之，预防性环境民事公益诉讼是以预防生态破坏和环境污染发生为目标的诉讼方式。

本案是全国首例预防性环境民事公益诉讼。红河干流戛洒江一级水电站项目的大坝建设、清库砍伐、蓄水淹没等相关行为并不过多涉及私权的损害，而对濒危物种绿孔雀和其他国家珍稀动植物构成威胁，造成其灭绝的结果也尚未发生，原告方主要聚焦于戛洒江一级水电站工程建设行为是否具有损害生态环境公共利益的重大风险。该案通过贯彻《环境保护法》预防为主原则，根据生态环境侵权案件特点，突破了"无损害即无救济"的传统侵权损害救济理念，依法保护了绿孔雀、陈氏苏铁等国家一级重点保护濒危物种及其生存环境。

二、知识凝练

◇ 专业知识

1. 生物多样性。生物多样性是指生物（动物、植物、微生物）与环境形成的生态复合体以及与此相关的各种生态过程的总和，包含生态系统、物种和基因三个层次。

绿孔雀（Pavo muticus），鸡形目，雉科，体型硕大（雄鸟240厘米，雌鸟110厘米）而不会被错误识的雉类。雄鸟尾特长，头部冠羽竖起，颈、上背及胸部具绿色光泽，尾上覆羽特长并具闪亮眼斑而成尾屏。雌鸟无长尾，色彩不及雄鸟艳丽，下体近白色。虹膜—红褐；嘴—角质色；脚—暗灰。

图6-1 绿孔雀（来源：中国鸟类数据库）

陈氏苏铁（Cycas chenii X. Gong & Wei Zhou），苏铁目，苏铁科，常绿灌木。地下茎（偶见地上茎）。2—8片叶集生于茎顶；羽叶70—190 cm长，具羽片26—74枚，叶柄为叶长25%—40%，柄基部刺长0.2—0.3 cm；羽片亮绿至深绿色。雄球花黄绿色，纺锤状圆柱形，长10—15 cm，宽7—12 cm；大孢子叶球近球形，大孢子叶不育顶片菱形或卵形，长10—12 cm，被褐色绒毛；胚珠2—4枚，光滑。种子卵圆形，长2—3 cm，宽1.5—2.6 cm。花期3—5（6）月，种子7—9月成熟。（来源：昆明植物园）

图6-2 陈氏苏铁（来源：*Encyclopedia of Life*）

2. 环境民事公益诉讼主体。民事公益诉讼的主体是检察机关或者是法律规定的机关或有关组织。《民事诉讼法》第58条规定："对污染环境、侵害众多消费者合法权益等损害社会公共利益的行为，法律规定的机关和有关组织可以向人民法院提起诉讼。人民检察院在履行职责中发现破坏生态环境和资源保护、食品药品安全领域侵害众多消费者合法权益等损害社会公共利益的行为，在没有前款规定的机关和组织或者前款规定的机关和组织不提起诉讼的情况下，可以向人民法院提起诉讼。前款规定的机关或者组织提起诉讼的，人民检察院可以支持起诉。"

《环境保护法》第 58 条规定："对污染环境、破坏生态，损害社会公共利益的行为，符合下列条件的社会组织可以向人民法院提起诉讼：（一）依法在设区的市级以上人民政府民政部门登记；（二）专门从事环境保护公益活动连续五年以上且无违法记录。符合前款规定的社会组织向人民法院提起诉讼，人民法院应当依法受理。提起诉讼的社会组织不得通过诉讼牟取经济利益。"

3. 环境民事公益诉讼举证责任。依据《最高人民法院关于审理环境民事公益诉讼案件适用法律若干问题的解释》第 30 条的规定，提起环境民事公益诉讼时只需提交证明被诉当事人的生态环境损害行为可能会对社会公共利益造成重大风险或已造成社会公共利益重大损害的相关证据，并不需要进一步证明被告损害行为与社会公益遭受损害或具有损害社会公共利益的重大风险之间具有关联性，在举证责任方面适用举证责任倒置原则。

同时，《最高人民法院关于审理环境民事公益诉讼案件适用法律若干问题的解释》第 11 条规定："检察机关、负有环境资源保护监督管理职责的部门及其他机关、社会组织、企业事业单位依据民事诉讼法第十五条的规定，可以通过提供法律咨询、提交书面意见、协助调查取证等方式支持社会组织依法提起环境民事公益诉讼。"该规定的出台主要是考虑到社会公益组织相较于环境违法行为主体来讲力量较为弱小，因而需要其他组织、部门或机构的帮助，从而以便收集更加充足的证明材料，提高胜诉概率。

◇ 相关法条

1. 《环境保护法》：

第五条　环境保护坚持保护优先、预防为主、综合治理、公众参与、损害担责的原则。

2. 《环境影响评价法》：

第二十七条　在项目建设、运行过程中产生不符合经审批的环境影响评价文件的情形的，建设单位应当组织环境影响的后评价，采取改进措施，并报原环境影响评价文件审批部门和建设项目审批部门备案；原环境影响评价文件审批部门也可以责成建设单位进行环境影响的后评价，采取改进措施。

3. 《最高人民法院关于审理环境民事公益诉讼案件适用法律若干问题的解释》（法释〔2020〕20 号）：

第一条　法律规定的机关和有关组织依据民事诉讼法第五十五条、环境保护法第五十八条等法律的规定，对已经损害社会公共利益或者具有损害社会公共利益重大风险的污染环境、破坏生态的行为提起诉讼，符合民事诉讼法第一百一十九条第二项、第三项、第四项规定的，人民法院应予受理。

第二十二条　原告请求被告承担以下费用的，人民法院可以依法予以支持：

（一）生态环境损害调查、鉴定评估等费用；
（二）清除污染以及防止损害的发生和扩大所支出的合理费用；
（三）合理的律师费以及为诉讼支出的其他合理费用。

4. 《最高人民法院关于适用〈中华人民共和国民事诉讼法〉的解释》（法释〔2022〕11号）：

第三百九十三条 当事人主张的再审事由成立，且符合民事诉讼法和本解释规定的申请再审条件的，人民法院应当裁定再审。

当事人主张的再审事由不成立，或者当事人申请再审超过法定申请再审期限、超出法定再审事由范围等不符合民事诉讼法和本解释规定的申请再审条件的，人民法院应当裁定驳回再审申请。

三、课后延伸

相关案例

1. 中国生物多样性保护与绿色发展基金会与雅砻江流域水电开发有限公司环境民事公益诉讼案［四川省甘孜藏族自治州中级人民法院民事判决书（2015）甘民初字第45号］。

2. 北京市朝阳区自然之友环境研究所与云南华润电力（西双版纳）有限公司、中国电建集团昆明勘测设计研究院有限公司调解案［云南省玉溪市中级人民法院民事调解书（2018）云04民初15号］。

3. 北京市朝阳区自然之友环境研究所诉山东某汽车制造有限公司大气污染民事公益诉讼案［山东省高级人民法院民事裁定书（2021）鲁民终751号］。

延伸思考

1. 自然之友等社会组织是否具有环境民事公益诉讼原告主体资格？应如何审查？

2. 未列入《国家重点保护野生动物名录》《濒危野生动植物种国际贸易公约名录》《有重要生态、科学、社会价值的陆生野生动物名录》的珍稀濒危物种在法律上应如何对待？

3. 环境影响评价审查结论是否具有法律效力？

第二节 非法引入外来入侵物种案件

人类活动对物种迁移的影响使得部分生物突破原有的物理隔绝，一些缺乏天敌、繁殖力强的外来物种会逐渐破坏侵入领地的生态平衡，外来物种一旦形成优势种群将严重影响国家生物安全。生物安全事关人民的健康福祉、社会的长治久安、民族的存续发展，是国家安全的重要组成部分。伴随着《中华人民共和国生物安全法》（简称《生物安全法》）的实施，明确了各方主体在维护生物安全方面的法律责任，设定了一系列处罚措施，《中华人民共和国刑法修正案（十一）》增加了"非法引进、释放、丢弃外来入侵物种罪"，与生物安全法的相关规定进行有效衔接，让生物安全法长出了

"牙齿",充分彰显了法治固根本、稳预期、利长远的重要作用。

全国首例非法引入外来入侵物种案

一、教学案例

◇ **案例索引**

本案系全国首例非法引进外来入侵物种刑事案件

◇ **案情摘要**

本案系广东省珠海市人民检察院以涉嫌非法引进外来入侵物种罪对非法引进红耳彩龟（巴西龟）的被告人易某提起公诉案件。案件主要内容围绕本案被告人非法引进外来入侵物种的数量、价值等因素是否属于法律规定的"情节严重"情形进行审理。

◇ **关 键 词**

非法引进外来入侵物种罪；红耳彩龟（巴西龟）；生态环境保护

◇ **基本案情**

2022年10月21日傍晚，被告人易某驾驶粤澳两地牌照车辆经港珠澳大桥公路口岸入境珠海，海关关员在对其驾驶的车辆进行检查时，从天窗和遮阳板夹缝处及扶手箱改装的暗格内发现大量活体龟类动物，经初步清点共有2017只。易某声称携带这些"龟苗"入境是为了育苗繁殖，但却不能出具有效的检疫审批证明。经拱北海关技术检测，涉案活体龟类动物中有2015只为红耳彩龟，而红耳彩龟已被列入《中国外来入侵物种名单》第三批名单内并被世界自然保护联盟列为100种最危险入侵物种之一。

2023年8月7日，拱北海关缉私局以易某涉嫌非法引进外来入侵物种罪移送珠海市人民检察院审查起诉。但是，摆在检察官面前的是无章可循的现实难题。根据我国《刑法》第344条之一的规定，违反国家规定，非法引进、释放或者丢弃外来入侵物种，情节严重的，处三年以下有期徒刑或者拘役，并处或者单处罚金。但如何把握"情节严重"，既无司法解释，也无判例可循，该案是否达到了入罪条件，需要认真研究论证。珠海市人民检察院及时向上级检察机关请示报告，并与相关部门反复研究论证，最终决定综合考虑非法引进外来入侵物种的数量、价值等因素，认定该案属于法律规定的"情节严重"情形。

2024年4月12日，广东省珠海市人民检察院以涉嫌非法引进外来入侵物种罪对非法引进红耳彩龟的被告人易某提起公诉。该案系《中华人民共和国刑法修正案（十一）》施行后，全国首例由检察机关提起公诉的非法引进外来入侵物种案。

2024年6月5日，广东省珠海市中级人民法院一审公开开庭审理了被告人易某非法引进外来入侵物种一案。该案系全国首例非法引进外来入侵物种刑事案件。

案件承办检察官介绍说："易某非法引进活体龟2015只，即便在鉴定意见作出前有部分红耳彩龟已死亡，但可以认定的非法引进数量依然有1760只，数量巨大，一旦引进具有不可控性，扩散风险很高。""同时，我们还引导侦查机关进行了价值鉴定，经鉴定该批红耳彩龟价值 88 000 元,远超涉动植物类犯罪中珍贵动植物的 2 万元追诉标准。综合数量、价值等因素,我们认为,易某的非法引进外来物种行为已经达到了刑事追诉标准。"

❖〔裁判结果〕

2024 年 9 月 19 日,广东省珠海市中级人民法院对全国首例非法引进外来入侵物种刑事案件一审公开开庭宣判,以非法引进外来入侵物种罪判处被告人易某有期徒刑 9 个月,并处罚金人民币 10 万元;对扣押在案的 1760 只红耳彩龟予以没收。易某当庭表示服从人民法院判决,不上诉。

❖〔裁判理由〕

人民法院经审理查明:2022 年 10 月 21 日,被告人易某驾车经口岸进境,未向海关申报,海关关员从该车天窗与遮阳板间隙及扶手箱下改装的暗格内查获疑似红耳彩龟等龟类动物一批,易某不能出具有效的检疫审批证明。经鉴定,上述涉案动物中的 1760 只红耳彩龟为外来入侵物种,被列入《中国外来入侵物种名单(第三批)》和《重点管理外来入侵物种名录》,参考总价为人民币 88 000 元。

人民法院认为,被告人易某的行为构成非法引进外来入侵物种罪。易某系累犯,依法应当从重处罚;其归案后如实供述自己的罪行,自愿认罪认罚,主动预缴罚金,依法可以从轻处罚。综合考虑易某犯罪的事实、性质、情节和对于社会的危害程度,人民法院遂作出上述判决。

二、知识凝练

◇ 专业知识

1. 红耳彩龟。

红耳彩龟(学名:Trachemys scripta elegans)隶属于泽龟科彩龟属,又称巴西龟、巴西彩龟等。该物种体型中等,体长约 25—30 厘米,体重约 0.75 千克。其头部较小,吻部圆钝,头颈部具黄绿色纵条纹,眼后具一对红色斑块,是其显著特征。背甲扁平,呈翠绿色或苹果色,中央具有一条显著脊棱,盾片上具黄绿色相间环状条纹。腹甲淡黄色,具左右对称的黑色环状斑纹。

图 6-3 红耳彩龟(来源:蔡雪芹、翁如柏编著:《龟鳖生态养殖技术》,广东科技出版社 2018 年版。)

2. 外来入侵物种。指在中华人民共和国境内无天然分布,经自然或人为途径传入的物种,包括该物种所有可能存活和繁殖的部分,是指传入定殖并对生态系统、生境、物种带来威胁或者危害,影响我国生态环境,损害农林牧渔业可持续发展和生物多样性的外来物种。随着人类活动的日渐频繁和密集,物种在地域间、国家间的交流和传播也变得更快、更频繁。外来入侵物种在全球范围的扩散还呈现继续上升趋势，远远未达到饱和。外来物种入侵途径有自然入侵（通过风媒、水体流动或由飞禽、走兽、昆虫的传带发生自然迁移）、有意引种（出于观赏、药用、饲料、生物防治、绿化、水土保持等目的引进）和无意引种（随着进出口贸易运输或入境旅客无意间引入）。

3. 《中国外来入侵物种名单》。《中国外来入侵物种名单》是在中国危害比较大的外来入侵物种的一个名单。分别在 2003 年、2010 年、2014 年、2016 年分 4 批发布，共 71 个物种。截至 2020 年 8 月，生态环境部日前发布的《2019 中国生态环境状况公报》显示，全国已发现 660 多种外来入侵物种。以西南和沿海地区最为严重。入侵途径主要是人为引进、沾染在旅游者身上带入、自然传播。

4. 《重点管理外来入侵物种名录》。《重点管理外来入侵物种名录》是 2022 年农业农村部会同自然资源部、生态环境部、住房和城乡建设部、海关总署和国家林业和草原局组织制定的名录。自 2023 年 1 月 1 日起施行。

◇ 相关法条

1. 《刑法》：

第三百四十四条之一 【**非法引进、释放、丢弃外来入侵物种罪**】违反国家规定，非法引进、释放或者丢弃外来入侵物种，情节严重的，处三年以下有期徒刑或者拘役，并处或者单处罚金。

2. 《外来入侵物种管理办法》：

第九条第二款 任何单位和个人未经批准，不得擅自引进、释放或者丢弃外来物种。

第二十五条 违反本办法规定，未经批准，擅自引进、释放或者丢弃外来物种的，依照《中华人民共和国生物安全法》第八十一条处罚。涉嫌犯罪的，依法移送司法机关追究刑事责任。

三、课后延伸

相关案例

1. 浙江省淳安县人民检察院督促整治外来入侵物种豹纹脂身鲇行政公益诉讼案（最高人民检察院发布 11 件生物多样性保护检察公益诉讼典型案例）。

2. 辽宁省铁岭市人民检察院督促整治外来入侵物种三裂叶豚草行政公益诉讼案（最高人民检察院发布 11 件生物多样性保护检察公益诉讼典型案例）。

3. 北京铁路运输检察院督促整治违法运输外来入侵物种行政公益诉讼案（最高人民检察院发布 11 件生物多样性保护检察公益诉讼典型案例）。

延伸思考

1. 外来入侵物种有哪些危害，暗藏哪些风险？

2. 外来入侵物种非法入境的途径有哪些？

第三节　生物多样性司法保护典型案件

该批案件涉及环境资源刑事、民事、行政及公益诉讼等不同诉讼类型，涵盖物种多样性、遗传多样性和生态系统多样性保护等生物多样性保护核心领域，保护对象包括斑海豹、藏羚羊、大白鲨、红豆杉、荷叶铁线蕨等珍稀、濒危野生动植物物种，以及森林、草原、湿地、河湖、海洋等多种自然生态系统，所涉生态要素多、保护范围广、复合程度高、创新意识强。

田某某、沈某某危害国家重点保护植物案

——综合考虑对生态环境的破坏程度及受损生态环境能否全面修复进行刑罚裁量

一、教学案例

◇ 案例索引

人民法院案例库，人民法院案例库入库编号：2023-11-1-351-001

本案一审判决：湖北省神农架林区人民法院（2021）鄂9021刑初86号刑事判决

◇ 案情摘要

本案系湖北省神农架林区人民法院判决被告人田某某、沈某某犯危害国家重点保护植物罪一案。案件主要内容围绕涉案红豆杉属于国家一级保护植物，非法采挖构成危害国家重点保护植物罪进行审理。

◇ 关　键　词

危害国家重点保护植物罪；生物多样性；国家公园；量刑；缓刑

◇ 基本案情

2021年6月28日17时许，被告人田某某、沈某某乘车途经湖北省神农架林区红坪镇5组沙坪子时，田某某、沈某某在一个废弃采石场附近的山林中非法采挖红豆杉24株、小叶黄杨13株。当晚，田某某、沈某某二人将上述树苗临时存放在田红坪镇某地一栋未完工房屋的一楼楼道中。同年6月30日，沈某某与其妻子乘坐田某某驾驶的小型货车，运输上述树苗返回巴东县途中，在神农架林区木鱼镇青天袍交通执法卡点被民警查获。经国家林业局森林公安司法鉴定中心鉴定，送检的1-24号植物检材为红豆杉科红豆杉属红豆杉，属于中国《国家重点保护野生植物名录》（第一批）（已失效）中的一级保护植物。被告人田某某、沈某某到案后均如实供述了上述事实。

2021年6月30日，涉案树苗均被移送至神农架国家公园管理局科学研究院生物多样性保护研究实验室进行专业移栽，2021年8月15日，经林业技术人员确定涉案树苗全部属成活状态。

✤ 〔裁判结果〕

湖北省神农架林区人民法院于2021年12月1日作出（2021）鄂9021刑初86号刑

事判决：一、被告人田某某犯危害国家重点保护植物罪，判处有期徒刑3年，缓刑4年，并处罚金人民币3000元。二、被告人沈某某犯危害国家重点保护植物罪，判处有期徒刑3年，缓刑4年，并处罚金人民币3000元。宣判后，没有上诉、抗诉，判决已发生法律效力。

❖〔裁判理由〕

人民法院生效裁判认为：被告人田某某、沈某某无视国家森林法规，擅自采挖国家一级重点保护植物红豆杉24株，情节严重，构成危害国家重点保护植物罪，且系共同犯罪。根据二被告人在共同犯罪中的地位、作用，不宜区分主从犯。综合考虑被告人田某某、沈某某系坦白，依法可以从轻处罚；被告人田某某、沈某某认罪认罚，依法可以从宽处理。故人民法院依法作出如上裁判。

环境资源类案件的审理，不同于传统刑事案件，不仅要考虑个案行为所侵犯的法益及其侵害后果，还要综合考虑对生态环境的破坏程度及受损生态环境能否全面修复等因素，实现案件审理与生态环境保护相统一。对于行为人主观恶性相对较小，自愿认罪认罚、积极缴纳罚金，且擅自采挖的涉案树苗经过国家公园相关部门专业移栽后已全部成活，最大限度对生态环境进行了修复的，可以依法从宽处罚。

◇ 案例评析

神农架是全球生物多样性保护永久性示范基地和国家重要生态功能区，拥有各种动物1060种，各类植物3700多种，是名副其实的"物种基因库"。红豆杉作为国家一级保护植物，是第四纪冰川期遗留下来的濒危珍稀植物，被誉为"植物大熊猫"，具有重要的医药价值、生态价值和经济价值。本案中，人民法院考虑到被告人犯罪动机是基于红豆杉的特殊药用价值，非为牟利，认罪认罚，且案涉树苗经过专业移栽后已全部成活，得到了最大限度保护，故对其依法适用缓刑，体现了人民法院积极贯彻宽严相济刑事政策，在助力神农架生态环境高水平保护的同时，传递司法的力度和温度。

二、知识凝练

◇ 专业知识

1. 红豆杉。

红豆杉（Taxus wallichiana）是红豆杉科红豆杉属一种常绿乔木或灌木，植株可高达30米。叶披针形或针形，螺旋状排列或交互对生；雌雄异株；雄球花常单生或成穗状花序状；雌球花单生或成对；种子浆果或核果状，包被于肉质假种皮中；花期2—3月，果期10—11月。秋天会长出樱桃大小的红色豆形果实，因此而得名。

图6-4 红豆杉（来源：植物智）

2. 《国家重点保护野生动物名录》。最初是由原林业部和原农业部根据《野生动物保护法》的相关规定，共同制定并发布的一份由国家重点保护的珍贵、濒危野生动物的名录。其中保护级别分为一级和二级，并且对水生、陆生动物作了具体划分，明确了由渔业、林业行政主管部门分别主管的具体种类。

《国家重点保护野生动物名录》于 1988 年 12 月 10 日得到中华人民共和国国务院批准，1989 年 1 月 14 日由原林业部和原农业部公布施行，之后也经历了些许变更。《国家重点保护野生动物名录》的颁布把对于这些野生动物的保护提升到了法律的高度，如有人违反相关法规（如捕杀或倒卖名录内所列的野生动物），将受到法律的惩处。

2021 年 2 月 5 日，新《国家重点保护野生动物名录》正式公布，新增 517 种（类）野生动物，大斑灵猫等 43 种列为国家一级保护野生动物，狼等 474 种（类）列为国家二级保护野生动物。豺、长江江豚等 65 种由国家二级保护野生动物升为国家一级。

共列入野生动物 980 种和 8 类，其中国家一级保护野生动物 234 种和 1 类、国家二级保护野生动物 746 种和 7 类。在管理体制上，上述物种中，686 种按陆生野生动物由林草部门管理，294 种和 8 类按水生野生动物由渔业部门管理，在《国家重点保护野生动物名录》中加"*"标注。

3. 世界自然保护联盟濒危物种红色名录。世界自然保护联盟濒危物种红色名录（IUCN Red List of Threatened Species，简称 IUCN 红色名录）于 1963 年开始编制，是全球动植物物种保护现状最全面的名录，也被认为是生物多样性状况最具权威的指标。此名录由世界自然保护联盟编制及维护。

IUCN 红色名录是根据严格准则去评估数以千计物种及亚种的绝种风险所编制而成的。准则是根据物种及地区厘定，旨在向公众及决策者反映保育工作的迫切性，并协助国际社会避免物种灭绝。

2021 年 9 月 4 日，第七届世界自然保护大会在法国马赛举行。世界自然保护联盟更新了 IUCN 红色名录，评估的物种达到 138 374 个，其中 38 543 个物种"面临不同程度的灭绝危险"，占比接近 28%。

◇ **相关法条**

《刑法》：

第三百四十四条 【危害国家重点保护植物罪】违反国家规定，非法采伐、毁坏珍贵树木或者国家重点保护的其他植物的，或者非法收购、运输、加工、出售珍贵树木或者国家重点保护的其他植物及其制品的，处三年以下有期徒刑、拘役或者管制，并处罚金；情节严重的，处三年以上七年以下有期徒刑，并处罚金。

三、课后延伸

相关案例

1. 山东省青岛市人民检察院诉青岛市崂山区某艺术鉴赏中心生态破坏民事公益诉

讼案（最高人民法院发布 15 个生物多样性司法保护专题典型案例）。

2. 湖南省株洲市人民检察院诉陈某某、罗某某生态破坏民事公益诉讼案（最高人民法院发布 15 个生物多样性司法保护专题典型案例）。

3. 北京市丰台区源头爱好者环境研究所诉石柱土家族自治县某港经济开发有限公司等生态破坏民事公益诉讼案（最高人民法院发布 15 个生物多样性司法保护专题典型案例）。

4. 陶某某诉张某、付某某林木买卖合同纠纷案（最高人民法院发布 15 个生物多样性司法保护专题典型案例）。

5. 顾某某诉防城港市渔政支队渔业行政处罚决定案（最高人民法院发布 15 个生物多样性司法保护专题典型案例）。

6. 贵阳市乌当区人民检察院诉贵阳市某自然资源局怠于履行行政管理职责行政公益诉讼案（最高人民法院发布 15 个生物多样性司法保护专题典型案例）。

延伸思考

1. 哪些行为涉嫌危害珍贵濒危野生动物罪？电商平台"助纣为虐"会被追责吗？
2. 在办理非法收购、运输、出售濒危野生动物制品罪的实践中是否存在立法和实践的不足？

第四节　人工繁育野生动物案件

冯某等危害珍贵、濒危野生动物案
——危害珍贵、濒危野生动物罪中涉案动物系野生还是人工繁育的判断

一、教学案例

◇ **案例索引**

人民法院案例库，人民法院案例库入库编号 2024-11-1-344-001
山东省济宁市任城区人民法院（2022）鲁 0811 刑初 819 号刑事判决
山东省济宁市中级人民法院（2023）鲁 08 刑终 94 号刑事裁定

◇ **案情摘要**

本案系山东省济宁市任城区人民检察院诉被告人冯某等 8 人均涉嫌犯危害珍贵、濒危野生动物罪一案。本案经过一审、二审，二审维持原判。案件主要内容围绕野外捕捉蒙古百灵并出售进行非法牟利，涉嫌犯危害珍贵、濒危野生动物罪进行审理。

◇ **关 键 词**

危害珍贵、濒危野生动物罪；非法出售、收购野生动物；人工繁育

◇ **基本案情**

山东省济宁市任城区人民检察院指控：被告人冯某、盛某在内蒙古呼伦贝尔、锡

林浩特野外捕捉蒙古百灵后向被告人杜某、罗某等人出售，杜某、罗某等人又将部分蒙古百灵转售给孙某、吴某、刘某乙等人以非法牟利；被告人刘某甲在安徽省宁国市青龙乡野外捕捉画眉后向被告人孙某、吴某等人出售。蒙古百灵、画眉均为国家二级保护野生动物，其中画眉属于《濒危野生动植物种国际贸易公约》（CITES）附录II保护种。冯某等8人均涉嫌犯危害珍贵、濒危野生动物罪，应追究其刑事责任。

冯某等8人及其辩护人提出的主要辩解理由为：①在没有充分确定的证据证明涉案蒙古百灵、画眉是野生还是人工繁育的情况下，应当根据有利于被告人的原则，以人工繁育鸟类的价值计算涉案价值；②涉案蒙古百灵、画眉濒危程度低，被告人行为社会危害程度较低，未对野生动物资源造成严重后果。

人民法院经审理查明：被告人冯某、盛某在内蒙古呼伦贝尔、锡林浩特野外捕捉蒙古百灵后向被告人杜某、罗某等人出售，杜某、罗某等人又将部分蒙古百灵转售给孙某、吴某、刘某乙等人以非法牟利；被告人刘某甲在安徽省宁国市青龙乡野外捕捉画眉后向被告人孙某、吴某等人出售，涉案蒙古百灵共215只，价值107.5万元，画眉94只，价值47万元。蒙古百灵、画眉均为国家二级保护野生动物，其中画眉属于《濒危野生动植物种国际贸易公约》附录II保护物种。

❖〔裁判结果〕

山东省济宁市任城区人民法院于2023年1月16日作出（2022）鲁0811刑初819号刑事判决，以被告人冯某等8人犯危害珍贵、濒危野生动物罪，分别判处冯某等8人有期徒刑5年6个月至7年不等，并处罚金及没收违法所得。宣判后，被告人冯某、杜某、吴某、罗某等4人不服，提出上诉。山东省济宁市中级人民法院于2023年5月6日作出（2023）鲁08刑终94号刑事裁定，驳回上诉，维持原判。

❖〔裁判理由〕

人民法院生效裁判认为：蒙古百灵、画眉被列入2021年版《国家重点保护野生动物名录》，均为国家二级保护野生动物，其中画眉也属于《濒危野生动植物种国际贸易公约》附录II保护物种。被告人冯某等8人非法出售、收购蒙古百灵和画眉，其行为均构成危害珍贵、濒危野生动物罪。关于各被告人及其辩护人提出没有充分的证据证明涉案蒙古百灵、画眉是野生还是人工繁育，应当根据有利于被告人的原则，以人工繁育鸟类的价值计算涉案价值。经查，不予采纳上述意见，具体理由如下：①根据审理查明的事实，涉案蒙古百灵系被告人冯某、盛某分别从内蒙古呼伦贝尔及锡林浩特野外捕获，涉案蒙古百灵部分带有脚环，仅是盛某为区分所作的标记；画眉则是被告人刘某甲从安徽省宁国市青龙乡野外捕捉（捡拾）；②目前蒙古百灵、画眉的人工繁育技术并不成熟，并未形成规模；③被告人冯某、盛某等8人均未能提供任何有关人工养殖蒙古百灵、画眉的证据或线索；④本案中常年从事贩卖蒙古百灵、画眉等生意的被告人孙某、刘某乙、吴某等人对涉案蒙古百灵、画眉价格的认同及对交货地点、交易方式的选择等情节，均能印证涉案蒙古百灵、画眉系野生。因此，涉案蒙古百灵、画眉均应按照珍贵、濒危二级野生动物每只 5000 元的价格计算涉案价值。

关于各被告人及其辩护人提出其犯罪行为未对野生动物资源造成严重损害或涉案蒙古百灵、画眉濒危程度低，被告人行为社会危害程度较低的辩护意见。人民法院认为，将蒙古百灵及画眉列为珍贵、濒危野生动物进行保护，是从国家层面甚至从世界层面认识到蒙古百灵、画眉的宝贵性、不可替代性及濒危性，且已经到了必须予以特殊保护、重点保护的程度，包括蒙古百灵、画眉在内的珍贵濒危动物，除具有重要的经济价值外，还具有内在不可估量的生态、科研、社会、遗传资源等重要价值。从生物学角度看，每一物种都是生态系统中的重要一环，通过食物链的关系，物种之间起到相互依存、相互牵制的作用，一旦食物链的某一环节出现问题，即便是数量发生一点点变化，整个生态系统的平衡就会受到严重影响，受人为因素破坏后的后果及严重程度一般不会立即显现，也不能够直接计算评价，故不予采纳上述辩护人的辩护意见。综合本案犯罪情节，一、二审人民法院依法作出如上裁判。

◇ 案例评析

如果通过技术方法无法对涉案动物系野生还是人工繁育直接作出鉴定，可以结合案件事实和证据，在咨询专家或者野生动物主管部门意见的基础上，从如下方面进行综合考量：

1. 涉案动物人工繁育技术是否已成熟并形成规模。

2. 人工繁育证照、专用标识是否齐全。

3. 对追溯线索和交易价格、方式及地点的选择等交易细节的查证情况。

二、知识凝练

◇ 专业知识

1. 人工繁育。人工繁育，是指在人为控制条件下，为保护、研究、科学试验、展览及其他经济目的而依法进行的野生动物人工繁育活动。经营利用，是指依法从事出售、购买、利用野生动物及其制品的活动。

申请人工繁育野生动物的，应当提交以下材料：①人工繁育国家和省重点保护野生动物许可申请表；②证明申请人身份的有效文件或材料；③申请人工繁育的野生动物种源来源说明；④人工繁育固定场所具有相应使用权的有效文件或材料；⑤野生动物救治及饲养人员技术能力证明；⑥申请人工繁育的各种野生动物的固定场所、防逃逸设施、笼舍、监控设施、医疗设施、隔离墙（网）等图片，面积、规格、安全性及野生动物饲料来源的说明材料。

2. "三有"保护动物。《国家保护的有益的或者有重要经济、科学研究价值的陆生野生动物名录》是依据《野生动物保护法》制定的文件。"三有"保护动物是指国家保护的有重要生态、科学、社会价值的陆生野生动物。

2023 年 6 月，国家林业和草原局公布新调整的《有重要生态、科学、社会价值的陆生野生动物名录》，新调整的"三有"保护动物名录共收录野生动物 1924 种，其中

第六章 动植物生态环境损害案件

蒙古百灵（Melanocorypha mongolica）：额的中部、头顶的周缘各羽及后颈等均栗红；头顶中部棕黄；眼先、眼周、眉纹等棕白，两侧眉纹向后延伸至枕相接，在此渲染棕色；颊和耳区上部棕红，耳区余羽棕黄；背和腰栗褐，羽缘棕黄或棕灰。

图6-5 蒙古百灵（来源：中国动物主题数据库）

兽类91种、鸟类1028种、爬行动物450种、两栖动物253种、昆虫类96种、蛛形纲动物2种、寡毛纲动物4种。

◇ 相关法条

1.《刑法》：

第三百四十一条 【**危害珍贵、濒危野生动物罪**】非法猎捕、杀害国家重点保护的珍贵、濒危野生动物的，或者非法收购、运输、出售国家重点保护的珍贵、濒危野生动物及其制品的，处五年以下有期徒刑或者拘役，并处罚金；情节严重的，处五年以上十年以下有期徒刑，并处罚金；情节特别严重的，处十年以上有期徒刑，并处罚金或者没收财产。

【**非法狩猎罪**】违反狩猎法规，在禁猎区、禁猎期或者使用禁用的工具、方法进行狩猎，破坏野生动物资源，情节严重的，处三年以下有期徒刑、拘役、管制或者罚金。

【**非法猎捕、收购、运输、出售陆生野生动物罪**】违反野生动物保护管理法规，以食用为目的非法猎捕、收购、运输、出售第一款规定以外的在野外环境自然生长繁殖的陆生野生动物，情节严重的，依照前款的规定处罚。

2.《最高人民法院、最高人民检察院关于办理破坏野生动物资源刑事案件适用法律若干问题的解释》（法释〔2022〕12号）：

第十三条 实施本解释规定的相关行为，在认定是否构成犯罪以及裁量刑罚时，应当考虑涉案动物是否系人工繁育、物种的濒危程度、野外存活状况、人工繁育情况、是否列入人工繁育国家重点保护野生动物名录，行为手段、对野生动物资源的损害程度，以及对野生动物及其制品的认知程度等情节，综合评估社会危害性，准确认定是否构成犯罪，妥当裁量刑罚，确保罪责刑相适应；根据本解释的规定定罪量刑明显过重的，可以根据案件的事实、情节和社会危害程度，依法作出妥当处理。

涉案动物系人工繁育，具有下列情形之一的，对所涉案件一般不作为犯罪处理；需要追究刑事责任的，应当依法从宽处理：

（一）列入人工繁育国家重点保护野生动物名录的；

（二）人工繁育技术成熟、已成规模，作为宠物买卖、运输的。

三、课后延伸

相关案例

1. 解某某非法出售珍贵、濒危野生动物案（人民法院案例库入库编号：2023-03-1-344-001）。

2. 孙某危害珍贵、濒危野生动物刑事一审案件（人民法院案例库入库编号：2023-11-1-344-003）。

延伸思考

1. 人工繁育野生动物需要满足什么条件？如何更好地规制？
2. 人工繁育野生动物的价值如何计算？

第七章　海洋生态环境损害案件

 学习目标

1. 知识目标：掌握海洋生态环境民事公益诉讼及适格起诉主体；了解蓝碳司法模式；学习海洋环境犯罪罪名，学习《海洋环境保护法》等相关法律法规。
2. 能力目标：掌握涉海洋生态环境损害案件审判要点，能提取案件的关键信息及争议焦点，提升涉海洋环境损害司法实务能力。
3. 素质目标：培养客观公正的法律精神，探索前沿的法律审判理念。
4. 养成目标：树立海洋环境保护意识，践行习近平海洋生态文明观。

 思维导图

```
海洋生态环境损害案件相关罪名 ┐                    ┌ 海洋生态环境民事公益诉讼及适格起诉主体
                            ├─ 海洋生态环境 ─┤ 蓝碳司法模式
海洋生态环境损害案件法律法规 ┘     损害案件      └ 海洋生态环境损害案件审判要点
```

 内容提要

中国位于亚洲大陆的东南部，雄踞北太平洋西侧，大陆岸线总长度达1.8万公里之多，主张管辖海域面积约300万平方公里。我国海洋生物多样性丰富，近岸海域具有红树林、珊瑚礁、滨海湿地、海草床、海岛、海湾、入海河口等多种类型海洋生态系统。《2023年中国海洋生态环境状况公报》显示，[1]2023年我国海洋生态环境总体情况稳中向好，水质持续改善，主要用海区域环境质量总体良好。

中国法治体系将"海洋碳汇"（简称蓝碳）视为一种社会新型治理手段，逐步融入中国法治体系。在"双碳"目标的推动下，我国必然要实现绿色低碳转型，进而实现经济和社会的系统转型。"蓝碳"作为"双碳"制度的一部分，自然也体现出了社会新型治理手段的面貌，不仅会引起产业形态的变化，也会激发社会文明方式的全面转化。

---

[1]《2023年中国海洋生态环境状况公报》，载 https://www.mee.gov.cn/hjzl/sthjzk/jagb/202405/P020240522601361012621.pdf，最后访问日期：2024年6月10日。

"蓝碳+司法"模式让涉案当事人通过认购碳汇等方式履行生态修复义务，引入更多生态修复金建设生态修复工程，而不是简单让涉案当事人一罚了之。以购买"蓝碳"方式代替行政处罚，将成为海洋生态环境受损后的重要替代性修复方式，更有利于保护海洋生态环境，提升海洋生态养护水平，共同推动全球环境治理体系的完善和发展。

环境犯罪刑事附带民事公益诉讼作为检察公益诉讼中的重要制度，能在最大程度上提高诉讼的效率、节约司法资源、维护环境公共利益，具有恢复性司法的功效。

第一节　非法捕捞水产品刑事附带民事公益诉讼案件

余某某、郭某某等非法捕捞水产品刑事附带民事公益诉讼案

一、教学案例

◇ **案例索引**

最高人民法院发布10件2023年度环境资源审判典型案例之一

最高人民法院发布《中国环境司法发展报告（2023年）》，福建省漳州市中级人民法院审结全国单笔最大的司法认购红树林蓝碳碳汇案件

最高人民法院发布《中国环境资源审判（2023）》，福建省漳州市中级人民法院在非法捕捞水产品刑事案中引导被告人以委托第三方认购红树林碳汇项目的方式履行生态环境损害修复责任

福建省高级人民法院发布适用生态技术调查官典型案例

◇ **案情摘要**

本案系漳州市人民检察院诉余某某、郭某某等非法捕捞水产品刑事附带民事公益诉讼案。本案经漳州市中级人民法院审理。案件主要内容围绕非法捕捞水产品致生态环境损害进行替代性修复进行审理。

◇ **关键词**

非法捕捞水产品罪；蓝碳；生态环境审判技术调查官制度；认购碳汇；替代性修复

◇ **基本案情**

2021年5月初，被告人郭某某、林某某与陈某某（另案处理）共谋走私渔货入境销售，在案件侦查中，郭某某主动交代侦查机关尚未掌握其参与走私普通货物、洗钱及非法捕捞水产品的主要犯罪行为。余某某、郭某某经共谋，在禁渔期间使用禁用网具以横杆拖网方式非法捕捞螃蟹、虾蛄、杂鱼等渔获物，违法所得91 500元。案发后，余某某经电话通知主动投案。

本案审理期间，漳州市人民检察院提起刑事附带民事公益诉讼，请求判令余某某、

郭某某连带赔偿生态环境损害及修复费用，承担生态环境损害鉴定费，并提交司法鉴定意见。为审核本案生态环境损害鉴定问题，漳州市中级人民法院聘请闽西南协同发展区生态环境审判技术调查官库成员、福建省水产研究所海洋环境研究室原主任、高级工程师钟某某担任本案生态技术调查官，针对生态环境损害鉴定问题，出具《非法捕捞生态损害案件调查技术意见》。意见认为，在休渔期间，休渔海域禁止使用拖网、围网作业，间接损害导致的水生生物资源直接损害应以十倍计算，漳州市人民检察院提交的余某某等人非法捕捞水产品对漳州市闽南渔场造成生态环境损害价值为100.65万元的鉴定意见，可作为审理本案的参考依据。后余某某、郭某某委托福建海峡资源环境交易中心有限公司代为购买红树林碳汇，支付了生态环境损害修复费用100.65万元，并向海警总队福建支队漳州大队支付生态环境损害鉴定费10 000元。

〔裁判结果〕

福建省漳州市中级人民法院认为，被告人郭某某、余某某违反保护水产资源法规，在禁渔期使用禁用渔具非法捕捞水产品，情节严重，已构成非法捕捞水产品罪。郭某某、余某某具有自首、自愿认罪认罚、共同积极缴纳生态环境损害修复费用等情节，依法从轻处罚。对郭某某以非法捕捞水产品罪判处有期徒刑1年，与其所犯数罪依法并罚；对余某某以非法捕捞水产品罪判处有期徒刑1年，缓刑1年6个月。另，因本案附带民事公益诉讼请求已全部实现，故裁定准许公益诉讼起诉人福建省漳州市人民检察院撤回起诉。

〔裁判理由〕

福建省漳州市中级人民法院聘请生态环境审判技术调查官出具技术意见。技术意见认为，依据《非法捕捞案件涉案物品认（鉴）定和水生生物资源损害评估及修复办法（试行）》规定，在休渔期间、休渔海域使用禁用拖网、围网作业，造成的间接损害应以水生生物资源直接损害的10倍计算，漳州市人民检察院提交的余某某等人非法捕捞水产品对闽南浅滩渔场造成生态环境损害价值的鉴定意见，可作为参考依据。

◇ 案例评析

本案是一起引入生态环境审判技术调查官参与诉讼活动的典型案例，也是人民法院积极探索蓝碳替代性修复模式的生动实践。一方面，人民法院走访海洋与渔业局、水产研究所等部门，引入生态环境审判技术调查官作为法官助理参与诉讼活动，全流程参与调查取证、庭前会议、开庭审理、合议庭评议等审判环节，重点针对生态环境损害程度、生态修复方案和修复费用等核心问题提供技术支持。另一方面，人民法院积极推动地方人民政府开发碳汇产品，创新"认购红树林碳汇"替代性修复模式，助力蓝碳资源价值实现。引导被告人委托第三方认购红树林碳汇项目并依法注销，依托地方财政的生态环境损害赔偿资金科目，费用直接用于红树林营造及管护，推动构建起"核算-认定-注销-管理"的蓝碳生态产品价值实现机制。

2023年，在漳州市中级人民法院全国首创的蓝碳司法保护与生态治理机制推动下，漳州市成为全省首个开发红树林碳普惠产品的地级市。红树林作为滨海蓝碳生态系统的重要组成部分，其丰富的碳汇资源被赋予"产品"属性，有效推动蓝碳产品交易。本案通过"认购碳汇"蓝碳司法修复模式，促使被告人积极履行生态修复责任，以能动司法推动实现法律效果与社会效果的有机统一。

本案的亮点：一是以替代性修复方式实现取之于海还之于海的生态司法保护效果。综合考虑本案被破坏的海洋环境无法进行原地生态修复，异地海滩修复又缺乏可行性和经济性，而红树林修复海洋生态效果具有可持续、更长远的优点等，法检两家引导被告人运用"认购碳汇"的蓝碳修复模式，支付生态环境损害修复费用，委托第三方代为购买红树林碳汇，用于补植管护红树林，维护生物多样性和海岸带生态系统的平衡。二是以生态环境审判技术调查官制度做好事实查明和修复方案的技术支持。本案同一司法鉴定机构前后做出两份结果差距较大的鉴定结论，数额的调整涉及本案非法捕捞行为造成水生生物资源损害程度的认定，进而影响被告人的刑事及附带民事责任的承担。生态技术调查官充分发挥其专业特长，指出涉案海域是多种经济鱼虾类产卵、索饵和越冬场所，属于禁止使用拖网作业的水域，建议采纳鉴定机构第二份鉴定结论，即间接损害造成水生生物资源直接损害应以 10 倍计算，并向当事人进行专业解读。三是以蓝碳资源司法转化增值模式助力生态治理可持续发展。依托地方财政的生态环境损害赔偿资金账户科目，蓝碳案件涉案人员缴纳的认购碳汇生态修复金直接进入该科目，由政府统筹管理，用于蓝碳技术改造和经济发展，构建"核算-认定-注销-管理"的蓝碳资源转化增值体系。本案被告人缴纳 100.65 万元用于认购漳州红树林蓝碳，该笔碳汇依法注销，费用进入红树林管理单位，用于红树林保护，有效推动红树林碳汇的增量和变现，积累了生态产品价值实现的司法经验。

二、知识凝练

◇ **专业知识**

1. 蓝碳。蓝碳，即海洋碳汇。是指海洋活动及海洋生物吸收大气中的二氧化碳，并将其固定、储存在海洋生态系统中的过程、活动和机制。绿碳，即陆地森林固定的林业碳汇。

碳汇被认为是实现碳中和目标最经济的方式之一，分为绿碳和蓝碳。其中，蓝碳是指利用海洋系统吸收、固定或者存储下来大气中的二氧化碳。

蓝碳在碳捕获与封存方面相较于绿碳具有明显优势。2021 年发布的两份"双碳"指引文件——《中共中央、国务院关于完整准确全面贯彻新发展理念做好碳达峰碳中和工作的意见》《2030 年前碳达峰行动方案》，均将发展蓝碳纳入其中。"抢占海洋碳汇制高点"成了当前发展新趋势。

2. 非法捕捞水产品罪。违反保护水产资源法规，在禁渔区、禁渔期或者使用禁用的工具、方法捕捞水产品，情节严重的，处 3 年以下有期徒刑、拘役、管制或者罚金。

所谓禁渔区,是指由国家法令或者地方人民政府规定,对某些重要鱼、虾、蟹、贝、藻等,以及其他重要水生生物的产卵场、索饵场、越冬场和洄游通道,划定一定的范围,禁止所有渔业生产作业的区域,或者禁止某种渔业生产作业的区域。

所谓禁渔期,是指对某些重要水生生物的产卵场、索饵场、越冬场和洄游通道,规定禁止渔业生产作业或者限制作业的一定期限。

所谓禁用的工具,是指禁止使用的超过国家对不同捕捞对象所分别规定的最小网目尺寸的渔具。

所谓禁用的方法,是指禁止采用的损害水产资源正常繁殖、生长的方法,如炸鱼、毒鱼、电鱼等。故意非法捕捞水产品的行为必须达到情节严重的程度,才构成犯罪。

所谓情节严重,主要是指非法捕捞水产品数量较大的,一贯或多次非法捕捞水产品的,为首组织或聚众非法捕捞水产品的,采用炸鱼、毒鱼、滥用电力等方法滥捕水产品,严重破坏水产资源的,非法捕捞、抗拒渔政管理的等。

3. 生态环境技术调查官制度。漳州市中级人民法院在全国首创生态环境技术调查官制度。在涉蓝碳案件中,技术调查官重点针对环境损害程度、生态修复方案和修复费用等核心要素问题,辅助法官查明技术事实,高效解决生态环境专业问题,降低当事人诉讼成本,助力蓝碳科学研究与成果转化。

生态环境技术调查官制度填补了生态环境审判技术辅助制度的空白,破解了生态修复难以落地的堵点,真正形成谁破坏谁修复、在哪里破坏就在哪里修复的生态司法治理实践新样本。

为了更好地落实技术调查官制度,漳州市中级人民法院出台规范性文件,创新赋权赋能方式,有效打通专家咨询意见向法律执行的转化通道。组建漳州市生态环境技术专家库,通过一案一聘方式在具体案件中担任技术调查官。技术调查官具有现场勘验权、调查询问权、文书署名权等,重点针对环境损害程度、生态修复方案和修复费用等核心要素给予技术支持。技术意见被采纳的,写入裁判文书,使其真正具有了法律效力。

漳州市中级人民法院依托技术调查官专业优势及高校科研优势,在生态修复地建立高校教学科研试验田,将科研成果推广运用于修复实践,有效打通"产学研用""最后一公里"。与闽南师范大学、厦门大学法学院、福建省高校智库福建绿色发展研究院、漳州市委党校签署《生态司法协同治理战略合作框架协议》,研究梳理生态环境技术调查官工作规范指引,形成可移植、可运用的操作规程。

过去因缺乏技术支持,生态环境损害案件中往往采取判处罚金、缴纳生态修复费用等"金钱罚"的方式,判决原地修复的不足30%。引入技术调查官后,提高了生态修复方案的技术可行性和经济合理性,当事人参与到受损环境修复的具体行为中,做到"金钱罚与行为罚"并重,人民法院判决就地修复率达到80%。同时,技术调查官介入后,鉴定意见精准度有效提高、诉讼成本明显下降,当事人对鉴定产生争议或申请二次鉴定的数量大幅减少;比对同类案件,鉴定周期平均缩短60天至90天,鉴定费用平均降低30%至50%。

"漳州市中级人民法院创新生态司法保护工作成效突出,特别是在全国首创蓝碳司法保护与生态治理研究机制,助力碳达峰、碳中和,经验值得总结推广。"全国人大代表、闽南师范大学生物科学与技术学院院长陆銮眉对该项机制予以充分肯定,并在2022年全国两会上提出了推广漳州市中级人民法院生态环境技术调查官制度、完善生态环境治理体系的建议。

◇ 相关法条

1.《刑法》:

第三百四十条 【非法捕捞水产品罪】违反保护水产资源法规,在禁渔区、禁渔期或者使用禁用的工具、方法捕捞水产品,情节严重的,处三年以下有期徒刑、拘役、管制或者罚金。

2.《非法捕捞案件涉案物品认(鉴)定和水生生物资源损害评估及修复办法(试行)》(农办渔〔2020〕24号):

第十七条 使用电、毒、炸等严重破坏资源环境的方式,或者禁用渔具从事非法捕捞的,应同时开展间接损害评估。

间接损害评估应结合非法捕捞作业类型、时段、时长、区域、当地渔业资源状况等因素确定,主要评估水生生物生长发育受阻、繁殖终止和栖息地破坏等方面损害量。水生生物生长发育受阻和繁殖终止的损害量,原则上按照不低于水生生物资源直接损害三倍计算。水生生物栖息地破坏的损害量,原则上按照不低于水生生物资源直接损害两倍计算。

对于电鱼、毒鱼、炸鱼、拖曳泵吸耙刺、拖曳水冲齿耙耙刺、拖曳齿耙耙刺以及在禁止使用拖网作业的水域、期间内使用拖网作业等非法捕捞行为,间接损害按照不低于水生生物资源直接损害十倍计算。

三、课后延伸

相关案例

1. 袁某某、晋某某非法采矿刑事附带民事公益诉讼案〔福建省高级人民法院发布全省湿地(红树林)司法保护十大典型案例之一、全国首例运用"检察公益诉讼技术官+法院生态环境审判技术调查官"审结的涉生态刑事附带民事公益诉讼案件〕。

2. 陈某某诉某村委会、某村委会第二十小组农业承包合同纠纷案〔福建省高级人民法院发布全省湿地(红树林)司法保护十大典型案例之八〕。

延伸思考

1. 认购碳汇与生态修复是否可以直接等同?
2. 认购碳汇方式替代生态环境修复适用于哪些案件?应如何进行规范?
3. 生态环境审判技术调查官制度是否值得全国推行?

第二节　海岸线生态系统破坏刑事附带民事公益诉讼案件

袁某某、晋某某非法采矿刑事附带民事公益诉讼案

一、教学案例

◇ 案例索引

全国首例运用"检察公益诉讼技术官+法院生态环境审判技术调查官"审结的涉生态刑事附带民事公益诉讼案件

福建省高级人民法院发布全省湿地（红树林）司法保护十大典型案例之一

◇ 案情摘要

本案系袁某某、晋某某非法采矿刑事附带民事公益诉讼案。本案经福建省云霄县人民法院主持调解。案件主要内容围绕海域非法采砂无法原地修复，采取补植红树林的替代性修复方案进行调解。

◇ 关　键　词

非法采矿罪；蓝碳；生态环境审判技术调查官制度；红树林司法保护；替代性修复

◇ 基本案情

2022年3月8日，被告人袁某某雇佣被告人晋某某，未经许可在某海域向非法采砂船过驳运输海砂6790.50立方米，价值人民币393 849元。经评估，海域生态服务功能损失价值为15 817.90元。因该案无法对海域生态进行原地修复，福建省云霄县人民检察院聘请公益诉讼技术官，对鉴定意见中的修复方案的时效性、经济性、可行性和费用进行论证，认为补植红树林替代修复更具经济性和可执行性，相关补植方案费用合计135 000元。针对补植红树林的特殊性，云霄县人民检察院委托漳江口红树林国家级自然保护区管理局提出补植建议。

庭审中，附带民事公益诉讼被告袁某某、晋某某提交了第三方机构出具的红树林补植方案，云霄县人民法院聘请闽西南协同发展区生态环境审判技术调查官库成员、厦门大学环境与生态学院教授陈某某担任技术调查官，对方案进行论证，建议明确红树林的种植物种、苗龄、种植密度和种植时间，细化费用项目，确定技术指导单位和验收监管单位。

✥〔裁判结果〕

经福建省云霄县人民法院主持调解，云霄县人民检察院与当事人达成调解协议，由袁某某、晋某某共同预缴生态环境损害赔偿费用135 000元，用于委托第三方机构补植红树林，并在生态环境审判技术调查官的建议下与第三方机构签订委托种植红树林的合同，经生态环境审判技术调查官论证，该补植方案预计未来3年内可增加38吨蓝

碳碳汇量。最终，云霄县人民法院以非法采矿罪判处被告人袁某某有期徒刑 1 年 3 个月，并处罚金 2 万元；判处被告人晋某某有期徒刑 8 个月，缓刑 1 年，并处罚金 1 万元。一审判决已经生效。

◇ 案例评析

本案系全国首例运用"检察公益诉讼技术官+法院生态环境审判技术调查官"审结的涉生态刑事附带民事公益诉讼案件。因本案系海域非法采砂，原地修复难度大且可能造成二次污染，若根据鉴定机构意见，采用异地海滩回填海砂的修复方案还需要前期评估费、论证费、勘察费等多项间接费用，且本案海砂已被依法处置，无法回填。通过法检两家共同引入技术支持力量，采取补植红树林的替代性修复方案，修正鉴定报告的部分意见，对被破坏环境的修复提出更科学更可行更经济的方案，有效推进生态环境治理，对类案审理具有参考借鉴意义。本案还创新运用"造林增汇"蓝碳修复模式，因本案被破坏的海洋环境无法原地修复，通过委托第三方异地补植红树林，有效提升红树林增汇能力。为确保补植红树林修复方案得以实施，云霄县人民法院、云霄县人民检察院与漳江口红树林国家级自然保护区管理局签订《漳江口红树林蓝碳司法生态修复示范基地共建协议》，由保护区管理局划定相关区域作为碳中和示范林，并为被告委托的第三方机构提供技术指导，进一步推进蓝碳司法保护与生态修复。该案例入围"新时代推动中国法治进程 2023 年度十大案件"评选。

二、知识凝练

◇ 专业知识

1. 红树林（Mangrove）。红树林是生长在热带、亚热带海岸潮间带，由红树植物为主体的常绿乔木或灌木组成的湿地木本植物群落，在净化海水、防风消浪、固碳储碳、维护生物多样性等方面发挥着重要作用，有"海岸卫士""海洋绿肺"美誉，也是珍稀濒危水禽重要栖息地，鱼、虾、蟹、贝类生长繁殖场所。红树林是热带、亚热带海岸带海陆交错区生产能力最高的海洋生态系统之一，在净化海水、防风消浪、维持生物多样性、固碳储碳等方面发挥着极为重要的作用。中国红树植物分布在广东、广西、海南、福建、浙江等省区。

我国始终高度重视红树林保护修复，特别是近 20 年来，不断加强红树林保护，建立了国家级自然保护区、国家湿地公园、国家海洋公园等多种形式的红树林保护区；同时，加强红树林的营造和修复，新增红树林约 7200 公顷，成为近 20 年来全球少数几个红树林面积净增长的国家之一。

近年来，我国红树林保护的顶层设计、立法保护、规划编制、标准建设等各项工作全方位稳步推进。2019 年，自然资源部和国家林业和草原局联合开展了红树林资源专项调查，摸清了全国红树林底数，建立了红树林专项调查数据库。2020 年，自然资源部和国家林业和草原局联合印发了《红树林保护修复专项行动计划（2020—2025 年）》，国家林业和草原局成立了红树林监测评估中心。2021 年 12 月公布的《湿地保护法》，就红树林保护专门设置了多项条款，明确要求各地要采取有效措施保护红树林，除国家重大项目和防灾减灾等项目外禁止占用红树林。我国红树林从此受到法律的全面、严格保护。2022年，自然资源部和国家林业和草原局组织编制《全国湿地保护规划（2022—2030年）》，将红树林湿地纳入保护修复重点支持范围；《红树林造林合格面积认定及成果应用规则》，规范了红树林造林合格面积认定，确保红树林生态修复质量和成效；发布实施《红树林生态保护修复技术规程》国家标准。2022年11月5日，国家主席习近平在《湿地公约》第十四届缔约方大会开幕式致辞中指出："中国将推动国际交流合作……在深圳建立'国际红树林中心'……"建立国际红树林中心，打造首个全球红树林保护交流合作平台，将提升全球红树林湿地在应对气候变化、保护生物多样性、减灾扶贫中的作用，增进人类福祉，并在红树林保护的技术支持、信息共享、监测评估等方面为发展中国家提供实实在在的服务。在全面推进红树林保护修复专项行动、深入实施各项保护修复工程的同时，通过持续完善保护法律制度、创新生态保护修复技术、健全监测评估体系等，我国红树林总面积稳步增加、红树林生态系统质量和稳定性也不断提升，探索形成了具有中国特色的红树林保护模式。

2. 非法采矿罪。《刑法》第343条规定："违反矿产资源法的规定，未取得采矿许可证擅自采矿，擅自进入国家规划矿区、对国民经济具有重要价值的矿区和他人矿区范围采矿，或者擅自开采国家规定实行保护性开采的特定矿种，情节严重的，处三年以下有期徒刑、拘役或者管制，并处或者单处罚金；情节特别严重的，处三年以上七年以下有期徒刑，并处罚金。"

《最高人民法院、最高人民检察院关于办理非法采矿、破坏性采矿刑事案件适用法律若干问题的解释》第1条规定："违反《中华人民共和国矿产资源法》《中华人民共和国水法》等法律、行政法规有关矿产资源开发、利用、保护和管理的规定的，应当认定为刑法第三百四十三条规定的'违反矿产资源法的规定'。"

第2条规定："具有下列情形之一的，应当认定为刑法第三百四十三条第一款规定的'未取得采矿许可证'：（一）无许可证的；（二）许可证被注销、吊销、撤销的；（三）超越许可证规定的矿区范围或者开采范围的；（四）超出许可证规定的矿种的（共生、伴生矿种除外）；（五）其他未取得许可证的情形。"

第3条规定："实施非法采矿行为，具有下列情形之一的，应当认定为刑法第三百四十三条第一款规定的'情节严重'：（一）开采的矿产品价值或者造成矿产资源破坏的价值在十万元至三十万元以上的；（二）在国家规划矿区、对国民经济具有重要价值的矿区采矿，开采国家规定实行保护性开采的特定矿种，或者在禁采区、禁采期内采矿，开采的矿产品价值或者造成矿产资源破坏的价值在五万元至十五万元以上的；（三）二年内曾因非法采矿受过两次以上行政处罚，又实施非法采矿行为的；（四）造成生态环境严重损害的；（五）其他情节严重的情形。实施非法采矿行为，具有下列情形之一的，应当认定为刑法第三百四十三条第一款规定的'情节特别严重'：（一）数额达到前款第一项、第二项规定标准五倍以上的；（二）造成生态环境特别严重损害的；（三）其他情节特别严重的情形。"

第4条规定："在河道管理范围内采砂，具有下列情形之一，符合刑法第三百四十三条第一款和本解释第二条、第三条规定的，以非法采矿罪定罪处罚：（一）依据相关规定应当办理河道采砂许可证，未取得河道采砂许可证的；（二）依据相关规定应当办理河道采砂许可证和采矿许可证，既未取得河道采砂许可证，又未取得采矿许可证的。实施前款规定行为，虽不具有本解释第三条第一款规定的情形，但严重影响河势稳定，危害防洪安全的，应当认定为刑法第三百四十三条第一款规定的'情节严重'。"

第5条规定："未取得海砂开采海域使用权证，且未取得采矿许可证，采挖海砂，符合刑法第三百四十三条第一款和本解释第二条、第三条规定的，以非法采矿罪定罪处罚。实施前款规定行为，虽不具有本解释第三条第一款规定的情形，但造成海岸线严重破坏的，应当认定为刑法第三百四十三条第一款规定的'情节严重'。"

第6条规定："造成矿产资源破坏的价值在五十万元至一百万元以上，或者造成国家规划矿区、对国民经济具有重要价值的矿区和国家规定实行保护性开采的特定矿种资源破坏的价值在二十五万元至五十万元以上的，应当认定为刑法第三百四十三条第二款规定的'造成矿产资源严重破坏'。"

第7条规定："明知是犯罪所得的矿产品及其产生的收益，而予以窝藏、转移、收购、代为销售或者以其他方法掩饰、隐瞒的，依照刑法第三百一十二条的规定，以掩饰、隐瞒犯罪所得、犯罪所得收益罪定罪处罚。实施前款规定的犯罪行为，事前通谋的，以共同犯罪论处。"

第8条规定："多次非法采矿、破坏性采矿构成犯罪，依法应当追诉的，或者二年内多次非法采矿、破坏性采矿未经处理的，价值数额累计计算。"

第9条规定："单位犯刑法第三百四十三条规定之罪的，依照本解释规定的相应自然人犯罪的定罪量刑标准，对直接负责的主管人员和其他直接责任人员定罪处罚，并对单位判处罚金。"

第10条规定："实施非法采矿犯罪，不属于'情节特别严重'，或者实施破坏性采矿犯罪，行为人系初犯，全部退赃退赔，积极修复环境，并确有悔改表现的，可以认定为犯罪情节轻微，不起诉或者免予刑事处罚。"

第11条规定："对受雇佣为非法采矿、破坏性采矿犯罪提供劳务的人员，除参与利润分成或者领取高额固定工资的以外，一般不以犯罪论处，但曾因非法采矿、破坏性采矿受过处罚的除外。"

第12条规定："对非法采矿、破坏性采矿犯罪的违法所得及其收益，应当依法追缴或者责令退赔。对用于非法采矿、破坏性采矿犯罪的专门工具和供犯罪所用的本人财物，应当依法没收。"

第13条规定："非法开采的矿产品价值，根据销赃数额认定；无销赃数额，销赃数额难以查证，或者根据销赃数额认定明显不合理的，根据矿产品价格和数量认定。矿产品价值难以确定的，依据下列机构出具的报告，结合其他证据作出认定：（一）价格认证机构出具的报告；（二）省级以上人民政府国土资源、水行政、海洋等主管部门出具的报告；（三）国务院水行政主管部门在国家确定的重要江河、湖泊设立的流域管理机构出具的报告。"

第 14 条规定："对案件所涉的有关专门性问题难以确定的，依据下列机构出具的鉴定意见或者报告，结合其他证据作出认定：（一）司法鉴定机构就生态环境损害出具的鉴定意见；（二）省级以上人民政府国土资源主管部门就造成矿产资源破坏的价值、是否属于破坏性开采方法出具的报告；（三）省级以上人民政府水行政主管部门或者国务院水行政主管部门在国家确定的重要江河、湖泊设立的流域管理机构就是否危害防洪安全出具的报告；（四）省级以上人民政府海洋主管部门就是否造成海岸线严重破坏出具的报告。"

第 15 条规定："各省、自治区、直辖市高级人民法院、人民检察院，可以根据本地区实际情况，在本解释第三条、第六条规定的数额幅度内，确定本地区执行的具体数额标准，报最高人民法院、最高人民检察院备案。"

◇ 相关法条

《刑法》：

第三百四十三条 【非法采矿罪】违反矿产资源法的规定，未取得采矿许可证擅自采矿，擅自进入国家规划矿区、对国民经济具有重要价值的矿区和他人矿区范围采矿，或者擅自开采国家规定实行保护性开采的特定矿种，情节严重的，处三年以下有期徒刑、拘役或者管制，并处或者单处罚金；情节特别严重的，处三年以上七年以下有期徒刑，并处罚金。

【破坏性采矿罪】违反矿产资源法的规定，采取破坏性的开采方法开采矿产资源，造成矿产资源严重破坏的，处五年以下有期徒刑或者拘役，并处罚金。

三、课后延伸

相关案例

1. 郭某某、余某某非法捕捞水产品等犯罪案（最高人民法院发布 10 件 2023 年度环境资源审判典型案例之一）。

2. 陈某某诉某村委会、某村委会第二十小组农业承包合同纠纷案（福建省高级人民法院发布全省湿地红树林司法保护十大典型案例之八）。

延伸思考

1. 本案中海域生态服务功能损失价值是如何计算的？
2. 哪些案件情形下海洋生态环境损害无法修复？若可以修复，有哪些方法和技术？

第三节　海洋生态环境破坏预防性民事公益诉讼案件

唐山市人民检察院诉广东粤安航运有限公司沉船打捞海洋环境公益诉讼案
一、教学案例

◇ **案例索引**

最高人民法院、最高人民检察院联合发布九起海洋自然资源与生态环境检察公益诉讼典型案例

天津海事法院民事判决书（2022）津72民初226号

天津市高级人民法院民事判决书（2023）津民终156号

◇ **案情摘要**

2016年7月2日，广东粤安航运有限公司（简称粤安航运公司）所属"粤安运61"钢制散货船在唐山市曹妃甸海域东锚地北侧发生自沉事故，未予以打捞。沉船长84米，总重2263吨，船尾触底，船头涨潮时高于海面近2米。沉没时船中存有轻油约2.6吨、机油约200公斤，均属危险废物，一旦泄漏将严重污染海洋环境，且沉船位置临近海洋牧场，附近常有作业渔船经过，威胁船舶航行安全，有再次发生接触事故、引发次生污染损害的风险隐患。

◇ **关 键 词**

环境民事公益诉讼；海洋生态环境保护；沉船打捞；消除危险

◇ **基本案情**

唐山市人民检察院向天津海事法院提出诉讼请求，请求判令粤安航运公司恢复相关海域原状并消除环境污染危险，即打捞沉船。唐山市人民检察院在履行职责中发现，"粤安运61"轮于2016年7月在河北省曹妃甸海域发生自沉事故，至今未打捞出水，该沉船中剩余的2.6吨轻油和200公斤机油可能发生泄漏，给周边海域生态环境和航行安全带来重大风险。鉴于"粤安运61"轮沉船存在造成海洋生态环境重大污染损害和危害周边海域航行安全及作业的风险，而粤安航运公司作为船舶登记所有人怠于打捞所属沉船，其行为损害了社会公共利益，唐山市人民检察院作为检察机关依法有权提起民事公益诉讼，请求判令粤安航运公司承担打捞沉船的法律责任。

粤安航运公司辩称：一、唐山市人民检察院不具有提起海洋环境公益诉讼的主体资格。二、与"粤安运61"轮有关的海洋污染损害责任纠纷以及油污防治处理纠纷案件已经在本院以及天津市高级人民法院处理完毕，"粤安运61"轮的沉没未对海域环境造成污染损害，也没有证据证明存在油污污染的风险。三、"粤安运61"轮沉没的位置没有妨碍海上交通，不是必须打捞清除的沉船。四、粤安航运公司已就"粤安运61"轮向华海财产保险股份有限公司（简称华海保险公司）购买了沿海内河船东保障和赔

偿责任保险，华海保险公司是"粤安运61"轮残骸清除和油污责任的责任保险人，根据我国加入的有关国际公约，唐山市人民检察院应当请求华海保险公司承担残骸清除和防污染的费用。

华海保险公司述称：一、唐山市人民检察院并未举证证明存在环境污染的风险和打捞沉船的必要性。二、涉案保险合同已解除，华海保险公司对保险合同解除前发生的事故不应承担保险赔偿责任。三、即使保险合同未解除，华海保险公司作为保险人依法依约亦不应承担赔偿责任。

涉案船舶"粤安运61"轮为散货船，船籍港广州，总长84.7米，型宽13.2米，型深6.3米，总功率1104KW，总吨2263吨，净吨1267吨。根据船舶国籍证书、船舶所有权证书的记载，"粤安运61"轮船舶所有权人和经营人均为粤安航运公司。2016年4月5日和4月7日，粤安航运公司与案外人孙某某签订《船舶买卖合同》及《补充协议》，约定粤安航运公司将"粤安运61"轮的全部所有权以275万元的价格转让给孙某某。同年5月5日，粤安航运公司与孙某某签订《船舶委托代管协议》，约定粤安航运公司接受孙某某的委托代为管理"粤安运61"轮，粤安航运公司登记为该轮的船舶所有人和经营人，并同意孙某某以粤安航运公司的名义对该轮进行驾驶、经营、使用冠以粤安航运公司名称的船章。

案件事实认定如下：2016年7月1日17时40分左右，"粤安运61"轮从天津海域开往曹妃甸海域，7月2日1时30分左右抵达曹妃甸海域开始装海砂作业，于当日3时30分装砂结束，开始起锚，此时该船舶共装载海砂约3300吨（前舱1500吨，后舱1800吨），前吃水4.5米，后吃水4.8米。当日3时50分，"粤安运61"轮起锚完毕，开始启航，此时船上人员听到船中央传来声响，船体抖动，速度急速下降为0，船长命令大副抛锚1.5节。至4时左右，"粤安运61"轮开始下沉，吃水差变大，右倾，船长决定弃船。4时18分左右，"粤安运61"轮在曹妃甸东锚地北侧（39°04'.1N/118°45'.0E）沉没，无人员伤亡，有部分轻油泄漏。7月3日17时15分，由沨源公司负责"粤安运61"轮海上溢油应急处置工作，直至作业完成。对于此次事故，唐山曹妃甸海事局出具了调查报告。报告记载：探摸报告显示该轮右舷船中水尺向船艏方向4-5米侧板褶皱，不规则破口撕裂，裂口由下至上甲板；该轮左舷船中水尺向船尾方向4-5米侧板褶皱，不规则破口撕裂，裂口由下至上甲板。根据"粤安运61"轮相关船员描述，船舶存轻油约2.6吨，机油约200公斤。通过现场勘验、调查询问，并经油膜法估算入海溢油量约为5升（不排除溢油量超出此估算范围的可能）。"粤安运61"轮在此次事故中负全部责任。

事故发生后，粤安航运公司与华勇公司于2016年8月23日签订《"粤安运61"轮沉船整体打捞合同》，约定粤安航运公司委托华勇公司对"粤安运61"轮沉船实施整体打捞，打捞作业范围包括沉船的整体打捞、沉船油污的预防和清理以及货物清理；华勇公司负责制定详细的施工方案和防治油污方案，经粤安航运公司审核同意，并获得海事行政管理机构和政府的批准和许可。但"粤安运61"轮沉船的打捞工作至今尚未完成。

另查明，2016年4月19日，粤安航运公司与华海保险公司就"粤安运61"轮签订《沿海内河船东保障和赔偿责任保险保险单》，约定华海保险公司承保"粤安运61"轮残骸清除、碰撞责任、施救和法律费用、污染以及人身伤亡和疾病责任保险，其中油污责任每次事故及累计赔偿限额为1000万元，绝对免赔额1万元或绝对免赔额率为损失金额的10%，以高者为准；残骸打捞每次事故及累计赔偿限额为400万元，绝对免赔额1万元或绝对免赔额率为损失金额的10%，以高者为准。保险期间自2016年4月20日0时起至2017年4月19日24时止。

❖〔裁判结果〕

天津海事法院于2022年12月13日作出一审判决，被告粤安航运公司于本判决生效之日起90日内完成打捞"粤安运61"轮沉船的全部作业。宣判后，广东粤安航运有限公司以诉讼主体不适格及涉案船舶不是必须要清除的沉船残骸等理由向天津市高级人民法院提起上诉。天津市高级人民法院于2023年7月31日作出"驳回上诉，维持原判"的终审判决。

❖〔裁判理由〕

一、唐山市人民检察院是否具备公益诉讼起诉人的主体资格

《民事诉讼法》第58条第2款规定："人民检察院在履行职责中发现破坏生态环境和资源保护、食品药品安全领域侵害众多消费者合法权益等损害社会公共利益的行为，在没有前款规定的机关和组织或者前款规定的机关和组织不提起诉讼的情况下，可以向人民法院提起诉讼……"《最高人民法院、最高人民检察院关于办理海洋自然资源与生态环境公益诉讼案件若干问题的规定》第3条规定："人民检察院在履行职责中发现破坏海洋生态、海洋水产资源、海洋保护区的行为，可以告知行使海洋环境监督管理权的部门依据本规定第二条提起诉讼。在有关部门仍不提起诉讼的情况下，人民检察院就海洋自然资源与生态环境损害，向有管辖权的海事法院提起民事公益诉讼的，海事法院应予受理。"本案中，唐山市人民检察院在履行职责中发现，粤安航运公司怠于打捞所属"粤安运61"轮沉船，致使曹妃甸周边海洋生态环境安全以及航行安全均存在重大风险，在经过公告程序，没有适格主体提起诉讼的情况下，向本院提起海洋环境民事公益诉讼符合法律和司法解释的规定。因此，本院认为唐山市人民检察院依法具备公益诉讼起诉人的主体资格。

二、粤安航运公司是否应承担打捞沉船的责任

（一）"粤安运61"沉船是否具有打捞的必要性

2017年《海洋环境保护法》（已修正）第94条第1项规定："海洋环境污染损害，是指直接或者间接地把物质或者能量引入海洋环境，产生损害海洋生物资源、危害人体健康、妨害渔业和海上其他合法活动、损害海水使用素质和减损环境质量等有害影响。"油类是指任何类型的油及其炼制品。根据《国家危险废物名录（2021年版）》

（已失效）第2条的规定，具有毒性、腐蚀性、易燃性、反应性或者感染性一种或者几种危险特性，或者不排除具有危险特性，可能对生态环境或者人体健康造成有害影响，需要按照危险废物进行管理的固体废物（包括液态废物），属于名录规定的危险废物，而该名录将废矿物油与含矿物油废物列为第HW08号危险废物。本案中，根据曹妃甸海事局出具的事故调查报告，"粤安运61"轮沉没前，船上尚存轻油约2.6吨，机油约200公斤，沉没时经估算入海溢油量约为5升（该次海上溢油事故已为沨源公司清理处置完毕）。至今既没有证据显示涉案沉船周边海域再次发生过溢油事故，粤安航运公司也未能举证证明曾对沉船中的残油进行过无害化处理。上述事实结合打捞公司工作人员的证言，能够证明"粤安运61"轮沉船中至今仍有大量残油。鉴于涉案沉船中的残油属于具有毒性、易燃性，可能危害海洋生态环境的危险废物，该沉船长期不能打捞，存在着船载油污泄漏造成周边海洋生态环境污染损害的重大风险。

《中华人民共和国海上交通安全法》（简称《海上交通安全法》）第7条规定："从事船舶、海上设施航行、停泊、作业以及其他与海上交通相关活动的单位、个人，应当遵守有关海上交通安全的法律、行政法规、规章以及强制性标准和技术规范；依法享有获得航海保障和海上救助的权利，承担维护海上交通安全和保护海洋生态环境的义务。"《中华人民共和国打捞沉船管理办法》第6条规定："其他不属于第五条规定范围的沉船，沉船所有人应当自船舶沉没之日起一年以内提出打捞计划和完工期限，经有关港（航）务主管机关批准后进行打捞。"本案中，"粤安运61"轮沉船虽然不属于海事行政管理机构责令限期打捞的范围，但根据上述法律和行政法规的规定，责任人也应自船舶沉没之日起1年以内提出打捞计划，经批准后尽快打捞。然而"粤安运61"轮沉没至今已过6年，根据唐山曹妃甸海事局和唐山市渔业管理机构出具的相关说明，该沉船已给周边海域渔船航行和渔业生产的安全带来了不确定的危害和影响，存在着安全风险。

《民法典》第1234条规定："违反国家规定造成生态环境损害，生态环境能够修复的，国家规定的机关或者法律规定的组织有权请求侵权人在合理期限内承担修复责任。……"我国2017年《海洋环境保护法》（已修订）第89条第1款规定："造成海洋环境污染损害的责任者，应当排除危害，并赔偿损失……"根据《最高人民法院关于审理环境民事公益诉讼案件适用法律若干问题的解释》第18条的规定，对污染环境、破坏生态，已经损害社会公共利益或者具有损害社会公共利益重大风险的行为，原告可以请求被告承担停止侵害、排除妨碍、消除危险、修复生态环境、赔偿损失、赔礼道歉等民事责任。根据《最高人民法院关于审理海洋自然资源与生态环境损害赔偿纠纷案件若干问题的规定》第6条的规定，依法行使海洋环境监督管理权的机关请求造成海洋自然资源与生态环境损害的责任者承担停止侵害、排除妨碍、消除危险、恢复原状、赔礼道歉、赔偿损失等民事责任的，人民法院应当根据诉讼请求以及具体案情，合理判定责任者承担民事责任。根据上述规定，"粤安运61"轮沉船长期未打捞，违反了我国法律和行政法规的规定，给曹妃甸周边海域的海洋生态环境和航行安全带来了重大安全隐患和风险，依法应当消除危险、恢复原状。因此"粤安运 61"轮沉船必须予以打捞。

（二）粤安航运公司是否应承担打捞沉船的责任

根据《防治船舶污染海洋环境管理条例》第 39 条第 2 款的规定，船舶沉没的，船舶所有人、经营人或者管理人应当及时向海事管理机构报告船舶燃油、污染危害性货物以及其他污染物的性质、数量、种类、装载位置等情况，并及时采取措施予以清除。根据《中华人民共和国打捞沉船管理办法》第 6 条的规定，沉船所有人应承担打捞沉船的责任。本案中，虽然粤安航运公司主张在事故发生前已将"粤安运 61"轮转让给案外人孙某某，但该转让行为并未在海事行政管理机构登记，粤安航运公司仍为"粤安运 61"轮登记的船舶所有人和经营人。况且，粤安航运公司在船舶转让后仍受托代为管理"粤安运 61"轮，以粤安航运公司的名义对该船舶进行驾驶、经营并使用冠以粤安航运公司名称的船章，粤安航运公司与"粤安运 61"轮实际所有人之间存在船舶挂靠关系，粤安航运公司为被挂靠企业。根据我国法律规定，粤安航运公司作为"粤安运 61"轮登记的船舶所有人和经营人，同时也是船舶挂靠关系中的被挂靠企业，在沉船事故对周边海洋生态环境和海上航行安全等社会公共利益产生重大损害风险时，负有消除危险、恢复原状的法律责任，是适格的责任主体。因此，粤安航运公司依法应承担打捞"粤安运 61"轮沉船的责任，本院对唐山市人民检察院的诉请予以支持。

粤安航运公司主张根据我国加入的《2001 年国际燃油污染损害民事责任公约》和《2007 年内罗毕国际船舶残骸清除公约》，华海保险公司是"粤安运 61"轮残骸清除和油污责任的责任保险人，唐山市人民检察院应当请求华海保险公司承担残骸清除和防污染的费用。对此，根据上述两个公约，对于因燃油污染或清除残骸责任而产生的费用的索赔，可向船舶登记所有人的责任保险人或提供经济担保的其他人直接提出。而本案中，唐山市人民检察院诉请的内容是判令粤安航运公司承担消除危险、恢复原状的法律责任，即实施并完成打捞沉船的行为，并不涉及对产生费用的索赔问题。因此，粤安航运公司要求唐山市人民检察院在本案中请求华海保险公司承担残骸清除和防污染费用的抗辩不能成立，本院不予采信。

根据我国交通主管部门的规定，海上沉船打捞作业应当具有符合安全作业要求的单位、人员、船舶和海上设施，具备符合海上交通安全和防治船舶污染海域环境要求的保障措施、应急预案和责任制度，制定作业方案，经过海事行政管理机构许可后方能进行，且作业结束后，应及时清除作业过程中产生的污染物和碍航物，不得遗留任何有碍航行和作业安全的隐患，并向海事行政管理机构报告。根据上述规定，为了完成沉船打捞，粤安航运公司须满足法定条件，制定打捞方案并经过海事行政管理机构许可，然后再实施打捞作业，作业结束后还应及时清除污染物和碍航物，消除危险，不留任何安全隐患，并向海事行政管理机构报告。鉴于上述步骤的实施客观上需要一定的时间来完成，因此根据本案实际情况酌情给予粤安航运公司一段合理的打捞期间，该期间以 90 日为宜。

第七章 海洋生态环境损害案件

◇ **案例评析**

环境公共利益是由不特定多数主体享有的、具有整体性、层次性、多元性和发展性的环境重大利益。长期以来，我国实行国家环境管理的单轨运行机制，由各级人民政府环境资源保护行政管理机构通过行政命令、行政处罚等方式行使环境保护的监管职能，维护环境公共利益。行政管理机构在专业技术、设备、执法主动性、执法手段和执法效率等方面固然具有优势，但是，一方面由于环境问题的广泛性、复杂性和不确定性，环境污染的潜在性、持续性和动态性，增加了行政管理机构的履职难度；另一方面由于管理机构法定监管职权的限制和部门利益追求等因素的局限，导致实践中极易出现监管真空的情形。在这种情况下，需要赋予特定机关和社会组织提起环境公益诉讼的资格，依靠司法手段保护环境公共利益。

本案是因船舶沉没引发的海洋环境保护预防性民事公益诉讼案件。检察机关针对造成海洋生态环境重大损害风险的违法行为提起民事公益诉讼，要求船舶所有人承担消除危险、恢复原状的责任。人民法院准确适用《最高人民法院、最高人民检察院关于办理海洋自然资源与生态环境公益诉讼案件若干问题的规定》，依法确认检察机关有权向有管辖权的海事法院提起诉讼，针对船舶沉没可能产生的环境污染及航行安全风险，判决船舶所有人在合理期限内打捞沉船，消除环境污染风险。本案办理充分体现了司法机关坚持"保护优先、预防为主"的原则，及时阻止和消除破坏海洋生态环境的重大风险，为保护海洋生态环境筑牢了蓝色司法屏障。

二、知识凝练

◇ **专业知识**

1. 海洋环境污染损害。直接或者间接地把物质或者能量引入海洋环境，产生损害海洋生物资源、危害人体健康、妨害渔业和海上其他合法活动、损害海水使用素质和减损环境质量等有害影响。

2. 检察公益诉讼。《最高人民法院、最高人民检察院关于检察公益诉讼案件适用法律若干问题的解释》第4条规定："人民检察院以公益诉讼起诉人身份提起公益诉讼，依照民事诉讼法、行政诉讼法享有相应的诉讼权利，履行相应的诉讼义务，但法律、司法解释另有规定的除外。"

3. 船舶污染防治。在中华人民共和国管辖海域，任何船舶及相关作业不得违法向海洋排放船舶垃圾、生活污水、含油污水、含有毒有害物质污水、废气等污染物，废弃物，压载水和沉积物及其他有害物质。

船舶应当按照国家有关规定采取有效措施，对压载水和沉积物进行处理处置，严格防控引入外来有害生物。

从事船舶污染物、废弃物接收和船舶清舱、洗舱作业活动的，应当具备相应的接收处理能力。

◇ 相关法条

1.《最高人民法院、最高人民检察院关于办理海洋自然资源与生态环境公益诉讼案件若干问题的规定》（法释〔2022〕15号）：

第三条　人民检察院在履行职责中发现破坏海洋生态、海洋水产资源、海洋保护区的行为，可以告知行使海洋环境监督管理权的部门依据本规定第二条提起诉讼。在有关部门仍不提起诉讼的情况下，人民检察院就海洋自然资源与生态环境损害，向有管辖权的海事法院提起民事公益诉讼的，海事法院应予受理。

2.《海上交通安全法》：

第七条　从事船舶、海上设施航行、停泊、作业以及其他与海上交通相关活动的单位、个人，应当遵守有关海上交通安全的法律、行政法规、规章以及强制性标准和技术规范；依法享有获得航海保障和海上救助的权利，承担维护海上交通安全和保护海洋生态环境的义务。

3.《中华人民共和国打捞沉船管理办法》：

第六条　其他不属于第五条规定范围的沉船，沉船所有人应当自船舶沉没之日起一年以内提出打捞计划和完工期限，经有关港（航）务主管机关批准后进行打捞。

4.《最高人民法院关于审理海洋自然资源与生态环境损害赔偿纠纷案件若干问题的规定》（法释〔2017〕23号）：

第六条　依法行使海洋环境监督管理权的机关请求造成海洋自然资源与生态环境损害的责任者承担停止侵害、排除妨碍、消除危险、恢复原状、赔礼道歉、赔偿损失等民事责任的，人民法院应当根据诉讼请求以及具体案情，合理判定责任者承担民事责任。

5.《防治船舶污染海洋环境管理条例》：

第三十九条　船舶发生事故有沉没危险，船员离船前，应当尽可能关闭所有货舱（柜）、油舱（柜）管系的阀门，堵塞货舱（柜）、油舱（柜）通气孔。

船舶沉没的，船舶所有人、经营人或者管理人应当及时向海事管理机构报告船舶燃油、污染危害性货物以及其他污染物的性质、数量、种类、装载位置等情况，并及时采取措施予以清除。

三、课后延伸

▣ 相关案例

连云港"蓝色海湾"项目生态破坏环境公益诉讼案。

▣ 延伸思考

1. 检察机关能否作为原告提起海洋环境公益诉讼？如果可以，法律依据是什么？
2. 如何理解沉船构成实质性危害或存在危害的风险？

第四节　海洋生物多样性保护案件

海南临高盈海船务有限公司诉三沙市渔政支队行政处罚案

一、教例案例

◇ **案例索引**

最高人民法院指导案例 177 号

人民法院案例库，人民法院案例库入库编号：2021-18-3-001-001

◇ **案情摘要**

本案系海南临高盈海船务有限公司（简称盈海公司）起诉三沙市渔政支队行政处罚案。案件围绕三沙市渔政支队作出的行政处罚是否合理进行审查，主要争议焦点在于查获的大量砗磲贝壳是否能够认定为应受保护的水生野生动物产品及非法运输珍贵、濒危野生动物及其产品的行为所要承担的法律责任。

◇ **关 键 词**

行政处罚；珍贵、濒危水生野生动物及其制品；砗磲；砗磲贝壳；大砗磲

◇ **基本案情**

砗磲是一种主要生活在热带海域的珍贵贝类，在我国及世界范围内均为重点保护的水生野生动物。砗磲全部9个种均为《濒危野生动植物种国际贸易公约》附录二物种，其中的大砗磲（又名库氏砗磲）为国家一级保护动物。2014年8月21日，海南省公安边防总队海警第三支队在三沙海域开展巡逻管控过程中，发现原告盈海公司所属的"椰丰616"号船违法装载大量砗磲贝壳，遂将其查获，并将该案交由三沙市综合执法局先行查处。后因该案属于被告三沙市渔政支队的职权范围，三沙市综合执法局将该案转交被告具体办理。经查实，原告未持有《水生野生动物特许运输许可证》，涉案船舶共装载砗磲贝壳250吨，经专业机构鉴定和评估，该250吨砗磲贝壳中98%为大砗磲，属国家一级保护动物，2%为砗蚝（属于砗磲科），属《濒危野生动植物种国际贸易公约》附录Ⅱ物种，涉案砗磲贝壳总价值为373 500元。据此，被告作出《琼三沙渔政罚字〔2018〕01号行政处罚决定书》，以原告的"椰丰616"号船未持有《水生野生动物特许运输许可证》擅自运输砗磲贝壳的行为违反《中华人民共和国野生动物保护法》等法律规定，对原告处以没收砗磲贝壳250吨及按照实物价值3倍罚款人民币1 120 500元的行政处罚。原告不服，向海口海事法院提起行政诉讼，请求撤销该行政处罚决定。

✤ 〔**裁判结果**〕

海口海事法院于2018年11月30日作出（2018）琼72行初14号行政判决，认为三沙市渔政支队作出的行政处罚决定事实清楚，证据确凿，适用法律、法规正确，符

合法定程序，判决驳回原告盈海公司的诉讼请求。判决后，盈海公司提出上诉，海南省高级人民法院于 2019 年 4 月 10 日作出（2019）琼行终 125 号行政判决：驳回上诉，维持原判。

✤〔裁判理由〕

人民法院生效裁判认为：一、我国作为《濒危野生动植物种国际贸易公约》缔约国，应当严格、全面履行公约义务，对已列入该公约附录 I、附录 II 中的珊瑚、砗磲的所有种，无论活体、死体，还是相关制品，均应依法给予保护。砗磲属受保护的珍贵、濒危水生野生动物，砗磲贝壳为受我国法律保护的水生野生动物产品。根据《最高人民法院关于审理发生在我国管辖海域相关案件若干问题的规定（二）》第 7 条第 3 款及《中华人民共和国水生野生动物保护实施条例》第 2 条的规定，列入《国家重点保护野生动物名录》中国家一、二级保护的，以及列入《濒危野生动植物种国际贸易公约》附录 I、附录 II 中所有水生野生动物物种，无论属于活体、死体，还是相关制品（水生野生动物的任何部分及其衍生品），均受到法律保护。案涉大砗磲属《国家重点保护野生动物名录》中的国家一级保护动物，砗蚝属《濒危野生动植物种国际贸易公约》附录 II 物种，二者均受法律保护。盈海公司运输行为的客体虽然是砗磲贝壳，但作为双壳纲动物，砗磲的贝壳属于其作为动物的一部分，因此，应当将砗磲贝壳认定为《中华人民共和国水生野生动物保护实施条例》第 2 条规定应受保护的水生野生动物产品；盈海公司关于其运输的砗磲为死体，不违反法律、行政法规的抗辩不能成立。

二、非法开发利用野生动物资源"产业链"中所涉及的非法采捕、收购、运输、加工、销售珍贵、濒危野生动物及其制品等行为均构成违法并需承担相应的法律责任。非法运输珍贵、濒危野生动物及其产品的行为是非法开发利用野生动物资源"产业链"的重要一环，应承担相应的法律后果和责任。根据案发时生效的 2009 年《野生动物保护法》（已修订）第 23 条、《中华人民共和国水生野生动物保护实施条例》第 20 条及《中华人民共和国水生野生动物利用特许办法》第 29 条的规定，运输、携带国家重点保护野生动物或者其产品出县境的，必须经省、自治区、直辖市政府野生动物行政主管部门或者其授权的单位批准并取得相应许可证明。本案中，盈海公司未经批准并取得相关许可证明，就将案涉砗磲贝壳从三沙市向海南岛运输，已构成违法，故三沙市渔政支队对其处以罚款具有法律、行政法规依据。

◇ 案例评析

砗磲属双壳纲帘蛤目砗磲科，主要生活在热带海域，在我国主要分布在海南及台湾附近海域以及南海各岛礁，是珊瑚礁生态系统的重要组成部分，对维护南海海域珊瑚礁生态系统平衡和生物多样性具有重要作用。砗磲是一种珍贵、濒危的野生水生动物，砗磲科全部 9 个种均为《濒危野生动植物种国际贸易公约》附录 II 保护物种，4 个种为世界自然保护联盟（IUCN）确定的易危物种。我国 1989 年首次发布《国家重点保护野生动物名录》时，也将大砗磲列为国家一级保护动物，但砗磲科的其他物种未列入该名录；直到《濒危野生动植物种国际贸易公约附录水生动物物种核准为国家重点保护野生动物名录》首次将除库氏砗磲外的砗磲科所有种核准为国家二级保护动物。

本案案发于2014年，当时《濒危野生动植物种国际贸易公约附录水生动物物种核准为国家重点保护野生动物名录》尚未公布和生效，最高人民法院此前发布的《最高人民法院关于审理发生在我国管辖海域相关案件若干问题的规定（二）》比较好地解决了前述两个难题。

本案通过正确理解和适用《最高人民法院关于审理发生在我国管辖海域相关案件若干问题的规定（二）》第7条第3款规定，援引《濒危野生动植物种国际贸易公约》认定列入我国重点保护野生动物名录以及列入《濒危野生动植物种国际贸易公约》附录Ⅰ、附录Ⅱ中所有水生野生动物物种，无论属于活体还是死体，均受到法律保护；对破坏野生动物资源违法产业链中的各个环节，如采捕、收购、运输、加工、销售珍贵濒危野生动物及其制品等行为，依法予以全面打击。本案的说理过程和裁判结果，积极援引《濒危野生动植物种国际贸易公约》，依法扩大该国际公约在中国海洋环境资源类案件中适用的效率和范围，系统展现了中国人民法院在司法过程中正确理解和适用《濒危野生动植物种国际贸易公约》，严格、全面履行国际公约缔约国义务，致力于保护海洋生物多样性、促进海洋生物资源可持续发展、构建人类海洋命运共同体的坚定决心和为此所做出的努力。

二、知识凝练

◇ 专业知识

1. 水生野生动物。根据《中华人民共和国水生野生动物保护实施条例》第2条的规定，本条例所称水生野生动物，是指珍贵、濒危的水生野生动物；所称水生野生动物产品，是指珍贵、濒危的水生野生动物的任何部分及其衍生物。

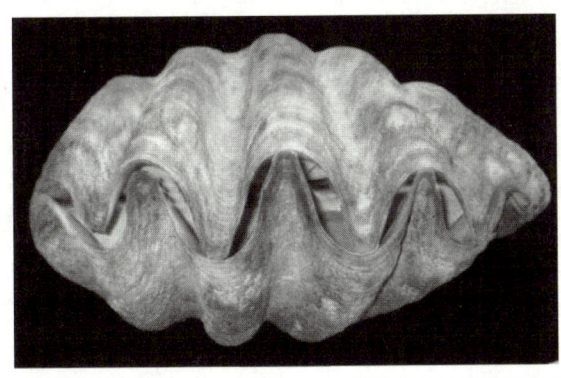

大砗磲（Giant clam），贝壳特大，是双壳纲中个体最大者，贝壳长度可达1米多，体重250-300千克。属热带暖水性强的种类。栖息于浅海珊瑚礁间，由于个体很大，通常是不移动的。色彩艳丽，十分漂亮。在中国为国家一级保护野生动物。

图7-1 大砗磲（来源：《中国大百科全书》第三版网络版）

2. 行政处罚。

（1）行政处罚的定义。行政处罚是指行政机关依法对违反行政管理秩序的公民、法人或者其他组织，以减损权益或者增加义务的方式予以惩戒的行为。

行政处罚的主体是行政机关，行政处罚的对象是违反行政管理秩序的公民、法人或者其他组织，行政处罚的内容是以减损权益或者增加义务的方式予以惩戒。

（2）行政处罚的分类。《行政处罚法》以列举式和授权式规定了行政处罚的种类，该法第9条规定："行政处罚的种类：（一）警告、通报批评；（二）罚款、没收违法所得、没收非法财物；（三）暂扣许可证件、降低资质等级、吊销许可证件；（四）限制开展生产经营活动、责令停产停业、责令关闭、限制从业；（五）行政拘留；（六）法律、行政法规规定的其他行政处罚。"

这一规定共列举了13项具体行政处罚内容和授权其他行政处罚的保留内容。具体分为声誉罚、财产罚、行为罚、资格罚和人身自由罚5种形式。①声誉罚。声誉罚包括两种：警告和通报批评。警告是行政机关对违法当事人提出告诫，使其认识所应承担责任的一种处罚，一般适用于违法行为较轻微、对于社会危害程度不大的违法行为，由行政机关以书面形式做出决定并予以送达。通报批评是行政机关对违法当事人通过发布公告、发文件通报、会议通报等方式提出批评，指出其违法行为，使其认识错误、积极整改、教育违法者，避免其再犯，同时广泛教育他人的处罚措施。通报批评谴责程度比警告要重。②财产罚。财产罚包括3种：罚款、没收违法所得、没收非法财物。罚款是最常见的行政处罚形式，指行政机关或司法机关强制违法当事人在一定期限内向国家缴纳一定数量货币的处罚形式。没收违法所得是指行政机关或司法机关依法将违法当事人取得的违法所得财物，运用国家法律法规赋予的强制措施，对其违法所得财物的所有权予以强制性剥夺的处罚方式。没收非法财物是指行政机关将违法当事人非法占有的违禁品和其他财物无偿收缴的处罚形式，包括用于非法活动的资金、工具等。③行为罚。行为罚包括4种：限制开展生产经营活动、责令停产停业、责令关闭、限制从业。限制开展生产经营活动是对具有经营自主权的市场主体的生产经营活动的类型和范围予以限制。责令停产停业是指行政机关要求从事违法生产经营活动的公民、法人或其他组织停止生产、停止经营。责令关闭和责令停产停业广泛存在于环境保护和安全生产领域。在不能通过限制经营活动和责令停产停业的严重情况下，可能会责令关闭。限制从业是对公民个人行为的限制，即指行政主体对违反行政法上特定义务的行政相对人，不允许其在一定期限内直至终生不得从事特定行业、职业或岗位。④资格罚。资格罚包括3种：暂扣许可证件、吊销许可证件、降低资质等级。暂扣许可证件是对违法当事人所拥有的资质的限制，一般附有期限或条件。吊销许可证件意味着剥夺了当事人从事许可证件所赋予的许可事项的活动权利。降低资质等级是行政机关依法对违法当事人所取得的行政许可由较高等级降为较低等级，以限制当事人生产经营活动范围。资质等级是企业在行业内专业水准、质量、信誉等的综合评价，降低资质等级对企业后续的经营活动有不小的影响。这类行政处罚多见于工程建设领域。⑤人身自由罚。行政处罚种类中的人身自由罚指行政拘留，但是《行政处罚法》对于行政拘留这一行政处罚的行使主体进行了严格的限制。该法第18条第3款规定："限制人身自由的行政处罚权只能由公安机关和法律规定的其他机关行使。"

◇ 相关法条

1. 《野生动物保护法》：

第三十三条 禁止网络平台、商品交易市场、餐饮场所等，为违法出售、购买、食用及利用野生动物及其制品或者禁止使用的猎捕工具提供展示、交易、消费服务。

2. 《中华人民共和国水生野生动物保护实施条例》：

第二条 本条例所称水生野生动物，是指珍贵、濒危的水生野生动物；所称水生野生动物产品，是指珍贵、濒危的水生野生动物的任何部分及其衍生物。

第二十条 运输、携带国家重点保护的水生野生动物或者其产品出县境的，应当凭特许捕捉证或者驯养繁殖许可证，向县级人民政府渔业行政主管部门提出申请，报省、自治区、直辖市人民政府渔业行政主管部门或者其授权的单位批准。动物园之间因繁殖动物，需要运输国家重点保护的水生野生动物的，可以由省、自治区、直辖市人民政府渔业行政主管部门授权同级建设行政主管部门审批。

第二十八条 违反野生动物保护法律、法规，出售、收购、运输、携带国家重点保护的或者地方重点保护的水生野生动物或者其产品的，由工商行政管理部门或者其授权的渔业行政主管部门没收实物和违法所得，可以并处相当于实物价值10倍以下的罚款。

三、课后延伸

相关案例

1. 沈某危害珍贵、濒危野生动物案——无证采捕红珊瑚、无证收购、运输、出售红珊瑚及其制品行为的定性（人民法院案例库入库编号：2023-11-1-344-002）。

2. 赵某某、谭某某走私珍贵动物制品案——珍贵水生野生动物及其制品的价值认定（人民法院案例库入库编号：2023-11-1-082-001）。

延伸思考

1. 对已纳入《濒危野生动植物种国际贸易公约》附录，但未纳入我国《国家重点保护野生动物名录》的物种如何保护？

2. 运输死体珍贵、濒危野生动物是否构成违法？

第八章　湿地生态环境损害案件

 学习目标

1. 知识目标：了解湿地生态环境的重要性，我们需要明确湿地作为地球上最重要的生态系统之一，其对于维持生物多样性、调节气候、净化水质等方面的重要作用。

2. 能力目标：掌握湿地生态环境损害的类型和原因，学习并识别不同类型的湿地生态环境损害，如污染、过度开发、非法狩猎等，并理解这些损害背后的原因，如人类活动、政策失误等。

3. 素质目标：熟悉相关法律法规和政策，了解国内外关于湿地保护和生态环境损害修复的法律法规和政策，特别是针对湿地生态环境损害案件的法律条文和司法解释。

分析湿地生态环境损害案件，通过具体案例的学习，分析湿地生态环境损害案件的发生过程、损害程度、法律责任以及修复措施等，加深对湿地生态环境损害案件的理解和认识。

探讨湿地生态环境损害修复的策略和方法，学习并探讨湿地生态环境损害后的修复策略和方法，包括生态修复、自然恢复、人工干预等措施，以及这些措施在实际案例中的应用效果。

4. 养成目标：提高环境保护意识，通过学习湿地生态环境损害案件，增强对环境保护的认识和责任感，提高在日常生活中保护环境的意识和行动能力。

 思维导图

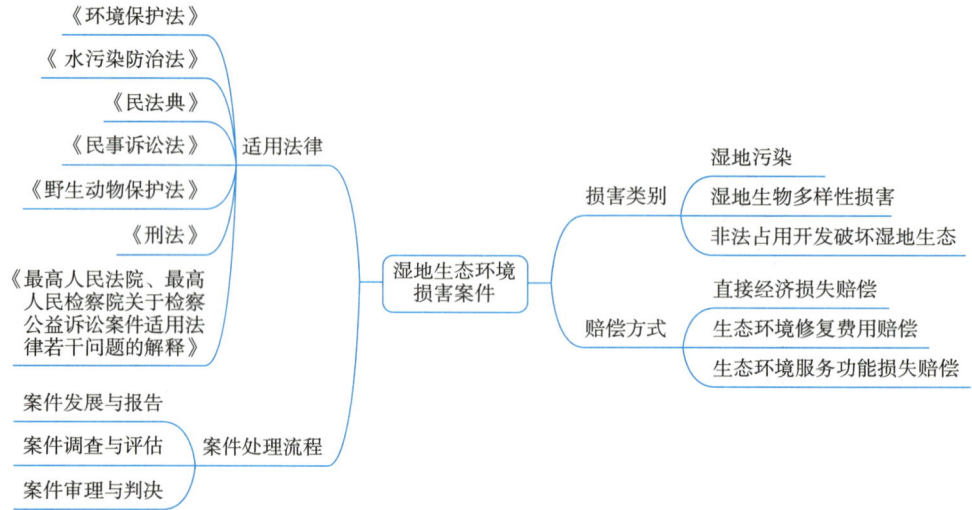

内容提要

湿地是重要的自然生态系统，是维护国家生态安全的重要基础，发挥着涵养水源、净化水质、调节气候、改善环境、维护生物多样性等生态功能，与人类生存发展息息相关，被誉为"地球之肾"。湿地还是众多野生动植物的生存繁衍、栖息之地，是十分富集的"物种基因库"。湿地生态系统是由湿地植物、栖息于湿地的动物、微生物及其环境组成的统一整体。我国湿地面积约 5635 万公顷，居亚洲第一，世界第四。有 82 处国际重要湿地（其中中国香港 1 处）、58 处国家重要湿地、903 处国家湿地公园、13 个国际湿地城市。

随着经济的快速发展，湿地保护和利用的矛盾仍然存在，湿地遭受非法侵占、围垦、污染等现象时有发生。据估计，我国有 40% 的重要湿地受到严重退化的威胁，历史上湿地资源丰富的长江中下游地区、三江平原、松嫩平原及若尔盖沼泽、东部沿海滩涂、河口三角洲及红树林等区域湿地都面临退化、消亡的危险。习近平总书记强调，要实行湿地面积总量管理，严格湿地用途监管，推进退化湿地修复，增强湿地生态功能，维护湿地生物多样性；要坚定不移把保护摆在第一位，尽最大努力保持湿地生态和水环境。2022 年 6 月，《湿地保护法》开始施行。党的二十大报告强调，统筹水资源、水环境、水生态治理，推动重要江河湖库生态保护治理。

公益诉讼在湿地生态保护中发挥着不可替代的作用，包括行政公益诉讼和民事公益诉讼两类。公益诉讼通过明确保护目标、督促行政机关依法履职、促进依法行政以及推动社会参与等方式，公益诉讼能够有效地推动湿地生态的保护工作，确保湿地资源的可持续利用和生态环境的稳定。通过提起或者支持民事公益诉讼，追究侵害湿地违法主体的生态损害赔偿责任。

第一节 湿地污染类公益诉讼案件

随着工业化进程的加速、农业现代化水平的提升以及人口密集区域的不断扩张，一系列环境问题日益凸显，工业废水未经充分处理便直接排放、农业活动中化肥农药的过量使用导致的面源污染，以及城市居民生活污水排放量的激增，共同构成了对湿地生态系统前所未有的挑战。这些污染物的持续排放，不仅导致湿地水质急剧恶化，水体富营养化现象频发，破坏了原有的水体平衡，还进一步削弱了湿地作为"地球之肾"的净化能力。

湿地生态系统的受损，直接体现在其生态服务功能的大幅减退乃至丧失上。湿地原本在调节气候、蓄洪防旱、维持生物多样性、促进物质循环与能量流动等方面发挥着不可替代的作用，但如今，这些功能正遭受前所未有的挑战。水质恶化使得湿地成为病原体滋生的温床，威胁着人类及其他生物的饮水安全；生物多样性减少，珍稀物种面临灭绝风险，湿地生态链的完整性遭受破坏；湿地面积的萎缩，则进一步削弱了其作为自然屏障对抗自然灾害的能力，对湿地及其周边地区的生态安全构成重大隐患。

此类因污染物排放导致的湿地损害破坏行为，其影响范围之广、程度之深，往往跨越行政区划，波及多个生态要素，包括但不限于水体、土壤、植被及野生动物等。面对如此严峻的生态危机，社会各界开始觉醒，环保意识日益增强，催生了多起针对湿地污染破坏行为的公益诉讼案件。这些案件不仅是对违法排污行为的法律追责，更是对全社会的一次深刻警示，提醒我们必须采取有效措施，从源头上减少污染物的排放，加强湿地保护与修复工作，共同守护好这片珍贵的绿色家园，确保湿地生态系统的稳定性和可持续性，为后代子孙留下一个更加美丽、健康的地球。

由于工业废水、农业面源污染、生活污水等排放，导致湿地水质恶化，生态系统受损，湿地生态系统功能退化或丧失，进而对湿地及其周边环境的生态服务功能造成不利影响的现象，从而引发公益诉讼的案件。这类损害破坏行为主要是污染物的排放，影响范围广泛，可能涉及多个生态要素。通常涉及湿地水质恶化、生物多样性减少、湿地面积萎缩等生态功能损害问题，对湿地生态系统的稳定性和可持续性构成严重威胁。

湖州市人民检察院诉德清县某绢纺塑化公司环境污染责任民事公益诉讼案

一、教学案例

◇ **案例索引**

最高人民法院发布十二件湿地生态保护典型案例之九

◇ **案情摘要**

湖州市人民检察院针对德清县某绢纺塑化公司提起了一起民事公益诉讼，指控该公司通过非法手段干扰环保监测设备，超标排放含有高浓度污染物的污水，严重污染了流经下渚湖湿地的河流，对当地生态环境造成了显著损害。经人民法院审理，认定该公司行为构成环境污染责任，依法判决其承担生态环境损害赔偿金及鉴定评估费用，彰显了司法机关对环境污染行为的零容忍态度，以及对生态修复和环境保护的坚定决心。

◇ **关 键 词**

环境污染责任；环境民事公益诉讼；超标排放；生态环境损失；法律责任追究；生态修复优先

◇ **基本案情**

2019年3月下旬至4月2日，德清县某绢纺塑化公司为降低其排放污水中污染物总氮浓度，以逃避环保部门监管，该公司污水处理站负责人沈某甲指使污泥操作工沈某乙等人，采用轮流定时关闭或打开污水站标排口的污水出水口阀门以及清水管道阀门的方式，干扰在线自动监测设备自动取水样，并将总氮等污染物浓度超标的污水2万余吨排放至厂区北侧河道中。该河道流经下渚湖湿地。2019年4月2日，浙江省湖州市生态环境局德清分局会同公安部门对该公司进行突击检查，发现上述违法事实。经鉴定，排放废水显著超过外环境地表水本底值，导致环境污染，造成生态环境损失595 155~618 130元，鉴定评估费用9万元。2019年9月25日，浙江省德清县人民法院以污染环境罪对德清县某绢纺塑化公司的沈某甲、沈某乙等人作出另案刑事判决。浙江省湖州市人民检察院以德清县某绢纺塑化公司为被告提起本案民事公益诉讼，诉请德清县某绢纺塑化公司赔偿生态环境损害费用595 155元，并承担鉴定评估费9万元。

❖ 〔裁判结果〕

湖州南太湖新区人民法院经审理认为，德清县某绢纺塑化公司违反《环境保护法》《水污染防治法》有关规定，采用轮流定时关闭或打开污水站标排口的污水出水口阀门以及清水管道阀门的方式，干扰在线自动监测设备自动取水样，将生产过程中产生的污水未经有效处理即排入河道造成污染，严重破坏生态环境，对社会公共利益造成损害，应当承担相应的民事侵权责任。遂判决德清县某绢纺塑化公司支付生态环境损害赔偿金595 155元和鉴定评估费9万元。宣判后，各方均未上诉。一审判决已发生法律效力。

1. 被告公司的违法事实。被告德清县某绢纺塑化公司在生产过程中，为降低排放污水中污染物总氮浓度以逃避环保部门监管，采取了非法手段。具体而言，被告公司污水处理站负责人指使工作人员，采用轮流定时关闭或打开污水站标排口的污水出水口阀门以及清水管道阀门的方式，干扰在线自动监测设备的正常运行，从而实现了对监测数据的篡改和隐瞒。这种行为直接导致被告公司将未经有效处理的、总氮等污染物浓度超标的污水大量排放至厂区北侧的河道中，对当地的水体环境造成了严重污染。

2. 被告公司的法律责任。根据《环境保护法》和《水污染防治法》等相关法律法规的规定，被告公司应当严格遵守环保法规，采取有效措施防治和减少环境污染。然而，该公司却故意违反这些规定，通过非法手段干扰监测、超标排放污水，严重破坏了生态环境，对社会公共利益造成了损害。因此，被告公司应当承担相应的法律责任。

3. 生态环境损害评估。为了准确评估被告公司超标排放污水对生态环境造成的损害程度，人民法院委托了具有专业资质的鉴定机构进行了生态环境损害评估。评估结果显示，该公司的排污行为导致生态环境损失高达595 155元至618 130元之间。这一评估结论为人民法院确定该公司应当承担的生态环境损害赔偿金提供了科学依据。

❖ 〔典型意义〕

下渚湖湿地是长三角地区生态系统多样性高、原生状态保持最完整的天然湿地之一，具有重要的生态功能价值。本案被告公司在下渚湖湿地周边水域排放污染物浓度超标的工业废水，严重污染水体和湿地。人民法院依法打击污染环境犯罪的同时，判令本案被告公司承担支付生态损害赔偿金责任，切实贯彻"环境有价，损害担责"原则；坚持生态修复优先，积极引导被告公司购买湿地碳汇，并将碳汇认购金定向用于构建以沉水植物群落为核心的湿地生态涵养系统，提高下渚湖湿地水系自我净化和碳汇功能，保障湿地生态功能和可持续利用，实现生态效益、社会效益、经济效益相统一。

◇ 案例评析

湖州市人民检察院诉德清县某绢纺塑化公司环境污染责任民事公益诉讼案，是一起具有深远影响的案件，它不仅在司法领域树立了环境保护的鲜明旗帜，也在社会层面引发了广泛的关注和讨论。

本案的核心在于德清县某绢纺塑化公司因严重违反环境保护法律法规，通过非法手段排放超标污水，对当地生态环境造成了严重污染。湖州市人民检察院作为公益诉讼的起诉主体，依法提起了民事公益诉讼，要求企业承担生态环境损害赔偿责任。这一举动不仅体现了检察机关在维护社会公共利益、保护生态环境方面的积极作为，也彰显了我国法律对于环境违法行为零容忍的态度。

本案是湖州市人民检察院依法提起的民事公益诉讼，成功运用了公益诉讼制度，为生态环境损害赔偿提供了新的司法路径。在审理过程中，人民法院严格遵循了法律规定，对案件事实进行了全面、深入的调查，并依法作出了公正、合理的判决。本案中，相关责任人已被追究刑事责任，同时公司也被追究民事赔偿责任，体现了我国环境保护法律体系的完善性和严厉性。判决结果不仅要求企业支付高额的生态环境损害赔偿金，还明确了赔偿金的用途和监管机制，确保资金能够真正用于受损生态环境的修复和治理。人民法院还积极引导企业参与生态修复工作，推动其从"污染者"向"治理者"的角色转变，实现了生态效益、社会效益和经济效益的有机结合。

本案的审理和判决，不仅是对违法企业的有力震慑，更是对全社会的一次深刻教育。它让人们意识到，环境保护不是一句空洞的口号，而是需要每个人、每个企业都切实承担起来的责任。同时，本案也为我国环境公益诉讼制度的发展和完善提供了宝贵的经验。通过公益诉讼的方式，可以更加有效地维护社会公共利益、保护生态环境，推动形成人与自然和谐共生的良好局面。

此外，本案还引发了社会各界对于环境保护的广泛关注和讨论。人们开始更加关注身边的环境问题，积极参与环境保护活动，为构建美丽中国贡献自己的力量。这种积极向上的社会氛围，为我国生态环境保护事业的持续发展奠定了坚实的基础。

综上所述，湖州市人民检察院诉德清县某绢纺塑化公司环境污染责任民事公益诉讼案，是一起具有里程碑意义的案件。它不仅在司法领域树立了环境保护的典范，也在社会层面产生了广泛而深远的影响。通过该案的审理和判决，我们更加坚定了保护生态环境的决心和信心，相信在未来的日子里，我们一定能够共同守护好这片蓝天、碧水、净土。

二、知识凝练

◇ 专业知识

1. 生态环境修复。在司法实践中，除了要求污染者支付生态环境损害赔偿金外，还会鼓励和支持污染者采取积极措施进行生态环境修复。例如，在本案中，人民法院积极引导被告购买湿地碳汇，并将碳汇认购金定向用于构建湿地生态涵养系统，提高湿地生态系统的自我净化和碳汇功能。

2. 赔偿资金的管理与使用。生态环境损害赔偿金通常会纳入专门的公益诉讼资金账户进行管理，用于支持生态环境修复和保护工作。在本案中，赔偿资金将用于修复受污染的河道和湿地生态系统，保障其生态功能和可持续利用。

3. 生态修复。在环境民事公益诉讼中，除了要求生态环境损害赔偿外，还常常要求被告承担生态环境修复责任。本案在判决中积极引导德清县绢纺塑化公司进行生态修复工作，以实现生态环境的持续改善和恢复。

4. 生态环境损害评估与赔偿。在环境公益诉讼中，通常需要对生态环境损害进行评估，以确定损害程度和赔偿金额。本案通过委托专业鉴定机构进行生态环境损害评估，为人民法院判决提供了科学依据。同时，判决德清县绢纺塑化公司支付生态环境损害赔偿金，体现了对生态环境损害的全面赔偿原则。

5. 公益诉讼的支持与监督机制。人民检察院在环境公益诉讼中发挥着重要作用，不仅可以直接提起诉讼，还可以支持相关组织提起诉讼。同时，人民检察院还对环境公益诉讼的实施进行监督，确保公益诉讼的公正性和有效性。

◇ 相关法条

1.《环境保护法》：

第六十四条 因污染环境和破坏生态造成损害的，应当依照《中华人民共和国侵权责任法》的有关规定承担侵权责任。

2.《民法典》：

第一千二百二十九条 因污染环境、破坏生态造成他人损害的，侵权人应当承担侵权责任。

第一千二百三十条 因污染环境、破坏生态发生纠纷，行为人应当就法律规定的不承担责任或者减轻责任的情形及其行为与损害之间不存在因果关系承担举证责任。

第一千二百三十四条 违反国家规定造成生态环境损害，生态环境能够修复的，国家规定的机关或者法律规定的组织有权请求侵权人在合理期限内承担修复责任。侵权人在期限内未修复的，国家规定的机关或者法律规定的组织可以自行或者委托他人进行修复，所需费用由侵权人负担。

3.《水污染防治法》：

第八十三条 违反本法规定，有下列行为之一的，由县级以上人民政府环境保护主管部门责令改正或者责令限制生产、停产整治，并处十万元以上一百万元以下的罚款；情节严重的，报经有批准权的人民政府批准，责令停业、关闭：

（一）未依法取得排污许可证排放水污染物的；

（二）超过水污染物排放标准或者超过重点水污染物排放总量控制指标排放水污染物的；

（三）利用渗井、渗坑、裂隙、溶洞，私设暗管，篡改、伪造监测数据，或者不正常运行水污染防治设施等逃避监管的方式排放水污染物的；

（四）未按照规定进行预处理，向污水集中处理设施排放不符合处理工艺要求的工业废水的。

4. 《民事诉讼法》：

第五十八条 对污染环境、侵害众多消费者合法权益等损害社会公共利益的行为，法律规定的机关和有关组织可以向人民法院提起诉讼。

人民检察院在履行职责中发现破坏生态环境和资源保护、食品药品安全领域侵害众多消费者合法权益等损害社会公共利益的行为，在没有前款规定的机关和组织或者前款规定的机关和组织不提起诉讼的情况下，可以向人民法院提起诉讼。前款规定的机关或者组织提起诉讼的，人民检察院可以支持起诉。

三、课后延伸

相关案例

1. 齐河县黄河流域环境污染刑事附带民事公益诉讼案。
2. 广州某汽修厂环境污染责任诉前化解案例。
3. 郑某某等污染环境刑事附带民事公益诉讼案。

延伸思考

1. 在追求经济发展的同时，如何有效保护生态环境，实现绿色发展，是本案反映出的一个重要问题。企业应当认识到，环境保护不是经济发展的阻碍，而是其可持续发展的重要保障。如何通过法律和政策手段，强化企业的环境责任意识，防止类似污染事件再次发生？

2. 本案在判决中不仅要求企业承担生态环境损害赔偿责任，还积极引导企业购买湿地碳汇进行生态修复。这体现了生态修复与赔偿制度在环境保护中的重要作用。人民法院判令被告支付生态环境损害赔偿金，并用于水生态修复项目。这种"司法碳汇生态补偿"机制是否值得推广？

第二节　湿地生物多样性损害类公益诉讼案件

湿地，被誉为"地球之肾"，是自然界中最为富饶和独特的生态系统之一，承载着丰富的生物多样性作用。然而，随着人类活动的不断扩张，不断侵蚀着湿地的健康，湿地生态系统正遭受着前所未有的破坏，许多珍稀物种因此失去了栖息地，湿地生物多样性也面临着严重的威胁，生态系统功能逐渐退化。

在此背景下，公益诉讼作为一种有效的法律手段，被越来越多地应用于湿地生物多样性保护领域。检察机关和公益组织通过提起公益诉讼，对损害湿地生物多样性的行为进行法律监督,推动行政机关依法履职,加强湿地保护力度,促进湿地生态系统的恢复与重建。

本节聚焦于湿地生物多样性损害类公益诉讼案件实例,通过精选具有代表性的案例,深入剖析公益诉讼在湿地生物多样性保护中的实践应用与成效。案例不仅展现了公益诉讼在打击非法行为、维护公共利益方面的强大力量,还揭示了湿地生态系统面临的严峻挑战以及保护工作的紧迫性。

姜某危害珍贵、濒危野生动物刑事附带民事公益诉讼案

一、教学案例

◇ **案例索引**

最高人民法院发布十二件湿地生态保护典型案例之六

◇ **案情摘要**

姜某危害珍贵、濒危野生动物案中,姜某非法收购并销售野生保护鸟类,被公安机关侦破。检察机关依法提起刑事附带民事公益诉讼,要求姜某赔偿生态损失及鉴定费用,人民法院支持了全部诉讼请求,彰显了野生动物保护的法律力度和生态修复的重要性。

◇ **关 键 词**

危害珍贵、濒危野生动物罪;非法捕猎、杀害野生动物;生态环境损害;环境刑事附带民事公益诉讼;法律责任与赔偿;生态修复与警示教育

◇ **基本案情**

2021年1月11日,姜某将其购买的毒药与面粉、面包虫等食物混合后,在安徽省蚌埠市淮上区三汊河国家湿地公园附近抛撒。侦查机关在姜某家中和三汊河湿地姜某抛撒食物的附近发现被毒死的鸟类共计13种66只。经鉴定,被毒死的普通鵟是列入《国家重点保护野生动物名录》的国家二级保护动物;灰喜鹊、棕背伯劳、雉鸡、黑水鸡、山斑鸠等被列入《有重要生态、科学、社会价值的陆生野生动物名录》;同时,灰喜鹊、棕背伯劳等还被列为《安徽省地方重点保护野生动物名录》安徽省一级、二级保护野生动物。安徽省蚌埠市禹会区人民检察院以危害珍贵、濒危野生动物罪对姜某提起公诉,并提起刑事附带民事公益诉讼。经鉴定,姜某用投放有毒饵料的方法非法捕猎、杀害66只野生鸟类造成的环境损害总价值为44 900元。

❖ 〔**裁判结果**〕

安徽省蚌埠市禹会区人民法院经审理认为,姜某构成危害珍贵、濒危野生动物罪;姜某自愿认罪认罚,又系初犯、偶犯,主动支付生态环境损害赔偿金,宣告缓刑对所居住社区没有重大不良影响。姜某危害珍贵、濒危野生动物的行为给生态环境造成损害,依法应当赔偿生态环境损害赔偿金。遂判处姜某有期徒刑1年6个月,缓刑2年,并处罚金3万元;案涉动物尸体依法处理;扣押在案的麦麸(含有面包虫)1750克、老鼠药与面粉混合物3950克和色拉油400克依法予以没收;姜某赔偿生态环境损害赔

偿金44 900元（已支付）、专家评估费500元（已支付）。宣判后，各方均未上诉、抗诉。一审判决已发生法律效力。

❖ 〔典型意义〕

三汊河国家湿地公园是淮河流域保存较好的一块平原沼泽型草本自然湿地，是鸟类的天堂，栖息于此的国家二级保护鸟类有三种，安徽省一级、二级保护鸟类共十余种。被告人用投放有毒饵料的方法非法捕猎、杀害鸟类，不但危害珍贵、濒危野生动物本身，而且给湿地生态环境安全带来严重威胁。人民法院同时追究被告人刑事责任和生态环境损害赔偿责任，是最严法治观在环境资源司法中的具体体现；同时对被告人适用缓刑，有效发挥了宽严相济刑事政策优势。此外，考虑到三汊河国家湿地公园周边乡镇、村庄较多，人民法院在被告人实施犯罪的位置竖立警示教育牌，并将被告人缴纳的生态环境损害赔偿金购买鱼苗在该地增殖放流，起到"办理一案、教育一片"的良好效果。判决生效后，蚌埠市禹会区人民法院作为蚌埠市环境资源案件集中管辖法院与蚌埠市禹会区、淮上区人民检察院、三汊河国家湿地公园管理委员会共同签署三汊河国家湿地公园保护协作协议，加强湿地协调保护力度，将湿地资源保护从末端前移到诉源、治未病，共同营造保护湿地的良好氛围。

◇ 案例评析

姜某危害珍贵、濒危野生动物刑事附带民事公益诉讼案，是一起具有深远影响的案件，它不仅深刻揭示了非法捕猎、杀害野生动物行为的严重性和危害性，更在法律层面上树立了野生动物保护和生态环境修复的双重标杆。此案通过刑事责任的追究，有力打击了危害野生动物资源的犯罪行为，向全社会传递出强烈的法治信号：任何破坏生态环境、侵害野生动物资源的行为都将受到法律的严惩。同时，附带提起的民事公益诉讼，则进一步强调了生态环境损害赔偿的重要性，通过让侵权者承担修复生态环境的费用，实现了对受损环境的有效救济和补偿。

此案还具有重要的教育和警示意义。它提醒公众，野生动物是地球生态系统的重要组成部分，保护野生动物就是保护我们共同的家园。任何以非法手段获取野生动物资源的行为，都将对生态环境造成不可逆转的损害，最终威胁到人类自身的生存和发展。因此，我们应该增强法律意识和环保意识，共同参与到野生动物保护和生态环境保护的行动中来，为建设美丽中国、实现人与自然和谐共生贡献力量。

此外，该案还展示了我国司法制度在环境保护领域的创新和发展。通过刑事附带民事公益诉讼这一新型诉讼模式，不仅实现了对犯罪行为的全面追责，还促进了生态环境修复和生态补偿机制的建立和完善，为构建生态文明制度体系提供了有力的司法保障。

二、知识凝练

◇ 专业知识

1. 野生动物保护法律框架。本案涉及的主要法律框架包括《野生动物保护法》《国家重点保护野生动物名录》《有重要生态、科学、社会价值的陆生野生动物名录》

以及地方性的保护名录（如《安徽省地方重点保护野生动物名录》）。这些法律法规共同构成了我国野生动物保护的法律体系。

普通鵟（Buteo buteo）是一种体型略大（55厘米）的红褐色鵟。上体深红褐色；脸侧皮黄具近红色细纹，栗色的髭纹显著；下体偏白上具棕色纵纹，两胁及大腿沾棕色。飞行时两翼宽而圆，初级飞羽基部具特征性白色块斑。尾近端处常具黑色横纹。在高空翱翔时两翼略呈"V"形。

图 8-1　普通鵟（来源：中国鸟类数据库）

2. 危害珍贵、濒危野生动物罪。危害珍贵、濒危野生动物罪，是指非法猎捕、杀害国家重点保护的珍贵、濒危野生动物，或者非法收购、运输、出售国家重点保护的珍贵、濒危野生动物及其制品的行为。本案中，姜某非法捕猎并杀害了包括国家二级保护动物在内的多种野生动物，触犯了此罪名。

3. 刑事附带民事公益诉讼。刑事附带民事公益诉讼是指在刑事诉讼过程中，由检察机关作为公益诉讼起诉人，对破坏生态环境和资源保护、食品药品安全领域侵害众多消费者合法权益等损害社会公共利益的犯罪行为提起的，追究被告人刑事责任的同时，请求其承担民事责任的诉讼活动。本案中，检察机关在追究姜某刑事责任的同时，也提起了附带民事公益诉讼，要求生态环境损害赔偿。

◇ 相关法条

1.《刑法》：

第三百四十一条第一款　【危害珍贵、濒危野生动物罪】非法猎捕、杀害国家重点保护的珍贵、濒危野生动物的，或者非法收购、运输、出售国家重点保护的珍贵、濒危野生动物及其制品的，处五年以下有期徒刑或者拘役，并处罚金；情节严重的，处五年以上十年以下有期徒刑，并处罚金；情节特别严重的，处十年以上有期徒刑，并处罚金或者没收财产。

2.《野生动物保护法》：

第二十一条　禁止猎捕、杀害国家重点保护野生动物。

因科学研究、种群调控、疫源疫病监测或者其他特殊情况，需要猎捕国家一级保护野生动物的，应当向国务院野生动物保护主管部门申请特许猎捕证；需要猎捕国家二级保护野生动物的，应当向省、自治区、直辖市人民政府野生动物保护主管部门申请特许猎捕证。

3.《民法典》：

第一千二百二十九条　因污染环境、破坏生态造成他人损害的，侵权人应当承担侵权责任。

4.《最高人民法院、最高人民检察院关于检察公益诉讼案件适用法律若干问题的解释》(法释〔2020〕20号)：

第二十条第一款 人民检察院对破坏生态环境和资源保护，食品药品安全领域侵害众多消费者合法权益，侵害英雄烈士等的姓名、肖像、名誉、荣誉等损害社会公共利益的犯罪行为提起刑事公诉时，可以向人民法院一并提起附带民事公益诉讼，由人民法院同一审判组织审理。

三、课后延伸

相关案例

1. 桑某等人在黄河三角洲湿地非法狩猎红喉歌鸲等珍贵鸟类的案件。
2. 韩某某等22人非法狩猎案。
3. 邱某非法捕捞水产品案。

延伸思考

1. 思考当前野生动物保护法律体系是否完善，是否存在漏洞或不足？探讨如何建立跨部门协作机制，加强公安、林业、环保等部门之间的信息共享和联合执法，提高打击非法狩猎和贩卖野生动物行为的效率？

2. 针对姜某案中涉及的生态环境损害问题，思考如何进行有效的生态修复和补偿？如何确保修复措施的科学性和有效性？

3. 思考如何在经济社会发展中平衡野生动物保护的需求？如何推动绿色发展和可持续利用野生动物资源？

4. 考虑到野生动物保护是全球性的议题，应该如何加强国际合作与交流？如何借鉴国际先进经验和做法来提高我国的野生动物保护水平？

第三节 非法占用开发破坏湿地生态类公益诉讼案件

非法占用湿地，往往伴随着对土地资源的无序争夺和滥用，导致湿地生态系统被割裂、破碎，生物多样性急剧下降。而过度开发，则更是以牺牲湿地长期健康为代价，进行掠夺性的资源开采和建设活动，使湿地失去了原有的自我恢复能力和生态服务功能。这些行为不仅破坏了湿地的自然美景，更对地球生态安全构成了严重威胁。

为了有效遏制非法占用与过度开发对湿地的损害，公益诉讼作为一种强有力的法律手段应运而生。检察机关和公益组织通过提起公益诉讼，对破坏湿地的行为进行法律追责，要求违法者承担相应的法律责任，并推动相关部门加强湿地保护执法力度，完善湿地保护政策体系。

本节将聚焦于非法占用与过度开发损害湿地类的公益诉讼案件，通过详细剖析典型案例，展现公益诉讼在保护湿地生态系统、维护生物多样性方面的重要作用。希望通过案例，唤起社会各界对湿地保护问题的关注与重视，共同推动形成全社会参与湿地保护的良好氛围。

湖南省益阳市人民检察院诉夏某某等人非法采砂破坏洞庭湖生态环境民事公益诉讼案

一、教学案例

◇ 案例索引

最高人民法院指导案例 176 号

◇ 案情摘要

2016 年 6 月至 11 月，夏某某等 15 人未经许可，在洞庭湖下塞湖区域非法采砂，获利高达 2243.333 万元，对洞庭湖生态环境造成严重破坏。湖南省益阳市人民检察院于 2019 年对该案提起民事公益诉讼，经鉴定非法采砂导致生态损害修复费用合计 873.579 万元。人民法院最终判决夏某某等人承担相应赔偿责任，并在媒体上公开赔礼道歉。对于多人参与的非法采砂破坏生态行为，检察机关通过司法鉴定量化公益损害程度，以共同侵权人各自参与范围认定连带责任数额，同时探索上下两级检察机关在检察民事公益诉讼二审程序中的诉讼地位和出庭职责。

◇ 关 键 词

环境民事公益诉讼；生态环境修复；损害担责；全面赔偿；非法采砂

◇ 基本案情

下塞湖地处洞庭湖腹地，是洞庭湖湿地的重要组成部分，大部分区域位于南洞庭湖省级自然保护区试验区及横岭湖省级自然保护区试验区。2016 年 6 月至 11 月，夏某某等人为牟取非法利益，分别驾驶九江采 158 号、湘沅江采 1168 号、江苏籍 999 号等采砂船至下塞湖区域未经许可非法采砂，获利 2243.333 万元，其非法采砂行为还对洞庭湖生态环境造成了破坏。夏某某等人因非法采矿罪，被刑事生效判决分别判处有期徒刑 5 年至 1 年 6 个月，并追缴非法所得。

◇ 调查和诉讼

湖南省益阳市人民检察院在办理夏某某等人涉嫌非法采矿罪刑事案件时发现本案线索，2019 年 3 月 26 日，对夏某某等 15 人非法采砂一案以民事公益诉讼立案，7 月 24 日发布诉前公告，期满后没有适格主体提起诉讼。

湖南省人民检察院抽调经验丰富的检察官组成专案领导小组，指导案件办理。益阳市人民检察院立案后迅速梳理从刑事案件获取的证据，明确办案思路，结合 3 条采砂船的不同获利金额、不同或交叉的参与人员，来认定不同违法行为人在共同侵权中应承担责任的份额，并委托司法鉴定机构对资源受损情况、修复费用等进行鉴定。

经鉴定，夏某某等人非法采砂行为未发生在规划的采砂区，造成生态环境影响的空间范围共计约 9.9 万平方米，造成水生生物资源受损，河床结构改变，水源涵养量减少，对洞庭湖湖区和河道地形地貌、岸带稳定性、水文情势和水生生物等产生不利影响，修复水生生物资源受损、河床结构与水源涵养等受损所需的费用合计 873.579 万元。

❖ 〔判决结果〕

2019 年 9 月 12 日，益阳市人民检察院向益阳市中级人民法院提起民事公益诉讼，请求判令夏某某对其非法采砂行为所造成的生态环境损害 873.579 万元承担赔偿责任，其他 14 名被告依据其具体侵权行为实际获利和造成损失的情况，按照比例分别承担连带责任。益阳市中级人民法院经审理后作出一审判决，支持了检察机关的诉讼请求。被告王某某不服提出上诉。

由于绝大部分原审被告已被追究刑事责任并分散于各地服刑，为了充分保障其民事诉讼权利，湖南省人民检察院建议湖南省高级人民法院委托各监狱向原审被告送达有关诉讼文书，并征求其意愿由本人或委托代理人出庭，对原审被告要求本人出庭的进行在线"云开庭"。该案是湖南省首例检察民事公益诉讼二审案件，湖南省人民检察院与省高级人民法院就庭审程序等相关问题进行了细致沟通，明确省、市检察机关同时出庭。益阳市检察院以被上诉公益诉讼起诉人的身份派员出庭，湖南省人民检察院以上一级检察机关履行二审出庭职责，全程参与法庭调查、辩论等庭审活动，发表的出庭意见被人民法院全部采纳。全程旁听庭审的全国人大代表、政协委员均对庭审效果予以了肯定。

2020 年 12 月 29 日，湖南省高级人民法院作出（2020）湘民终 1862 号民事判决：驳回上诉，维持原判。该案先后入选最高人民法院 2020 年度环境资源典型案例、最高人民法院第 31 批指导性案例。

❖ 〔裁判理由〕

人民法院生效裁判认为：根据我国相关矿产资源法律法规的规定，开采矿产资源必须依法申请采矿许可证，取得采矿权。夏某某等 15 人在下塞湖区域挖取的砂石系国家矿产资源。根据沅江市砂石资源开采管理领导小组办公室证明、益阳市水务局《情况说明》、湘阴县河道砂石综合执法局证明、岳阳市河道砂石服务中心证明，并结合另案生效判决认定的事实及各被告当庭陈述，可证明被告未依法获得许可，私自开采国家矿产资源，应认定为非法采砂。

非法采砂行为不仅造成国家资源损失，还对生态环境造成损害，致使国家利益和社会公共利益遭受损失。矿产资源兼具经济属性和生态属性，不能仅重视矿产资源的经济价值保护，而忽视矿产资源生态价值救济。非法采砂违法犯罪行为不仅需要依法承担刑事责任，还要依法承担生态环境损害赔偿民事责任。应当按照谁污染谁治理、谁破坏谁担责的原则，依法追究非法采砂行为人的刑事、民事法律责任。

本案中，夏某某等 15 人的非法采砂生态破坏行为，导致了洞庭湖生态系统的损害，具体包括丰富的鱼类、虾蟹类和螺蚌等软体动物生物资源的损失，并严重威胁洞庭湖河床的稳定性及防洪安全，破坏水生生物资源繁衍生存环境。为确保生态环境损害数额认定的科学性、全面性和合理性，人民法院委托具备资格的机构进行司法鉴定，通过对生态环境损害鉴定意见的司法审查，合理确定生态破坏行为所导致的生态环境损害赔偿金额。本案中，人民法院指导鉴定专家按照全面赔偿原则，对非法采砂行为所导致的采砂区域河床、水源涵养、生物栖息地、鱼虾生物资源、水环境质量等遭受的破坏进行全方位的鉴定，根据抽取砂土总量、膨胀系数、水中松散砂土的密度、含水比例，以及洞庭湖平均鱼类资源产量等指标量化了各类损失程度。被告虽主张公共利益受损与其无关联，但本案各被告当庭陈述均认可实施了采砂行为，根据另案生效判决认定的事实及审理查明的事实，各被告实施的采砂行为非法，且鉴定意见书明确了采砂行为造成生态环境受损，故认定被告的采砂行为破坏了生态环境资源。各被告未提交反驳证据推翻案涉鉴定意见，经审查，对鉴定意见载明的各项损失及修复费用予以确认。

《环境保护法》第64条规定："因污染环境和破坏生态造成损害的，应当依照《中华人民共和国侵权责任法》的有关规定承担侵权责任。"根据《民法典》第1168条的规定，二人以上共同实施侵权行为，造成他人损害的，应当承担连带责任。在司法实践中，人民法院通常要求原告证明侵权人之间存在意思联络或行为协同性，以区别于无意思联络的数人侵权。《最高人民法院关于审理环境民事公益诉讼案件适用法律若干问题的解释》第20条第2款规定："人民法院可以在判决被告修复生态环境的同时，确定被告不履行修复义务时应承担的生态环境修复费用；也可以直接判决被告承担生态环境修复费用。"根据审理查明的事实并依据上述法律规定，夏某某等15人在各自参与非法采砂数量范围内构成共同侵权，应在各自参与非法采砂数量范围内承担连带赔偿生态环境修复费用的民事责任。

事实依据：

非法采砂行为：经查实，夏某某等15人在未取得采矿许可证的情况下，于2016年6月至11月期间，分别驾驶采砂船至洞庭湖下塞湖区域非规划区非法采砂，非法获利2243.333万元。

生态环境损害鉴定：湖南省环境保护科学研究院生态环境损害司法鉴定中心对非法采砂行为造成的生态环境损害进行了全面评估，认定其对水环境质量、河床结构、水源涵养、水生生物资源等方面造成了严重损害，并量化了各项损失程度及修复费用。

刑事责任认定：夏某某等人的非法采砂行为已经构成非法采矿罪，并被相关刑事生效判决予以认定。这一事实为民事公益诉讼中生态环境损害责任的认定提供了有力支持。

非法采砂行为的违法性：被告未依法取得采矿许可证，私自开采国家矿产资源，构成非法采砂。非法采砂行为不仅造成国家资源损失，还对生态环境造成损害，致使国家利益和社会公共利益遭受损失。

生态环境损害责任的承担：根据损害担责、全面赔偿原则，被告应对其非法采砂行为所造成的生态环境损害承担连带赔偿责任。赔偿范围包括修复受损生态环境所需的费用以及因生态环境损害导致的其他损失。

共同侵权责任的认定：被告之间分工负责、共同实施非法采砂行为，构成共同侵权。因此，各被告应根据其具体侵权行为在相应范围内承担连带赔偿责任。

❖〔典型意义〕

检察机关坚持恢复性司法理念，一体化推进办案，通过司法鉴定，合理确定违法行为所导致的生态环境损害赔偿数额，在此基础上准确认定共同侵权的被告在各自侵权损害范围内按比例应承担的连带赔偿责任。二审开庭前与人民法院协商一致，推动二审庭审实质化，对提起公益诉讼的检察机关及其上一级检察机关在二审中的诉讼地位进行了有益的探索。

◇ 案例评析

该案不仅是法律对生态环境保护的一次坚决捍卫，更是我国环境法治体系不断完善与强化的生动体现。

首先，本案的审理和判决严格遵循了环境法律的基本原则，如损害担责原则、预防为主原则等，体现了法律在生态环境保护中的指导性和规范性作用。人民法院通过细致审查证据，确认了被告非法采砂的事实，并依据专业鉴定机构的评估结果，科学合理地确定了生态环境损害的范围和程度，为后续的赔偿责任认定奠定了坚实基础。

其次，本案在法律责任的认定上，充分运用了环境侵权责任制度，包括共同侵权责任的承担、生态修复责任的明确等。人民法院不仅要求直接实施非法采砂行为的个人承担主要责任，还根据各被告在共同犯罪中的作用大小，合理划分了赔偿责任的份额，体现了法律在保护生态环境方面的公平性和正义性。同时，人民法院将生态修复作为赔偿责任的重要内容，强调了对受损生态环境的实质性修复，体现了法律在促进可持续发展方面的前瞻性和引导性。

最后，本案的审理和判决还体现了环境司法在公众参与和信息公开方面的积极作用。通过公益诉讼的形式，检察机关代表国家和社会公共利益提起诉讼，有效保障了公众的知情权和参与权。同时，人民法院在判决中明确要求被告在国家级媒体上公开赔礼道歉，进一步增强了环境司法的社会影响力和教育意义，有助于提升全社会的环保意识和法治观念。

综上所述，湖南省益阳市人民检察院诉夏某某等15人非法采砂破坏洞庭湖生态环境民事公益诉讼案，不仅是一起典型的环境侵权案件，更是我国环境法治建设的重要里程碑。它充分展示了法律在生态环境保护中的强大力量，为推动我国生态文明建设、实现经济社会可持续发展提供了有力的法律保障。

二、知识凝练

◇ 专业知识

1. 共同侵权责任。共同侵权责任是指两个或两个以上的行为人共同实施侵权行为，造成他人损害的，应当承担连带责任。在本案中，夏某某等 15 人分工负责、共同实施非法采砂行为，构成共同侵权。人民法院根据各被告在共同犯罪中的作用大小，合理划分了赔偿责任的份额，并判决他们承担连带赔偿责任。

2. 无过错责任原则。无过错责任原则是指在某些情况下，无论行为人是否有过错，只要其行为造成了损害结果，就应当承担侵权责任。在环境侵权案件中，由于环境污染和生态破坏往往具有复杂性、潜伏性和长期性等特点，难以确定行为人的过错程度，因此通常适用无过错责任原则。在本案中，人民法院也遵循了这一原则，未要求原告证明被告存在过错即判决其承担侵权责任。

3. 生态环境修复责任。生态环境修复责任是指侵权行为人应当承担的恢复受损生态环境原状或者采取其他补救措施的责任。在本案中，人民法院不仅判决被告承担赔偿责任还明确了生态环境修复的具体内容和要求包括修复费用、修复措施等以确保受损生态环境得到有效恢复。

湖南东洞庭湖国家级自然保护区位于我国第二大淡水湖——洞庭湖东部，被誉为"中国观鸟之都"的岳阳市境内。保护区成立于1982年，1992年成为我国首批加入《湿地公约》的六个国际重要湿地之一，1994年经国务院批准升格为国家级自然保护区，2018年经国务院批准，调整了保护区范围及功能区划。调整后的保护区总面积15.7万公顷，其中核心区面积3.3万公顷，缓冲区面积3.2万公顷，实验区面积9.1万公顷。

图 8-2　东洞庭湖国际重要湿地（来源：国家林业和草原局政府网）

4. 生物资源损失。非法采砂行为往往会对水生生物资源造成损失，包括鱼类、虾蟹类和螺蚌类等软体动物。在本案中，非法采砂行为导致了洞庭湖丰富的生物资源受损，这体现了生物多样性保护的重要性。

5. 生态系统功能。生态系统是一个复杂的整体，各个组成部分之间相互依存、相互影响。非法采砂行为会破坏生态系统的结构和功能，影响生态系统的稳定性和可持续性。因此，在生态环境保护中，需要注重维护生态系统的整体功能和稳定性。

◇ 相关法条

1.《环境保护法》：

第六十四条　因污染环境和破坏生态造成损害的，应当依照《中华人民共和国侵权责任法》的有关规定承担侵权责任。

2.《民法典》：

第一千一百六十八条　二人以上共同实施侵权行为，造成他人损害的，应当承担连带责任。

第一千一百七十一条　二人以上分别实施侵权行为造成同一损害，每个人的侵权行为都足以造成全部损害的，行为人承担连带责任。

3. 《最高人民法院关于审理环境侵权责任纠纷案件适用法律若干问题的解释》（法释〔2020〕17号）（已失效）：

第十四条 被侵权人请求修复生态环境的，人民法院可以依法裁判侵权人承担环境修复责任，并同时确定其不履行环境修复义务时应当承担的环境修复费用。

侵权人在生效裁判确定的期限内未履行环境修复义务的，人民法院可以委托其他人进行环境修复，所需费用由侵权人承担。

三、课后延伸

相关案例

1. 鹤岗市某水库管护中心违法占用湿地案。
2. 福建省四川省检察机关督促保护若尔盖高寒泥炭沼泽湿地公益诉讼系列案。
3. 漳州市云霄县兴云建设发展有限公司违法占地建设南湖湿地生态园案。

延伸思考

1. 生态环境损害赔偿责任的法律依据有哪些？如何确保赔偿责任的全面性和合理性？

2. 在同一违法行为中，如何有效衔接刑事责任和民事责任？是否应该建立更完善的机制来确保两种责任的同时追究？本案中，夏某某等15人已被追究刑事责任，那么民事公益诉讼在何种程度上能够补充刑事制裁的不足？

3. 在生态环境损害案件中，鉴定评估机构如何发挥作用？其鉴定意见如何确保科学性和权威性？

第九章 草原生态环境损害案件

学习目标

1. 知识目标：掌握草原生态环境损害案件的认定和法律责任；了解草原生态环境损害案件的修复与赔偿；学习《草原法》《最高人民法院关于审理破坏草原资源刑事案件应用法律若干问题的解释》《国务院办公厅关于加强草原保护修复的若干意见》等相关法律法规。

2. 能力目标：培养学生运用所学知识，对草原生态环境损害案件进行深入分析，识别案件中的关键问题、损害程度及法律适用等。掌握草原生态环境损害案件审判要点，能辨别法律责任，提升草原生态环境损害司法实务能力。

3. 素质目标：提升学生的法律素养和法治观念，使学生能够自觉遵守环境保护法律法规，运用法律武器维护草原生态环境安全。

4. 养成目标：传播生态文明理念，让学生深刻理解"绿水青山就是金山银山"的深刻内涵，认识到保护草原生态环境就是保护人类自己，激发学生的生态文明建设热情和参与度。

思维导图

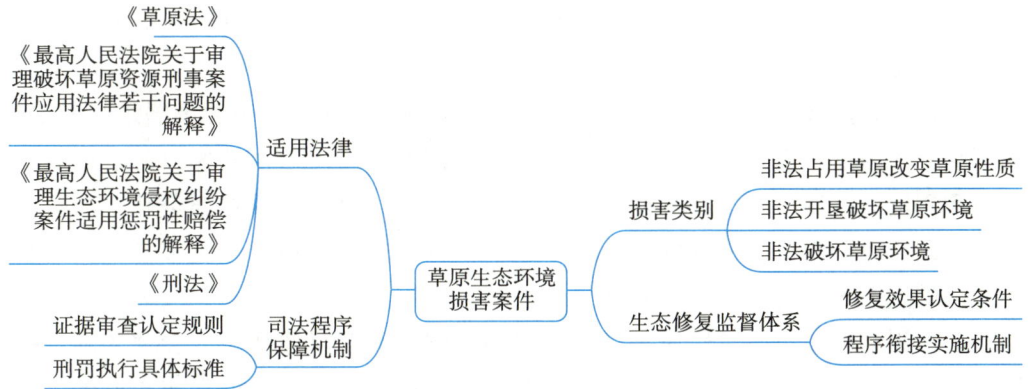

内容提要

草原是地球的"皮肤"，承担着保持水土、涵养水源、防风固沙、净化空气、固碳释氧、维护生物多样性等重要生态功能。草原作为生态系统的重要组成部分，不仅是畜牧业发展的基础，更是维护生态平衡、保障国家生态安全的重要屏障。我国是一个草原大国，草原面积达40亿亩，面积居世界第一。我国不但拥有热带、亚热带、暖温带、中温带和寒温带草原植被，还拥有世界上独一无二的高寒草原类型。广袤丰饶的草原不仅是中国大地极其重要的自然生态系统，也在我国经济社会发展大局中具有基础性、战略性作用。然而，随着经济社会的发展，人类活动的不断加剧，草原生态环境面临着前所未有的挑战和威胁，草原生态环境损害案件时有发生，成为当前生态环境保护领域亟待解决的问题。

草原生态环境损害案件的发生，往往与人类活动的不当干预密切相关。非法占用、非法开垦、人为破坏等一系列不合理利用草原资源的行为，严重破坏了草原的植被覆盖、土壤结构和水资源状况，导致草原生态系统功能退化、生物多样性丧失，进而影响到整个区域的生态平衡和可持续发展。

近年来，面对极为宝贵、来之不易的草原，各地各部门认真学习贯彻习近平生态文明思想，践行绿水青山就是金山银山理念，统筹山水林田湖草沙一体化保护和系统治理，草原管理由生产为主向生态优先转变，草原生态保护修复取得显著成效。随着环境法律体系的不断完善和环境保护力度的不断加强，通过制定法律法规、实施草原生态修复工程、加强草原管理、推广科学养殖技术等措施，我国草原生态质量稳步提升，草原退化趋势得到基本遏制。本章将从法律适用的角度出发，通过梳理相关法律法规和司法解释，分析司法实践中的难点和热点问题，为草原生态环境损害的司法救济提供有益参考。

第一节　非法占用草原改变草原性质案件

在广袤无垠的中国大地上，草原作为生态系统的重要组成部分，不仅是自然界中最为壮丽的风光之一，更是维系生态平衡、促进生物多样性、保障畜牧业发展以及维护国家生态安全的基石。

然而，随着经济社会的快速发展和人口的不断增长，对土地资源的需求日益增加，一些不法分子为了追逐短期经济利益，不惜铤而走险，非法占用草原，擅自改变其原有性质和用途。这种行为不仅严重破坏了草原的生态环境，导致草原退化、沙化、盐渍化等问题日益严峻，还威胁到了草原生物的生存空间，破坏了生物多样性，对当地乃至全国的生态安全构成了重大威胁。

非法占用草原改变草原性质案件，是指违反国家关于草原保护、管理和利用的法律法规，未经批准或超越批准范围，擅自占用草原资源，并将其用于非农业建设、采矿、挖沙、采石等活动，从而改变草原的自然属性和生态功能的行为。这类案件的发生，不仅损害了国家利益和社会公共利益，也侵犯了草原所有者和使用者的合法权益，引发了广泛的社会关注和强烈的舆论谴责。

因此，加强对非法占用草原改变草原性质案件的打击力度，依法追究相关责任人的法律责任，恢复受损的草原生态环境，是当前生态环境保护工作的重要任务之一。本节将围绕这一主题，深入分析非法占用草原改变草原性质案件的特点、成因、危害及防治措施，旨在提高公众对草原生态环境保护的认识和意识，促进草原资源的可持续利用和生态环境的良性循环。

达尔罕茂明安联合旗人民检察院指控内蒙古呼德艾力旅游有限责任公司及其法定代表人、直接负责人非法占用农用地罪案件

一、教学案例

◇ **案例索引**

内蒙古自治区达尔罕茂明安联合旗刑事判决书（2018）内 0223 刑初 45 号

◇ **案情摘要**

本案系达尔罕茂明安联合旗（简称达茂旗）人民检察院指控内蒙古呼德艾力旅游有限责任公司（简称呼德艾力公司）及其法定代表人、直接负责人非法占用农用地刑事案件。案件主要围绕该旅游公司违反草原法及土地管理法规，非法占用草原、改变被占用草原用途，造成草原生态环境损害进行审理。

◇ **关 键 词**

非法占用草原；非法占用农用地罪；改变被占用草原用途；社区矫正；刑事责任；直接负责人；草原生态修复

◇ **基本案情**

2017 年 4 月至 6 月期间，未经相关部门批准，非法占用内蒙古自治区达茂旗希拉穆仁镇哈拉乌素嘎查布连河草原，改变草原用途，私自建盖蒙古包 104 顶、房屋 5 间，造成草原大量破坏。该地区属于基本草原，权属为集体草场，具有重要的生态价值和经济价值。经现场勘验检查、包头市环宇测绘公司测绘，被告单位呼德艾力公司非法占用草原面积共计 34.0064 亩，其中建筑物占地面积为 20.7435 亩、堆放建筑材料及废弃物 13.2629 亩。所非法占用的草原属于基本草原，权属是集体草场。被告人赵某系被告单位呼德艾力公司的法定代表人、直接负责的主管人员，被告人乌某系直接负责人。

2017 年 6 月 15 日，达茂旗草原监督管理局向被告人赵某、乌某下达责令改正通知书后，被告人赵某、乌某拒不改正，未终止破坏基本草原的行为。

案件由达茂旗公安局立案侦查，并对相关责任人采取了取保候审等强制措施。侦查过程中，公安机关收集了大量证据材料，包括现场勘查笔录、证人证言、被告人供述等证据。

随后，达茂旗人民检察院依法对被告单位及被告人提起了公诉，并详细指控了其非法占用农用地的犯罪事实和证据。

针对上述指控，公诉机关向法庭提供了书证、证人证言、被告人赵某、乌某的供述材料、现场测绘报告等证据材料。公诉机关认为，被告单位呼德艾力公司、被告人赵某、乌某违反草原法等土地管理法规未经相关部门批准，非法占用草原、改变被占用草原用途，数量较大，造成草原大量毁坏，其行为已触犯《刑法》第342条、第346条之规定，犯罪事实清楚，证据确实充分，应当以非法占用农用地罪追究被告单位及二被告人的刑事责任。

被告单位诉讼代表人包某、被告人赵某、乌某对公诉机关指控的罪名及事实均未持异议。且均无证据向法庭提供。

被告人赵某的辩护人对公诉机关指控的罪名及事实未持异议，认为案发后，被告单位积极缴纳行政罚款并进行整改，有悔罪表现且被告人均系初犯，请求法庭对被告人从轻处罚。

辩护人向法庭提供了以下2组证据：

1. 达茂联合旗草监局2018年11月15日行政处罚事先告知书以及罚没款专用收据，证明被告单位缴纳了违法占用草原行政处罚的罚款10 226元。

2. ①希拉穆仁镇人民政府2018年11月15日出具的希政字（2018）205号文件，该份文件证明希拉穆仁镇人民政府现已同意该被告单位建设项目。②达茂旗旅游局出具的复函，证明现被告单位建设项目符合规定。③呼德艾力公司与希拉穆仁镇哈拉乌素嘎查签订永久征占用草原协议书一份，证明现被告单位现在占用土地经过村嘎查和相应的村民允许，双方达成了协议。④达茂旗发展和改革局出具的项目备案告知书，证明呼德艾力公司项目在草监局进行了备案。⑤达茂旗草监局关于呼德艾力公司占用草原查处说明函，证明被告人已经拆除蒙古包40顶，主动到达茂旗草监局申请补办征用手续，同时接受了草监局的处罚，足额缴纳了罚款，目前呼德艾力公司的项目已获得达茂旗希拉穆仁镇人民政府的批准，取得了达茂旗旅游局规划批复，达茂旗发展和改革局备案，征用草原审批手续正在办理中。⑥内蒙古巨宇测绘有限公司于2018年10月测绘示意图，证明现呼德艾力公司非法占用的草原部分进行整改，剩余16.15亩正在办理合法手续。同时赵某、乌某夫妇对非法占用草原的行为进行了深刻的反省，主动对草原法及相关草原法规进行认真的学习，同时草监局建议给予二被告人从轻处罚。

案发后，被告单位缴纳了违法占用草原行政处罚的罚款10 226元，被告人依法进行了整改并积极办理合法审批手续。

认定上述事实的证据如下：

1. 书证：

（1）受案登记表、达茂联合旗草原监督管理局草原违法案件移送函，证实案件来源。

（2）户籍信息及无犯罪记录证明，证实二被告人的自然情况及无犯罪前科的事实。

（3）呼德艾力公司注册资料，证实呼德艾力公司法定代表人为赵某的事实。

（4）内蒙古自治区草原所有权证复印件、希拉穆仁镇哈拉乌素嘎查委员会草原所有权权属证明材料。

（5）达茂联合旗草原监督管理局现场勘验检查笔录及照片、达茂联合旗公安局现场勘验检查笔录。

（6）关于当事人涉嫌非法占用草原案的调查报告。

证据（4）-（6）证实被告人赵某、乌某非法占用草原，改变草原用途，私自建盖蒙古包及房屋的事实。

2. 证人唐某、包某、额某的证言，证实被告人赵某、乌某非法占用草原，建盖蒙古包及房屋的事实。

3. 被告人赵某、乌某的供述材料，证实被告人赵某、乌某明知是草原而非法占用草原、建盖蒙古包及房屋的事实。

4. 包头市绘宇测绘有限责任公司现场测绘报告，证实被非法占用草原的面积共计34.0064亩，其中建筑物占地面积20.7435亩、堆放建筑材料及废弃物占地面积13.2629亩，达到犯罪标准的事实。

以上公诉机关提供的证据材料及辩护人提供的证据材料，均经庭审举证、质证，被告单位诉讼代表人、被告人及其辩护人均未持有异议，公诉机关对辩护人提供的证据亦未持异议，本院予以全部采信。

◇ 裁判分析过程

本院认为，被告单位呼德艾力公司违反草原法及土地管理法规，未经国土、草监等部门批准，非法占用天然草原，改变草原用途，数量较大，且造成草原大量毁坏，依据《最高人民法院关于审理破坏草原资源刑事案件应用法律若干问题的解释》第1条的规定："违反草原法等土地管理法规，非法占用草原，改变被占用草原用途，数量较大，造成草原大量毁坏的，依照刑法第三百四十二条的规定，以非法占用农用地罪定罪处罚。"被告单位呼德艾力公司的行为已构成非法占用农用地罪，被告人赵某系被告单位呼德艾力公司的法定代表人、直接负责的主管人员，对其单位非法占用农用地的行为负有主管责任，被告人乌某系直接负责人，二被告人均构成非法占用农用地罪，公诉机关指控被告单位呼德艾力公司、被告人赵某、乌某犯非法占用农用地罪罪名成立，本院予以支持。鉴于被告单位、二被告人案发后积极整改，积极缴纳罚款，认罪悔罪态度较好，可酌情从轻处罚。被告人乌某犯罪情节较轻，宣告缓刑对所居住社区没有重大不良影响，适用社区矫正，可以适用缓刑。为了保护草原资源、生态等管理制度不受侵犯，打击犯罪，故依照《刑法》第342条，第346条，第30条，第31条，第42条，第44条，第72条，第73条第1款、第3款，第52条，《最高人民法院关于审理破坏草原资源刑事案件应用法律若干问题的解释》第1条、第2条、第5条之规定做出判决。

❖ 〔裁判结果〕

一、被告单位呼德艾力公司犯非法占用农用地罪，判处罚金人民币26 000元（此罚金与已缴行政处罚罚款10 226元折抵后15 774元于本判决书生效之日起10日内缴清)。

二、被告人赵某犯非法占用农用地罪,判处拘役2个月,并处罚金人民币3000元(刑期从判决执行之日起计算。判决执行以前先行羁押的,羁押1日,折抵刑期1日。即自2018年10月22日起至2018年12月21日止;罚金于本判决书生效之日起10日内缴清)。

三、被告人乌某犯非法占用农用地罪,判处拘役2个月,缓刑3个月,并处罚金人民币3000元(缓刑考验期限,从判决确定之日起计算;罚金于本判决书生效之日起10日内缴清)。

如不服本判决,可在接到判决书的第2日起10日内,通过本院或者直接向包头市中级人民法院提出上诉。书面上诉的,应当提交上诉状正本1份,副本3份。

❖〔典型意义〕

本案通过司法程序对非法占用草原、破坏生态环境的行为进行了严厉打击,向全社会发出了强烈的警示信号,即任何单位和个人都必须严格遵守生态环境保护法律法规,不得非法占用和破坏农用地。案件的处理过程及结果,有助于提升公众对生态环境保护重要性的认识,增强全社会保护生态环境的责任感和使命感,促使相关部门加强监管力度,完善监管机制,防止类似事件再次发生。

◇ 案例评析

呼德艾力公司及其法定代表人、直接负责人被达茂旗人民检察院指控的非法占用农用地罪案件,是一起深刻反映生态环境保护与经济发展之间矛盾冲突的案例。此案不仅揭示了部分企业在追求经济效益过程中忽视环境保护的短视行为,也彰显了我国司法机关对于维护土地资源安全、保护生态环境的坚定立场和严厉打击违法犯罪的决心。

从法律层面看,本案的审理和判决严格遵循了法律程序,确保了司法公正。人民法院在充分听取控辩双方意见和证据的基础上,依法对被告单位及被告人进行了定罪量刑,体现了法律对破坏草原资源行为的零容忍态度。这不仅是对违法者的惩罚,更是对全社会的一次警示教育,提醒所有企业和个人必须严格遵守土地管理法规,共同守护好我们的绿水青山。

从生态保护的角度看,本案的发生再次敲响了草原生态保护的警钟。草原是我国重要的生态屏障和畜牧业生产基地,其生态功能的稳定和发挥直接关系到国家的生态安全和经济发展。然而,随着经济社会的发展,草原面临的压力和挑战也日益加剧。本案中,被告单位及被告人非法占用草原进行非农建设,严重破坏了草原的生态环境和生态功能,必须受到法律的严惩。

综上所述,本案是一起具有深刻警示意义的案件。它告诫我们,在推动经济社会发展的过程中,必须始终坚持生态优先、绿色发展的理念,正确处理好经济发展与生态保护之间的关系。同时,也需要进一步完善相关法律法规和政策措施,加强执法监管力度和执法队伍建设,提高全社会对草原生态保护的认识和重视程度,共同守护好我们的美好家园。

二、知识凝练

◇ 专业知识

1. 天然草原。天然草原是指在自然条件下形成的,以多年生草本植物为主,覆盖度较高,具有一定生产能力和生态功能的草原,包括草地、草山和草坡。以天然生长的草本植物为主,植被覆盖度较高,植物种类丰富。土壤肥沃或适中,适合草本植物生长。具有较为完整的生态系统结构,包括植被、动物、微生物等生物群落以及水、土壤等非生物环境。具有涵养水源、保持水土、防风固沙、调节气候等多种生态功能。

2. 草原生态修复。草原生态修复是指对退化、损伤或破坏的草原生态系统,通过采取一系列科学的管理及技术措施,如草畜平衡、围栏封育、免耕补播、生境改善、灾害防治、植被重建等,以减少或停止人为干扰,并利用草原生态系统的自我恢复能力,辅以必要的人工手段,促进草原植被迅速恢复,使草原生态系统结构、功能和生物多样性得到恢复和提升,从而实现草原生态系统的持续健康发展。

3. 基本草原。基本草原是指按《草原法》第42条规定划定并进行保护的草原。主要包括:①重要放牧场;②割草地;③用于畜牧业生产的人工草地、退耕还草地以及改良草地、草种基地;④对调节气候、涵养水源、保持水土、防风固沙具有特殊作用的草原;⑤作为国家重点保护野生动植物生存环境的草原;⑥草原科研、教学试验基地;⑦国务院规定应当划为基本草原的其他草原。

4. 非法占用农用地罪。非法占用农用地罪,是指自然人或者单位违反土地管理法规,非法占用耕地、林地等农用地,改变被占用土地用途,数量较大,造成耕地、林地等农用地大量毁坏的行为。其构成要件如下:

(1) 客体要件。本罪侵犯的客体是国家的土地管理制度。

(2) 客观要件。本罪在客观方面表现为违反土地管理法规,非法占用耕地、林地等农用地,改变被占用土地用途,数量较大,造成耕地、林地等农用地大量毁坏的行为。

(3) 主体要件。本罪的主体既可以是自然人,也可以是单位。

(4) 主观要件。本罪在主观方面表现为故意,并且具有非法占用农用地而毁坏该农用地上种植条件的目的。

◇ 相关法条

1.《刑法》:

第三十条 【单位负刑事责任的范围】公司、企业、事业单位、机关、团体实施的危害社会的行为,法律规定为单位犯罪的,应当负刑事责任。

第三十一条 【单位犯罪的处罚原则】单位犯罪的,对单位判处罚金,并对其直接负责的主管人员和其他直接责任人员判处刑罚。本法分则和其他法律另有规定的,依照规定。

第四十二条　【拘役的期限】拘役的刑期，为一个月以上六个月以下。

第四十四条　【拘役刑期的计算和折抵】拘役的刑期，从判决执行之日起计算；判决执行以前先行羁押的，羁押一日折抵刑期一日。

第五十二条　【罚金数额的裁量】判处罚金，应当根据犯罪情节决定罚金数额。

第七十二条　【适用条件】对于被判处拘役、三年以下有期徒刑的犯罪分子，同时符合下列条件的，可以宣告缓刑，对其中不满十八周岁的人、怀孕的妇女和已满七十五周岁的人，应当宣告缓刑：

（一）犯罪情节较轻；

（二）有悔罪表现；

（三）没有再犯罪的危险；

（四）宣告缓刑对所居住社区没有重大不良影响。

宣告缓刑，可以根据犯罪情况，同时禁止犯罪分子在缓刑考验期限内从事特定活动，进入特定区域、场所，接触特定的人。

被宣告缓刑的犯罪分子，如果被判处附加刑，附加刑仍须执行。

第七十三条　【考验期限】拘役的缓刑考验期限为原判刑期以上一年以下，但是不能少于二个月。

有期徒刑的缓刑考验期限为原判刑期以上五年以下，但是不能少于一年。

缓刑考验期限，从判决确定之日起计算。

第三百四十二条　【非法占用农用地罪】违反土地管理法规，非法占用耕地、林地等农用地，改变被占用土地用途，数量较大，造成耕地、林地等农用地大量毁坏的，处五年以下有期徒刑或者拘役，并处或者单处罚金。

第三百四十六条　【单位犯破坏环境资源保护罪的处罚规定】单位犯本节第三百三十八条至第三百四十五条规定之罪的，对单位判处罚金，并对其直接负责的主管人员和其他直接责任人员，依照本节各该条的规定处罚。

2.《最高人民法院关于适用〈中华人民共和国刑事诉讼法〉的解释》（法释〔2012〕21号）（已失效）：

第四百三十九条　罚金在判决规定的期限内一次或者分期缴纳。期满无故不缴纳或者未足额缴纳的，人民法院应当强制缴纳。经强制缴纳仍不能全部缴纳的，在任何时候，包括主刑执行完毕后，发现被执行人有可供执行的财产的，应当追缴。

行政机关对被告人就同一事实已经处以罚款的，人民法院判处罚金时应当折抵，扣除行政处罚已执行的部分。

判处没收财产的，判决生效后，应当立即执行。

3.《最高人民法院关于审理破坏草原资源刑事案件应用法律若干问题的解释》（法释〔2012〕15号）：

第一条　违反草原法等土地管理法规，非法占用草原，改变被占用草原用途，数量较大，造成草原大量毁坏的，依照刑法第三百四十二条的规定，以非法占用农用地定罪处罚。

第二条 非法占用草原，改变被占用草原用途，数量在二十亩以上的，或者曾因非法占用草原受过行政处罚，在三年内又非法占用草原，改变被占用草原用途，数量在十亩以上的，应当认定为刑法第三百四十二条规定的"数量较大"。

非法占用草原，改变被占用草原用途，数量较大，具有下列情形之一的，应当认定为刑法第三百四十二条规定的"造成耕地、林地等农用地大量毁坏"：

（一）开垦草原种植粮食作物、经济作物、林木的；
（二）在草原上建窑、建房、修路、挖砂、采石、采矿、取土、剥取草皮的；
（三）在草原上堆放或者排放废弃物，造成草原的原有植被严重毁坏或者严重污染的；
（四）违反草原保护、建设、利用规划种植牧草和饲料作物，造成草原沙化或者水土严重流失的；
（五）其他造成草原严重毁坏的情形。

第五条 单位实施刑法第三百四十二条规定的行为，对单位判处罚金，并对其直接负责的主管人员和其他直接责任人员，依照本解释规定的定罪量刑标准定罪处罚。

三、课后延伸

相关案例

1. 达尔罕茂明安联合旗人民检察院与张某非法占用农用地罪案件。
2. 正镶白旗人民检察院与胡某非法占用农用地罪案件。

延伸思考

1. 分析非法占用农用地对当地草原生态、生物多样性等方面的影响？
2. 分析人民检察院、人民法院等司法机关在本案中的具体职责和作用，以及司法程序的合法性和公正性。

第二节　非法开垦破坏草原环境行政公益诉讼案件

指随着经济社会的发展，一些地区出现了未经批准或违反规定，擅自开垦草原用于种植农作物或其他非农用途，导致草原植被破坏和土壤侵蚀，草原生态环境被破坏，严重威胁到草原的可持续利用和生态功能的正常发挥的情形。

本节聚焦于非法开垦破坏草原环境行政公益诉讼案件，了解非法开垦破坏草原环境的行为表现、法律后果，以及检察机关如何依法提起行政公益诉讼、监督行政机关依法履职的具体过程和成效。

吉林省白城市洮北区人民检察院诉洮北区林业和草原局行政公益诉讼案

一、教学案例

◇ 案情摘要

本案系吉林省白城市洮北区人民检察院诉洮北区林业和草原局（简称洮北区林草局）对洮北区青山镇的国有天然牧草非法开垦草原履职不到位，生态环境处于持续被破坏状态的行政公益诉讼。本案判令洮北区林草局依法履行监督管理职责，恢复被白城市某兽药公司（简称兽药公司）破坏的草原植被。

◇ 关 键 词

环境行政公益诉讼；草原保护；科技赋能；跟进监督

◇ 基本案情

白城市地处吉林省西部，科尔沁草原东部，草原资源丰富。但近年来，非法开垦草原行为屡禁不止，由于农药、化肥等侵蚀，加速了草原退化。其中洮北区青山镇的一处国有天然牧草地被非法开垦种植水田，破坏面积达1700余亩，草原资源和生态环境遭到严重破坏，国家利益和社会公共利益受到损害。

2020年6月，白城市人民检察院在开展草原生态检察监督专项行动中发现该线索，并指定由镇赉县人民检察院办理。镇赉县人民检察院于2020年10月22日对该线索进行行政公益诉讼立案，经调查，兽药公司因非法开垦破坏天然牧草地1713亩。

2020年11月4日，镇赉县人民检察院向白城市洮北区林草局制发检察建议，建议该局立即采取有效措施，责令兽药公司违法责任人恢复被其破坏的草原植被。2020年12月8日，洮北区林草局书面回复称，已于2020年12月1日对违法责任人下达了《责令恢复草原原状通知书》，责令违法责任人于2020年12月30日前停止耕种，恢复草原原状。

收到回复后，检察机关经跟进监督发现该地块与周围草原影像对比仍存在较大差异。洮北区林草局称该地块已停止耕种，正采取自然恢复的方式进行恢复。检察机关随即邀请草原专家对现场研判，确认该地块土壤条件已遭到严重破坏，自然恢复方式无法恢复草原植被及生态功能。根据诉讼管辖规定，2021年6月30日，该案由洮北区人民检察院提起行政公益诉讼。

❖〔裁判结果〕

白城市洮北区人民法院于8月11日开庭审理此案。双方围绕被告洮北区林草局采取的行政手段是否能有效恢复案涉草原资源，进行举证质证并发表意见。检察机关通过出具的现场勘查图、与周边草原对比图、专家意见等证据证明，案涉草原因被非法开垦多年，被告所采取自然恢复措施无法达到修复草原的目的，故应认定被告未采取有效措施恢复案涉草原，存在履职不到位的情形。

洮北区人民法院经审理认为，被告洮北区林草局对本辖区内非法使用草原的行为负有监督管理职责，在收到检察建议书后，仍未采取有效措施，案涉草原仍未恢复原状，致使生态环境处于持续被破坏的状态，认定被告不履行法定职责的行为违法，应当依法履行职责。2021年8月31日，洮北区人民法院作出判决：判令洮北区林草局依法履行监督管理职责，恢复被兽药公司破坏的草原植被。收到判决后，洮北区林草局立即督促兽药公司通过平整土地、清除设施、播种草籽等措施恢复案涉草原。

检察机关于2022年5月、7月分别对案涉草原恢复情况进行跟进监督，发现案涉草原正逐步修复。经一年的生长周期，2023年5月29日，经专家评定案涉草原长势良好，已经恢复了原有的生态功能。

❖ 〔典型意义〕

检察机关针对非法开垦等破坏草原资源的违法行为，持续跟进监督。针对行政机关是否履职到位的争议焦点，人民法院综合判断检察机关提交的勘查图、专家评估意见等证据，认定行政机关未采取有效措施履行职责，从而督促行政机关全面依法履职，为加快改善草原生态环境，保持草原可持续发展贡献司法力量。

◇ 案例评析

吉林省白城市洮北区人民检察院诉洮北区林草局行政公益诉讼案，是一起深刻体现司法力量在生态环境保护中重要作用的标志性案件。此案不仅关乎一片1700余亩天然牧草地的命运，更是对生态环境保护法律体系、行政监管责任以及司法监督效能的一次全面检验。

在此案中，检察机关以高度的责任感和使命感，主动介入生态环境受损问题，通过细致的调查取证，确认了兽药公司非法开垦草原的违法事实，以及该行为对当地生态环境造成的严重破坏。面对这一严峻形势，检察机关没有止步于简单的违法事实认定，而是积极运用行政公益诉讼这一法律武器，向负有监管职责的林业和草原局发出检察建议，要求其依法履职，恢复受损的草原生态。

然而，在诉前程序中，尽管检察机关已经发出了明确的检察建议，但林草局所采取的自然恢复措施并未能有效遏制草原退化的趋势，也未能在短期内实现生态环境的根本修复。面对这一状况，检察机关果断提起了行政公益诉讼，将案件推向了司法审判的轨道。

在人民法院审理过程中，检察机关充分阐述了案件的法律依据、事实证据以及公益诉讼的必要性和紧迫性，有力推动了案件的审理进程。最终，人民法院依法作出了判决，认定林草局未依法全面履行草原监管职责，并责令其采取更为积极有效的措施，恢复受损的草原生态。

此案的胜诉，不仅是对非法开垦草原行为的有力震慑，更是对生态环境保护法律体系的一次有力维护。它彰显了检察机关在生态环境司法保护中的高质效发展，以及司法监督在推动行政机关依法履职、保护生态环境方面的重要作用。同时，此案也为类似案件的办理提供有益的借鉴和参考，为加快改善草原生态环境、保持草原可持续发展贡献了宝贵的司法智慧和力量。

二、知识凝练

◇ 专业知识

1. 天然牧草地。天然牧草地是指以自然生长草本植物为主，未经人工改良，可用于放牧或割草的草地。它是草原生态系统的重要组成部分，对维持生态平衡、保护生物多样性具有重要作用。以天然草本植物为主，植被覆盖度较高，能够提供良好的放牧环境。土壤肥沃，适合草本植物生长，能够为家畜提供充足的饲料。通常具有较为完整的生态系统，包括植被、动物、微生物等生物群落，以及水、土壤等非生物环境。

2. 行政公益诉讼。行政公益诉讼是指人民检察院在履行职责中发现生态环境和资源保护、食品药品安全、国有财产保护、国有土地使用权出让等领域负有监督管理职责的行政机关违法行使职权或者不作为，致使国家利益或者社会公共利益受到侵害的，应当向行政机关提出检察建议，督促其依法履行职责。行政机关不依法履行职责的，人民检察院依法向人民法院提起诉讼。

3. 恢复性司法。恢复性司法是一种通过修复被犯罪破坏的社会关系、恢复社会秩序和正义、实现被害人补偿和犯罪人回归社会的司法理念。在环境公益诉讼中，恢复性司法理念体现在通过司法手段促进生态环境的修复和恢复。

4. 生态环境保护的司法保障。司法保障是生态环境保护不可或缺的一环，通过司法手段可以强化生态环境法律制度的实施，提高生态环境违法行为的成本，维护生态环境的安全和稳定。该案体现了司法在生态环境保护中的重要作用。检察机关通过行政公益诉讼，督促行政机关依法履行生态环境监管职责，有效遏制了生态环境破坏行为，促进了生态环境的修复和保护。

5. 行政机关的法定职责与履职要求。行政机关在生态环境保护中负有法定职责，必须依法履行职责，保护生态环境不受破坏。行政机关在履职过程中应当采取积极有效的措施，确保生态环境得到有效保护。如果行政机关未依法履行职责，导致生态环境受到破坏的，应当承担相应的法律责任。

6. 生态环境修复与可持续发展。生态环境修复是生态环境保护的重要方面。在本案中，人民法院判令被告依法履行监督管理职责，恢复被兽药公司破坏的草原植被。这体现了司法对生态环境修复的重视和支持。可持续发展是生态环境保护的根本目标。通过司法手段推动生态环境修复和保护，有助于实现经济、社会和环境的协调发展。

◇ 相关法条

1. 《行政诉讼法》：

第二十五条第四款　人民检察院在履行职责中发现生态环境和资源保护、食品药品安全、国有财产保护、国有土地使用权出让等领域负有监督管理职责的行政机关违法行使职权或者不作为，致使国家利益或者社会公共利益受到侵害的，应当向行政机关提出检察建议，督促其依法履行职责。行政机关不依法履行职责的，人民检察院依法向人民法院提起诉讼。

2.《草原法》：

第八条　国务院草原行政主管部门主管全国草原监督管理工作。

县级以上地方人民政府草原行政主管部门主管本行政区域内草原监督管理工作。

乡（镇）人民政府应当加强对本行政区域内草原保护、建设和利用情况的监督检查，根据需要可以设专职或者兼职人员负责具体监督检查工作。

第四十六条　禁止开垦草原。对水土流失严重、有沙化趋势、需要改善生态环境的已垦草原，应当有计划、有步骤地退耕还草；已造成沙化、盐碱化、石漠化的，应当限期治理。

第六十六条　非法开垦草原，构成犯罪的，依法追究刑事责任；尚不够刑事处罚的，由县级以上人民政府草原行政主管部门依据职权责令停止违法行为，限期恢复植被，没收非法财物和违法所得，并处违法所得一倍以上五倍以下的罚款；没有违法所得的，并处五万元以下的罚款；给草原所有者或者使用者造成损失的，依法承担赔偿责任。

3.《最高人民法院、最高人民检察院关于检察公益诉讼案件适用法律若干问题的解释》（法释〔2020〕20号）：

该解释对行政公益诉讼的提起条件、诉前程序、诉讼请求等进行了具体规定。例如，人民检察院提起行政公益诉讼应当提交被告违法行使职权或者不作为，致使国家利益或者社会公共利益受到侵害的证明材料；检察机关已经履行诉前程序，行政机关仍不依法履行职责或者纠正违法行为的证明材料等。

三、课后延伸

相关案例

1. 霍林郭勒市人民检察院诉霍林郭勒市农牧林业局环境保护行政管理公益诉讼案。
2. 新疆维吾尔自治区福海县邓某某开垦草原案。

延伸思考

1. 根据本案所依据的法律法规，特别是关于行政公益诉讼的相关规定，思考行政公益诉讼的法律依据是什么？
2. 如何加强行政机关与检察机关之间的协作配合，完善草原生态环境的法律保护，共同守护好绿水青山？
3. 行政机关未依法履职时，检察机关是如何通过诉讼手段进行监督的？

第三节　非法破坏草原环境公益诉讼案件

在广袤无垠的草原上，蓝天白云与翠绿的草地共同编织出一幅幅壮丽的自然画卷，它们不仅是地球生态系统的重要组成部分,也是人类赖以生存和发展的宝贵资源。然而,受利益驱使,非法盗挖、盗采,非法狩猎等活动对脆弱的草原生态环境造成严重破坏

希望通过本节的学习,能够深刻认识到人类活动对草原生态环境的危害,增强环保意识和法律观念,进一步探讨如何加强草原生态环境保护的法律制度建设,提高环境监管能力,加大违法惩处力度,以及推动社会各界共同参与草原生态环境保护

锡林郭勒盟检察分院诉曲某某等四人破坏草原生态民事公益诉讼案

一、教学案例

◇ 案例索引

内蒙古自治区高级人民法院发布十件环境资源审判典型案例之二

◇ 案情摘要

2022年5月底至6月上旬,魏某某、蒋某某、潘某某在未获许可情况下,四次非法采集乌拉盖草原重点保护野生植物野生芍药,并出售给同样未获许可的曲某某,造成草原生态严重破坏。锡林郭勒盟检察分院依法提起民事公益诉讼,要求四人赔偿生态服务功能损失费、惩罚性赔偿款及草原生态修复费,并公开赔礼道歉。人民法院最终判决四人承担相应费用,并在媒体上公开道歉,实现了对草原生态破坏行为的法律追责。

◇ 基本案情

2022年5月底至6月上旬,魏某某、蒋某某、潘某某在未取得野生植物野生芍药采集许可证的情况下,先后四次在晚上8时到次日凌晨2时左右到乌拉盖管理区巴彦胡硕镇呼仁陶勒盖村某草牧场采集自治区重点保护野生植物野生芍药。其中,前三次将非法采集的483.88公斤野生芍药根,以每斤8.5元的价格出售给兴安盟科右中旗曲某某,违法所得共计8226元;第四次赶往曲某某处准备出售的途中被公安机关查获,公安机关扣押野生芍药185.4公斤。2022年11月10日,锡林郭勒盟检察分院依法向锡林郭勒盟中级人民法院提起民事公益诉讼,请求判令曲某某等四人赔偿因非法采集野生芍药造成破坏草原的生态服务功能损失费、惩罚性赔偿款和草原生态修复费,并公开向社会赔礼道歉。

❖ 〔裁判结果〕

锡林郭勒盟中级人民法院经审理认为,魏某某、蒋某某、潘某某三人非法采集野生芍药和曲某某未经许可非法收购野生芍药的行为对草原生态和资源造成严重损害,根据法律规定,被告魏某某、蒋某某、潘某某、曲某某四人应当承担修复生态、赔偿损失、赔礼道歉等民事责任。检察机关的诉讼请求应予支持。遂判决被告曲某某于判决生效之日起30日内赔偿因非法收购野生芍药造成破坏草原的生态服务功能损失费、惩罚性赔偿款和草原生态修复费用合计45 881.11元;分别判令被告魏某某、蒋某某、

潘某某于判决生效之日起 30 日内赔偿非法采集野生芍药造成破坏草原的生态服务功能损失费、惩罚性赔偿款和草原生态修复费 3497.52 元、4714.85 元、3014.58 元，同时在三人非法采集野生芍药造成草原损害的范围内与曲某某承担连带责任；判令四被告连带承担本案鉴定评估费 6000 元，并于 2023 年 12 月 31 日之前在乌拉盖管理区以上政法单位新媒体公开向社会赔礼道歉，发布公开赔礼道歉公告。宣判后，各方均未上诉。

❖ 〔典型意义〕

近年来，受利益驱使，盗挖野生芍药日益猖獗，极易造成草原沙化，对脆弱的草原生态环境造成严重破坏。非法收购野生芍药的行为直接导致自然生长地野生芍药种群数量的减少，破坏了该地区草原生物多样性和生态平衡，损害社会公共利益。此案系《最高人民法院关于审理生态环境侵权纠纷案件适用惩罚性赔偿的解释》实施以来全盟首例在生态环境领域判处支付惩罚性赔偿金的案件。惩罚性赔偿制度通过让恶意的不法行为人承担超出实际损害数额的赔偿，提高盗采重点保护野生植物违法成本，达到制裁恶意侵权人的效果，具有惩罚、震慑、预防等多种功能。

◇ 案例评析

锡林郭勒盟检察分院诉曲某某等四人破坏草原生态民事公益诉讼案，是一起具有深远影响的标志性案件，它充分展示了检察机关在维护国家生态环境安全、促进生态文明建设中的坚定决心和积极作用。此案中，检察机关依法对曲某某等四人非法采集并出售野生芍药，导致草原生态遭受严重破坏的行为提起了民事公益诉讼，不仅要求违法者承担生态服务功能损失费、惩罚性赔偿款及草原生态修复费用，还通过媒体公开道歉，增强了司法公开透明度和公众参与度。这一举措不仅是对违法行为的严厉惩治，更是对全社会的一次深刻生态法治教育，提醒人们要尊重自然、保护生态，共同守护好我们赖以生存的绿色家园。通过此案，检察机关不仅有效维护了草原生态系统的平衡与稳定，还进一步推动了生态环境保护法律制度的完善，为构建人与自然和谐共生的现代化社会提供了有力的司法支撑。

二、知识凝练

◇ 专业知识

1. 生态环境侵权纠纷的惩罚性赔偿。根据《最高人民法院关于审理生态环境侵权纠纷案件适用惩罚性赔偿的解释》等相关法律法规，对于恶意破坏生态环境、造成严重后果的行为，可以适用惩罚性赔偿制度。此案中，检察机关要求违法者支付惩罚性赔偿款，体现了对生态环境违法行为的严厉打击和震慑。

2. 生态环境损害评估与赔偿。案件涉及对草原生态服务功能损失和修复费用的专业评估。这需要运用生态学、环境科学等多学科的知识，对受损生态环境进行量化评估，并确定合理的赔偿金额。评估结果将作为人民法院判决的重要依据。

3. 野生植物保护。野生植物是草原生态系统的重要组成部分，对维持生态平衡具有重要作用。非法采集野生植物会破坏草原植被结构，影响草原生态系统的稳定性和恢复力。此案中涉及的野生芍药等植物，可能具有特殊的生态价值和药用价值，因此受到法律保护。

4. 生态修复技术。针对草原生态系统的破坏，需要采用科学的生态修复技术来恢复草原植被和生态功能。这包括选择合适的草种进行补植、加强草原管理等措施。在此案中，判决要求违法者承担草原生态修复责任，就是希望通过生态修复措施来恢复受损的草原生态系统。

野生芍药（Paeonia lactiflora）毛茛科芍药属，内蒙古自治区重点保护野生植物。多年生草本。根粗壮，分枝黑褐色。茎高40—70厘米，无毛。下部茎生叶为二回三出复叶，上部茎生叶为三出复叶；小叶狭卵形、椭圆形或披针形，顶端渐尖，基部楔形或偏斜，边缘具白色骨质细齿，两面无毛，背面沿叶脉疏生短柔毛。花数朵，生茎顶和叶腋，有时仅顶端一朵开放，而近顶端叶腋处有发育不好的花芽，直径8—11.5厘米；苞片4—5，披针形，大小不等；萼片4，宽卵形或近圆形，长1—1.5厘米，宽1—1.7厘米；花瓣9—13，倒卵形，长3.5—6厘米，宽1.5—4.5厘米，白色，有时基部具深紫色斑块；花丝长0.7—1.2厘米，黄色；花盘浅杯状，包裹心皮基部，顶端裂片钝圆；心皮4—5（—2），无毛。蓇葖长2.5—3厘米，直径1.2—1.5厘米，顶端具喙。花期5—6月；果期8月。

图 9-1　野生芍药（来源：植物智）

5. 生态服务功能损失费。是指在生态环境损害修复过程中，由于生态系统服务功能未能正常发挥作用而导致的损失，以及生态环境服务功能遭受永久性损害的费用。是生态环境损害赔偿中的重要组成部分，用于弥补因环境破坏而失去的生态系统服务功能。在本案中，生态服务功能损失费是指因曲某某等四人非法采挖野生芍药，导致草原生态系统服务功能受到损害，进而产生的经济损失。这些损失包括但不限于草原植被破坏导致的土壤保持能力下降、水源涵养能力减弱、生物多样性减少等生态系统服务功能的丧失或减弱。有助于促进生态环境的保护和修复工作，维护生态系统的稳定性和可持续性。

◇ 相关法条

1.《环境保护法》：

第六十四条　因污染环境和破坏生态造成损害的，应当依照《中华人民共和国侵权责任法》的有关规定承担侵权责任。

2.《草原法》：

第四十九条　禁止在荒漠、半荒漠和严重退化、沙化、盐碱化、石漠化、水土流失的草原以及生态脆弱区的草原上采挖植物和从事破坏草原植被的其他活动。

第六十七条　在荒漠、半荒漠和严重退化、沙化、盐碱化、石漠化、水土流失的草原，以及生态脆弱区的草原上采挖植物或者从事破坏草原植被的其他活动的，由县级以上地方人民政府草原行政主管部门依据职权责令停止违法行为，没收非法财物和违法所得，可以并处违法所得一倍以上五倍以下的罚款；没有违法所得的，可以并处五万元以下的罚款；给草原所有者或者使用者造成损失的，依法承担赔偿责任。

3.《民法典》：

第一千二百二十九条 因污染环境、破坏生态造成他人损害的，侵权人应当承担侵权责任。

第一千二百三十四条 违反国家规定造成生态环境损害，生态环境能够修复的，国家规定的机关或者法律规定的组织有权请求侵权人在合理期限内承担修复责任。侵权人在期限内未修复的，国家规定的机关或者法律规定的组织可以自行或者委托他人进行修复，所需费用由侵权人负担。

4.《最高人民法院关于审理生态环境侵权纠纷案件适用惩罚性赔偿的解释》（法释〔2022〕1号）：

第一条 人民法院审理生态环境侵权纠纷案件适用惩罚性赔偿，应当严格审慎，注重公平公正，依法保护民事主体合法权益，统筹生态环境保护和经济社会发展。

第三条 被侵权人在生态环境侵权纠纷案件中请求惩罚性赔偿的，应当在起诉时明确赔偿数额以及所依据的事实和理由。

被侵权人在生态环境侵权纠纷案件中没有提出惩罚性赔偿的诉讼请求，诉讼终结后又基于同一污染环境、破坏生态事实另行起诉请求惩罚性赔偿的，人民法院不予受理。

第九条第一款 人民法院确定惩罚性赔偿金数额，应当以环境污染、生态破坏造成的人身损害赔偿金、财产损失数额作为计算基数。

三、课后延伸

相关案例

1. 四川省阿坝县泽某非法转让草原，洛某、仁青某某破坏草原案。
2. 内蒙古自治区人民检察院锡林郭勒盟检察分院诉吴某某等十四人破坏草原生态环境民事公益诉讼案。

延伸思考

1. 本案中提出了惩罚性赔偿金的诉求，并得到了人民法院的支持。惩罚性赔偿金的适用对于遏制草原生态破坏行为有何重要意义？如何平衡惩罚性赔偿与修复性赔偿之间的关系，以实现更好的生态保护效果？

2. 本案中的生态修复费用由违法行为人承担。如何确保生态修复工作的有效实施和后续监管的到位？在生态修复过程中，如何引入社会力量参与，形成多元化的生态修复模式？

3. 如何通过技术创新和制度创新，进一步提升草原生态保护公益诉讼的效率和效果？

第十章　其他类生态环境损害案件

学习目标

1. 知识目标：掌握危险废物环境污染、噪声环境污染和放射性环境污染的基本概念，理解其危害性，熟悉相关环境污染防治的法律法规、政策措施。
2. 能力目标：能够识别和分析危险废物环境污染、噪声环境污染和放射性环境污染案例，提取案件的关键信息及争议焦点，提升生态环境损害司法实务能力，并能结合实际情况，提出有针对性的防治措施和建议，参与相关方案的制定和实施。
3. 素质目标：培养环保意识，增强对污染问题的关注和重视，形成自觉保护环境的良好习惯。提高科学素养，通过学习和实践，培养分析问题和解决问题的能力，增强创新意识和实践能力。树立社会责任感，积极参与环境污染防治工作，为推动生态文明建设贡献自己的力量。
4. 养成目标：树立环境保护意识，强化生态文明观念，培养社会责任感和国家安全意识，实现可持续发展。

思维导图

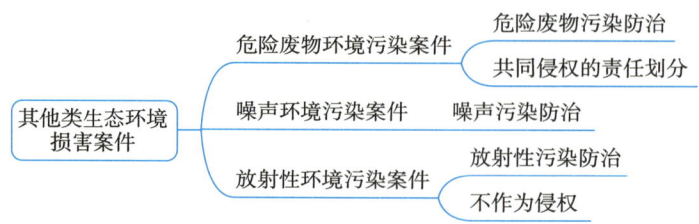

内容提要

良好的环境是人类赖以生存和发展的基础。然而，随着人类社会的发展，环境污染问题也日益突出。工业化、城市化等进程给环境带来了严重的污染和破坏，导致生态系统失衡、气候变化加剧等问题产生。这些问题不仅威胁着我们的生存环境，也影响着经济和社会发展。环境污染的种类较多，前面的章节已经就大气、水、土壤、森林、动植物、海洋、湿地和草原环境损害进行了详细阐释，本章将重点围绕危险废物、噪声和放射性物质所造成的环境污染损害继续以案例的形式从该类型污染的基本概念、社会危害、法律分析、预防控制、鉴定评估、损害赔偿和宣传教育等方面进行分析。

第一节 危险废物环境污染案件

危险废物污染是一个严重的环境问题，而危险废物污染环境损害赔偿是一个复杂而重要的议题，涉及环境保护、法律责任和赔偿机制等多个方面。首先，要对危险废物作一科学界定。当这些危险废物因不当处理、排放或泄漏等原因导致环境污染时，就会产生损害赔偿的问题。在赔偿方面，受到危险废物污染损害的个人、单位或组织有权要求责任人进行赔偿。赔偿范围通常包括直接损失和间接损失。其次，为了确定赔偿责任和赔偿金额，通常需要进行污染损害鉴定评估，包括对污染物的性质、污染范围、损害程度等进行科学评估，以确定责任人的赔偿责任和赔偿金额。在法律层面，我国有一系列法律法规对危险废物污染环境损害赔偿予以规定。最后，为了加强危险废物的管理和减少环境污染，政府还采取了一系列措施，包括加强危险废物的源头控制、推广清洁生产、鼓励危险废物资源化利用等。这些措施的实施有助于减少危险废物的产生和排放，从而降低环境污染的风险。总之，危险废物污染环境损害赔偿是一个复杂而重要的议题，需要综合考虑环境保护、法律责任和赔偿机制等多个方面，只有这样才能更好地保护环境和维护公众利益。

山东省生态环境厅诉某新能源公司、某重油化工公司生态环境损害赔偿诉讼案

一、教学案例

◇ **案例索引**

人民法院案例库，人民法院案例库入库编号 2023-11-2-466-019

山东省济南市中级人民法院民事判决书（2017）鲁 01 民初 1467 号

◇ **案情摘要**

本案系山东省生态环境厅诉某新能源公司、某重油化工公司生态环境损害赔偿诉讼案。本案经过一审、二审。二审总体上维持了原判的主要内容和定罪量刑。案件主要围绕生态环境损害赔偿责任如何认定进行审理。

◇ **关 键 词**

生态环境损害赔偿诉讼；数人侵权；无意思联络；专家辅助人；责任划分；分期支付

◇ **基本案情**

山东省生态环境厅诉称，某新能源公司与某重油化工公司分别向山东省济南市章丘区普集街道某村的一个废弃井内倾倒了 640 吨废酸液及 23.7 吨废碱液，对井壁、井底土壤及地下水造成污染。事件发生后，章丘区人民政府进行了应急处置，并开展生态环境修复工作。山东省人民政府指定山东省生态环境厅为具体工作部门，开展生态环境损害赔偿索赔工作。山东省生态环境厅与某新能源公司、某重油化工公司磋商未能达成一致，遂提起本案诉讼，请求判令某新能源公司、某重油化工公司承担应急处置费用、生态环境服务功能损失、生态环境损害赔偿费用等共计2.3亿余元，两被告对上述各项费用承担连带责任，并请求判令两被告在省级以上媒体公开赔礼道歉。

某新能源公司辩称：①某新能源公司没有实施任何违法行为，不应承担赔偿责任。涉案物品系济南某磨料公司作为原料从某新能源公司收取，且已将涉案物品在山东省莒县交付济南某磨料公司，故非法倾倒的主体是济南某磨料公司，某新能源有限公司不应承担责任；②对山东省生态环境厅提交的《环境损害评估报告》中的事件应急处置阶段损害费用、环境损害直接经济损失不认可。

某重油化工公司辩称：①某重油化工公司和某新能源公司不具备主观过错的共同性和行为的共同性，其行为不构成共同侵权，不应承担连带责任；②某新能源公司的行为足以造成全部损害，某重油化工公司的污染行为造成部分损害，故某新能源公司承担全部责任，某重油化工公司和某新能源公司就共同损害部分承担连带责任；③某重油化工公司不具有污染环境的故意和过失，具体行为是殷某某导致，某重油化工公司承担的是不真正连带责任，有权在承担赔偿责任后向最终责任人追偿；④某重油化工公司排放的废碱液是在某新能源公司倾倒废酸液后20天倒入，在废酸液污染后产生重复污染，且二者倾倒的废液重量比例为1∶27，应当按照排放数量进行责任划分。

人民法院经审理查明，2015年8月，某新能源公司委托无危险废物处理资质的人员将其生产的640吨废酸液倾倒至山东省济南市章丘区普集街道办某村的一个废弃煤井内。2015年10月20日，某重油化工公司采取相同手段将其生产的23.7吨废碱液倾倒至同一煤井内，因废酸、废碱发生剧烈化学反应，4名涉嫌非法排放危险废物人员当场中毒身亡。经监测，废液对井壁、井底土壤及地下水造成污染。事件发生后，山东省章丘区人民政府进行了应急处置，并开展生态环境修复工作。山东省人民政府指定山东省生态环境厅为具体工作部门，开展生态环境损害赔偿索赔工作。

山东省环境保护科学研究设计院环境风险与污染损害鉴定评估中心于2016年6月作出《环境损害评估报告》，该报告证明：该事故造成应急处置阶段环境损害直接经济损失约为4109.27万元；生态损害费用合计约19 991.05万元，其中桶装废弃物填埋场污染土壤修复费用约为101.05万元。

2016年8月10日，山东省章丘区人民政府与北京德恒（济南）律师事务所签订《专项法律顾问合同》约定，磋商阶段律师费分两部分收取：针对应急阶段处置费赔偿部分，律师费28.5万元；针对生态环境损害赔偿费用部分，律师费80万元；如磋商不成提起诉讼的，按照《山东省律师服务收费标准指导意见》规定的标准取中确定，分阶段（即一审、二审、执行、再审等）分别收取。合同签订后，章丘区人民政府共支付了磋商阶段律师费55.17万元，其余尚未支付。

❖ 〔裁判结果〕

山东省济南市中级人民法院于 2018 年 12 月 21 日作出（2017）鲁 01 民初 1467 号民事判决：①某新能源公司和某重油化工公司于判决生效之日起 30 日内赔偿山东省生态环境厅应急处置费用 1455.566 万元；②某新能源公司于判决生效之日起 30 日内赔偿山东省生态环境厅生态环境修复期间服务功能的损失 1401.208 万元、生态环境损害赔偿费 15 912 万元、鉴定费 18.664 万元、律师代理费 16 万元；③某重油化工公司于判决生效之日起 30 日内赔偿山东省生态环境厅生态环境修复期间服务功能的损失 350.302 万元、生态环境损害赔偿费 3978 万元、鉴定费 4.666 万元、律师代理费 4 万元；④某重油化工公司与某新能源公司于判决生效之日起 30 日内在省级以上媒体公开赔礼道歉（书面道歉的内容须经人民法院审核）。

❖ 〔裁判理由〕

人民法院生效裁判认为，本案争议焦点是本案赔偿责任应如何认定。某新能源公司生产过程中产生的废酸液和某重油化工公司生产过程中产生的废液导致案涉场地生态环境损害，应依法承担生态环境损害赔偿责任。就山东省生态环境厅请求的赔偿金额，山东省生态环境厅提交了《环境损害评估报告》，参与制作的相关评估及审核人员出庭接受了当事人的质询，生态环境部环境规划院的专家也出庭对此给出说明，某重油化工公司、某新能源公司未提供充分证据推翻该《环境损害评估报告》，故对鉴定评估意见依法予以采信。山东省生态环境厅主张的生态环境服务功能损失和帷幕注浆范围内受污染的土壤、地下水修复费及鉴定费和律师代理费，均是因某新能源公司的废酸液和某重油化工公司的废碱液造成生态环境损害引起的，故应由该两公司承担。因废酸液和废碱液属不同种类危险废液，二者在案涉场地的排放量不同，对两种危险废液的污染范围、污染程度、损害后果及其与损害后果之间的因果关系、污染修复成本等，山东省生态环境厅、某新能源公司、某重油化工公司、专家辅助人、咨询专家之间意见不一，《环境损害评估报告》对此也未明确区分。综合专家辅助人和咨询专家的意见，酌定某新能源公司承担 80% 的赔偿责任，某重油化工公司承担 20% 的赔偿责任，并据此确定二被告应予赔偿的各项费用。某新能源公司、某重油化工公司生产过程中产生的危险废液造成环境污染，严重损害了国家利益和社会公共利益，为警示和教育环境污染者，增强公众环境保护意识，依法支持山东省生态环境厅要求二公司在省级以上媒体公开赔礼道歉的诉讼请求。

◇ 案例评析

山东章丘非法倾倒危险废物案是一起典型的环境污染犯罪案件。在该案中，涉案人员为谋取私利，擅自将大量危险废物转运，并进行非法倾倒和处置。这种行为不仅严重违反了相关法律法规，也对周边环境造成了潜在的危害。

该环境污染案件呈现以下特点：一是涉案危险废物数量巨大，倾倒了 640 吨废酸液及 23.7 吨废碱液，规模之大令人震惊；二是犯罪行为隐蔽性强，涉案人员选择在夜间进行非法倾倒，且地点较为偏僻，增加了执法部门查处的难度；三是对环境造成潜在危害，所倾倒危险废物具有强腐蚀性，一旦泄漏或扩散，将对周边土壤和水体造成严重的污染和破坏。

根据《固体废物污染环境防治法》等相关法律法规，非法倾倒危险废物的行为属于严重的环境违法行为，应依法追究涉案人员的法律责任。本案中，涉案人员因违反法律规定，被依法追究刑事责任，并承担相应的民事赔偿责任。

该案件对我们有很大的教育警示意义，今后应努力做好以下几点：一是加强环境监管力度：政府部门应加大对危险废物处置的监管力度，建立完善的监管体系，确保危险废物得到合法、安全、有效的处理；二是提高公众环保意识：通过宣传教育等方式，提高公众对环境保护的认识和重视程度，形成全社会共同参与环境保护的良好氛围；三是加强跨部门协作：环保、公安、检察等部门应加强协作配合，形成合力，共同打击环境犯罪行为。

综上所述，山东章丘非法倾倒危险废物案是一起严重的环境污染犯罪案件，它揭示了当前在危险废物处置方面存在的监管漏洞和公众环保意识不足等问题。通过加强环境监管、提高公众环保意识和加强跨部门协作等措施，我们可以有效预防和打击类似的环境犯罪行为，保护我们的生态环境。同时，也提醒我们在日常生活中要关注环境问题，积极参与到环境保护的行动中来，共同守护我们美丽的家园。

二、知识凝练

◇ **专业知识**

1. 固体废物。固体废物是指在生产、生活和其他活动中产生的丧失原有利用价值或者虽未丧失利用价值但被抛弃或者放弃的固态、半固态和置于容器中的气态的物品、物质以及法律、行政法规规定纳入固体废物管理的物品、物质。经无害化加工处理，并且符合强制性国家产品质量标准，不会危害公众健康和生态安全，或者根据固体废物鉴别标准和鉴别程序认定为不属于固体废物的除外。

固体废物包括：工业固体废物、生活垃圾、建筑垃圾、农业固体废物、危险废物。

2. 危险废物。危险废物是指列入《国家危险废物名录》或者根据国家规定的危险废物鉴别标准和鉴别方法认定的具有危险特性的固体废物。

3. 关于危险废物污染防治的特别规定。危险废物污染环境的防治，除适用《固体废物污染环境防治法》的一般规定以外，还要执行以下的特别规定：

（1）国家危险废物名录、鉴别和识别标志制度。危险废物名录制度又称为"危险废物黑名单"制度或"废物清单"制度，即将经过实验鉴别的具有危险特性的废物列入名录，对列入名录的危险废物实行特别管理，采取特别的污染防治制度。《国家危险废物名录》对危险废物作了具体界定。

危险废物鉴别是列入危险废物名录但需进一步鉴别的和未列入名录但具有危险特性的废物进行鉴别，经鉴别认定具有危险特性的废物，则属于危险废物。为规范危险废物的鉴别，生态环境主管部门颁布了一系列标准。如《危险废物鉴别技术规范》

（HJ 298-2019）、《危险废物鉴别标准通则》（GB 5085.7-2019）等。

危险废物识别标志制度是指用文字、图像、色彩等综合形式表明危险废物的危险特性和种类，以便于识别和分类管制的制度。对危险废物的容器和包装以及收集、贮存、运输、处置危险废物的设施、场所，必须设置危险废物识别标志。设置统一的危险废物识别标志有利于严格管制危险废物，这也是国际通行的做法，我国已加入的《巴塞尔公约》明确要求设置危险废物识别标志。2022年12月，生态环境部发布《危险废物识别标志设置技术规范》（HJ 1276-2022），并与国家市场监督管理总局联合发布《〈环境保护图形标志—固体废物贮存（处置）场〉（GB 15562.2-1995）修改单》，两份文件自2023年7月1日起实施。

（2）危险废物经营许可制度。《固体废物污染环境防治法》第80条规定了危险废物经营许可证。从事收集、贮存、利用、处置危险废物经营活动的单位，应当按照国家有关规定申请取得许可证。许可证的具体管理办法由国务院制定。禁止无许可证或者未按照许可证规定从事危险废物收集、贮存、利用、处置的经营活动。禁止将危险废物提供或者委托给无许可证的单位或者其他生产经营者从事收集、贮存、利用、处置活动。实行危险废物经营许可证制度的目的是确保危险废物收集、贮存、利用、处置的安全。依照《危险废物经营许可证管理办法》的规定，我国危险废物经营许可证只适用于危险废物的收集、贮存、处置这几个重点环节，而不是全面、全过程展开，这体现了"重点环节控制"的指导原则。同时，危险废物经营许可证按照经营方式，分为危险废物收集、贮存、处置综合经营许可证和危险废物收集经营许可证。

（3）危险废物转移管制制度。危险废物的转移是指将危险废物从产生源转移至产生源以外的地方，而不是指在危险废物产生源内变动危险废物的堆放场地的活动。从广义上讲，危险废物转移的管制制度分为两种：一种是危险废物的境内转移管制制度，另一种是危险废物的过境转移管制制度。《固体废物污染环境防治法》第82条规定了危险废物的境内转移管制制度。从各国的经验来看，对危险废物转移的管制措施主要是实行转移联单及报告制度。《固体废物污染环境防治法》第89条规定了危险废物的过境转移管制制度。这一规定的主要目的是防止危险废物过境转移过程中发生污染事故。本条规定的内容与我国已经加入的《巴塞尔公约》的要求和规定是一致的，符合国际环境保护公约的基本准则和法律规定。

转移联单制度是一项针对危险废物管理的国际通行制度，要求在进行危险废物转移时，必须填写转移联单，以确保对危险废物的全程跟踪和监管；流向报告单制度，是指在进行危险废物转移时，其转移者、运输者和接受者，不论各环节涉及者数量多少，均应按照国家规定的统一格式、条件和要求，对所交接、运输的危险废物如实进行转移报告单的填报登记，并按程序和期限向有关生态环境主管部门报告。

（4）强制处置、达标处置和安全处置的法律规定。强制处置包括必须处置、责令处置和代行处置。必须处置是指产生危险废物的单位，必须按照国家有关规定处置。责令处置是指对不处置者，由所在地县级以上地方人民政府环境保护行政主管部门责令限期改正。代行处置是指逾期不处置或者处置不符合国家有关规定的，由所在地县级以上地方人民政府环境保护行政主管部门指定单位按照国家有关规定代为处置，处置费用由产生危险废物的单位承担。代行处置是行政法的行政代执行，在固体废物污染环境防治领域实际适用。

达标处置，是指必须按照国家有关标准和规定，安全、卫生、对环境无害地处置危险废物。

安全处置的要求主要是：国家禁止混合收集、贮存、运输、处置性质不相容而未经安全性处置的危险废物；禁止将危险废物混入非危险废物中贮存；禁止将危险废物与旅客在同一运输工具上载运；收集、贮存、运输、处置危险废物的场所、设施、设备和容器、包装物及其他物品转作他用时，必须经过消除污染的处理，方可使用；在发生意外事故时应当采取应急措施和防范措施。

4. 危险废物污染防治经营活动许可证制度。从事收集、贮存、处置危险废物经营活动的单位，必须向县级以上人民政府环境保护行政主管部门申请领取经营许可证。国家禁止无经营许可证或者不按照经营许可证规定从事危险废物收集、贮存、处置的经营活动；禁止将废物提供或者委托给无经营许可证的单位从事收集、贮存、处置的经营活动。为逐步实现危险废物处置产业化，建立符合市场经济要求的危险废物处置运行机制，我国从2004年起实行危险废物处置收费制度。

◇ 相关法条

1.《固体废物污染环境防治法》：

第二十条　产生、收集、贮存、运输、利用、处置固体废物的单位和其他生产经营者，应当采取防扬散、防流失、防渗漏或者其他防止污染环境的措施，不得擅自倾倒、堆放、丢弃、遗撒固体废物。

禁止任何单位或者个人向江河、湖泊、运河、渠道、水库及其最高水位线以下的滩地和岸坡以及法律法规规定的其他地点倾倒、堆放、贮存固体废物。

第七十四条　危险废物污染环境的防治，适用本章规定；本章未作规定的，适用本法其他有关规定。

第七十五条第一款　国务院生态环境主管部门应当会同国务院有关部门制定国家危险废物名录，规定统一的危险废物鉴别标准、鉴别方法、识别标志和鉴别单位管理要求。国家危险废物名录应当动态调整。

第七十八条第一款　产生危险废物的单位，应当按照国家有关规定制定危险废物管理计划；建立危险废物管理台账，如实记录有关信息，并通过国家危险废物信息管理系统向所在地生态环境主管部门申报危险废物的种类、产生量、流向、贮存、处置等有关资料。

第七十九条　产生危险废物的单位，应当按照国家有关规定和环境保护标准要求贮存、利用、处置危险废物，不得擅自倾倒、堆放。

第八十条　从事收集、贮存、利用、处置危险废物经营活动的单位，应当按照国家有关规定申请取得许可证。许可证的具体管理办法由国务院制定。

禁止无许可证或者未按照许可证规定从事危险废物收集、贮存、利用、处置的经营活动。

禁止将危险废物提供或者委托给无许可证的单位或者其他生产经营者从事收集、贮存、利用、处置活动。

第八十一条第一款　收集、贮存危险废物，应当按照危险废物特性分类进行。禁止混合收集、贮存、运输、处置性质不相容而未经安全性处置的危险废物。

第八十二条　转移危险废物的，应当按照国家有关规定填写、运行危险废物电子或者纸质转移联单。

跨省、自治区、直辖市转移危险废物的，应当向危险废物移出地省、自治区、直辖市人民政府生态环境主管部门申请。移出地省、自治区、直辖市人民政府生态环境主管部门应当及时商经接受地省、自治区、直辖市人民政府生态环境主管部门同意后，在规定期限内批准转移该危险废物，并将批准信息通报相关省、自治区、直辖市人民政府生态环境主管部门和交通运输主管部门。未经批准的，不得转移。

危险废物转移管理应当全程管控、提高效率，具体办法由国务院生态环境主管部门会同国务院交通运输主管部门和公安部门制定。

第一百二十四条　本法下列用语的含义：

（一）固体废物，是指在生产、生活和其他活动中产生的丧失原有利用价值或者虽未丧失利用价值但被抛弃或者放弃的固态、半固态和置于容器中的气态的物品、物质以及法律、行政法规规定纳入固体废物管理的物品、物质。经无害化加工处理，并且符合强制性国家产品质量标准，不会危害公众健康和生态安全，或者根据固体废物鉴别标准和鉴别程序认定为不属于固体废物的除外。

……

（六）危险废物，是指列入国家危险废物名录或者根据国家规定的危险废物鉴别标准和鉴别方法认定的具有危险特性的固体废物。

……

2.《民法典》：

第一千一百七十二条　二人以上分别实施侵权行为造成同一损害，能够确定责任大小的，各自承担相应的责任；难以确定责任大小的，平均承担责任。

第一千二百三十一条　两个以上侵权人污染环境、破坏生态的，承担责任的大小，根据污染物的种类、浓度、排放量，破坏生态的方式、范围、程度，以及行为对损害后果所起的作用等因素确定。

3.《最高人民法院关于审理生态环境侵权责任纠纷案件适用法律若干问题的解释》：

第五条　两个以上侵权人分别污染环境、破坏生态造成同一损害，每一个侵权人的行为都足以造成全部损害，被侵权人根据民法典第一千一百七十一条的规定请求侵权人承担连带责任的，人民法院应予支持。

第六条 两个以上侵权人分别污染环境、破坏生态，每一个侵权人的行为都不足以造成全部损害，被侵权人根据民法典第一千一百七十二条的规定请求侵权人承担责任的，人民法院应予支持。

侵权人主张其污染环境、破坏生态行为不足以造成全部损害的，应当承担相应举证责任。

第七条 两个以上侵权人分别污染环境、破坏生态，部分侵权人的行为足以造成全部损害，部分侵权人的行为只造成部分损害，被侵权人请求足以造成全部损害的侵权人对全部损害承担责任，并与其他侵权人就共同造成的损害部分承担连带责任的，人民法院应予支持。

被侵权人依照前款规定请求足以造成全部损害的侵权人与其他侵权人承担责任的，受偿范围应以侵权行为造成的全部损害为限。

第八条 两个以上侵权人分别污染环境、破坏生态，部分侵权人能够证明其他侵权人的侵权行为已先行造成全部或者部分损害，并请求在相应范围内不承担责任或者减轻责任的，人民法院应予支持。

第九条 两个以上侵权人分别排放的物质相互作用产生污染物造成他人损害，被侵权人请求侵权人承担连带责任的，人民法院应予支持。

三、课后延伸

相关案例

1. 山西某生化药业有限公司、田某某等人非法处置过期药品污染环境案（最高人民法院发布十起人民法院依法审理固体废物污染环境典型案例之三）。

2. 浙江某包装材料有限公司、沈某某等污染环境案［浙江省上虞区（市）人民法院（2021）浙0604刑初475号刑事判决］。

延伸思考

1. 哪些固体废物会被列入《国家危险废物名录（2025版）》？
2. 如何实现固体废物污染防治中的全流程管理？

第二节 噪声环境污染案件

噪声环境污染是一个日益严峻而复杂的问题。通常，噪声污染主要来源于人为因素，如交通噪声、工业噪声、建筑噪声和社会噪声等。噪声污染的特殊性，比如噪声是暂时的、影响范围是有限的等，使得噪声污染的控制和治理变得相对困难。同时，噪声污染对人类健康和社会生活的影响也是多方面的。比如噪声会干扰休息和睡眠，导致疲劳、记忆力衰退、神经衰弱、听力受损、耳聋以及心血管系统、神经系统和内分泌系统等方面的疾病。为了有效治理噪声污染，需要多措并举，比如通过立法限制噪声的产生和传播，或采用技术手段来降低噪声的强度和影响范围。同时，提高公众的噪声污染意识和素质，鼓励大家采取积极措施减少噪声的产生和传播，也是治理噪声污染的重要途径。对于违反噪声污染防治法律的行为，应采取相应的法律措施，使违法者承担相应法律责任。

<h3 style="text-align:center">陈某某等诉南宁某开发有限责任公司环境污染责任纠纷案</h3>

一、教学案例

◇ 案例索引

人民法院案例库，人民法院案例库入库编号：2023-11-2-377-012

◇ 案情摘要

本案系陈某某、梁某某、陈某诉南宁某开发有限责任公司（简称某开发公司）噪声污染环境损害赔偿纠纷案。本案经过一审、二审，二审撤销一审部分判决内容。案件主要围绕某开发公司是否为本案的适格被告、住宅楼内水泵噪声污染如何认定以及某开发公司是否应向陈某某等三人承担赔偿责任进行审理。

◇ 关 键 词

环境污染责任；商品房；住宅楼；水泵噪声污染；损害赔偿；责任承担

◇ 基本案情

陈某某、梁某某于 2007 年 3 月购买了某开发公司开发的某小区 3 号楼 A 单元 501 号房。该楼房地下一层为车库和水泵房等。陈某某、梁某某、陈某称，自 2008 年 9 月入住以来，一直受到水泵运转发出的噪声影响，导致陈某某左耳听力下降，为此多次到医院治疗。2009 年 8 月 31 日，陈某某委托南宁市环境保护监测站在案涉房屋卧室对水泵噪声进行监测，结论为：501 号房主卧室昼间实测值为 42.1 分贝、夜间实测值为 38.2 分贝。为此，某开发公司对案涉楼房地下一层的水泵房采取了更换水泵等减噪措施。陈某某等仍感到噪声未消除，遂再次委托监测，结论为：501 号房卧室夜间实测值为 40.9 分贝。此后，某开发公司未再对案涉水泵采取整改措施。陈某某等三人提起诉讼，请求某开发公司赔偿医疗费及后续治疗费、精神抚慰金、噪声检测费、专项维修资金、房屋购置税、房屋办证费；按市场价回收案涉房屋，并支付搬迁费。

❖ 〔裁判结果〕

广西壮族自治区南宁市西乡塘区人民法院于 2015 年 9 月 11 日作出（2014）西民再字第 7 号民事判决：一、某开发公司应按市场价格回收南宁市西乡塘区新阳路 2××号某小区 3 号楼 A 单元 501 号房屋，并向陈某某、梁某某支付该房屋的回收价款 564 482 元，南宁市西乡塘区新阳路 2××号某小区 3 号楼 A 单元 501 号房屋归某开发公司所有；二、某开发公司给付陈某某、梁某某房屋家具、家电的市内搬迁费 800 元，陈某某、梁某某应于本案判决生效之日起 30 日内，将南宁市西乡塘区新阳路 2××号某小区 3 号楼 A 单元 501 号房屋腾空，并交付给某开发公司；三、某开发公司退回陈某某、梁某某物业维修专项资金 1736.6 元；四、某开发公司赔偿陈某某、梁某某房屋购置税 4206.6 元；五、某开发公司赔偿陈某某、梁某某房屋办证费 180 元；六、某开发公司赔偿陈某某医疗费 3327.94 元；七、某开发公司赔偿陈某某噪声检测费 460 元；八、某开发公司赔偿陈某某、梁某某、陈某精神损害抚慰金 15 000 元。

一审判决后，某开发公司以其不应承担责任为由，提起上诉。南宁市中级人民法院于 2016 年 7 月 14 日作出（2015）南市民再终字第 10 号民事判决：一、维持南宁市西乡塘区人民法院（2014）西民再字第 7 号民事判决第一、二、六、七、八项；二、撤销南宁市西乡塘区人民法院（2014）西民再字第 7 号民事判决第三、四、五项；三、驳回陈某某、梁某某、陈某的其他诉讼请求。

❖ 〔裁判理由〕

人民法院生效裁判认为，本案争议焦点有两个，一是某开发公司是否为本案的适格被告；二是住宅楼内水泵噪声污染应如何认定，某开发公司是否应向陈某某等三人承担赔偿责任。

某开发公司作为房产开发商及案涉水泵安装地点的选定者，应确保其所选定的水泵设置位置不对业主产生噪声干扰，并有对水泵采取隔音防噪措施的义务。该隔音防噪义务系伴随案涉水泵设置地点的选定而产生，不能简单通过房屋买卖合同而转移给业主，故某开发公司是本案适格的被告。

虽然《社会生活环境噪声排放标准》适用于营业性文化娱乐场所、商业经营活动中使用的向环境排放噪声的设备、设施的管理、评价与控制，未专门针对住宅楼内附属设施（含水泵）的噪音排放限值予以规定，而目前对住宅楼内设备（含水泵）的噪声评价亦无专门标准，但这并不意味着住宅楼内附属设施（含水泵）不会产生噪声污染或其噪声排放不受限制。根据《中华人民共和国环境噪声污染防治法》（简称《环境噪声污染防治法》）（已失效）第 2 条的规定，案涉水泵运转声音干扰他人正常生活、工作和学习并超过国家规定的环境噪声排放标准时，亦构成噪声污染。根据《社会生活环境噪声排放标准》的规定，既然营业性文化娱乐场所和商业经营活动中对周围环境（含住宅环境）排放的噪声超过规定限值即构成噪声污染，那么在目前对住宅楼内设备（含水泵）的噪声评价尚无专门标准的情况下，参照适用《社会生活环境噪声排放标准》作为案涉水泵噪声的评价标准并无不当。经监测，案涉房屋卧室水泵运转所产生的噪声夜间高于《社会生活环境噪声排放标准》规定的卧室夜间噪声限值，亦高于同期《住宅设计规范》规定的住宅卧室夜间噪声标准，构成噪声污染。因某开发公司未能证明其已完全尽到隔音降噪义务或案涉水泵噪声污染系水泵自身单方原因所致，故其对案涉水泵噪声给陈某某等三人造成的损害依法应承担赔偿责任。为此，在案涉水泵噪声未能根本解决的情况下，生效裁判判决某开发公司按市场价格回购案涉房屋，并承担相应赔偿责任。

◇ **案例评析**

本案系商品房住宅楼内水泵噪声污染造成损害的新类型环境污染责任纠纷。人民法院充分考虑住宅楼内水泵噪声污染的特殊性，基于某开发公司是房产开发商及案涉水泵安装地点选定者的事实，认定其对水泵的安装有采取隔音防噪措施的义务，且该义务系伴随水泵设置地点的选定而产生，不能简单通过房屋买卖合同而转移给业主。同时，基于目前缺乏住宅楼内水泵运行噪声评价标准的现实情况，本案判决参照适用《社会生活环境噪声排放标准》，认定住宅楼内水泵运转声音干扰他人正常生活、工作和学习并超过国家规定的环境噪声排放标准的，构成噪声污染，具有合理性。在某开发公司经整改仍无法解决水泵噪声污染的情况下，本案判决某开发公司回购案涉房屋并赔偿相应损失。为此，本案对于如何评判住宅楼内附属设施（含水泵）的噪声超标具有较强的指导意义和参考价值，对于维护人民群众宁静生活的权益，警示和督促房地产开发企业关注噪声问题，自觉承担生态环境保护社会责任，具有较好的示范引导作用。

二、知识凝练

◇ **专业知识**

1. 相关用语的含义。

（1）噪声，是指在工业生产、建筑施工、交通运输和社会生活中产生的干扰周围生活环境的声音。它包括工业噪声、建筑施工噪声、交通运输噪声、社会生活噪声等。

（2）噪声污染，是指超过噪声排放标准或者未依法采取防控措施产生噪声，并干扰他人正常生活、工作和学习的现象。

2. 噪声的特点。噪声具有如下特点：一是噪声具有无形性和多发性，不会导致二次污染；二是噪声具有局限性和暂时性，当声源停止振动时，噪声立即消失；三是噪声具有危害性及不易评估性，会对周围局部存在的人群或物造成多方面的干扰、影响和危害。

3. 噪声污染的危害。噪声污染的主要危害如下：一是影响人们工作和学习，干扰睡眠和休息；二是损害听觉，如听觉疲劳、迟钝甚至噪声性耳聋或完全失听；三是引发心血管等疾病，造成身体疲乏、精神紧张、健康水平下降等；四是危害财物，比如强噪声会损伤机器设备，震裂墙壁，使自动化仪器失灵等。

4. 社会生活噪声污染防治制度。社会生活噪声，是指人为活动产生的除工业噪声、建筑施工噪声和交通运输噪声之外的干扰周围生活环境的声音。居民住宅区水泵产生的噪声属于社会生活噪声。

《噪声污染防治法》对较为常见的生活场景的社会生活噪声控制规则进行了明确。文化娱乐、体育、餐饮等场所的经营管理者应当采取有效措施，防止、减轻噪声污染。禁止在商业经营活动中使用高音广播喇叭或者采用其他持续反复发出高噪声的方法进行广告宣传。对商业经营活动中产生的其他噪声，经营者应当采取有效措施，防止噪声污染。在街道、广场、公园等公共场所组织或者开展娱乐、健身等活动，应当遵守公共场所管理者有关活动区域、时段、音量等的规定，采取有效措施，防止噪声污染；不得违反规定使用音响器材产生过大音量。

同时，《噪声污染防治法》也对居民住宅区安装的水泵等共用设施设备产生的噪声污染防治进行了规定。新建居民住房的房地产开发经营者应当在销售场所公示住房可能受到噪声影响的情况以及采取或者拟采取的防治措施，并纳入买卖合同。新建居民住房的房地产开发经营者应当在买卖合同中明确住房的共用设施设备位置和建筑隔声情况。居民住宅区安装电梯、水泵、变压器等共用设施设备的，建设单位应当合理设置，采取减少振动、降低噪声的措施，符合民用建筑隔声设计相关标准要求。已建成使用的居民住宅区电梯、水泵、变压器等共用设施设备由专业运营单位负责维护管理，符合民用建筑隔声设计相关标准要求。

◇ 相关法条

《噪声污染防治法》：

第二条 本法所称噪声，是指在工业生产、建筑施工、交通运输和社会生活中产生的干扰周围生活环境的声音。

本法所称噪声污染，是指超过噪声排放标准或者未依法采取防控措施产生噪声，并干扰他人正常生活、工作和学习的现象。

第二十二条第一款 排放噪声、产生振动，应当符合噪声排放标准以及相关的环境振动控制标准和有关法律、法规、规章的要求。

第五十九条 本法所称社会生活噪声，是指人为活动产生的除工业噪声、建筑施工噪声和交通运输噪声之外的干扰周围生活环境的声音。

第六十一条 文化娱乐、体育、餐饮等场所的经营管理者应当采取有效措施，防止、减轻噪声污染。

第六十二条 使用空调器、冷却塔、水泵、油烟净化器、风机、发电机、变压器、锅炉、装卸设备等可能产生社会生活噪声污染的设备、设施的企业事业单位和其他经营管理者等，应当采取优化布局、集中排放等措施，防止、减轻噪声污染。

第六十七条 新建居民住房的房地产开发经营者应当在销售场所公示住房可能受到噪声影响的情况以及采取或者拟采取的防治措施，并纳入买卖合同。

新建居民住房的房地产开发经营者应当在买卖合同中明确住房的共用设施设备位置和建筑隔声情况。

第六十八条 居民住宅区安装电梯、水泵、变压器等共用设施设备的，建设单位应当合理设置，采取减少振动、降低噪声的措施，符合民用建筑隔声设计相关标准要求。

已建成使用的居民住宅区电梯、水泵、变压器等共用设施设备由专业运营单位负责维护管理，符合民用建筑隔声设计相关标准要求。

三、课后延伸

相关案例

1. 吴某诉中铁某局、某路桥公司环境污染责任纠纷案（人民法院案例库入库编号：2023-11-2-377-011）。
2. 王某诉临沂某公司环境污染责任纠纷案（人民法院案例库入库编号：2024-11-2-377-002）。

延伸思考

1. 如何运用噪声污染防治制度解决生活中的噪声污染治理难问题？
2. 如何衡量噪声污染的程度？
3. 在城市规划中如何考虑噪声污染的控制？

第三节 放射性环境污染案件

随着核能和放射性物质在各个领域的应用日益广泛，放射性环境污染问题逐渐凸显，对人类健康和生态环境构成潜在威胁。放射性环境污染防范和治理是一个重要且复杂的议题，涉及多个领域和层面。第一，我们需要明确放射性环境污染的来源。这些来源可能包括核能设施的运营、核燃料的生产和处理、医疗和科研活动中放射性物质的使用，以及核武器试验和事故等。这些活动可能导致放射性物质释放到环境中，对生态系统和人类健康造成潜在威胁。在治理放射性环境污染时，预防和控制是关键。通过加强核设施和放射性物质使用场所的安全管理，减少放射性物质的泄漏和排放，可以从源头上控制污染的产生。第二，制定严格的法规和标准，规范相关行业的操作和处置流程，也是预防污染的重要手段。对于已经产生的放射性污染，需要进行治理和修复，包括清除和处置放射性废弃物、恢复受污染地区的生态环境等。除了直接治理措施外，加强环境监测、信息公开和提高公众的环保意识和参与度，也是治理放射性环境污染的重要手段，且有助于推动治理工作的顺利开展。本节重点收录并研究此类放射性环境污染相关案件。

放射性环境污染民事公益诉讼案

一、教学案例

◇ 案例索引

人民法院案例库参考案例，人民法院案例库入库编号：2023-11-2-466-024

◇ 案情摘要

本案系山东省济南市人民检察院诉济南某肿瘤医院有限公司（简称济南某肿瘤医院）、济南市某人民医院（简称某人民医院）、中国人民解放军某部队医院（简称某部队医院）预防性环境污染民事公益诉讼。案件主要内容围绕本案能否提起环境污染民事公益诉讼、涉案放射源的处置责任主体问题以及消除危险所需处置费用的性质和承担问题进行审理。

◇ 关 键 词

环境民事公益诉讼；预防性；损害危险；不作为侵权；禁止令；先予执行；连带责任

◇ 基本案情

济南市某人民医院与亿某集团有限公司合作经营济南市1×6医院。在此基础上，设立济南某肿瘤医院。

2008年12月17日，济南某肿瘤医院引进瑞典医某达公司伽马刀设备一套，内含201枚Co-60 II类放射源。2010年7月19日取得原山东省环境保护局颁发的辐射安全许可证，系涉案放射源的法律上的使用人。2013年，某人民医院与某部队医院签订《医疗设备租借协议书》，约定将伽马刀设备租借给某部队医院，双方按项目毛收入提取收益。由此，某人民医院和某部队医院成为涉案放射源的实际使用人。

2016年7月，医疗设备租借协议终止，涉案放射源一直闲置于某部队医院处，对环境公共安全造成了潜在严重危险。2021年3月12日，山东省生态环境厅指定北京核某源科技发展有限公司代为处置涉案放射源，由济南某肿瘤医院承担处置费用。济南某肿瘤医院对涉案放射源处置存在异议，认为应当由实际使用人承担处置费用。某人民医院、某部队医院和济南某肿瘤医院就处置责任承担产生纷争，行政处理受阻，导致涉案放射源一直未能得到处置，带来放射性污染严重危险。山东省济南市人民检察院依法提起本案诉讼，请求依法判令济南某肿瘤医院、某人民医院、某部队医院承担放射源处置费用290万元，济南某肿瘤医院履行协助办理处置手续义务。

❖〔裁判结果〕

济南铁路运输中级人民法院一审认为，因某人民医院、济南某肿瘤医院、某部队医院对案涉放射源长期闲置放任不管，对生态环境安全和社会公共健康形成安全隐患，损害了社会公共利益，故判决共同支付放射源处置费用290万元。山东省高级人民法院二审认为，某人民医院、济南某肿瘤医院、某部队医院分别实施了不履行处置案涉放射源责任的侵权行为，且均足以导致放射性污染危险发生。依法判决某人民医院、济南某肿瘤医院、某部队医院连带承担案涉放射源处置费用290万元。该判决已生效。

❖〔裁判理由〕

人民法院生效裁判认为：

一、本案能否提起环境污染民事公益诉讼

《民法典》第1167条规定："侵权行为危及他人人身、财产安全的，被侵权人有权请求侵权人承担停止侵害、排除妨碍、消除危险等侵权责任。"《最高人民法院关于审

理环境民事公益诉讼案件适用法律若干问题的解释》第1条规定:"法律规定的机关和有关组织依据民事诉讼法第五十五条、环境保护法第五十八条等法律的规定,对已经损害社会公共利益或者具有损害社会公共利益重大风险的污染环境、破坏生态的行为提起诉讼,符合民事诉讼法第一百一十九条第二项、第三项、第四项规定的,人民法院应予受理。"损害必担责,损害既包括现实的损害,也包括潜在的危险。

本案中,涉案伽马刀内含201枚Co-60放射源,具有极高危险性,应当严格依照规定进行管理、使用。但是,该设备自2016年8月起便一直处于闲置状态,未得到处置。该放射源的违规闲置已经对环境公共安全造成了潜在严重危险,一旦泄漏将造成严重的环境污染,给人民群众生命健康带来严重损害。在相关行政执法手段未能起到消除危险作用时,及时将造成污染危险的线索移交检察机关提起环境民事公益诉讼,通过司法程序防止危险发生,可以很好弥补行政执法手段的不足,有利于保护生态环境。针对涉案放射源闲置问题,生态环境部门履行了相应的行政管理职责,但因消除危险责任主体确定难、责任承担分歧大以及行政执法的非终局性,影响了涉案放射源的及时有效处置。在此情形下,济南市人民检察院提起预防性环境民事公益诉讼,诉请人民法院判令济南某肿瘤医院、某部队医院和某人民医院承担消除危险处置费用以及由济南某肿瘤医院协助办理处置手续,具有事实根据,符合法律规定。

二、关于涉案放射源的处置责任主体问题

关于济南某肿瘤医院的处置责任问题。济南某肿瘤医院引进涉案放射源后,向生态环境部门申请办理了辐射安全行政许可等使用手续,是涉案放射源的法律上的使用人。后期某人民医院、某部队医院实际使用涉案放射源,但未依法办理变更许可使用手续,济南某肿瘤医院仍为法律上的使用权人。因此,济南某肿瘤医院对涉案放射源具有安全防护和闲置处置的法定义务。济南某肿瘤医院作为法律上的使用权人未尽到处置义务,应当对涉案放射源闲置造成的严重危险承担消除责任。

关于某人民医院的处置责任问题。2013年,某人民医院与某部队医院签订《医疗设备租借协议书》,2013年5月1日至2016年7月31日期间,在未经生态环境部门许可的情况下,合作使用涉案伽马刀放射源,某人民医院由此获取收益,某人民医院与某部队医院同为涉案放射源的实际使用者。法律规定的放射源使用者,既包括依法取得行政许可的使用者,也包括未取得合法使用资格但实际使用放射源的使用者,都应当依法承担放射源处置责任。作为专业医疗机构,实际使用放射源单位,某人民医院知晓涉案放射源处置不当会对生态环境造成严重损害,其不履行处置义务,亦应当对涉案放射源闲置造成的严重危险承担消除责任。

关于某部队医院的处置责任问题。某部队医院与某人民医院通过签订租借协议,占有、使用涉案放射源,某部队医院同为涉案放射源的实际使用人。同理,其亦应当依法承担涉案放射源处置责任。虽然租借协议终止后,某部队医院一直督促某人民医院将涉案放射源搬离,向卫生主管部门进行了汇报,并通电维护。但是,某部队医院采取的措施不符合《放射性同位素与射线装置安全和防护条例》及安全防护管理办法

的规定，并未尽到处置责任。作为医疗专业机构，涉案放射源的实际使用人，不依法履行处置义务，亦应当对涉案放射源闲置造成的严重危险承担消除责任。

三、关于消除危险所需 290 万元处置费用的性质以及如何承担问题

关于 290 万元处置费用的性质。济南市人民检察院的诉讼请求形式上是承担放射源处置费用，实际为消除放射性危险。某人民医院、济南某肿瘤医院、某部队医院不履行处置责任，因其没有处置资格，故由山东省生态环境厅指定具有资格的核某源公司代为处置，所需 290 万元费用是某人民医院、济南某肿瘤医院、某部队医院不履行处置涉案放射源责任转化而来，系消除涉案放射源潜在危险的费用。

关于消除危险处置费用的承担。《民法典》第 1171 条规定："二人以上分别实施侵权行为造成同一损害，每个人的侵权行为都足以造成全部损害的，行为人承担连带责任。"首先，从侵权行为主体分析，侵权主体有 3 人，济南某肿瘤医院作为涉案放射源法律上的使用权人，将放射源交由他人使用，致使放射源长期脱离其管理控制，在涉案放射源闲置时，不履行处置责任，造成了放射性污染危险；某人民医院、某部队医院作为涉案放射源实际使用者，在涉案放射源闲置时，各自不履行处置涉案放射源责任，也造成放射性污染危险。济南某肿瘤医院、某人民医院和某部队医院不处置涉案放射源的侵权行为，相互独立，不存在主观上的共同故意，也不存在共同过失，属于分别实施了不履行处置责任的侵权行为。其次，从损害后果分析，济南某肿瘤医院、某人民医院、某部队医院不处置涉案放射源侵权行为，导致了涉案放射源产生严重放射性污染危险的损害后果，损害的性质和内容相同，具有同一性，属于造成同一损害事实的情形。最后，从因果关系分析，济南某肿瘤医院、某人民医院、某部队医院不处置涉案放射源的侵权行为，对放射性污染风险后果的发生都有全部的原因力，各自的行为均足以导致放射性污染风险后果的发生。也就是说，济南某肿瘤医院、某人民医院、某部队医院中的任何一个侵权者若能积极履行处置责任，都足以避免放射性污染危险的发生。反过来讲，济南某肿瘤医院、某人民医院、某部队医院 3 家单位，每个节点的不依法处置侵权行为，都足以导致涉案放射源产生污染危险，都与危险发生具有因果关系。综上，济南某肿瘤医院、某人民医院、某部队医院分别实施的侵权行为，导致了放射性污染危险同一后果，每一个侵权行为都足以导致放射性污染危险的发生，应当连带承担涉案放射源处置所需 290 万元费用。

◇ **案例评析**

本案系全国首例放射性污染预防性民事公益诉讼案。案涉放射源违规闲置对环境公共安全造成了潜在危险，人民法院贯彻预防性司法理念，发出生态环境保护禁止令，禁止当事人未经生态环境部门许可擅自处置案涉放射源；裁定先予执行全部处置费用，保障了案涉放射源的后续处置；判令案涉放射源的登记使用人、实际使用人和具体保管人依法对消除案涉放射源危险产生的处置费用承担连带责任，有利于教育、警醒相关从业者规范生产经营，积极履行放射源处置责任，保护生态环境；向放射源管理机

关提出开展放射源排查并加强日常监管的司法建议，从源头上杜绝放射性污染发生的可能，助力提升人民群众健康权益和生命安全保障水平。

二、知识凝练

◇ **专业知识**

1. 侵权行为与不作为侵权。侵权行为虽未造成现实损害，但对环境公共安全造成损害危险的，国家规定的机关或者法律规定的组织可以提起预防性环境污染民事公益诉讼。人民法院可以采取禁止令保全措施给予救济，及时制止损害的发生或继续扩大。对于具有严重危害环境公共安全危险情形的，人民法院可以裁定先予执行。

不作为侵权是侵权行为的一种特殊形式。侵权人分别实施不作为侵权行为，造成同一危险，且每一个人实施的不作为侵权行为，都足以造成危险发生的，各侵权人应当对消除危险承担连带责任。

2. 放射性污染的危害。放射性污染是一种能量污染，具有对人体和环境损害严重、影响面广、危害时间长等特点。[1]其危害具体表现为。

（1）放射性物质对人体照射达到一定积存量时，将会破坏人体的免疫功能，降低肌体的防疫能力，损伤其皮肤、骨髓及内脏细胞，引发多种病变，缩短人的寿命；更为严重的是，大剂量放射性物质的排放或泄漏会直接造成大范围的伤亡。

（2）放射性污染会对农作物、禽畜、鱼虾等各种生物造成危害，放射性物质在生物体内富集后通过食物链进入人体会形成内照射，最终危害人体健康。

（3）放射性物质会对大气、水体和土壤以及建筑物、器具等造成放射性污染，致使环境中的放射性水平增高，破坏生态平衡。[2]

3. 我国《放射性污染防治法》与《中华人民共和国核安全法》（简称《核安全法》）在调整对象上有不同之处。

（1）《放射性污染防治法》主要对核设施、核技术利用、铀（钍）矿和伴生放射性矿开发利用以及放射性废物的管理作出了规定，主要调整对象在于防治放射性污染，保护环境，保障人体健康，以及促进核能、核技术的开发与和平利用。这部法律更侧重于从污染防治的角度出发，对核设施、核技术应用和伴生放射性矿开采中涉及的核安全问题进行规范。它着眼于放射性污染的产生、排放、监测、治理等全过程，强调预防和治理的结合，以确保放射性污染得到有效控制。

（2）《核安全法》以安全利用核能，预防与应对核事故，保护公众和从业人员的安全与健康，保护环境，促进经济社会可持续发展为目的，调整对象则更多地聚焦于防范核事故，确保核安全。该法适用于对核设施、核材料及相关放射性废物采取充分的预防、保护、缓解和监管等安全措施，防止由于任何技术原因、人为原因或者自然灾害造成事故，最大限度减轻事故情况下的放射性后果的各种活动。

---

[1] 周珂主编：《环境与资源保护法》，中国人民大学出版社2015年版，第191页。
[2] 高桂林、刘向宁、李姗姗编著：《环境法：原理与案例》，知识产权出版社2012年版，第217页。

4. 我国关于放射性污染防治的主要法律规定。

(1) 我国对放射性污染的防治，实行预防为主、防治结合、严格管理、安全第一的方针。

(2) 国务院环境保护行政主管部门对全国放射性污染防治工作依法实施统一监督管理；国务院卫生行政部门和其他有关部门依据国务院规定的职责，对有关的放射性污染防治工作实施监督管理。县级以上地方人民政府环境保护行政主管部门和同级其他有关部门分工配合对本行政区域内核技术利用、伴生放射性矿开发利用中的放射性污染防治进行监督检查。

(3) 放射性污染防治除了要遵守环境领域的基本制度如环境影响评价制度、许可证制度、"三同时"制度、现场检查制度等，《放射性污染防治法》还重点规定了以下三项监督管理制度。

一是放射性污染防治标准制度。为实行严格监管，我国的放射性污染防治标准只有国家级标准，该标准由国务院环保行政主管部门根据环境安全要求、国家经济技术条件制定。含有放射性物质的产品、使用伴生放射性矿渣和含有天然放射性物质的石材做建筑和装修材料，应当符合相关国家标准。

二是资格和资质管理制度。我国对从事放射性污染防治的专业人员实行资格管理制度，对从事放射性污染监测工作的机构实行资质管理制度。

三是放射性标志制度。放射性物质和射线装置应设置明显的放射性标识和中文警示说明；生产、销售、使用、贮存、处置放射性物质和射线装置的场所，以及运输放射性物质和含放射源的射线装置的工具，应设置明显的放射性标志。

(4) 放射源的管理制度。放射源的生产单位应按规定回收、利用废旧放射源；使用单位应将废旧放射源交回生产单位或送交专门从事放射性固体废物贮存、处置的单位；放射源的生产、销售、使用、贮存单位应建立健全安全保卫制度，指定专人负责，落实安全责任制，制定必要的事故应急措施；发生放射源丢失、被盗或污染事故时，有关单位和个人应立即采取应急措施，并报告公安、卫生、环境保护部门。

◇ 相关法条

1. 《民事诉讼法》：

第五十八条 对污染环境、侵害众多消费者合法权益等损害社会公共利益的行为，法律规定的机关和有关组织可以向人民法院提起诉讼。

人民检察院在履行职责中发现破坏生态环境和资源保护、食品药品安全领域侵害众多消费者合法权益等损害社会公共利益的行为，在没有前款规定的机关和组织或者前款规定的机关和组织不提起诉讼的情况下，可以向人民法院提起诉讼。前款规定的机关或者组织提起诉讼的，人民检察院可以支持起诉。

2. 《民法典》：

第一千一百六十七条 侵权行为危及他人人身、财产安全的，被侵权人有权请求侵权人承担停止侵害、排除妨碍、消除危险等侵权责任。

第一千一百六十八条　二人以上共同实施侵权行为，造成他人损害的，应当承担连带责任。

第一千一百七十一条　二人以上分别实施侵权行为造成同一损害，每个人的侵权行为都足以造成全部损害的，行为人承担连带责任。

3.《放射性污染防治法》：

第二十八条第一款　生产、销售、使用放射性同位素和射线装置的单位，应当按照国务院有关放射性同位素与射线装置放射防护的规定申请领取许可证，办理登记手续。

第三十二条　生产、使用放射性同位素和射线装置的单位，应当按照国务院环境保护行政主管部门的规定对其产生的放射性废物进行收集、包装、贮存。

生产放射源的单位，应当按照国务院环境保护行政主管部门的规定回收和利用废旧放射源；使用放射源的单位，应当按照国务院环境保护行政主管部门的规定将废旧放射源交回生产放射源的单位或者送交专门从事放射性固体废物贮存、处置的单位。

第六十二条　本法中下列用语的含义：

（一）放射性污染，是指由于人类活动造成物料、人体、场所、环境介质表面或者内部出现超过国家标准的放射性物质或者射线。

……

（三）核技术利用，是指密封放射源、非密封放射源和射线装置在医疗、工业、农业、地质调查、科学研究和教学等领域中的使用。

……

（五）放射源，是指除研究堆和动力堆核燃料循环范畴的材料以外，永久密封在容器中或者有严密包层并呈固态的放射性材料。

（六）射线装置，是指 X 线机、加速器、中子发生器以及含放射源的装置。

……

4.《最高人民法院关于审理环境民事公益诉讼案件适用法律若干问题的解释》（法释〔2020〕20号）：

第一条　法律规定的机关和有关组织依据民事诉讼法第五十五条、环境保护法第五十八条等法律的规定，对已经损害社会公共利益或者具有损害社会公共利益重大风险的污染环境、破坏生态的行为提起诉讼，符合民事诉讼法第一百一十九条第二项、第三项、第四项规定的，人民法院应予受理。

第十八条　对污染环境、破坏生态，已经损害社会公共利益或者具有损害社会公共利益重大风险的行为，原告可以请求被告承担停止侵害、排除妨碍、消除危险、修复生态环境、赔偿损失、赔礼道歉等民事责任。

5.《放射性同位素与射线装置安全和防护条例》：

第二十七条第一款　生产、销售、使用放射性同位素和射线装置的单位，应当对本单位的放射性同位素、射线装置的安全和防护工作负责，并依法对其造成的放射性危害承担责任。

第三十二条第一款 生产、进口放射源的单位销售Ⅰ类、Ⅱ类、Ⅲ类放射源给其他单位使用的，应当与使用放射源的单位签订废旧放射源返回协议；使用放射源的单位应当按照废旧放射源返回协议规定将废旧放射源交回生产单位或者返回原出口方。确实无法交回生产单位或者返回原出口方的，送交有相应资质的放射性废物集中贮存单位贮存。

第五十九条 违反本条例规定，生产、销售、使用放射性同位素和射线装置的单位有下列行为之一的，由县级以上人民政府生态环境主管部门责令停止违法行为，限期改正；逾期不改正的，由原发证机关指定有处理能力的单位代为处理或者实施退役，费用由生产、销售、使用放射性同位素和射线装置的单位承担，并处1万元以上10万元以下的罚款：

（一）未按照规定对废旧放射源进行处理的；

（二）未按照规定对使用Ⅰ类、Ⅱ类、Ⅲ类放射源的场所和生产放射性同位素的场所，以及终结运行后产生放射性污染的射线装置实施退役的。

6.《放射性同位素与射线装置安全和防护管理办法》：

第二十八条 生产、进口放射源的单位销售Ⅰ类、Ⅱ类、Ⅲ类放射源给其他单位使用的，应当与使用放射源的单位签订废旧放射源返回协议。

转让Ⅰ类、Ⅱ类、Ⅲ类放射源的，转让双方应当签订废旧放射源返回协议。进口放射源转让时，转入单位应当取得原出口方负责回收的承诺文件副本。

第二十九条 使用Ⅰ类、Ⅱ类、Ⅲ类放射源的单位应当在放射源闲置或者废弃后三个月内，按照废旧放射源返回协议规定，将废旧放射源交回生产单位或者返回原出口方。确实无法交回生产单位或者返回原出口方的，送交具备相应资质的放射性废物集中贮存单位（以下简称"废旧放射源收贮单位"）贮存，并承担相关费用。

废旧放射源收贮单位，应当依法取得环境保护部颁发的使用（含收贮）辐射安全许可证，并在资质许可范围内收贮废旧放射源和被放射性污染的物品。

三、课后延伸

相关案例

1. 申某、王某某等放射性污染责任纠纷案。
2. 李某某与宁夏东方有色金属集团有限公司生命权、健康权、身体权纠纷案。
3. 赵某某与中国铁塔股份有限公司苏州市分公司、中国电信股份有限公司苏州分公司等生命权、健康权、身体权纠纷案。

延伸思考

1. 放射性废物鉴定方法有哪些？
2. 预防性环境民事公益诉讼的法理依据是什么？

第十一章 新型热点案件

学习目标

1. 知识目标：了解生态环境损害新型热点案件涉及的类型领域、技术手段、法律责任及司法实践现状，了解现行法律法规的不足及完善。
2. 能力目标：掌握新型热点案件的审判要点，能够正确梳理出此类案件的关键信息及争议焦点，提升司法实务能力。
3. 素质目标：培养客观公正的法律精神，探索前沿的法律审判理念。
4. 养成目标：树立环保意识和环保责任感，践行习近平生态文明思想。

思维导图

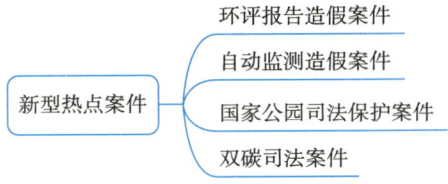

内容提要

近年来，生态环境损害新型热点案件不断出现，这些案件不仅反映了当前生态环境保护面临的挑战，也体现了法律在维护生态环境安全方面的重要作用。此类案件具有以下特点：①案件类型多样化。涉及非法排污、非法采矿、盗伐滥伐林木、破坏野生动植物资源、自动监测数据弄虚作假等多个方面。②技术手段隐蔽化。随着科技的进步，一些环境违法行为的技术手段越来越隐蔽。如通过篡改自动监测数据、干扰监测设备等方式逃避监管，利用高科技手段进行隐蔽作业，难以被发现和查处。这些隐蔽化的技术手段给生态环境执法带来了更大的难度和挑战。③跨区域案件增多。随着工业化和城市化的快速发展，跨区域环境污染问题日益突出。一些企业和个人为了降低成本或逃避监管，将污染物跨区域转移或排放，导致生态环境损害案件呈现跨区域增多的趋势。这类案件往往需要多地生态环境部门协同作战，共同应对。④法律追责力度加大。针对生态环境损害案件，国家不断加大法律追责力度。一方面，完善相关法律法规体系，为生态环境执法提供有力支撑；另一方面，加大对环境违法行为的处罚力度，提高违法成本。同时，生态环境部门还加强与公安、司法等部门的协作配合，形成工作合力，共同打击环境违法行为。

本章选取环境影响报告书（表）造假、自动监测造假、放射性环境污染、国家公园司法保护及双碳司法五个典型案例。这些案件的查处和公开不仅是对违法行为的严厉打击和制裁，更是对全社会生态环境保护意识和行动的深刻教育和动员。典型案例示范作用明显，不仅展示了生态环境执法的成果和力度，还为其他企业和个人提供了警示和借鉴。通过典型案例的示范作用，可以引导更多企业和个人自觉遵守环保法规，共同维护生态环境安全。

第一节　环境影响报告造假案件

余某等八人提供虚假证明文件案

——通过出售、挂靠、购买环境影响评价资质等方式提供环境影响评价文件的认定

一、教学案例

◇ **案例索引**

最高人民法院发布三件人民法院依法审理生态环境领域第三方服务机构弄虚作假典型案例之一

人民法院案例库，人民法院案例库入库编号：2024-11-1-174-002

◇ **案情摘要**

本案系江西省九江市濂溪区人民法院依法审理的被告人余某等八人提供虚假证明文件罪案件。本案经过一审、二审，二审维持原判。案件主要内容围绕被告人通过出售、挂靠、购买环境影响评价资质等方式提供环境影响评价文件的认定进行审理。

◇ **关　键　词**

环境影响报告书（表）造假；环境影响评价；提供虚假证明文件罪；职业资质

◇ **基本案情**

被告人余某与被告人肖某甲系夫妻。被告人肖某乙、肖某丙、肖某丁与被告人肖某甲系姐弟关系。2019年12月，被告人余某等5人成立江西某环保科技有限公司（简称江西某环科公司），共谋通过对外出售公司环境影响评价资质的方式谋取非法利益。后被告人余某联系持有环境影响评价师职业资格证书的被告人常某某"挂靠"江西某环科公司，并支付被告人常某某一定数额的挂靠费和签字费。被告人余某等5人通过发布网络信息或者熟人介绍等方式承接业务，非法获利按约定比例分配。经查，自2019年12月至2020年10月，被告人余某等5人利用常某某的环境影响评价师职业资格以江西某环科公司名义共对外出具700余份环境影响报告书（表），违法所得共计70

余万元。

被告人田某某、郑某某共同出资成立景德镇某环保科技有限公司（简称景德镇某环科公司），以营利为目的承接环境影响评价业务，主要由被告人田某某负责接业务，被告人郑某某负责带领员工编写环境影响报告书（表）主体内容。该公司因不具有环境影响评价资质，遂向江西某环科公司购买环境影响评价资质。2019年12月至2020年8月，被告人田某某、郑某某以景德镇市某环科公司名义先后承揽了13家企业的环境影响报告书（表）编写业务，共获利71万余元。经相关生态环境部门认定，其中6家企业的7份环境影响报告表存在关键内容遗漏等弄虚作假情形。

2022年6月22日被告人肖某丙、肖某丁、肖某甲接到民警电话后主动到案接受调查；同日，余某、肖某乙主动到公安机关投案。2022年8月15日被告人田某某、郑某某接民警电话后主动到案接受调查。案发后，8名被告人均主动退缴违法所得。审理过程中，被告人常某某预缴罚金人民币15万元。

江西省九江市濂溪区人民法院于2023年9月11日作出（2023）赣0402刑初57号刑事判决，以提供虚假证明文件罪分别判处余某等8名被告人有期徒刑1年6个月至2年2个月不等，并处罚金人民币8万至35万元不等。宣判后，被告人余某、肖某乙不服，提出上诉。江西省九江市中级人民法院于2023年12月25日作出（2023）赣04刑终303号刑事裁定，驳回上诉，维持原判。

❖ 〔裁判结果〕

江西省九江市濂溪区人民法院认为，被告人余某、肖某丙、肖某乙、肖某甲、肖某丁共同成立环境影响评价公司，伙同被告人常某某出卖环境影响评价编制单位和编制人员情况表，提供虚假的环境影响报告书（表），扰乱环境影响评价市场秩序，造成恶劣社会影响，情节严重；被告人田某某、郑某某作为承担环境影响评价职责的中介组织人员，通过购买环境影响评价编制单位和编制人员情况表，故意提供虚假环境影响评价文件，扰乱环境影响评价市场秩序，造成恶劣社会影响，情节严重。8名被告人的行为均构成提供虚假证明文件罪。综合考虑各被告人各自的自首、坦白、自愿认罪认罚、积极退赃等法定、酌定从轻情节，以提供虚假证明文件罪，分别判处余某、肖某乙、田某某、郑某某、常某某等8名被告人有期徒刑1年6个月至2年2个月不等的刑期，并处3万元至8万元不等的罚金。

一审宣判后，余某、肖某乙不服一审判决，提出上诉。江西省九江市中级人民法院裁定驳回上诉，维持原判。

❖ 〔裁判理由〕

人民法院生效裁判认为：被告人余某、肖某甲、肖某乙、肖某丙、肖某丁共同成立环境影响评价公司，伙同被告人常某某共同提供虚假证明文件，扰乱环境影响评价市场秩序，造成恶劣社会影响，情节严重，构成提供虚假证明文件罪。虽然案涉700余份环境影响评价文件基本通过审批，但均不是具有环境影响评价资质的人员主持编制，江西某环科公司的环境影响评价师常某某未到现场踏勘、现状监测、数据资料收集及亲自编制环境影响评价文件，甚至环境影响评价文件及相关材料的签名都是他人代签，通过该种模式出具的环境影响评价文件属于虚假证明文件。被告人田某某、郑某某共同成立环境影响评价公司，承接提供环境影响评价文件的业务，系承担环境影响评价职责的中介组织的人员，其二人故意提供虚假环境影响评价文件，扰乱市场秩序，造成恶劣社会影响，情节严重，构成提供虚假证明文件罪。综合考虑八名被告人自首、退缴违法所得、认罪认罚等情节，一、二审人民法院依法作出如上裁判。

◇ 案例评析

本案是人民法院依法运用刑事手段全链条打击环境影响评价领域弄虚作假行为的典型案例。环境影响评价是环境风险的过滤器、安全阀，是约束项目与规划环境准入的法治保障，是在发展中守住绿水青山的一道重要防线。但是近年来，各地相继曝出了一些环境影响评价机构为了盲目追求经济利益而弄虚作假的案件。这些造假行为五花八门、造假手段层出不穷，严重扰乱环境影响评价市场秩序，严重影响环境影响评价制度公信力。本案坚持全链条打击、全环节惩治，对"挂证"牟利的环境影响评价师、承揽环境影响报告书（表）编制的"买证"人、注册空壳公司、招揽挂靠环境影响评价师"卖证"的行为人均判处相应刑罚，罚当其罪，为环境影响评价领域各环节从业主体敲响警钟，形成有效震慑。本案以公开庭审警示环境影响评价公司和相关从业人员要坚持诚信经营，守牢法律底线、道德底线和利益底线。人民法院坚持"抓前端治未病"，主动向生态环境主管部门发出司法建议，促推行业治理，提升源头预防效能，对协同推进经济社会高质量发展和生态环境高水平保护具有重要意义，是法治护航绿色发展的一次生动司法实践。

这起案件是环境影响评价造假入刑司法实践的重大突破，也是"两法衔接"机制的标志性成果，充分彰显了生态环境部门、刑事司法部门对环境影响评价弄虚作假"零容忍"的态度和依法严惩绝不姑息的决心。环境影响评价造假由来已久，展航公司环境影响评价造假案件涉及全国20余个省份的100多个县市区，在环境影响评价造假领域极具警示意义。在1年不到的时间内，涉案犯罪分子在仅有1名环境影响评价师的情况下，为全国753家企业出具虚假环境影响报告书（表）。犯罪分子之所以能将业务拓展至全国多地，在于其特有的环境影响评价造假产业链。

二、知识凝练

◇ 专业知识

1. 提供虚假证明文件罪。承担资产评估、验资、验证、会计、审计、法律服务、保荐、安全评价、环境影响评价、环境监测等职责的中介组织的人员故意提供虚假证明文件。

对于注册环境影响评价公司并出售环境影响评价资质的人员，授意他人冒用资质的环境影响评价工程师，以及通过购买环境影响评价资质编制虚假环境影响评价文件的人员，应当认定为《刑法》第 229 条规定的承担环境影响评价职责的中介组织的人员。承担环境影响评价职责的中介组织的人员，故意提供具有遗漏关键内容等情形的虚假环境影响评价文件，情节严重的，应当以提供虚假证明文件罪定罪处罚。

2. 环境影响评价与环境影响报告书（表）。环境影响评价，是指对规划和建设项目实施后可能造成的环境影响进行分析、预测和评估，提出预防或者减轻不良环境影响的对策和措施，进行跟踪监测的方法与制度。

环境影响报告书（表）。是由具有相应环境影响评价资质的单位对可能造成重大环境影响的建设项目编制的对产生的环境影响进行全面评价的一种环境影响评价文件。

◇ 相关法条

1. 《刑法》：

第二百二十九条 【提供虚假证明文件罪】承担资产评估、验资、验证、会计、审计、法律服务、保荐、安全评价、环境影响评价、环境监测等职责的中介组织的人员故意提供虚假证明文件，情节严重的，处五年以下有期徒刑或者拘役，并处罚金；有下列情形之一的，处五年以上十年以下有期徒刑，并处罚金：

（一）提供与证券发行相关的虚假的资产评估、会计、审计、法律服务、保荐等证明文件，情节特别严重的；

（二）提供与重大资产交易相关的虚假的资产评估、会计、审计等证明文件，情节特别严重的；

（三）在涉及公共安全的重大工程、项目中提供虚假的安全评价、环境影响评价等证明文件，致使公共财产、国家和人民利益遭受特别重大损失的。

【提供虚假证明文件罪】有前款行为，同时索取他人财物或者非法收受他人财物构成犯罪的，依照处罚较重的规定定罪处罚。

【出具证明文件重大失实罪】第一款规定的人员，严重不负责任，出具的证明文件有重大失实，造成严重后果的，处三年以下有期徒刑或者拘役，并处或者单处罚金。

2. 《环境影响评价法》：

第三十二条 建设项目环境影响报告书、环境影响报告表存在基础资料明显不实，内容存在重大缺陷、遗漏或者虚假，环境影响评价结论不正确或者不合理等严重质量问题的，由设区的市级以上人民政府生态环境主管部门对建设单位处五十万元以上二百万元以下的罚款，并对建设单位的法定代表人、主要负责人、直接负责的主管人员和其他直接责任人员，处五万元以上二十万元以下的罚款。

接受委托编制建设项目环境影响报告书、环境影响报告表的技术单位违反国家有关环境影响评价标准和技术规范等规定，致使其编制的建设项目环境影响报告书、环境影响报告表存在基础资料明显不实，内容存在重大缺陷、遗漏或者虚假，环境影响评价结论不正确或者不合理等严重质量问题的，由设区的市级以上人民政府生态环境主管部门对技术单位处所收费用三倍以上五倍以下的罚款；情节严重的，禁止从事环境影响报告书、环境影响报告表编制工作；有违法所得的，没收违法所得。

编制单位有本条第一款、第二款规定的违法行为的,编制主持人和主要编制人员五年内禁止从事环境影响报告书、环境影响报告表编制工作;构成犯罪的,依法追究刑事责任,并终身禁止从事环境影响报告书、环境影响报告表编制工作。

三、课后延伸

相关案例

1. 林某某等提供虚假证明文件案(人民法院案例库入库编号:2024-18-1-174-001)。

2. 杭州某汽车检测公司诉浙江省杭州市生态环境局行政处罚案(最高人民法院发布三件人民法院依法审理生态环境领域第三方服务机构弄虚作假典型案例之二)。

3. 广东省广州市人民检察院诉广州某检测技术有限责任公司等环境污染民事公益诉讼案(最高人民法院发布三件人民法院依法审理生态环境领域第三方服务机构弄虚作假典型案例之三)。

4. 广东某检测技术股份有限公司、罗某某等5人提供虚假证明文件案(最高人民法院发布10件2022年度人民法院环境资源审判典型案例之三)。

延伸思考

1. 环境影响评价造假产业链形成的背后揭示了哪些问题?
2. 应如何有效杜绝环境影响评价造假现象?

第二节 自动监测造假案件

浙江省湖州市长兴新某地环保科技有限公司、夏某甲等4人使用试剂干扰自动监测设施污染环境案

一、教学案例

◇ **案例索引**

摘自最高人民检察院、公安部、生态环境部发布4件依法严惩重点排污单位自动监测数据弄虚作假犯罪典型案例之一

◇ **案情摘要**

本案系湖州市人民检察院对长兴新某地环保科技有限公司(简称新某地公司)、夏某甲涉嫌污染环境案向湖州市中级人民法院提起公诉。案件主要内容围绕新某地公司在自动监测设施取样口长期违法投加"COD去除剂",干扰化学需氧量自动监测设施运行的违法犯罪事实进行审理。

◇ **关 键 词**

污染环境罪;COD去除剂;模型预警;行刑衔接

◇ 基本案情

被告单位新某地公司系湖州市生态环境局确定的2020年、2021年重点排污单位。2020年12月至2021年1月，新某地公司先后七次通过其他单位向被告人杨某、佘某某所在的湖州磐某科技有限公司购买了"COD去除剂"3余吨。被告人夏某甲作为新某地公司生产经营负责人，为谋取单位利益，亲自或者组织、指挥公司员工被告人夏某乙等人，通过投加"COD去除剂"的方式，干扰自动监测设施的正常运行，造成排放污水化学需氧量（即"COD"）自动监测数据下降的假象。2021年5月12日晚，湖州市生态环境局长兴分局对新某地公司进行现场检查发现上述行为。经检测，新某地公司购买、使用的"COD去除剂"主要成分为氯酸钠，该去除剂无法真正去除COD，只是干扰COD的检测，造成数据下降的假象，实为"屏蔽剂"。

❖ 〔裁判结果〕

2021年5月12日，湖州市生态环境部门与公安机关在对新某地公司进行突击检查时，现场发现企业仓库内存放"高效COD去除剂"的袋装药剂，在废水排放口发现投放"COD去除剂"的装置。经调查取证，一举查获该公司在自动监测设施取样口长期违法投加"COD去除剂"，干扰化学需氧量自动监测设施运行的违法犯罪事实。生态环境部门于同年5月17日将案件移送公安机关。5月19日，公安机关依法立案侦查，并对夏某甲等4人采取刑事强制措施。12月30日，公安机关向检察机关移送审查起诉。

鉴于该案社会影响大，且属于新类型案件，湖州市人民检察院决定对新某地公司、夏某甲涉嫌污染环境案提级办理，并于2022年5月17日向湖州市中级人民法院提起公诉。同年6月2日，湖州市中级人民法院经开庭审理当庭宣判，采纳检察机关指控意见和量刑建议，以污染环境罪分别判处被告单位新某地公司罚金20万元，被告人夏某甲有期徒刑1年，缓刑1年6个月，罚金2万元。被告单位、被告人未上诉，判决已生效。8月8日，检察机关对犯罪情节较轻的夏某乙依法作出相对不起诉决定，对主观故意证据存疑的杨某、佘某某依法作出存疑不起诉决定。

◇ 案例评析

1. 破题新型污染手段，依法追究刑事责任。使用"COD去除剂"干扰自动监测设施是近年来新出现的污染环境作案方式，区别于直接排放或通过暗管偷排，犯罪手段升级、方式隐蔽，但实践中尚无定罪判例。该案是全国首例对使用"COD去除剂"干扰自动监测设施进行刑事追责的案件，具有示范效应，彰显了相关部门坚决打击污染环境犯罪的决心和态度，有效遏制了行业乱象。

2. 依靠数字赋能，实现智慧监督。该案通过大数据手段，建立预警模型，精准锁定犯罪嫌疑单位和犯罪嫌疑人，有效破解环境违法手段隐蔽、查获难度大、证据固定难的问题，极大提高了破案效率，增强了监督的精准性，有力推动数字化手段在行政执法和刑事司法应用中的迭代升级。

二、知识凝练

◇ **专业知识**

1. "篡改""伪造"监测数据？根据《环境监测数据弄虚作假行为判定及处理办法》第4条、第5条的规定，篡改监测数据，系指利用某种职务或者工作上的便利条件，故意干预环境监测活动的正常开展，导致监测数据失真的行为。伪造监测数据，系指没有实施实质性的环境监测活动，凭空编造虚假监测数据的行为。

依据《行政主管部门移送适用行政拘留环境违法案件暂行办法》第6条的规定，《环境保护法》第63条第3项规定的通过篡改、伪造监测数据等逃避监管的方式违法排放污染物，是指篡改、伪造用于监控、监测污染物排放的手工及自动监测仪器设备的监测数据，包括以下情形：（一）违反国家规定，对污染源监控系统进行删除、修改、增加、干扰，或者对污染源监控系统中存储、处理、传输的数据和应用程序进行删除、修改、增加，造成污染源监控系统不能正常运行的；（二）破坏、损毁监控仪器站房、通讯线路、信息采集传输设备、视频设备、电力设备、空调、风机、采样泵及其他监控设施的，以及破坏、损毁监控设施采样管线、破坏、损毁监控仪器、仪表的；（三）稀释排放的污染物故意干扰监测数据的；（四）其他致使监测、监控设施不能正常运行的情形。

2. "篡改""伪造"行为的法律责任。梳理公开案例可以发现，被追究法律责任的"篡改"行为包括以下七种情形：

一是故意更换、隐匿、遗弃检测样品或者通过稀释、吸附、吸收、过滤、改变样品保存条件等方式改变检测样品性质；二是故意漏检关键项目或者无正当理由故意改动关键项目的检测方法；三是故意改动、干扰仪器设备的环境条件或运行状态或者删除、修改、增加、干扰检测设备中存储、处理、传输的数据和应用程序，或者人为使用试剂、标样干扰仪器的；四是故意不真实记录或者选择性记录原始数据的；五是篡改、销毁原始记录，或者不按规范传输原始数据的；六是对原始数据进行不合理修约、取舍，或者有选择性评价检测数据、出具检测报告或者发布结果，以至评价结论失真的；七是擅自修改数据的。

被追究法律责任的"伪造"行为包括以下七种情形：

一是纸质原始记录与电子存储记录不一致，或者谱图与分析结果不对应，或者用其他样品的分析结果和图谱替代；二是检测报告与原始记录信息不一致，或者没有相应原始数据；三是检测报告的副本与正本不一致；四是伪造检测时间或者签名的；五是通过仪器数据模拟功能，或者植入模拟软件，凭空生成检测数据；六是未开展抽样活动，直接出具检测数据或者抽样后未开展检测活动，直接出具检测数据；七是未按规定对样品留样或保存，导致无法对检测结果进行复核的。

3. 单位犯罪。为了单位利益，实施环境污染行为，并具有下列情形之一的，应当认定为单位犯罪：①经单位决策机构按照决策程序决定的；②经单位实际控制人、主要负责人或者授权的分管负责人决定、同意的；③单位实际控制人、主要负责人或者授权的分管负责人得知单位成员个人实施环境污染犯罪行为，并未加以制止或者及时采取措施，而是予以追认、纵容或者默许的；④使用单位营业执照、合同书、公章、印鉴等对外开展活动，并调用单位车辆、船舶、生产设备、原辅材料等实施环境污染犯罪行为的。

单位犯罪中的"直接负责的主管人员"，一般是指对单位犯罪起决定、批准、组织、策划、指挥、授意、纵容等作用的主管人员，包括单位实际控制人、主要负责人或者授权的分管负责人、高级管理人员等；"其他直接责任人员"，一般是指在直接负责的主管人员的指挥、授意下积极参与实施单位犯罪或者对具体实施单位犯罪起较大作用的人员。对于应当认定为单位犯罪的环境污染犯罪案件，公安机关未作为单位犯罪移送审查起诉的，人民检察院应当退回公安机关补充侦查。对于应当认定为单位犯罪的环境污染犯罪案件，人民检察院只作为自然人犯罪起诉的，人民法院应当建议人民检察院对犯罪单位补充起诉。

◇ 相关法条

1.《刑法》：

第三百三十八条 【污染环境罪】违反国家规定，排放、倾倒或者处置有放射性的废物、含传染病病原体的废物、有毒物质或者其他有害物质，严重污染环境的，处三年以下有期徒刑或者拘役，并处或者单处罚金；情节严重的，处三年以上七年以下有期徒刑，并处罚金；有下列情形之一的，处七年以上有期徒刑，并处罚金：

（一）在饮用水水源保护区、自然保护地核心保护区等依法确定的重点保护区域排放、倾倒、处置有放射性的废物、含传染病病原体的废物、有毒物质，情节特别严重的；

（二）向国家确定的重要江河、湖泊水域排放、倾倒、处置有放射性的废物、含传染病病原体的废物、有毒物质，情节特别严重的；

（三）致使大量永久基本农田基本功能丧失或者遭受永久性破坏的；

（四）致使多人重伤、严重疾病，或者致人严重残疾、死亡的。

有前款行为，同时构成其他犯罪的，依照处罚较重的规定定罪处罚。

2.《最高人民法院、最高人民检察院关于办理环境污染刑事案件适用法律若干问题的解释》（法释〔2023〕7号）：

第一条第七项 实施刑法第三百三十八条规定的行为，具有下列情形之一的，应当认定为"严重污染环境"：

（七）重点排污单位、实行排污许可重点管理的单位篡改、伪造自动监测数据或者干扰自动监测设施，排放化学需氧量、氨氮、二氧化硫、氮氧化物等污染物的；

三、课后延伸

> **相关案例**

1. 江苏省常熟市神某针织有限公司被告人周某某等2人稀释污水干扰自动监测设

施污染环境刑事附带民事公益诉讼案（最高人民检察院、公安部、生态环境部发布 4 件依法严惩重点排污单位自动监测数据弄虚作假犯罪典型案例之二）。

2. 山东省滕州市索某某等 4 人安装干扰装置干扰自动监测设施破坏计算机信息系统案（最高人民检察院、公安部、生态环境部发布 4 件依法严惩重点排污单位自动监测数据弄虚作假犯罪典型案例之三）。

3. 四川省攀枝花市钛某化工有限公司钱某某等 3 人篡改自动监测设备参数破坏计算机信息系统案（最高人民检察院、公安部、生态环境部发布 4 件依法严惩重点排污单位自动监测数据弄虚作假犯罪典型案例之四）。

延伸思考

1. 常见在线监测造假的手段有哪些？如何发现？
2. 监测弄虚作假要承担的刑事法律责任和行政法律责任有哪些？

第三节　国家公园司法保护案件

江西省上饶市人民检察院诉万某某、南昌市某矿业有限公司破坏武夷山国家公园毗邻区生态环境民事公益诉讼案

一、教学案例

◇ **案例索引**

最高人民检察院发布 6 件检察机关服务国家公园建设典型案例之六

◇ **案情摘要**

本案系江西省上饶市人民检察院诉万某某、南昌市某矿业有限公司（简称某矿业公司）破坏武夷山国家公园毗邻区生态环境民事公益诉讼案。案件主要内容围绕被告方非法采矿导致生态破坏并承担生态修复责任进行审理。

◇ **关　键　词**

环境民事公益诉讼；武夷山国家公园毗邻区；非法采矿罪；生态环境损害责任

◇ **基本案情**

江西省铅山县武夷山镇位于武夷山脉北部，毗邻武夷山国家公园，生态地位十分重要。2018 年 8 月，铅山县武夷山镇某村和尚坪山场山体发生塌方。2018 年 12 月 18 日，万某某以某矿业公司铅山分公司的名义与某村村委会签订协议，约定由某矿业公司铅山分公司出资进行地质灾害治理，治理过程中产生的废石料由该分公司加工销售。2019 年 2 月 22 日，万某某以某矿业公司的名义向铅山县发改委申请山体滑坡治理工程立项，并获批准。此后，万某某以某矿业公司铅山分公司的名义申请占用林地 28 亩，于 2019 年 7 月 11 日获得批准。为非法采挖砂石资源，2019 年 3 月至 2022 年 8 月，万

某某在未取得林木采伐许可和采矿许可的情况下，组织挖机和运输车辆，超出占用林地审批范围对山体植被进行剥离，非法采挖砂石43 190立方米，造成审批范围外公益林地毁坏19 171平方米，采挖的砂石堆放占用耕地3789平方米，对公益林和山体地质环境造成破坏。2022年8月底，国务院第九次大督查第八督查组指出，某矿业公司以山体滑坡治理之名在铅山县武夷山镇某村非法采砂破坏生态环境，相关部门监管缺位。后中央媒体相继报道此事件。

❖ 〔裁判结果〕

江西省上饶市人民检察院（简称上饶市院）通过新闻报道发现该案线索后与铅山县自然资源、林业等部门对接。经走访了解，国务院大督查反馈问题线索后，该案已作为犯罪线索移送，且铅山县人民政府已启动非法采矿及山体滑坡治理工程。

在国家公园毗邻区非法采矿、毁损公益林的行为，容易造成植被破坏、山体滑坡、水土流失、地面裂缝和沉降，危及国家公园的生态服务功能和生态系统稳定性。在确定相关部门无提起生态环境损害赔偿诉讼意愿后，2023年3月27日，上饶市院以民事公益诉讼立案调查，并于同月31日发布公告。上饶市院通过提前介入引导侦查机关同步收集公益诉讼相关证据、实地勘察、询问当事人等方式，查明万某某以地质灾害治理为名非法采矿破坏生态的事实。2023年4月3日，上饶市院委托鉴定机构就非法采矿导致的生态破坏情况进行司法鉴定。经鉴定，该案违法行为造成的生态修复费用为910 884.71元，生态期间服务功能损失费用为49 511.7元。

上饶市院经审查认为，万某某以地质灾害治理之名，未取得采矿许可和林木采伐许可，超出林地占用许可范围非法采矿破坏生态环境，违反了2009年《矿产资源法》（已修订）第3条第3款、《森林法》第37条第1款、第39条第1款、第56条第1款的规定，依法应当承担破坏生态环境的民事责任。2023年8月17日，上饶市院向江西省人民检察院（简称江西省院）报送起诉审批，江西省院经审查认为，万某某以某矿业公司铅山分公司的名义签订地质灾害治理协议并申请林地占用许可，以某矿业公司的名义申请地质灾害治理项目立项，在非法采矿过程中，万某某均是以某矿业公司及其铅山分公司名义对外实施侵权行为，且万某某系某矿业公司的实际控制人，对该行为的违法性具有明确认识，应追加某矿业公司为共同被告（2023年4月12日，某矿业公司铅山分公司登记注销），与万某某连带承担修复生态环境、赔偿生态期间服务功能损失等民事责任。2023年10月30日，上饶市院以万某某、某矿业公司为共同被告向上饶市中级人民法院提起民事公益诉讼，诉请判令二被告连带承担生态环境修复费910 884.71元、生态期间服务功能损失费用49 511.7元、鉴定费2万元，并在全国公开发行的媒体上刊登公告，赔礼道歉。2024年4月30日，上饶市中级人民法院作出一审判决，支持检察机关全部诉讼请求。宣判后，二被告均未提出上诉。为确保被告财产优先用于生态环境修复，保障民事公益诉讼判决的执行，上饶市院于2024年4月24日向上饶市中级人民法院提出财产保全建议，建议对公安机关查封的财产进行保全，对拍卖款进行冻结，待本案判决生效后优先执行。上饶市中级人民法院接受该建议，通知执行法院（铅山县人民法院）对民事公益诉讼判决优先执行。目前，该案已进入查扣财产的处置程序。

为助推武夷山国家公园及其周边生态环境保护，上饶市院加强与福建省南平市人民检察院沟通协调，积极构建闽赣检察"2+5"跨区域协作机制，共同守护武夷山国家公园生态安全。

◇ 案例评析

武夷山国家公园是我国唯一被列入世界文化和自然双遗产的国家公园，是东南地区重要生态屏障。国务院大督查指出问题后，检察机关及时跟进，在行政机关依法履职后社会公共利益仍未得到有效保护的情况下，充分发挥民事公益诉讼独特作用，依法追究违法主体生态环境损害责任。检察机关可以向人民法院提出财产保全建议，以确保生态环境损害民事责任的优先实现。针对在武夷山国家公园毗邻区非法采矿破坏生态环境的行为，行政机关履职后仍难以达到保护公益效果时，检察机关应当依法提起民事公益诉讼，并可通过提出财产保全建议，确保生态环境损害民事责任的优先实现，通过构建跨区域检察协作机制合力推动国家公园全方位一体化保护。

二、知识凝练

◇ 专业知识

1. 国家公园。国家公园是指由国家批准设立并主导管理，边界清晰，以保护具有国家代表性的大面积自然生态系统为主要目的，实现自然资源科学保护和合理利用的特定陆地或海洋区域。世界自然保护联盟将其定义为大面积自然或近自然区域，用以保护大尺度生态过程以及这一区域的物种和生态系统特征，同时提供与其环境和文化相容的精神的、科学的、教育的、休闲的和游憩的机会。

国家公园是保护区的一种类型，最早起源于美国，后为世界大部分国家和地区所采用。2017年9月，中共中央办公厅、国务院办公厅印发《建立国家公园体制总体方案》。2019年6月，中共中央办公厅、国务院办公厅印发《关于建立以国家公园为主体的自然保护地体系的指导意见》。

建立国家公园体制是党的十八届三中全会提出的重点改革任务之一，是中国生态文明制度建设的重要内容，能够保护自然生态和自然文化遗产的原真性、完整性，对重要生态系统进行更为严格的保护，对珍稀野生动植物进行长效保护，给子孙后代留下自然遗产。截至2017年9月27日，有100多个国家建立了国家公园。2021年10月，中国正式设立三江源、大熊猫、东北虎豹、海南热带雨林、武夷山首批5个国家公园。截至2022年2月，首批5个国家公园各项工作稳步推进，特别是在生态保护方面，取得新进展。2024年2月29日，国家统计局公布《中华人民共和国2023年国民经济和社会发展统计公报》，截至2023年末，共有国家公园5个。

2. 非法采矿。违反《矿产资源法》的规定，未取得采矿许可证擅自采矿，擅自进入国家规划矿区、对国民经济具有重要价值的矿区和他人矿区范围采矿，或者擅自开采国家规定实行保护性开采的特定矿种。违反《矿产资源法》的规定，采取破坏性的开采方法开采矿产资源，造成矿产资源严重破坏。

◇ 相关法条

1.《矿产资源法》：

第四条 矿产资源属于国家所有，由国务院代表国家行使矿产资源的所有权。地表或者地下的矿产资源的国家所有权，不因其所依附的土地的所有权或者使用权的不同而改变。

各级人民政府应当加强矿产资源保护工作。禁止任何单位和个人以任何手段侵占或者破坏矿产资源。

第五条 勘查、开采矿产资源应当依法分别取得探矿权、采矿权，本法另有规定的除外。

国家保护依法取得的探矿权、采矿权不受侵犯，维护矿产资源勘查、开采区域的生产秩序、工作秩序。

2.《森林法》：

第三十七条 矿藏勘查、开采以及其他各类工程建设，应当不占或者少占林地；确需占用林地的，应当经县级以上人民政府林业主管部门审核同意，依法办理建设用地审批手续。

占用林地的单位应当缴纳森林植被恢复费。森林植被恢复费征收使用管理办法由国务院财政部门会同林业主管部门制定。

县级以上人民政府林业主管部门应当按照规定安排植树造林，恢复森林植被，植树造林面积不得少于因占用林地而减少的森林植被面积。上级林业主管部门应当定期督促下级林业主管部门组织植树造林、恢复森林植被，并进行检查。

第三十九条 禁止毁林开垦、采石、采砂、采土以及其他毁坏林木和林地的行为。

禁止向林地排放重金属或者其他有毒有害物质含量超标的污水、污泥，以及可能造成林地污染的清淤底泥、尾矿、矿渣等。

禁止在幼林地砍柴、毁苗、放牧。

禁止擅自移动或者损坏森林保护标志。

第五十六条 采伐林地上的林木应当申请采伐许可证，并按照采伐许可证的规定进行采伐；采伐自然保护区以外的竹林，不需要申请采伐许可证，但应当符合林木采伐技术规程。

农村居民采伐自留地和房前屋后个人所有的零星林木，不需要申请采伐许可证。

非林地上的农田防护林、防风固沙林、护路林、护岸护堤林和城镇林木等的更新采伐，由有关主管部门按照有关规定管理。

采挖移植林木按照采伐林木管理。具体办法由国务院林业主管部门制定。

禁止伪造、变造、买卖、租借采伐许可证。

三、课后延伸

相关案例

1. 青海省果洛藏族自治州检察机关督促保护三江源国家公园核心区物种生境行政公益诉讼案（最高人民检察院发布6件检察机关服务国家公园建设典型案例之一）。
2. 四川省雅安市人民检察院督促保护大熊猫国家公园珍稀树种天全槭行政公益诉讼案（最高人民检察院发布6件检察机关服务国家公园建设典型案例之二）。
3. 吉林省珲春林区人民检察院督促整治东北虎豹国家公园园区内废弃矿山行政公益诉讼案（最高人民检察院发布6件检察机关服务国家公园建设典型案例之三）。
4. 海南省东方市人民检察院督促整治热带雨林国家公园海南坡鹿饮用水污染行政公益诉讼案（最高人民检察院发布6件检察机关服务国家公园建设典型案例之四）。
5. 福建省南平市检察机关督促治理武夷山国家公园松材线虫病行政公益诉讼案（最高人民检察院发布6件检察机关服务国家公园建设典型案例之五）。

延伸思考

1. 国家公园立法保护与司法保护现状是怎样的？
2. 生态修复费用及生态期间服务功能损失费用如何计算？

第四节　双碳司法案件

韩某某等破坏计算机信息系统案

一、教学案例

◇ **案例索引**

最高人民法院发布十一起司法积极稳妥推进碳达峰碳中和典型案例之九

◇ **案情摘要**

本案系天津市武清区人民法院依法审理韩某某等破坏计算机信息系统案。案件主要内容围绕排污单位对烟气排放连续在线监测系统中污染物的后台参数进行篡改而构成犯罪进行审理。

◇ **关　键　词**

破坏计算机信息系统；在线监测造假；超标排放；双碳司法

◇ **基本案情**

韩某某为天津某新能源科技公司下属的大良供热站站长，其于2016年11月前后至2017年2月，默许并授意该站员工、被告人刘某某、赵某某对站内烟气连续在线监测系统中二氧化硫、氮氧化合物、烟尘等大气污染物的后台参数进行篡改。上述行为造成二氧化硫、一氧化氮、烟尘等大气污染物的在线监控数据与实时上传到国家环保部门的监控数据严重不符，致使生态环境主管部门不能有效监控该企业烟气污染物是否超标排放。2017年2月，经天津市环境监控中心对天津某新能源科技公司锅炉净化设施出口现场监测，二氧化硫排放浓度（小时均值）为377mg/m³，严重超过锅炉大气污染物排放标准。

❖〔裁判结果〕

天津市武清区人民法院一审认为，韩某某、刘某某、赵某某的行为致使检测数据严重失真，使计算机信息系统不能客观反映二氧化硫、一氧化氮、烟尘等大气污染物排放的真实情况，超标排放污染物，后果严重，依照《刑法》第286条的规定，构成破坏计算机信息系统罪。判决韩某某有期徒刑1年2个月，刘某某有期徒刑1年，赵某某有期徒刑11个月。三名被告人不服，提起上诉。天津市第一中级人民法院二审认为，根据《最高人民法院、最高人民检察院关于办理环境污染刑事案件适用法律若干问题的解释》第10条第1款的规定，三名被告人行为构成破坏计算机信息系统罪，遂判决驳回上诉，维持原判。

◇ 案例评析

近年来，重点排放单位、技术服务机构或其他主体破坏环境监测计算机信息系统，篡改、伪造环境监测数据的案件时有发生，扰乱环境保护监管秩序，严重影响温室气体排放与环境污染物协同治理成效。本案中，被告人通过篡改环境监测数据、更改参数等方式干扰环境质量监测系统采样，后果严重。人民法院依法判处被告人相应刑罚，严厉打击破坏环境监测计算机信息系统犯罪行为，是贯彻落实最严格制度最严密法治保护生态环境的生动体现，也为惩治碳排放数据造假等违法行为提供了借鉴。

本案是一起排污单位对烟气排放连续在线监测系统中污染物的后台参数进行篡改而构成犯罪的案件。这种环境监测数据造假的案件，近年来时有发生。2021年前10个月全国就查处自动监测数据弄虚作假案件270起，生态环境部在同年12月公布了12起环境监测数据造假的典型案例。2022年6月，生态环境部又公布了7起环境自动监控弄虚作假的典型案例。这类案件之所以多发，是因为污染物排放是否达标是衡量排污单位是否合法排污的最主要根据，而排放达标与否又是通过监测数据来呈现的，特别是在自动监测的情况下，通过自动监测数据的上传，就可以使环境管理部门方便地了解排放源的达标情况。由于达标排放需要排污单位建设环境治理设施，并要保持治理设施的正常运行，从而不得不付出一定的治理成本。有的排污单位为了逃避监管、减少治理成本就会采取非法手段干扰监测设备的采样或者在计算机中修改监测数据。为了打击这种违法行为，最高人民法院、最高人民检察院于2023年8月公布了《最高人民法院、最高人民检察院关于办理环境污染刑事案件适用法律若干问题的解释》，其中第11条第1款规定："违反国家规定，针对环境质量监测系统实施下列行为，或者强令、指使、授意他人实施下列行为，后果严重的，应当依照刑法第二百八十六条的规定，以破坏计算机信息系统罪定罪处罚……"从而为惩治这类违法行为提供了法律适用依据。本案的判决，综合考量了行为人违法犯罪的情节、后果和认罪态度，做出了公平公正的判罚。这类案件的及时查办和对违法犯罪人追究刑事责任，是对相关排污单位和监测机构的极大警示，同时也是遏制环境监测数据造假及其非法排污行为的重要法治保障。为了实现碳达峰碳中和目标，我国正在采取碳排放配额、碳排放权交易等各种措施，在碳排放的监测、数据计算方面也会涉及到造假问题，本案及其类案的审理，也为相关碳排放数据造假违法犯罪行为的惩治提供了审判经验。

二、知识凝练

◇ 专业知识

1. 破坏计算机信息系统罪。违反国家规定，对计算机信息系统功能进行删除、修改、增加、干扰，造成计算机信息系统不能正常运行。违反国家规定，对计算机信息系统中存储、处理或者传输的数据和应用程序进行删除、修改、增加的操作。故意制作、传播计算机病毒等破坏性程序，影响计算机系统正常运行。

2. 破坏计算机信息系统罪与污染环境罪的竞合。一般情况下，二者不易发生竞合。但当重点排污单位篡改、伪造自动监测数据或者干扰自动监测设施，排放化学需氧量、氨氮、二氧化硫、氮氧化物等污染物，则可能同时构成污染环境罪和破坏计算机信息系统罪，此时应按照处罚较重的规定定罪处罚。

◇ 相关法条

1.《刑法》：

第二百八十六条 【破坏计算机信息系统罪】违反国家规定，对计算机信息系统功能进行删除、修改、增加、干扰，造成计算机信息系统不能正常运行，后果严重的，处五年以下有期徒刑或者拘役；后果特别严重的，处五年以上有期徒刑。

违反国家规定，对计算机信息系统中存储、处理或者传输的数据和应用程序进行删除、修改、增加的操作，后果严重的，依照前款的规定处罚。

故意制作、传播计算机病毒等破坏性程序，影响计算机系统正常运行，后果严重的，依照第一款的规定处罚。

单位犯前三款罪的，对单位判处罚金，并对其直接负责的主管人员和其他直接责任人员，依照第一款的规定处罚。

2.《最高人民法院、最高人民检察院关于办理环境污染刑事案件适用法律若干问题的解释》：

第十一条 违反国家规定，针对环境质量监测系统实施下列行为，或者强令、指使、授意他人实施下列行为的，应当依照刑法第二百八十六条的规定，以破坏计算机信息系统罪论处：

（一）修改参数或者监测数据的；

（二）干扰采样，致使监测数据严重失真的；

（三）其他破坏环境质量监测系统的行为。

重点排污单位篡改、伪造自动监测数据或者干扰自动监测设施，排放化学需氧量、氨氮、二氧化硫、氮氧化物等污染物，同时构成污染环境罪和破坏计算机信息系统罪的，依照处罚较重的规定定罪处罚。

从事环境监测设施维护、运营的人员实施或者参与实施篡改、伪造自动监测数据、干扰自动监测设施、破坏环境质量监测系统等行为的，应当从重处罚。

三、课后延伸

相关案例

1. 德清县人民检察院诉德清某保温材料公司大气污染责任纠纷民事公益诉讼案（最高人民法院发布十一起司法积极稳妥推进碳达峰碳中和典型案例之二）。

2. 中国农业银行某县支行与福建某化工公司等碳排放配额执行案（最高人民法院发布十一起司法积极稳妥推进碳达峰碳中和典型案例之八）。

延伸思考

1. 控制大气污染和碳排放两者应该如何协同？
2. 对于碳排放数据造假的法律责任怎么处理？

附录　生态环境法律法规

第一编　总则

第二编　污染控制

第三编　生态环境保护

第四编　绿色发展

第五编　生态环境责任

附表　国家名录

附表　国家名录